CONFISSÕES DE UM HOMEM LIVRE

A marca FSC® é a garantia de que a madeira utilizada na fabricação do papel deste livro provém de florestas que foram gerenciadas de maneira ambientalmente correta, socialmente justa e economicamente viável, além de outras fontes de origem controlada.

LUIZ ALBERTO MENDES

Confissões de um homem livre

COMPANHIA DAS LETRAS

Copyright © 2015 by Luiz Alberto Mendes

Grafia atualizada segundo o Acordo Ortográfico da Língua Portuguesa de 1990, que entrou em vigor no Brasil em 2009.

Capa
Mateus Valadares

Preparação
Officina de Criação

Revisão
Marina Nogueira
Thaís Totino Richter

Dados Internacionais de Catalogação na Publicação (CIP)
(Câmara Brasileira do Livro, SP, Brasil)

Mendes, Luiz Alberto.
    Confissões de um homem livre / Luiz Alberto Mendes. — 1ª ed. — São Paulo: Companhia das Letras, 2015.

    ISBN 978-85-359-2659-0

    1. Ex-presidiários – Brasil – Autobiografia 2. Memórias autobiográficas 3. Mendes, Luiz Alberto 4. Prisioneiros – Brasil – Autobiografia I. Título.

15-09033   CDD-365.6920981

Índice para catálogo sistemático:
1. Brasil : Presidiários: Autobiografia   365.6920981

[2015]
Todos os direitos desta edição reservados à
EDITORA SCHWARCZ S.A.
Rua Bandeira Paulista, 702, cj. 32
04532-002 — São Paulo — SP
Telefone: (11) 3707-3500
Fax: (11) 3707-3501
www.companhiadasletras.com.br
www.blogdacompanhia.com.br

Para o amigo Paulo Lima

1.

O ônibus finalmente partiu. Encostei a cabeça na poltrona, fechei os olhos e experimentei a quase esquecida sensação da liberdade. Deixei para trás meu uniforme de presidiário. Com ele ficara o mundo da prisão. Agora era só alegria, meus companheiros. Fora da cadeia, havia algo me esperando além da liberdade: meu passado. Sacolejando no carro do futuro, me entreguei à suave ditadura da memória.

Do lado de fora, chuva fina. Aqui dentro, na minha mente, ressurgia a cena tantas vezes lembrada e revivida. Magda, sentada no meu colo, na cozinha da sua casa, disse: Preciso conversar com você. Estava muito séria. Séria e bonita.

Você não vai sair tão cedo da prisão, ela começou. Era verdade: eu estava em regime semiaberto, mas continuava preso. Só seria realmente libertado em seis anos. A prisão ficava na cidade de Tremembé, em São Paulo. Argumentei que estava tentando ser transferido para Franco da Rocha. Se conseguisse, poderia até trabalhar na capital. Mas ela respondeu que não acreditava mais em mim.

Percebi que aquilo não era uma conversa. Era apenas um comunicado. Ela disse o que eu temia: a gente não pode continuar junto. Escutei e fiquei em silêncio por algum tempo. Magda era o ser que eu mais amava no mundo. E eu a estava perdendo: aquele tal de Chico com certeza a reconquistara. Era concorrência desleal — enquanto eu estava na prisão, ele tinha todo o tempo do mundo para ficar com ela. Os segundos se estenderam, dolorosamente lentos, mas meus pensamentos se sucediam com uma rapidez incontrolável. A noite aumentava as sombras no rosto dela; olhei-a e tentei não pensar em nada. Precisava aproveitar o tempo que me restava. Era sexta-feira e dali a quatro dias eu teria que voltar à prisão. Sugeri: vamos passar esses quatro dias nos divertindo. Segunda-feira a gente se separa. Nem bem acabei de falar e me espantei comigo mesmo. Naquele momento crucial, eu só pensava — miseravelmente — em abatê-la na cama. Talvez não a amasse de verdade e apenas quisesse tê-la mais uma vez. Para meu novo espanto, Magda aceitou a proposta: a seriedade sumiu de seu rosto e deu lugar ao alívio. Ela me paralisou com um sorriso, começou a se esfregar em mim e virou a boca para o beijo, com pressa, assanhada. Depois do que eu tinha dito, ela me provocava daquele jeito — louca! Deu vontade de jogar Magda no chão e pisar em cima dela, como a uma cobra. Mas o sexo excitado comandava. De repente ela saltou do meu colo e foi lavar louça.

Magda rebolava na frente da pia e eu a observava, imóvel: excitação, raiva, um gosto amargo na boca. Mas eu estava decidido. Não deixaria que ela percebesse o quanto me perturbava. Sorri falso. Depois fomos para a cama. No início ela se abriu — depois se fechou, fez que não me queria. Levantei, apanhei minha roupa e saí do quarto com um grito entalado na garganta. Vesti calça e camisa enquanto descia a escada. Na sala, meti os pés no tênis. Antes mesmo de amarrar os cadarços já estava girando a chave na fechadura. Um sufoco; senti os anos pesando sobre mim como pedras. Mas quando coloquei o pé na rua, Magda me alcançou: me abraçou por trás, grudou em mim, não me deixou ir embora. Sabia que estava fugindo da vida, de tudo aquilo pelo qual eu tanto lutara. Sabia também que me perderia pelas ruas, talvez para sempre. Ela não queria carregar essa culpa. Implorou que eu não fosse. Disse que eu não podia castigá-la daquele modo. Mas era exatamente isso que eu queria. Mesquinho, desejava castigá-la com minha desgraça. Pediu, argumentou e acabei ficando; não conseguia negar nada a ela. Mais tarde coloquei O *poderoso chefão III* no videocassete, fui até a geladeira e apanhei uma travessa enorme de gelatina. Magda foi dormir e eu fiquei sozinho, assistindo ao filme e comendo gelatina até de madrugada. Passeamos e até transamos nos outros dias.

Na segunda-feira, ela me levou até perto de uma estação do metrô. Estávamos em silêncio. Parou o carro no meio do trânsito, sem estacionar. Só me restou abrir a porta, sorrir sem jeito e sair correndo para não ser atropelado. Caminhei com a bolsa a tiracolo, vagando inconsciente. As ruas eram difíceis: nervosas escadas em ruínas atrapalhavam meus passos. No metrô, contei as paradas até a estação Tietê. Como um robô, comprei a passagem, o rosto da Magda pulsando no fundo da memória. Olhei o relógio: restavam duas horas para viver. Precisava beber alguma coisa. Saí da estação e entrei no primeiro bar que encontrei.

Estava lotado de presos bebendo seus últimos minutos de liberdade. Reconheci alguns deles. Comecei pela cerveja. Devagar: não queria me embebedar. No fundo do copo eu procurava um gole de dignidade para respingar no meu coração vazio — mas a dor seguia batendo e a memória, latejando. Como eu podia sofrer tanto por uma mulher, por uma simples pessoa de carne e osso como eu? Tentei odiá-la, tentei ferir aquela imagem que atormentava minhas lembranças e meu corpo. Mas foi inútil; ela era invulnerável, e eu só conseguia ferir a mim mesmo.

* * *

Quando o ônibus pegou a via Anchieta, abri os olhos. Como era bom estar solto! Olhei a estrada lá fora. Por mais que tentasse driblá-la, logo senti a pressão da memória voltando. Impossível não lembrar — e o que eu lembrava com mais força era exatamente o que eu queria esquecer.

Depois que Magda rompeu comigo, amarguei meses de solidão redobrada na cadeia. Mas com o tempo ela deixou de ser uma dor no meu corpo e se tornou apenas um fantasma na lembrança — isso graças a uma moça de apelido estranho.

A coisa aconteceu quando trabalhei numa das empresas que empregavam presos: a Amplimatic, fabricante de antenas de televisão. Todos os dias, três ou quatro ônibus saíam de Tremembé, lotados de detentos, e rumavam para a fábrica da Amplimatic em São José dos Campos. Em cada ônibus viajava um guarda de escolta. Na fábrica, os guardas ficavam vigiando enquanto os presos trabalhavam. Mesmo assim, fugir não seria difícil. Os arames que cercavam a fábrica tinham sido projetados para impedir que ladrões entrassem, não para impedir que alguém saísse.

Consegui trabalho no turno das cinco da manhã às duas da tarde; minha tarefa era limpar o mato no pátio da fábrica. Na época eu já estava preso havia 22 anos, desde 1972. Durante essas mais de duas décadas, o quadrilátero do pátio ou do alambrado marcava os limites da minha vida. Eu morava no pavilhão cinco e, por causa da vizinhança, era difícil dormir: os outros presos escutavam música com o rádio num volume alto e eu me revirava na cama. No pátio, havia um campo de futebol grande: ali eu encontrava algum alívio. Além de correr, praticava boxe com meu amigo Natal, um boxeador experiente que me ensinava os truques, mas batia sem dó. Os hematomas valeram a pena. Apanhei até aprender a me defender. Mas nunca consegui vencer o Natal. Ele sempre me acertava em cheio.

Quando consegui o emprego na Amplimatic, fiquei feliz. Ia poder respirar o ar lá de fora, sair um pouco daquele círculo massacrante de grades e alambrados. Além disso, poderia juntar dinheiro para o feriado de fim de ano. A Amplimatic pagava um salário mínimo, mas 20% ficavam com a prisão. As coisas não andavam bem no país; eram os tempos da inflação galopante. Por sorte, eu tinha algum dinheiro guardado: quinhentos dólares, que, apesar da separação, ainda estavam nas mãos de Magda.

A fábrica era enorme. Ali os detentos eram minoria: a maior parte da equipe era formada por mulheres de uma ou outra cidade da região. A alimentação na cadeia obviamente era péssima; sabendo disso, a empresa nos dava todos os dias um café da manhã reforçado. O almoço também era razoável.

No início, meu maior prazer não era a comida, mas as viagens entre a prisão e a fábrica. Às quatro da madrugada eu acordava, me lavava e seguia para a porta de saída, onde ficava esperando a chamada. No silêncio da manhã, eu escutava os grilos, observava o orvalho, e o ar era puro. Então os ônibus chegavam, e eu tentava sempre sentar ao lado de uma janela. Desde criança sempre gostei de olhar a estrada pelo vidro dos veículos. Enquanto viajávamos, eu olhava, olhava, olhava. Fora da prisão, tudo era vida, até os matos escuros e as árvores retorcidas na beira da estrada. Meu banco balançava muito: viajávamos em ônibus velhos, que não passariam nem na mais sumária inspeção veicular. Para evitar a fiscalização, os motoristas faziam caminhos tortuosos, indo e vindo por atalhos obscuros. Quanto mais emaranhado o trajeto, mais tempo eu tinha para observar o espetáculo do mundo passando pela janela.

Nos primeiros dias de trabalho, eu falava pouco. O chão era duro, a enxada era cega e Magda latejava na minha cabeça. A cada golpe, a enxada fazia todo o meu corpo vibrar. O mato era forte e resistia. Às vezes eu me debruçava sobre o cabo da ferramenta, o corpo moído de cansaço. Mas não desisti. Os dias foram passando e o mato acabou cedendo aos golpes que caíam sem parar. Eu brandia a enxada com raiva, como um louco, arrancando o matagal pela raiz.

No começo, as garotas da fábrica não me interessavam. Eu nem olhava para elas. Mas com o tempo minha obsessão em derrubar o mato diminuiu e comecei a enxergar com novos olhos as coisas ao meu redor. Na hora do almoço aproveitava para caminhar pelo terreno da fábrica, onde antigamente existira uma fazenda. Alguns traços do passado permaneciam, como as árvores frutíferas e até um lago artificial, cheio de peixes. Após algum tempo fui transferido para outra parte da fábrica, um lugar chamado Buster — um galpão onde as partes eletrônicas das antenas eram montadas. Havia mais de duzentas mulheres ali. No início as moças pareceram meio assustadas por trabalhar com os presos. Mas, com a convivência diária, foram se soltando. Por todos os lados, passei a encontrar um sorriso ou uma palavra amável. A companhia feminina era uma espécie de mágica em mim: como as viagens na madrugada, a simples visão daquelas mulheres reacendia meu ânimo de viver. Mas eu não podia ficar assim, só olhando, sonhando, desejando, sem fazer nada. Devagar, timidamente, desenvolvi táticas para me aproximar. Vesti pele de cordeiro, me fiz de manso. E o efeito não tardou.

Nádia era viúva: dois anos antes, seu marido havia morrido num acidente na estrada. Ela trabalhava ao meu lado no galpão — era a chefe de produção e comandava a mesa. Ela me instruiu sobre os mistérios da montagem de antenas e eu aprendi rápido. As garotas que trabalhavam na mesa tinham dificuldades para lidar com aquela confusão de parafusos, mas para mim foi fácil. Eu me sentia bem. Antes de ir para a prisão, nunca tinha trabalhado. Estava preso desde muito jovem. Foi na cadeia que descobri meu gosto e minha habilidade para tarefas manuais.

Buscava sempre fazer o melhor. Jamais fui preguiçoso e me entusiasmo com facilidade.

Meu evidente esforço conquistou a simpatia da Nádia. Pouco a pouco, começamos a conversar. Ela falava muito sobre o finado marido. Dizia que era grosseiro, abrutalhado e que às vezes a espancava. Mesmo assim, gostava dele. Depois que morreu deixou Nádia bem de vida. Ela tinha casa própria, carro e dinheiro no banco. Mas não queria deixar o emprego: fazia dezesseis anos que trabalhava ali, o salário era bom, estava acostumada. Não tinha filhos e odiava ficar em casa sozinha. Precisava se ocupar de algum jeito; assim, seguia trabalhando. Aos poucos, Nádia foi abrindo espaço para assuntos mais íntimos: me falou da falta que sentia do marido na cama, nas noites de frio. Enquanto ela descrevia o corpo do marido, eu sentia que entrava em sua mente. Fui notando isso pelos olhares perdidos que às vezes trocávamos nos passeios que fazíamos juntos depois do almoço. Mas não passou disso, porque fui deslocado para outro setor. O almoxarifado precisava de alguém para transportar as peças eletrônicas para o Buster e os diretores nem se deram ao trabalho de perguntar se eu queria ir para lá. Um dia simplesmente me avisaram que eu tinha sido transferido. E eu fui. O Ditão, chefe do almoxarifado, me colocou para trabalhar com uma garota chamada Cidinha, dona de olhos enormes, tórax frágil e quadris largos. O pessoal a chamava de Cidinha Sem Calça. No início não entendi o apelido. Fosse como fosse, para fugir à lembrança da Magda, que me corroía a mente, comecei a andar no rastro da Cidinha. Ela, no entanto, se esquivava de mim. Até me dava assunto, mas nenhuma outra abertura, e agia sempre como se quisesse ser apenas minha amiga. Um dia vi o Ditão trepando com a Cidinha no fundo do galpão, onde os componentes eletrônicos ficavam guardados em prateleiras. Aquilo me deixou como um cachorro atrás de cadela no cio. Fechei o cerco a Cidinha: durante o trabalho, fingindo distração, eu passava a mão nela; Cidinha não reclamava, mas continuava fazendo fintas, driblando meus avanços. Aquilo estava me deixando louco. Passei a andar sempre atrás dela, me esgueirando. Um dia eu a avistei entrando no mato com outros funcionários — era mais do que eu podia aguentar. Comecei a assediá-la sem pudores nem rodeios. Mas ela me cortava, aguda e gelada como uma navalha. Todos diziam que com preso ela não transava.

Certo dia eu a vi entrando sozinha no quarto dos componentes eletrônicos. O instinto me fez levantar da cadeira e ir atrás dela. Ao notar minha aproximação, Cidinha se afastou pelo corredor de prateleiras e entrou no banheiro. Fiquei esperando perto da porta até ela sair. No início achei que fosse voltar à mesa de trabalho. Em vez disso, ela se meteu de novo entre as prateleiras. Senti que aquele era um sinal de consentimento.

Fui atrás. Encontrei-a agachada junto a uma prateleira. Comecei a apalpar Cidinha, e dessa vez ela não fugiu. Logo descobri que estava sem calcinha. E sem vergonha nem embaraço: me controlava como o mandril de um torno. Toda a minha ansiedade desceu pelo corpo e explodiu abaixo da cintura. Nem tive tempo de pensar em camisinha. Eu estava perdido no cheiro dela; Cidinha tinha o mundo que me cabia. Nela quase me esvaí. No fundo do prazer havia um vazio reconfortante que subitamente se enchia de sentido. Fiquei agarrado nela como um cão até que ela foi se soltando, emergiu de mim e se afastou — descendo lentamente a saia. Fiquei sozinho entre as prateleiras por algum tempo. Depois me levantei, ainda meio tonto, em busca de ar. Vi Cidinha saindo do banheiro, ajustando a calcinha por baixo da saia. Então entendi o apelido Cidinha Sem Calça: quando queria transar ela ia ao banheiro e deixava a calcinha lá. Era sua maneira de dizer sim.

* * *

    O balanço do ônibus me trouxe de volta ao presente, mas um pouco do cheiro da Cidinha ainda estava comigo. Comecei a pensar no meu futuro próximo. Eu estava indo para um lugar que não conhecia: Embu das Artes, onde minha mãe morava agora. E não fazia a menor ideia de como chegar à casa dela. Por isso, no ônibus, eu torcia para que o Carlinhos estivesse me esperando.
    Conheci o Carlinhos na prisão. Ele morava na cama-beliche em cima da minha. Rapidamente ficamos amigos. Descobri que, por coincidência, ele morava em Embu das Artes. Aliás, era nascido e criado na região. Minha mãe havia me dado algumas indicações do endereço dela; repeti tudo ao Carlinhos e ele disse que, sim, sabia exatamente onde ela morava. A pena do Carlinhos venceu duas semanas antes da minha saída. Ele prometeu que me esperaria na estação rodoviária Tietê quando eu fosse para Embu. Estaria ferrado se ele não aparecesse. O que faria? Ia telefonar para a Magda? De jeito nenhum. A moça sem calcinha tinha apagado a Magda temporariamente da minha cabeça. Mas o Carlinhos estaria lá, eu tinha certeza. Era um amigo confiável e não ia esquecer de mim.
    O ônibus tinha naufragado no trânsito de São Paulo. O cheiro de gasolina queimada enchia minhas narinas, me empolgava, me acordava — sim, até aquilo era cheiro de vida. Era bom. Quem sabe agora tudo fosse mesmo alegria.

2.

Aqui fora tudo me fascinava. Cada vez que eu saía da prisão, uma nova vida me aguardava. Coisas que antes pareciam grosseiras, medíocres, destituídas de beleza, ganhavam novas cores. Um olhar terno dava às coisas o complemento que antes lhes faltava. A vida agradava aos sentidos.

Atravessei a rodoviária e segui para o metrô, como combinado. Lá estava Carlinhos, próximo às bilheterias. A liberdade e a roupa colorida o haviam remoçado; parecia outra pessoa e me acolheu de braços abertos, sorrindo. Fiquei comovido. Na prisão era cada vez mais difícil fazer amigos.

O ônibus cruzava São Paulo como num passeio turístico. Quase desci; queria chegar logo à minha vida. Passamos pela avenida Paulista. Era hora do almoço e o pessoal dos escritórios estava nas calçadas. Quanta mulher bonita! A cada momento eu me sentia mais livre.

Em Embu das Artes, descemos em frente à padaria do bairro onde minha mãe morava. Quando chegamos ao portão de casa, fui varado pela ansiedade. Senti vontade de sair correndo, fugir. Minha mãe estava sentada numa poltrona, enquanto uma menina — sua ajudante — lavava pratos.

Dona Eida tentou se levantar e quase caiu. Socorri, e ao erguê-la lhe dei um abraço. Eu amava aquela velhinha. Ela havia sofrido um derrame um tempo atrás e se recuperava com muita dificuldade. Seu lado direito estava paralisado. A mente perdera a agilidade que antigamente a caracterizava. Agora não era nem a sombra da mãe que por vinte anos me visitara na prisão.

Conversamos trivialidades. Eu ia almoçar em casa. Estranhei que ela chamasse aquela caixa de sapato de casa. Mas era isso mesmo: se eu tinha uma casa, era aquela. Saímos para o quintal. As plantas de dona Eida estavam viçosas. A roseira santa-maria era enorme, quase da minha altura. Estava em flor. Os ramos de pequenas rosas brancas pareciam buquês preparados pela mão humana.

Antes de sair do presídio, pedi ao Carlinhos para me apresentar algumas garotas. Eu conhecia pouquíssima gente fora da cadeia. Na casa da minha mãe, Carlinhos contou que combinara de fazer um samba com seus dois irmãos, Dôia e Fabinho. Eles tinham uma espécie de grupo musical com dois rapazes, vizinhos. Seu Zé, pai de Carlinhos, compraria a carne e as latas de cerveja. Apesar dessa gentileza, a verdade é que o velho desconfiava de mim. Tinha receio de que eu levasse seu filho para o crime novamente. Era compreensível.

O churrasco estava marcado para sexta-feira. E para o sábado Carlinhos havia programado outra surpresa. Ele era casado e tinha dois filhos pequenos, mas vivia separado da mulher. Andava interessado numa moça que, por acaso, tinha uma prima solteira. Então aproveitou e marcou um encontro duplo: uma garota para ele, outra para mim. Fiquei entusiasmado, quase sem acreditar na minha sorte.

Na sexta-feira, antes do churrasco, fui com dona Eida visitar minha irmã de criação, Matilde. Pelo que eu tinha ouvido dizer, elas andavam meio brigadas. Não entendi bem por que, mas não quis me envolver. Problema delas. Fosse como fosse, Matilde nos recebeu com muita alegria. Seus quatro filhos vieram me cumprimentar; pareciam bem-educados. Fomos para a cozinha, reino das mulheres de que sempre gostei de me aproximar. Lá estavam as irmãs e as vizinhas de Matilde, preparando uma refeição especial. Elas nos ofereceram doces e cerveja. Comi, bebi e fiquei feliz. Elas sabiam agradar. As moças também começaram a beber, e a conversa foi ficando cada vez mais gostosa.

Foi uma tarde muito agradável. Era uma gente simples e de bom coração. Eu sentia uma ternura densa e mansa. Saí da casa por algum tempo, para sentir a brisa fresca da noite.

Quando voltamos, tomei banho de água quente. Um acontecimento. Na prisão, o banho era sempre gelado. Fiquei um longo tempo desfrutando da água deliciosa. Caprichei na roupa. Minha mãe me achou lindo. Carlinhos chegou, brincalhão como sempre; já conquistara minha mãe. Nós dois saímos rindo, eu dizendo que ela não me esperasse. Dona Eida iria a um culto religioso com uma amiga, que viria buscá-la de carro. Para ela, sair de casa era sempre uma festa. Topava qualquer programa.

No momento em que coloquei os pés na rua, lembrei da Magda. Se eu telefonasse, ela viria me encontrar. Mas eu estava decidido a não procurá-la. Por mais que doesse, iria esquecê-la. Agora eu estava livre, indo ao encontro da vida. Era isso que importava.

Chegando à casa do Carlinhos, atravessamos um pátio enorme, dominado por um cachorro. Levei um susto: tentando me alcançar, com latidos ferozes, o bicho quase se estrangulou na corrente que o prendia. Dentro da casa, os rapazes me receberam alegres. Sabiam o que eu sentia. Fabinho também já estivera preso. Fizeram de tudo para me deixar à vontade. Seu Zé apertou minha mão, me olhando bem nos olhos. Me senti uma fotografia sendo analisada.

    Fui me juntar à rapaziada. Alexandre já havia chegado, assim como o outro rapaz do conjunto de samba. Me convidaram para fumar um baseado na laje, longe das vistas do seu Zé. Dôia não fumava maconha, mas nos fez companhia. Eu havia deixado a erva fazia muitos anos, mas naquela noite aderi sem pensar muito. Tudo era alegria e festa; senti necessidade de descontrair e participar da diversão dos rapazes. Voltamos. Seu Zé percebeu o que tínhamos feito. Embaraçado, foi buscar mais cerveja para não ter que falar no assunto.

    O som fluía, Carlinhos cantava. Chegaram algumas mulheres. Carlinhos me apresentou sua ex-mulher e os dois filhos. Ela, mulata alta e forte, estava de olho no ex-marido. Creio que foi à festa porque ainda tinha esperança de reconquistar meu amigo. O menino era grande e forte como a mãe; a menina, Monalisa, era uma graça. Linda, com ar frágil, parecia flutuar de tão leve. Gostamos um do outro instantaneamente. A garotinha me encheu de ternura e encanto.

    Voltei ao som, bebi mais, a vida me parecia um sol de pouca duração. Bebi mais ainda. Misturada à alegria, uma vasta solidão se infiltrava pelos meus olhos. Vi uma garota bonita, de shorts apertados e pernas grossas. Eu não conseguia parar de olhar para ela. Comentei com o Fabinho. Ele me disse que a moça era noiva do Dôia. Morri de vergonha: lá estava eu, convidado da família, de olho na mulher de um deles! E o pior: achei que todos haviam notado meus olhares indiscretos para a moça. Chamei o Carlinhos de canto e, com a alma encolhida, contei a vacilada. Pedi desculpas e falei que ia embora. Ele disse que todos entendiam e que estava tudo certo. Mas minha vergonha não diminuiu. Insisti e fui saindo.

Segui pela rua trançando as pernas. Respirei fundo, olhei para as estrelas e me senti livre novamente. Era tudo o que eu queria naquele momento. A noite soprava fresca, faltava pouco para a meia-noite e as pessoas circulavam tranquilas pelas ruas. Não andei muito. Um carro buzinou atrás de mim. Era um Fiat Fiorino, desses com baú atrás. Carlinhos abriu a porta. Receoso de que eu me perdesse, tinha resolvido me dar uma carona para casa.

Quem dirigia o carro era um dos rapazes do grupo. Entrei, agradecido. Meu amigo não comentou sobre o incidente em sua casa. Em vez disso, falou do nosso encontro, marcado para o dia seguinte. Disse que iria me buscar. De repente, interrompeu-se no meio de uma frase e mandou o amigo dele parar o carro. Desceu ligeiro e abordou duas moças na calçada. Grande coincidência: eram as mesmas que sairiam conosco no dia seguinte. A que ficaria com ele chamava-se Carmélia. A outra, Irismar. As duas primas eram baianas, e Irismar estava em São Paulo fazia uns seis meses. Seu rosto era cheio da fibra que caracterizava a mulher do sertão. Gostei dela na hora. Carlinhos convidou as duas para irem conosco até minha casa. Relutaram um pouco, mas acabaram aceitando. Meu amigo é persuasivo: fica difícil negar alguma coisa a ele.

Fomos os quatro para o baú do furgãozinho. Sentei num pneu e, atrevido, fui puxando a garota para o meu lado. No início ela não pareceu muito entusiasmada, mas depois acabou aceitando minha proximidade. Nem olhei para os outros dois. Segurei a moça e, encorajado pelo álcool, comecei a beijá-la. Ela não rejeitou meus avanços e passamos a viagem toda nos beijando. Era tão bom, fazia tanto tempo...

Estava imerso na emoção de ter uma mulher no meu colo quando chegamos. Descemos. O dono do carro precisava buscar o irmão não sei onde. Um calor brotava dentro de mim. Não sabia o que fazer. Carlinhos perguntou se minha mãe estava em casa. Todos entramos no quintal. A casa estava vazia; minha mãe levara a chave. Carlinhos foi com a Carmélia lá para o fundo e eu fiquei com a prima na parte da frente.

    A lua cheia clareava tudo. Meus olhos se esparramavam pelo rosto da Irismar. Eu a abracei e beijei sofregamente. Minhas mãos voaram por aquele corpo jovem. Peguei firme, senti que ela correspondia, meu coração disparou. Havia trocado apenas quatro ou cinco palavras com a moça. Quando tentei atravessar o rio entre suas pernas, ela não permitiu. Ali estava o limite. Continuei explorando o território permitido. Meu sangue descia para as virilhas, numa sensação de aniquilamento. Estranhamente, aquilo me fragilizava: era uma alegria triste. Assim que eu abrisse os olhos, perderia o gosto de sua boca e o momento teria terminado.

    Carlinhos se aproximou de nós. A minha mãe estava chegando. Fiquei meio abobalhado, sem saber o que fazer. Queria mandar minha mãe passear mais um pouquinho. Apoiada na moça que a levara à igreja, ela já vinha entrando no quintal. Peguei a chave e fiz todo mundo entrar. Sorrisos, apertos de mãos, beijos. Pouco depois, Carlinhos e as moças se despediram. Era tarde. Eu os despachei com a promessa de que no dia seguinte seria ainda melhor. Planejava almoço em um restaurante, cinema no shopping e, se possível, motel.

    A moça havia me impressionado. Não era uma garota fácil. Não consegui descansar em minha pobre cama de armar. Perto dali minha mãe respirava pesado. Fui para o quintal. Mas não adiantava nada ficar ali pensando, no meio da madrugada. Melhor deitar de novo e esperar o sono chegar, ainda que demorasse.

    No sábado, ao meio-dia, Carlinhos apareceu todo produzido e perfumado. Eu o aguardava com ansiedade: a vontade de estar com aquela garota era enorme. O encontro seria à uma hora na praça do bairro do Campo Limpo. Chegamos quase meia hora adiantados. Tomamos um sorvete. O tempo passou. E nada. No início nos recusamos a acreditar, mas logo ficou óbvio: elas não viriam. Deu vontade de chorar.

No dia seguinte voltei para a casa do Carlinhos. Pedi desculpas ao Dôia. Ele havia entendido e estava tudo bem. Ficamos por ali de papo, ao redor de uma cerveja. Quando anoiteceu, saímos à caça. Queria acertar. Mas não sabia o que fazer das minhas horas; experimentava um caos interior. Fomos a uma boate no Campo Limpo. Cê Que Sabe era o nome do lugar. Não havia nada lá, a não ser luz negra, bebidas e mulheres acompanhadas. Saímos, andamos um pouco e encontramos um baile. No bar, tomei duas pingas e criei coragem. O salão estava cheio. Em mim, aquela tensão insanável e crescente. Não sabia dançar muito bem, mas queria participar de qualquer jeito. Nas caixas de som, sucediam-se várias músicas, selecionadas por ritmo. Em pouco tempo, Carlinhos já estava dançando com uma garota. Encontrei uma mesa e sentei.

Avistei uma morena toda de preto que dançava muito. Enquanto observava seus movimentos, ela totalmente entregue à música, fui sentindo a coragem crescer junto com o desejo. No entanto, a garota parecia estar acompanhada: sentado ali perto, um jovem a fitava sem desviar os olhos. Talvez fosse seu namorado que, sem saber dançar, limitava-se a vigiá-la. Olhando-a, eu me sentia amarrado a mastros e gáveas, em plena maré montante. O naufrágio era eminente. Apesar daquele guardião que a vigiava, resolvi arriscar a sorte.

Uma seleção de rock começou a tocar. Isso eu ia conseguir dançar. Tomei toda a coragem do mundo e mergulhei no mar de gente. Canhões de laser e luzes estroboscópicas coloriam o salão. Uma fumaça esbranquiçada e sem cheiro invadia tudo. Fui me aproximando da morena e de repente já estava na frente dela, tentando acompanhá-la. Foi fácil. Ela entendeu. Olhou-me por entre seus cabelos esvoaçantes. De seus olhos partiam estrelas luminosas.

Aprendi seus gestos e o tempo ficou suspenso. A garota sentia tanto minha timidez quanto meu coração em fogo. Me desprendi de tudo, me esparramei. Éramos só nós dois e o vento das horas parado no ar. Não era apenas a mulher que me afetava: havia no ar algo de mágico e grave. Dancei além do que imaginava ser possível. Minha roupa ficou encharcada de suor. A morena era incansável, como a habitante de um mundo encantado e frenético. Os olhos de seu acompanhante estavam grudados em nós. Esgotado, precisei me sentar para não cair. A garota também parou e passou por mim sorrindo, linda com seus olhinhos de ouro.

Carlinhos veio me buscar: iríamos para outro lugar. Fui até a mesa da morena, disse ao seu acompanhante que ela era a rainha da festa e agradeci. Ele sorriu e apertou minha mão, compreendendo. Olhei-a pela última vez, sorri e fui embora a contragosto.

Passamos por outras festas. Meu amigo conhecia todas. Mas nada de mulheres. Chegamos a uma gigantesca, mas meu dinheiro tinha acabado. O salão fora construído com toras de árvores e a animação lá dentro parecia enorme. Tentei entrar sem pagar. Fui barrado por dois seguranças. Bêbado, fiquei valente. Ameacei sacar uma arma inexistente, e os dois brutamontes me deram um bote na cintura. Carlinhos entrou na confusão. No começo levamos certa vantagem. Soquei com vontade e chutei até a sombra. Mas logo já não eram apenas dois ou três: estávamos rodeados de gente nos batendo. Socos e pontapés voavam para todos os lados. Quando Carlinhos escapou e correu, fui atrás. Uma multidão nos perseguiu. Pega, não pega, quando percebemos estávamos longe, mortos de cansaço.

Nariz e boca sangravam. Entramos na praça Luiz Gonzaga, no Pirajuçara. Abrimos a torneira do jardim e lavamos a cara.

Minha camisa nova estava rasgada. Carlinhos parecia um pouco melhor que eu. Juramos vingança. Voltaríamos armados e despejaríamos tiros naquela gente. Minha boca doía, a perna direita também. Acabamos rindo daquilo tudo e cada um foi para a sua casa. Minha mãe não me viu chegar; já estava dormindo. Tomei banho, cheio de hematomas e com o nariz ainda sangrando um pouco. Desmaiei.

Acordei cheio de dores. Quebrado. Levantei meio capenga, pensando no programa do dia. A fome de existir me jogava para a frente. Passaríamos o Natal na casa da Matilde. A festa seria dupla. O primeiro neto dela, o Júnior, estava completando um ano. Tomei um litro de água gelada, coloquei um short e fui para o quintal. Tudo parecia borrado pelo brilho do sol. Caminhei até o portão e saí. O bairro todo estava na rua. Gente para cima e para baixo. Garotas de pernas morenas, coxas grossas e shorts deixando aparecer quase tudo... Que delícia! Desci até o bar do Zequinha. As mesas estavam cheias, mas havia lugar no balcão. Pedi vinho gelado. Precisava de alegria sem causa e felicidade sem dia seguinte. Depois do segundo vinho, eu já conversava com o Zequinha sem nenhuma inibição. Queria participar da vida daquelas pessoas.

Voltei chumbado pra casa. Minha mãe já tinha ido para a casa da Matilde. Segui para lá. Quando cheguei, havia meia dúzia de mulheres na cozinha. Gostava daquele ambiente feminino. E elas me aceitavam. Vasculhei a geladeira atrás de cerveja. Havia brincadeiras e malícia no ar. As mulheres bebiam caipirinhas e as línguas se soltavam.

Naquele momento, desejei sentir todas as coisas de todas as maneiras e viver tudo de todos os ângulos possíveis. Mas não conseguia me integrar. Havia algo que continuava me separando dos outros, algo que me derrotava e me deixava perdido, sem rumo: depois de algum tempo, eu teria que voltar para a prisão.

Na segunda-feira Carlinhos me convidou para visitar as mesmas garotas que tinham nos dado o cano. Havia uma justificativa: Carmélia havia machucado o pé. Uma escadaria de terra, feita a enxadão, levava até o alto do morro. Ao chegarmos à casa delas, encontramos Carmélia ajudando a mãe nas tarefas domésticas. Tia Anália era dessas baianas gordas, cheia de saúde e força. Logo às primeiras palavras sua personalidade expansiva me conquistou. Na minha vida cheia de mentiras, a sinceridade era algo precioso.

Irismar estava deitada num sofá. A primeira coisa que fez foi perguntar se eu tinha dinheiro para cigarros. Eu tinha; uma das filhas da Carmélia saiu para comprar um maço. Enquanto isso, fiquei conversando com Irismar. Ela me intrigava; eu queria penetrar em seu mistério. Perguntei por que tinha me dado o cano. Ela disse que o encontro era duplo; como Carmélia estava com o pé machucado, ela também teve que ficar em casa. A explicação não me convenceu. Havia algo que ela não me revelava. Aqueles olhos acesos falavam mais que as palavras. Insisti. E consegui marcar outro encontro com ela na véspera do Ano-Novo.

3.

Durante aqueles vinte anos de prisão, a minha relação de amizade com a minha mãe sempre havia sido uma tábua de salvação: ela era concreta, real, e me fazia sentir seguro como o sol. Após o derrame, no entanto, a mente dela se alterou. Ela passou a reclamar de tudo o tempo inteiro, fazia cobranças, era pouco compreensiva. Antes, sempre fora a doadora e eu o receptor. Mas os papéis haviam se invertido. Eu ainda não aprendera a interpretar o meu papel, e a relação estava ficando grossa como casca de árvore.

Passei a quarta e a quinta-feira em casa, fazendo companhia para a dona Eida, empinando pipas com os filhos da Matilde, tomando vinho com o Zequinha em seu bar e de olho na cabeleireira do salão ao lado. Na sexta, saí cedo e fui andar pela cidade. Admirei prédios velhos, lugares da minha infância e adolescência. Acabei dando um giro na antiga Boca do Lixo. No fundo eu sabia: caçava uma prostituta. Era mais fácil e rápido.

A paisagem havia mudado: as ruas estavam tomadas por lojas de aparelhos eletrônicos. Acabei encontrando um puteiro, mas senti vergonha de abordar as garotas. Passei umas dez vezes na frente do lugar e não criei coragem.

Na Estação da Luz vi algumas prostitutas no meio da multidão. Minhas pequenas irmãs. Eram jovens, talvez menores de idade. Olhei-as fixamente e o bicho devorador surgiu, lambendo-as com os olhos. Atravessei a estação, fugindo do lobo. Sentei num banco da praça. Estava cansado de andar. Fiquei lá jogado, admirando os mendigos e as mulheres que passavam. Sempre gostei de mendigos. Eles me fascinam. Uma moça veio se sentar na ponta do banco. Me lançou um olhar cheio de intenções. Entendi que havia encontrado o que procurava: uma mulher que vendia o corpo. E era bonitinha, a danada. Fiz sinal com a cabeça e ela veio se sentar mais perto.

Perguntei o preço e ela chutou alto. Mesmo assim aceitei. Caminhou na minha frente até sairmos do parque. Depois seguiu andando ao meu lado. Conversamos. Expliquei quem eu era e de onde vinha. Contei toda a verdade de propósito. O título de malandro e o fato de estar preso contavam pontos. De certa forma aquilo nos colocava no mesmo plano. Não queria apenas usá-la; ainda enganava a mim mesmo com o pensamento de que podia ser diferente. Precisava desse anestésico para a dor na minha consciência.

No quarto, ao tirar a roupa, ela revelou um corpo esguio e cheio de curvas, mas algo que me desagradou: seu cheiro. Um fedor estranho, como se houvesse algo de errado em seu suor. Mais tarde descobri que era o cheiro característico de quem fuma crack. Perguntei se ela queria tomar um banho comigo. O cheiro do sabonete reativou meu interesse. Coloquei o preservativo e a invadi. Mas assim que gozei senti um desânimo enorme. Paguei e fui embora, ainda sentindo aquele cheiro estranho. Eu estava esvaziado, como um saco amassado. Voltei pra casa querendo minha mãe.

No sábado eu, Carlinhos e Dôia fomos à feira. Era uma maravilha ver aquela gente e sentir aqueles cheiros. À tarde, meu amigo Avildo apareceu lá em casa, de carro; convidou minha mãe e eu para visitarmos sua família. Eu o havia conhecido nas reuniões espíritas na prisão. Ele dava palestras e nos tornamos amigos. Avildo era empresário; seu carro era novo em folha; sua casa, enorme e linda. Ele nos recebera lá várias vezes. Sua família era bonita, gentil e muito diferente de nós. Fomos bem recebidos, como sempre, e passamos uma tarde muito agradável. Dona Eida foi tratada como rainha. Quanto a mim, ficava inventando assuntos, querendo demonstrar cultura, mas só fazia papel de bobo. Eu não tinha educação para aquele tipo de convivência. À noite nos trouxeram de volta. Estávamos felizes. Havíamos tomado um banho de família feliz, de gente de paz e cheia de amor. Ressoava mansamente no ar o rumor da vida na noite. Minha mãe sorria puro. Mas eu ainda experimentava aquela angústia, aquele sentimento de que algo me faltava.

O que eu não tinha era uma companheira. Só o sexo não me bastava. Queria amor — como o amor que eu vivera com Magda. Era terrível admitir que ela me fazia falta, mas eu estava decidido: não iria telefonar. Suportaria o sofrimento e apagaria Magda dentro de mim.

Tínhamos sido convidados para passar a noite de Ano-Novo na casa do Carlinhos. Meu amigo passou a gostar muito da minha mãe e quis agradá-la. Vieram nos buscar pela manhã. Ficaríamos lá até a noite.

Antes do almoço, fui ver Irismar: tínhamos combinado um passeio no Ano-Novo. Tia Anália me recebeu de coração aberto. Sentei com ela na cozinha, tomamos café e conversamos. Aquela mulher gorda e suarenta combinava comigo; sua companhia era um prazer. Irismar estava deitada, doente, com fortes dores abdominais: nosso passeio tinha acabado antes de começar. Sem ir ao médico, sem sequer pensar em tomar um remédio, Irismar simplesmente esperava que a dor passasse. Seu olhar era manso e resignado, coisa da gente sofrida do Nordeste. Eu a convenci a ir comigo até a farmácia. O atendente lhe aplicou um analgésico, o que fez a dor passar. Além disso, comprei a ela um tubo de comprimidos para a dor. No caminho de volta ela já se sentia bem melhor e a conversa fluiu. Finalmente, contou o que estivera me escondendo: faltara ao nosso encontro porque já tinha um namorado.

Mesmo assim, enquanto nos aproximávamos da casa da sua tia, senti que eu tinha alguma chance; a garota estava esperando que eu insistisse. Se a convidasse para sair, ela provavelmente aceitaria, por simpatia ou agradecimento. Mas eu não queria que as coisas fossem desse jeito: aquela moça merecia um investimento sério. Dei-lhe um beijo no rosto e me despedi. Escreveria da prisão. Pedi apenas que me respondesse.

Voltei para a casa do Carlinhos me sentindo tranquilo. Fizera algo decente. O almoço já havia começado. Expliquei ao meu amigo o que tinha acontecido. Ele disse que eu havia tomado a atitude certa: Irismar era uma garota legal e merecia respeito.

Em seguida, os rapazes enrolaram o maior baseado que eu já tinha visto. Era a bomba do ano. Fumamos até nos fartar. Era uma tradição entre eles. Participar era renovar o pacto de amizade para o ano todo. À noite nos levaram para casa. Acordei sufocado pela angústia: teria que voltar com minhas próprias pernas para o lugar do meu sofrimento. Minha mãe veio me acordar sem saber que a dor já tinha me despertado.

Carlinhos vinha me buscar: queria me ajudar naquela hora. Chegou, e eu já estava pronto. Minha mãe chorou ao me ver partindo com a sacola no ombro. Fui caminhando em pedaços, pelas calçadas, até o ponto de ônibus. O absurdo da situação me golpeava: eu ali, livre, era obrigado a voltar para a cadeia. Se a ideia era readaptar o preso à sociedade, por que prendê-lo de novo? Para que se readaptasse à prisão?

Na rodoviária Tietê, depois da última cerveja, Carlinhos e eu nos despedimos. Eu voltaria a sair no feriado da Páscoa e os procuraria, com certeza. Agradeci o carinho do amigo, da sua família e agregados. E, me sentindo meio morto, subi no ônibus que me levaria para Tremembé. Deixei o mundo para trás. Lutei para manter a confiança: tentei inventar um futuro. Eu havia passado por várias batalhas e tinha vencido. Não telefonara para a Magda. Não cometera grandes desatinos nos meus dias de liberdade. E, além disso, havia conquistado um bom núcleo de amigos. Para completar, talvez tivesse encontrado o que tanto buscava: uma mulher com quem eu talvez pudesse ter uma vida. Precisava casar e formar uma família. O médico já tinha dito que minha mãe não resistiria a outro derrame. E eu não tinha mais ninguém. Da família do meu pai, queria distância. Aquela gente me deixava um gosto ácido na boca. E também não queria contato com os parentes da minha mãe. Não: eu precisava formar a minha própria família. E Irismar agora se transformava no foco dos meus sonhos. Ela estava estudando. Fazia o terceiro ano primário, interessada em aprender. Isso importava muito. Eu lhe ensinaria o que pudesse. Passaria a ela o que havia acumulado em décadas de estudos e leituras.

Em Taubaté tomei o ônibus que me deixaria na prisão. Não estava a fim da gandaia nos bares onde as prostitutas aguardavam os presos que voltavam. Cheguei cedo. Não havia fila na entrada. Passei por uma revista rigorosa e humilhante. Troquei de roupa na rouparia e voltei para o alojamento com meu enxoval de preso. Reinstalei-me na minha cama.

O saldo daquela saída tinha sido favorável, embora houvesse reclamações. Sempre havia. Mas as reclamações na minha vida eram tantas que às vezes nem valia a pena formulá-las.

4.

No almoxarifado da Amplimatic, todo mundo mandava em mim: Ditão, Gordão, Cidinha. Preso servia para receber ordens. E assim me tornei pau pra toda obra. Era o primeiro trabalho sério da minha vida. Até então eu apenas trabalhara na prisão, mas sem ganhar nada. Agora estava sendo remunerado. Com a convivência, os preconceitos foram desaparecendo. Almoçávamos e andávamos juntos pela empresa.

No alojamento do semiaberto, as coisas não mudaram muito. Havia até espancamentos. Os guardas odiavam os presidiários. Comigo, o diretor penal até que era razoável, mas de forma geral a diretoria sempre ficava contra os presos. Qualquer briga ou discussão era motivo de transferência do presidiário para a penitenciária, que ficava ao lado.

Só mesmo um santo podia viver sob aquela pressão sem se envolver em nenhum tipo de briga. Eram cerca de oitenta homens convivendo num espaço exíguo: impossível não haver desentendimentos. Eu pisava em ovos. Procurava não desperdiçar minha vida gratuitamente. Meu único amigo era Natal, com quem eu praticava boxe e corrida nos fins de semana.

Um dia, voltando da fábrica, notamos que algo estranho estava acontecendo no presídio. Assim que chegamos, os funcionários nos levaram para um galpão ao lado dos alojamentos. O local tinha sido tomado pelos presos. Rebelião no semiaberto era algo absurdo. Quem não estivesse satisfeito, que pulasse o alambrado. Simples e fácil. Não havia vigilância. Ou que esperasse a próxima saída e não voltasse. Mas tomar a prisão, sequestrar guardas? Isso era pedir para voltar ao regime fechado, com mais processos e condenações. O que os presos estavam reivindicando? E de que adiantava reivindicar o que quer que fosse? Palavra de diretor e de guarda de presídio jamais valeu coisa alguma para nós. Quando os guardas retomassem o controle, todas as promessas seriam esquecidas.

Passamos a noite no galpão. Alguns companheiros ficaram impacientes e foram embora de vez. De manhã, o impasse estava resolvido. Voltamos para a prisão. Estava tudo bagunçado, mas ninguém tocara nas nossas coisas. A maioria não havia participado daquela pseudorrebelião.

No fim fomos obrigados a aplaudi-los. Apesar de ter duvidado, eles conseguiram mesmo algumas concessões. Agora podíamos transitar livremente por toda a prisão; antes ficávamos restritos aos pavilhões onde morávamos. Além disso, nossas visitas agora poderiam ir até os pavilhões. Já havia visita íntima, mas a burocracia era enorme, e havia apenas duas horas de intimidade por casal. Agora os casais poderiam ter suas intimidades dentro do seu alojamento, que ficaria reservado só para quem recebesse visita. Os demais presos esperariam no pátio.

Apesar dessas conquistas, o troco logo foi dado. Os guardas espancaram barbaramente os presos que haviam participado da rebelião. Em seguida, mandaram todos para a penitenciária. Era óbvio que isso ia acontecer; só alguém muito ingênuo poderia esperar algo diferente.

Comecei a correr todos os dias. Chegava do trabalho depois das duas da tarde, colocava o short e, descalço, saía trotando pelo gramado. Corria mais ou menos uma hora e meia, depois tomava banho e me sentava em alguma mesa do refeitório para escrever. Mantinha meus relacionamentos e amizades via correio. Não havia outro modo. Escrevi três cartas seguidas para Irismar. As respostas não demoraram. Ela havia desmanchado o namoro e estava adorando receber minhas cartas. Senti que havia espaço para mim: já era quase um namoro.

Nessa época quase estraguei tudo. Por pouco não fiz uma grande besteira. Uma noite me irritei com um rapaz que estava escutando rádio num volume alto demais. Pedi que ele abaixasse. Não quis me atender. Discutimos, e as coisas ficaram tensas. Ele era grandalhão e zombou de mim, me chamando de velho. Aguardei uma oportunidade. Durante uma das minhas corridas, vi o rapaz saindo do refeitório para o pátio. Passei pelo alojamento e notei que não havia nenhum policial vigiando. Planejei minhas ações. Queria mostrar que ninguém podia me tratar daquele jeito. Passei por ele correndo. Dei outra volta no pátio. De repente parei bem na frente dele. Surpreso, por um instante ele ficou sem ação. Soquei o cara. Ele balançou, soquei novamente. Ele caiu. Pulei para trás e esperei reação. Imaginei que ele fosse me encarar. Eu até podia apanhar: já tinha deixado minha marca nele, e isso era o bastante.

Mas dessa vez eu é que fiquei surpreso: o sujeito saiu correndo para o alojamento. Vi que as coisas podiam engrossar: ele provavelmente tinha ido buscar alguma arma. Na hora, o medo e o arrependimento se misturaram em mim. Por que eu fora começar aquela briga? O sujeito voltou carregando um "bico de pato": uma lata de dezoito litros cortada transversalmente e com um cabo pregado na parte mais alta. Servia para apanhar lixo e podia machucar. Mesmo assim me senti aliviado: pelo menos não era uma faca. Em vez de esperar, corri para cima dele.

O cara fez o pegador de lixo vibrar na minha direção. Aparei o golpe com um braço e o derrubei com uma trombada frontal. O sujeito caiu e o "bico de pato" voou longe. Chutei pra valer. De novo ele correu para o alojamento, mas dessa vez não voltou. A lata havia cortado meu braço. Natal chegou do trabalho e me ajudou a vedar o ferimento. Ele queria partir para cima do meu agressor. Mas a minha lucidez tinha voltado e abri o jogo. A culpa fora minha, admiti. Contei o que havia acontecido e acabamos rindo juntos.

Natal me ajudou a fazer as pazes com o dono do rádio barulhento. No fundo nós não queríamos brigar. Se a polícia descobrisse, todos nós nos prejudicaríamos. O jovem ficou com a boca machucada, mas o tempo diluiria o rancor. Mais tarde ficamos até amigos.

Enquanto isso, as cartas voavam. Irismar me mandava notícias de sua vida. As coisas não iam bem. Teria que sair da casa da tia. O marido da tia Anália — um sujeito alcoólatra e violento — maltratava e humilhava constantemente a sobrinha. Tia Anália não podia fazer nada: era a aposentadoria do marido que sustentava a casa. Na carta seguinte, aconselhei Irismar a ter paciência: quando eu saísse da prisão, na Páscoa, resolveria o assunto. Mas o tio ficou sabendo que eu prometera ajudar. Isso piorou as coisas: ele começou a pressioná-la ainda mais.

Pouco tempo antes da Páscoa, recebi uma carta do Carlinhos com a notícia de que Irismar saíra da casa da tia e fora morar com uma tal de Rosinha. Segundo ele, era uma mulher envolvida com o crime e morava em cima de uma boca de crack. Carlinhos temia pela Irismar.

Fiquei assustado e comecei a imaginar coisas escabrosas. Não conhecia Rosinha, mas já a imaginava vendendo Irismar para traficantes. Meu ímpeto foi fugir da cadeia e resolver a questão. Escrevi para minha mãe. Expliquei o que estava acontecendo e pedi que ela pensasse se poderia receber a garota em casa.

Enfim chegou o dia da minha saída. Até então eu jamais pudera resolver meus problemas pessoalmente. Preso, sempre precisei pedir ajuda aos outros. Mas agora eu mesmo cuidaria da minha vida. Tinha dinheiro, casa e uma mãe que, apesar do derrame, ainda estava do meu lado. Tínhamos um quarto e cozinha num fundo de quintal. Sem dúvida Irismar poderia morar ali.

No ônibus, impaciência e entusiasmo se confundiam. Magda nem sequer me passava mais pela cabeça. Eu caminhava para meu futuro a passos largos.

5.

Chegando a São Paulo, me misturei às pessoas que se dirigiam ao metrô. Por alguns momentos me senti parte da multidão, um cara igual a todos os outros, embora eu soubesse que não era. As garotas estavam mais bonitas: o calor as deixava quase sem roupa. Sentadas no metrô, pareciam flores abertas em exposição. Desci na avenida Paulista. O vento levantava saias. Como era linda a minha avenida! Lambi com os olhos aqueles prédios elegantes e aquela gente bem vestida. Desci até a rua Teodoro Sampaio e fui andando até o mercado de Pinheiros. Comprei um saco de uvas e saí chupando. Estava feliz, ao sol.

No banco do ônibus que me levaria a Embu, voltei a sintonizar o pensamento em meus problemas. Eu precisava dar uma ajuda a Irismar, mas minha mãe talvez complicasse as coisas. Não sabia até que ponto poderia contar com ela nesse caso. Mil motivos poderiam levá-la a negar ajuda — e o ciúme certamente era um deles.

Em casa, minha mãe me aguardava sentadinha no sofá. A garota que cuidava dela abriu um sorriso enorme ao me ver. Eu já era benquisto por ali. Antes de qualquer outro assunto, dona Eida me perguntou se eu ainda estava querendo trazer a mulher para casa. Sentei-me e lhe contei de novo a história da Irismar. Depois voltei a pedir que ela nos ajudasse. Por um instante minha mãe me pareceu uma estranha, desinteressada da minha agonia. Mas foi uma falsa impressão. Como sempre, ela disse que me ajudaria. Na verdade, disse até que ia apreciar a companhia. A moça pelo menos ia ter onde dormir e o que comer — a menos que fosse dada a luxos. Mais uma vez senti orgulho da minha mãe. Expressei toda a minha gratidão com um grande beijo em seu rosto. Dona Eida me apressou: que eu fosse logo buscar a tal moça. Estava ansiosa para conhecê-la.

Cheguei à casa do Carlinhos em tempo recorde. Por sorte, ele estava lá. Abraçou-me com uma alegria sincera. E foi logo avisando que eu devia tirar rápido a garota da casa da tal Rosinha. Irismar corria perigo. Do morro, mostrou-me o casebre. Avistei Irismar: estava em pé junto do tanque de lavar roupa. Assobiei agudo. Ela ouviu e procurou com os olhos. Quando me viu, largou tudo e saiu correndo pelo portão. Chegou suando, tinha andado rápido. Abri os braços e ela se atirou.

Beijei, senti seu calor, seus seios maciços se esparramando no meu peito. Tinha 22 anos e era uma mulher e tanto. Afastou-se um pouco e me olhou, à espera. Perguntei se estava tudo bem. Respondeu que sim: agora que eu chegara, estava tudo bem. Tinha certeza de que eu acharia outro lugar para ela. Perguntei se queria morar na minha casa. Respondeu que sim e, sem perder tempo, fomos pegar suas coisas. Naquele momento fiz um pacto comigo mesmo. Acontecesse o que acontecesse, eu jamais a deixaria desamparada. Ela havia confiado em mim. Eu responderia àquela confiança com a minha vida.

Seu Zé, pai do Carlinhos, continuava me avaliando. Para ver se eu era um cara trabalhador ou preguiçoso, me convidou para ajudá-lo num serviço: eles precisavam encher uma laje de concreto para construir em cima. Era sexta-feira, o trabalho começaria no sábado pela manhã. Respondi que ajudaria com o maior prazer. E meu entusiasmo não era fingido. A vida, naquele momento, adquiria um sabor singular e doce. Eu tinha amigos, casa, mãe, namorada e perspectivas felizes. Claro, ainda havia problemas a resolver. Antes da minha saída, a advogada do estado abrira o jogo comigo: eu precisava cumprir mais seis anos para poder pleitear o regime aberto. Mesmo assim, eu continuava otimista. Me convenci de que poderia sair em dois anos. Trabalharia firme e aproveitaria todas as oportunidades. Também era possível que eu fosse transferido para outra prisão, na cidade de Franco da Rocha, onde seria possível encontrar um emprego — meu amigo Avildo, que tinha uma empresa lá, prometera me ajudar. Eu estava decidido a sustentar Irismar e a construir uma família com ela. Minhas cartas haviam mexido com o coração da garota: logo notei que ela estava se apaixonando por mim. Na casa da Rosinha, trocamos abraços e beijos suavemente. Irismar tinha gosto de frutos açucarados. A dona do casebre chegou de repente e nos surpreendeu no meio de um beijo. Imediatamente adivinhou quem eu era. Foi tão simpática que duvidei das histórias contadas pelo Carlinhos. No entanto havia um fundo de verdade nelas; Rosinha era mesmo do molho. Mesmo assim só tínhamos a lhe agradecer, e foi o que fizemos. Em seguida, Irismar e eu saímos carregados de sacolas e sacos.

No caminho ela me falou sobre os problemas com o tio. Não sabia por que ele tinha começado a persegui-la, e isso tornava tudo mais doloroso. Eu a entendi perfeitamente: podemos suportar grandes dores desde que elas façam algum sentido para nós; a dor realmente insuportável é a que não tem explicação. Irismar já passara por coisas piores. Por exemplo, a imensa tristeza de ser criada sem a mãe, que morreu num acidente. Crescera no sertão, onde as pessoas são mais puras, e não estava acostumada com a mesquinharia humana das cidades grandes.

Em casa, fiz as apresentações. Dona Eida repetiu o que já dissera: cama e comida não iriam faltar. Mostrei a casa, dei beijos na minha mãe e saímos. Queria dar um passeio com a minha namorada. Pegamos um ônibus e ficamos nos beijando ao longo do trajeto. Irismar me falou mais sobre sua vida. Logo depois que a mãe morreu, ela e o irmão foram deixados pelo pai na casa da sua madrinha. Um dia, a avó materna foi visitar as crianças. Ficou indignada com os evidentes sinais de maus-tratos e levou os dois para sua casa. Assim, Irismar foi criada pela avó e pelas tias maternas, que eram mais de uma dúzia. Algumas depois vieram para São Paulo e agora moravam perto de nós, no Embu — caso da Anália. Ficamos de visitá-las nos próximos dias. Ela queria mostrar o namorado e dar seu novo endereço.

Voltamos para casa com nossos corpos grudados. Minha mãe estava acordada e liberou todos os cobertores para nós. Forrei o chão do quarto com três mantas, enquanto Irismar tomava banho. Saiu envolta numa toalha, tímida. Olhei-a, embevecido: eu começava outra vida com uma mulher vinte anos mais nova. Uma experiência que — assim eu esperava — daria algum sentido para a minha vida.

Quando saí do banho, ela estava debaixo dos lençóis. Eu a invadi com uma força incontrolável. Depois dormi satisfeito. Acordei com ela tremendo de frio. Para mim um lençol fora suficiente. Deixei-a enrolada nos cobertores. Minha mãe já estava acordada e sorria tranquila. Sentia que seu filho agora ficaria mesmo em casa. Até então eu era apenas um visitante. Comprei pão e leite, coloquei água para aquecer. A menina da vizinha veio fazer o café.

Vesti minha pior roupa e fui para a casa do meu amigo Carlinhos bater laje. O pessoal já estava em plena atividade quando cheguei. Carlinhos e Fábio haviam pulado fora. Trabalho pesado não era com eles. Eu sempre gostei de me exercitar e estava em plena forma. A massa estava sendo feita no meio da rua. Pouco a pouco, as latas de vinte litros iam se enchendo de concreto. Depois, nós as colocávamos no ombro e subíamos a improvisada escada de madeira.

Uma, duas, três latas, e o cansaço começou a bater em quase todo mundo. No início, trabalhamos rindo e brincando; pouco a pouco, ficamos em silêncio. Os mais fracos foram abandonando a arena. Só persistiram os que tinham a melhor preparação física. Seu Zé, enchendo as latas com a pá, começou a admirar minha energia. O único que me renteava era um colega de trabalho do seu Zé, que também tinha ido ajudar. Os demais se arrastavam. Foram horas de pegada. Meu ombro ficou em carne viva, ardendo a cada lata carregada.

Combati a dor no ombro e nos músculos com determinação. Haveria de provar àquele homem que eu era um amigo digno para seus filhos. Travava os dentes e seguia adiante. Depois de cinco, seis horas de trabalho firme, acabamos a laje. Meus músculos tremiam, as pernas queriam amolecer. Seu Zé abraçou a mim e a seu colega de trabalho e nos conduziu para dentro de sua casa. Tomei um banho quente e demorado, procurando relaxar a musculatura do corpo. Pensei em ir embora. O pessoal lá de casa devia estar me esperando.

Seu Zé não me deixou ir. Agora é que vinha a parte boa: a comemoração, disse ele. Sua filha trouxe pedaços de carne de churrasco fumegando, farofa, cerveja gelada e caipirinha. O homem me elogiava sem parar. Ficou bêbado e só faltou me beijar. Dizia que os filhos o tinham abandonado, que eram uns molengas. Nós é que éramos homens de verdade. E tome caipirinha e cerveja enquanto a carne parecia se multiplicar na bacia de alumínio. Meu copo nunca ficava vazio. Vi que o velho, bêbado, não me deixaria ir embora se eu me despedisse. Por isso saí de fininho. Segui torto pelas ruas, cambaleando pra lá e pra cá. Estava feliz. A luz, as pessoas indo e vindo da feira e eu rindo feito bobo no meio da rua. Tinha gente que diminuía o passo e me olhava. Então eu sorria e dizia: Boa tarde! E seguia pela rua. Eu me sentia livre.

Nem sei como peguei o ônibus; tudo girava na minha frente. Precisei fazer todo o esforço do mundo para pagar a passagem. Meus músculos estavam travando. A cada instante eu me sentia mais bêbado. De algum jeito consegui chegar em casa. Entrei e me atirei na cama da minha mãe. Chamei Irismar. Minha mãe apareceu dando bronca. Lembrou do marido morto, que chegava em casa sempre assim. Irismar estava na vizinha. Veio correndo. Me ajudou a ir até o banheiro. Vomitei a alma. Ela me amparou, cuidou de mim. Só voltei a ser quem eu era na metade da noite. Surpreendentemente, não me deu dor de cabeça, ressaca, nada. Eu estava saudável.

No dia seguinte, fui passar pelo crivo das tias da Irismar, que moravam perto do Parque São Jorge. Agora nada mais importava, a não ser a vontade dela. Almocei com uma multidão de parentes. Bebia-se pinga pura como água. Parecíamos ilhas, rodeados de crianças por todos os lados. A única coisa que não se via era dinheiro. Deixei Irismar com suas tias e voltei para o Embu. Fui ver Carlinhos. Seu Zé tinha virado meu fã. Conversamos, bebemos. Todos apoiaram minha decisão de acolher Irismar. Minha namorada tinha prestígio: todos a queriam bem.

Passamos cinco dias juntos, ora em casa com a minha mãe, ora com a família do Carlinhos. Na última noite não consegui dormir. Fiquei vagando pelas ruas próximas de casa. Quando amanheceu, fiz café; minha mãe acordou e foi tomar banho. Eu estava triste, sim, mas não tanto quanto das outras vezes. Meu futuro parecia mais verossímil. Agora eu tinha um motivo para voltar. Estava construindo a família que desejava.

Irismar me acompanhou até São Paulo. Fomos para a rodoviária Tietê, comprei a passagem e ficamos abraçados, sem palavras, desejando que aquele momento se estendesse para sempre. Tentei consolá-la: era apenas mais um mês. O Dia das Mães me traria de volta. Pedi que me escrevesse. Ela tinha dificuldades para se expressar por escrito. Eu aceitaria o esforço.

Só entrei no ônibus quando ele já estava em movimento. Irismar chorava como uma criança. Conforme o veículo ganhava as ruas, uma oração foi nascendo espontânea em mim. Pedi a Deus por elas, minha mãe e Irismar. Isso me apaziguou. Só podia fazer o que estivesse ao meu alcance; o resto não me cabia. Faria o melhor que pudesse. Confiava que, assim, as coisas dariam certo.

6.

Entrei na prisão cheio de coragem. Estava certo de que iria vencer. Lá dentro algumas coisas haviam mudado. A diretoria era a mesma, mas os chefes de disciplina e guardas eram outros. O semiaberto divide-se em duas seções; ao retornar do feriado de Páscoa, fui transferido para a seção de baixo, coordenada por um novo chefe de disciplina. Era um desses sujeitos que se consideram grandes conhecedores de prisões. De mentalidade tacanha, acreditava que sua principal função era fazer com que o preso sofresse. No regime semiaberto, contudo, a violência e o desrespeito aos direitos humanos são menos explícitos do que nos presídios. O chefe, portanto, era obrigado a controlar seus impulsos, e isso o deixava visivelmente frustrado.

No pavilhão para onde fui transferido estavam companheiros que trabalhavam na Amplimatic. Meu horário na fábrica mudou. Passei a entrar às duas da tarde e a sair às nove da noite. Até as cinco da tarde, eu trabalhava no almoxarifado; depois ia ajudar no setor de tornearia. No início eu não entendia nada de tornos, mas um amigo que trabalhava lá era bom nisso.

No nosso pavilhão havia um funcionário que fazia faculdade. Uma de suas disciplinas era filosofia e ele não entendia muito do assunto. Conversando, mostrei que tinha algum conhecimento da matéria e cheguei a ajudá-lo a fazer um trabalho. Daí em diante não me faltaram livros. O universitário era amigo de alguns guardas, e muitos deles passaram a me procurar, pedindo ajuda com trabalhos escolares. Durante anos eu havia quebrado a cabeça para entender as lições que a dra. Rachel Gazzola, professora de filosofia da PUC, me passava por cartas, e agora, por algum motivo desconhecido, minha mente se abrira para o entendimento desses assuntos.

Passei a procurar Cidinha com menos frequência. Aquilo de ela se entregar sem palavras me enlouquecia, mas agora eu era um homem comprometido e os encontros com ela começaram a doer na minha consciência. Além disso as coisas ficaram complicadas. No horário da tarde, um funcionário do almoxarifado, um tal de Davi, era apaixonado por ela. Por ciúme, ele brigou com vários colegas de trabalho que também pegavam a garota. Ele começou a me vigiar e a me olhar feio. Com medo de que ele me denunciasse ao guarda encarregado de nos escoltar, fiquei esperto.

Um dia Davi me chamou para conversar. Eu sempre carregava uma faca, que eu mesmo havia fabricado no esmeril, reaproveitando a lâmina quebrada de uma máquina de serrar aço. A ponta era curvada para cima e a lâmina cortava dos dois lados. Eu a mantinha afiada como navalha. O cabo era feito de fibra. A ferramenta era muito útil no meu trabalho no almoxarifado. Com ela eu abria qualquer caixa e cortava qualquer amarração.

Davi era um sujeito mal-encarado e forte como um cavalo. Puxava um pouco a perna, mas seus braços eram enormes. Mesmo assim não me assustei. Sabia que, no fundo, não existem valentes nem covardes; o comportamento de um homem depende do momento.

Como eu havia previsto, Davi tentou me intimidar. Paguei em espécie: com toda a veemência, garanti que cortaria o pescoço dele da próxima vez em que se metesse a valente comigo. Então saquei a faca e dei um passo à frente. Como esperava, ele saiu correndo. Fiz tudo de forma controlada, fria, sem paixão. Agora ia ter que ficar de olho nele. Como dizem na cadeia: "Otário é a imagem do cão".

Dias depois fui colher amoras com a Cidinha no mato. Seu silêncio já não era absoluto: ela estava ganhando confiança e conversávamos um pouco. No meio do passeio, escutei um tiro e caí no chão, num reflexo. Ouvi outro estampido. Só então avistei o atirador, que corria mato adentro, manquejando. Averiguei meu corpo, me apalpei: nada de sangue, nenhum ferimento. Mas Cidinha estava apavorada. Abracei-a. Ela tremia de bater os dentes. Quando saímos do mato, várias pessoas se aproximaram, atraídas pelos dois disparos.

Na fábrica, o maior comentário. Os seguranças procuravam o atirador. A polícia foi acionada. Pedi silêncio total à garota, que, de qualquer modo, não entendera direito o que havia acontecido. Mas eu sabia: o autor dos disparos era Davi. Minha mente rodava, mas não me deixei dominar pelo medo. Sabia que o sujeito quisera apenas me assustar. Se quisesse acertar, teria atirado de perto.

Havia armas de fogo na fábrica e alguns detentos tinham acesso a elas. A maioria dos presos, porém, não sabia disso, e os guardas fingiam ignorar. Numa prisão existem várias camadas de clandestinidade, algumas menos visíveis que outras.

Por mais que eu tivesse tentado, não consegui uma arma de fogo. Amigos achavam que eu faria uma loucura e que isso teria repercussões ruins para todos que trabalhavam na fábrica. Na época muitas mercadorias estavam sendo desviadas: antenas e outras peças eram surrupiadas por quadrilhas. Um novo incidente poderia acarretar investigações, o que estragaria o negócio de muita gente.

De um jeito ou de outro, não precisei retribuir o susto. Davi não voltou para a fábrica. Depois de vários dias de ausência, Ditão foi procurá-lo em sua casa. Seus pais disseram que não sabiam para onde ele fora. Tinha desaparecido. Formei uma teoria: como caí no chão depois do primeiro disparo, Davi deve ter achado que me acertara. Fugiu para não ser preso. Respirei fundo. Eu era um homem de família e precisava tomar juízo.

Comecei a me interessar pelos tornos. Já que estava ali, não custava aprender. Meu amigo Décio era mestre no ofício. Comecei cortando barras de doze metros de canos de quatro polegadas em pedaços de um metro e meio. Era muito fácil. Fui aprendendo trabalhos mais sofisticados, comecei a usar o torno revólver, para a fabricação de pequenas peças.

O aprendizado me absorvia. Sempre que convocavam voluntários para trabalhar em dois períodos, eu me oferecia. Além de aprender, ganharia o dobro de dinheiro. E eu precisava disso. Recebi cartas da Irismar. A garota que trabalhava para a minha mãe se demitira e minha namorada havia assumido o posto. Dona Eida, generosa, lhe pagaria um salário mínimo. A garota disse que estava preparando uma surpresa para a minha próxima visita. Aquilo me animou: como era bom saber que alguém me esperava lá fora!

E como aquele mês demorou para passar! Na prisão, amigos e inimigos entravam e saíam. Alguns chegavam de manhã para fugir à noite. Acabavam presos novamente ou mortos pela polícia. Os noticiários anunciavam tiroteios. Os fugitivos baleados sempre morriam antes de chegar ao hospital: execução sumária. Resistir à prisão significava morte certa. Era uma doutrina. Eu queria sair livre, sem dever nada para a Justiça. Precisava de uma vida novinha em folha. Meu tempo de cabeçadas já havia passado. Eu tinha fugido uma vez e logo fora recapturado. Quase me mataram e, além disso, me arrumaram mais processos. Não, eu não ia tentar fugir. Precisava pensar na minha mãe e na minha garota.

Eu sabia que o sofrimento fazia parte das melhores vidas. Alguns dos nossos movimentos dão certo e somos felizes. Outros dão errado e o resultado é óbvio, mas sempre aprendemos. E aquilo que somos, em grande parte, é definido por nossa capacidade de sofrer. Talvez sofrer fosse a única coisa que eu soubesse fazer de verdade.

Muita gente acredita que um golpe de sorte pode transformar uma vida. Quem nunca sonhou em ganhar na loteria? Bem, esse tipo de sonho já não me seduzia. Tudo o que consegui na vida foi fruto de enorme esforço. Nada me veio de graça. Eu não tinha sorte, mas podia confiar na minha força de vontade.

Se eu fugisse, ia ter que cair no crime. E acabaria matando alguém. Isso eu não queria fazer. Fora extremamente custoso aprender novos valores, e por isso eu os guardava com rigor. Lutara a vida toda para me preservar em meio à cultura criminal predominante nas prisões. Estava decidido: eu não ia fugir, ia ser homem e continuar aguentando até o fim. E, assim, o mês e pouco entre a Páscoa e o Dia das Mães passou.

Chegou o dia tão desejado. Vesti minha melhor roupa e guardei meus pertences na rouparia. Fui para a fila dos desesperados aguardar minha vez de receber meu dinheiro e o salvo-conduto. Cada objetivo conquistado servia de base para a próxima luta. Eu estava construindo minha nova vida com um esforço consciente. Até tinha posto a Cidinha de lado: estava na hora de experimentar a fidelidade. Talvez fosse isso o que faltava para tudo dar certo. Entrei no ônibus sorridente. Estava louco para encontrar os olhos atentos da minha garota.

7.

Elas me esperavam em casa. Irismar me abraçou vigorosamente, seu beijo foi prensado, cheio de saudade. Seus olhos ficaram vermelhos. Estar ali com elas era um alívio imenso. Precisei até sentar: fora um mês febril, dominado pela saudade e pelo desejo de voltar. Minha mãe estava contente. Irismar era uma ótima dona de casa. As duas estavam se dando bem. Outro alívio.

Irismar quis me mostrar a surpresa. Pediu que eu fechasse os olhos e me levou pela mão para o quintal. Quando voltei a abri-los, me vi dentro de um quarto mobiliado. Cama, guarda-roupa, tudo arrumadinho com capricho. Ela me olhava, com as mãos para trás, como uma menininha esperando aprovação. Abracei-a e dei-lhe um beijo. Ela correspondeu. Só deu tempo de fechar a porta para minha mãe não vir xeretar.

Estreamos a cama em grande estilo. Subitamente nua, Irismar me sussurrava carícias com sua voz fina de adolescente, em contraste com a minha, grave e rouca pela idade. Não houve requinte nem explosões: éramos como um casal que se conhece há anos. Gostei. Tanto que até repeti a dose. E ficaria repetindo não sei até quando se minha mãe não gritasse que a panela estava queimando no fogo.

Fui até o portão. Que falta me fazia aquela rua, que saudade de tudo aquilo que eu praticamente acabara de conhecer! Era minha casa. Ali estavam minhas raízes recém-fincadas. O melhor lugar do mundo. Ali estava minha gente, e lhes jurei fidelidade. Minha mãe adiantara um pagamento a Irismar e lhe servira de fiadora; assim ela comprara o nosso jogo de quarto. O colchão era presente de dona Eida. Pronto, nossa casa estava virando um lar. Era isso que ela queria. Um lar, um marido e uma vida calma. Minha mãe dizia que aquela menina gostava de mim de verdade. Eu me sentia em uma ilha no topo do mundo.

Depois do almoço, deixei Irismar na casa da sua tia Anália e fui ver Carlinhos. Ele arrumara um emprego. Trabalhava num restaurante novo, no turno da noite. Convidou-nos para ir até lá. A bebida seria por sua conta. Perguntei a Irismar se ela queria encher a cara comigo. Claro que sim.

Quando chegamos ao restaurante, Carlinhos trouxe alguns empregados e até um dos donos para nos conhecer. Ele era chapeiro e também ajudava a preparar batidas, caipirinhas, aperitivos. Para começar, tomamos alguns chopes. Se sobrava um pouco da bebida preparada para os clientes, eles nos davam. Irismar foi se soltando e começou a gargalhar por qualquer coisa. Tudo perdeu as arestas e ficou redondo como um gesto materno. Carlinhos brincava conosco enquanto suava na chapa fazendo os lanches. Passamos horas agradáveis, rimos até o maxilar doer. Saímos com as pernas vacilantes, bêbados e contentes.

Quando chegamos à nossa rua, um susto. Quase na frente de casa, um grupo de pessoas rodeava algo no chão. Chegamos perto, apreensivos. Era um rapaz, morto a tiros. Devia ter uns dezesseis anos, um menino. Reconheci Julinho, um garoto que morava ali perto. Naquele momento a família do rapaz estava subindo as escadas, carregada de sacolas e trouxas. Estavam se mudando às pressas, alguém informou. Eu não entendi nada.

O corpo do menino na calçada acabou com a minha alegria. Quando entramos em casa, dona Eida nos contou tudo. Alex, um dos muitos justiceiros do bairro, tinha matado o rapaz e mandado a família dele se mudar dali. Mataria a todos caso não tivessem partido até o amanhecer.

Alex... Eu já ouvira falar desse sujeito. Segundo Marcelo, ele já matara mais de dez pessoas no bairro. Ladrões, traficantes, viciados. Já fazia algum tempo Julinho vendia drogas com o apoio do pai. Haviam sido avisados e não pararam. Aquele era o resultado. Alex não aceitava boca de drogas no bairro. O carro do IML veio buscar o corpo no dia seguinte, de manhã. A polícia nem apareceu.

Na prisão, morte e violência faziam parte da minha rotina, mas esse incidente, perto da minha casa, me deixou perturbado. Será que os justiceiros sabiam que eu estava preso? Bem, eu não fizera nada de errado, não havia por que implicarem comigo. No dia seguinte, nós três nos arrumamos e saímos; a ideia era levar dona Eida ao cinema. Mesmo apoiada na Irismar, ela andava com muita dificuldade, quase se arrastando. Irismar não reclamava. Sua paciência era do tamanho da necessidade.

Quando íamos sair pelo portão, um carro apareceu de repente à nossa direita, em alta velocidade, subindo a rua. Estiquei o pescoço e vi três rapazes com meio corpo para fora, empunhando armas. No mesmo instante, ouvi disparos na nossa direção. Empurrei minha mãe e Irismar para dentro do quintal e nos encostamos na parede; Irismar caiu e ficou no chão, mas minha mãe conseguiu se manter em pé.

O carro brecou com um barulho sinistro perto do nosso portão. Vários tiros foram disparados de dentro do automóvel por toda a rua, em sequência, e dessa vez reconheci o som de armas automáticas. Quando os tiros pararam, o cheiro de pólvora invadia o ar. O ataque durou poucos segundos, mas para nós, imóveis no quintal, foi como se houvessem se passado horas.

Irismar conduziu minha mãe para dentro de casa, e eu arrisquei dar uma olhada na rua. O carro se afastava, cantando pneu. Encostado ao muro do quintal, caminhei pela calçada. Não havia ninguém nas ruas, mas muita gente olhava pelas janelas. As paredes e as portas dos bares estavam cortadas de balas. No fundo da viela, vi alguém caído de bruços no chão. Na roupa, várias manchas vermelhas.

Voltei para casa. O mundo lá fora pingava sangue; para mim, a única coisa que dava sentido a ele eram as duas mulheres que me esperavam lá dentro. Apesar do susto, Irismar tinha um sorriso calmo. Suas palavras me apaziguaram. Como um milagre, a chuva começou a cair, pesada. Minha mãe comentou como fora bom não ter saído, senão a chuva nos pegaria no caminho.

Abracei minha namorada e fomos para a parte coberta do quintal. Folhas secas e papéis voavam. O céu estava negro. Assistimos o espetáculo da chuva: o cadáver emborcado na viela se tornara irreal. Lá dentro, dona Eida reclamava. Estava furiosa com o tempo, que havia estragado seu cinema. Nós a deixamos assistindo televisão e fomos para a cama. Acordei assustado, gritando no meio da noite. A chuva havia parado. O telhado ainda gotejava. Irismar me acalmou, dizendo que fora só um pesadelo.

Sem conseguir reatar o sono, fui até o quintal. Depois de algum tempo acabei me rendendo ao desejo mórbido de ver o cadáver. Ainda estava lá, numa poça de água e sangue, coberto por um lençol que já fora branco. Parecia um lixo jogado no meio do caminho. Olhando aquilo, senti a solidão me atingir como um soco no estômago. Ela andava sempre comigo, me envolvendo, como uma cela invisível mas absolutamente real. Voltei para casa e me deitei ao lado da minha companheira, que já ressonava. Fiquei sob as cobertas, absorvendo o calor dela e ouvindo sua respiração.

Acordei. O rádio estava tocando uma música que eu detestava. Irismar cantava, acompanhando. Ela era feliz de verdade. Gostei disso: ao menos um de nós conhecia a felicidade. Irismar tinha um jeito de menina doce do sertão; para mim, era difícil vê-la como uma mulher madura. Dona Eida me disse que já rolava a maior falação no bairro. Falavam mal da Irismar por estar vivendo comigo sem ser casada.

Tomei uma decisão. Perguntei a Irismar se queria se casar comigo. Ela disse que sim. Então ficou decidido. Casaríamos, teríamos filhos, construiríamos nossa vida. Talvez fosse isso que faltasse para eu me sentir feliz de fato. No domingo, Avildo e sua mulher, Edna, vieram nos buscar para passarmos algumas horas com eles. Sem pensar, convidei-os para serem meus padrinhos de casamento. Eles aceitaram; Avildo achou que o casamento era uma boa ideia. Compromissado, eu me sentiria mais seguro. Irismar concordou com a minha escolha; ela simpatizava com o casal. Decidimos convidar Carlinhos e sua ex-mulher como padrinhos da Irismar. Em seguida, colocamos no papel tudo de que precisávamos para o casamento. O cartório eu pagaria, mas faltava um terno, alianças, vestido de noiva, o bolo e a festinha para o pessoal da rua. Avildo disse que nos daria a lua de mel de presente; conhecia uma pousada na cidade de Bertioga, no litoral paulista, e passaríamos três dias lá por sua conta.

Dona Eida aprovou o casamento de cara. Queria ter uma nora que lhe fizesse companhia. E as duas continuavam se dando bem. Certa vez eu as vi sentadas na cama, encostadas na cabeceira, assistindo televisão. Pareciam irmãs siamesas, quase coladas. Irismar aprendia muito com a minha mãe. Os cremes para o rosto, para a pele, mãos. Hidratantes, desodorantes, perfumes. Um monte de coisinhas que formam a milenar cultura feminina.

Nessa noite, Irismar e eu saímos para comemorar a decisão. Dona Eida quis ir conosco, mas dessa vez não dava. Nosso plano era encher a cara. Não sabíamos quando e como voltaríamos. Acabamos indo ao restaurante onde Carlinhos trabalhava. Bebemos bastante. Subimos no ônibus e já estávamos a caminho de casa quando sentimos que ainda não tinha sido suficiente. Descemos. Propus que voltássemos a pé e fôssemos parando em todas as padarias do caminho, tomando uma dose de martíni em cada uma, até chegarmos em casa. Ela concordou. E assim fomos pelas ruas, bebendo, rindo, nos abraçando, nos beijando. Às vezes nos sentávamos à beira de uma calçada para descansar. Nem sei como chegamos.

A hora de partir chegou. Desta vez, tive de ir sozinho para a estação rodoviária. Irismar não quis sofrer com a despedida. Pouco tempo depois, a rotina novamente fora cumprida, eu estava trancafiado outra vez. Meu coração transbordava de tristeza, mas ainda assim eu olhava para o céu e agradecia. Tudo ia ficar bem.

8.

No dia seguinte, acordei pronto para trabalhar. Estava triste, mas animado em rever o pessoal da fábrica. Queria contar que ia casar. Mas uma péssima surpresa me aguardava. Do grupo de presos que trabalhava na Amplimatic, apenas metade pôde subir no ônibus. Os outros ficaram para trás — entre eles, eu. Com uma expressão de grande prazer, o guarda da escolta fechou o portão na nossa cara. E assim entendemos que tínhamos sido dispensados, sem mais nem menos.

A fábrica havia cortado dois dos cinco ônibus de presos que levava todos os dias para sua sede. Os detentos que trabalhavam no almoxarifado foram demitidos. Tinha havido um grande desfalque nos estoques: o material importado e as pecinhas eletrônicas haviam acabado seis meses antes do previsto. Aquele era um esquema antigo e já acontecia antes que os presos começassem a trabalhar na fábrica, mas claro que com a nossa presença ali as quadrilhas se multiplicaram.

Eu nunca mais veria Cidinha nem os muitos amigos que fizera na Amplimatic. Ia ter que voltar a comer a refeição horrível da prisão e a passar o dia todo sem fazer nada. Não, não dava. Eu ia conversar com o diretor de produção e pedir um novo trabalho.

Mesmo com o direito de circular por toda a penitenciária, adquirido depois da última rebelião, era exasperante ficar ali o dia inteiro. O tempo corre de formas distintas, dentro e fora da prisão. Fora, escoa mais rápido. Dentro, é longo, doloroso, sofrido. Fiz o que pude para preencher minhas horas: muita ginástica, corrida e banhos de sol. Fiquei preto. Então, um dia o setor de produção me chamou. O diretor lera na minha ficha que eu tinha me formado marceneiro. Procedia? Voltei ao alojamento e peguei meu certificado do Senai. Depois de olhar o documento, o diretor perguntou se eu queria trabalhar numa marcenaria em Pindamonhangaba. Claro que sim, respondi. Estava para casar e precisava de capital. Pronto, eu já estava empregado de novo.

Aproveitei para conversar com o diretor penal. Ele me recebeu com a atenção de sempre. Parecia simpatizar comigo. Expliquei que ia me casar e pedi que uma das minhas saídas, a que estava marcada para o feriado de Finados, fosse transferida para o dia do meu casamento. Caso aceitassem, eu teria cinco dias para a lua de mel. Ele me pediu que, na saída do Dia dos Pais, eu trouxesse um comprovante do cartório, com a data do casamento. Prometeu se encarregar do resto. Casamento é uma boa notícia, comentou. Também me desejou felicidade. Havia sinceridade em sua voz.

Os três meses seguintes seriam uma tortura. Desperdício enorme de tempo e vida. Aguentar os companheiros e suas conversas sobre futebol, novela, drogas, seus debates raivosos... O rancor dos guardas, a insônia das noites, a profusão de angústias. Não seria fácil. Mas eu haveria de suportar, porque agora eu tinha um motivo. Ia me casar. Sentia que esse seria o passo mais acertado da minha vida. E pensar que fora uma decisão tomada de repente, para calar a boca daquela gente que gostava de falar da vida alheia...

No dia seguinte lá estava eu em frente ao portão. Jorge Alemão também. Ele cumpria seis anos no semiaberto de outra prisão. Fora transferido para Tremembé, como castigo, fazia pouco tempo. Era marceneiro, eu sabia. Além de nós dois, outros quatro presos também tinham sido contratados. Um funcionário que não conhecíamos veio nos chamar. Levou-nos para o pátio externo da prisão e conversou conosco.

O dono da marcenaria era seu amigo, pertenciam à mesma Igreja, a Congregação Cristã do Brasil. O amigo havia iniciado seu negócio recentemente e ainda não entendia muito de marcenaria. Tinha contratado alguns menores de idade e um marceneiro profissional, que trabalhava como mestre. Mas precisava de mais gente. Por isso o funcionário havia pedido ao diretor de produção que lhe indicasse alguns presos de confiança. Fomos escolhidos — eu e meus cinco companheiros. Na verdade, os únicos marceneiros do grupo eram o Alemão e eu. Os outros não entendiam do ofício. Era óbvio que o Alemão e eu daríamos as cartas naquele jogo.

Então nosso patrão chegou. Chamava-se Antônio e parecia gente fina. Todo mundo se apertou no carro de passeio dele, e lá fomos nós para Pindamonhangaba. Passamos pelo centro da cidade, cheio de garotas vestidas com deliciosos shortinhos. Olhei para o Alemão: os olhos dele piscaram.

A marcenaria tinha acabado de ser pintada. As máquinas haviam sido recondicionadas e funcionavam como novas. Fomos apresentados à equipe. Havia um garoto de treze anos e outros um pouco mais velhos. Dinho, o mestre, era um rapaz de 21 anos. Bom profissional, afirmou o dono. Gostamos do pessoal. Eles pareciam um tanto assustados conosco; mesmo assim nos receberam bem.

Trabalharíamos até as onze da manhã. O patrão iria buscar nosso almoço no presídio e teríamos tempo livre para fazer o que quiséssemos até a uma da tarde. Aquilo era novidade. Poder andar sem escolta — que coisa maravilhosa!

Começamos por nos familiarizar com as máquinas. Não fazia muito tempo eu tinha trabalhado na marcenaria da prisão; estava bem treinado. O Alemão idem. Os demais seriam nossos ajudantes. O esquema montado pelo Antônio era bastante oportuno, e por isso mesmo tinha boas chances de dar certo. Na verdade, nossos patrões eram dois. Antônio tinha um sócio no negócio. Ambos eram paranaenses e possuíam um laço de parentesco: haviam se casado com duas irmãs. O sócio do Antônio era proprietário de uma madeireira e pouco aparecia. Nem mesmo sabíamos seu nome. Transportava madeira do Paraná para São Paulo e vendia em seu depósito na capital, no atacado e no varejo. Também fabricava batentes de portas e janelas na carpintaria do seu depósito.

Por causa do clima ameno da região de Pindamonhangaba e por sua localização entre o Rio de Janeiro e São Paulo, grandes condomínios fechados estavam surgindo ali. A classe média buscava segurança e qualidade de vida. Compravam casas enormes, desenhadas para lhes dar o máximo conforto. Os batentes de mogno eram produzidos em grande quantidade. A madeira vinha em pranchas. Os muitos pedaços de ripas que sobravam eram vendidos como retalhos para alimentar o fogo das padarias.

A primeira grande sacada dos nossos patrões foi reutilizar essa madeira nobre para produzir jogos de cadeiras ripadas. A segunda sacada foi aproveitar a mão de obra dos moleques que frequentavam a Igreja da qual eram líderes. Mas não estava dando certo, pois os meninos não tinham competência para tocar a fábrica. Então apareceu outra oportunidade: o trabalho de presidiários. Tudo que eles pagavam era um salário mínimo, sem nenhum encargo social. Férias, décimo terceiro, seguro social, fundo de garantia, seguro por acidentes, plano de saúde — nada disso. Na época o piso salarial de um marceneiro profissional era de cerca de quatro salários mínimos.

Dinho, o jovem mestre, se reuniu conosco para conversar. Os meninos eram bacanas, disse. Todos estavam na escola. Era essa a condição para trabalharem na fábrica. Dinho dividiu as funções, misturando os meninos com os presos. Na hora do almoço saímos para explorar as redondezas. Jorge Alemão gostava de maconha. Enrolou um baseado sem perda de tempo. Eu não queria me viciar novamente, só que, andando com ele, seria inevitável. Sabia que era mancada, mas fui condescendente comigo: me convenci de que seria por pouco tempo.

Turbinados pela maconha, fomos em busca de um bar. Tomamos dois copos de cerveja e ficamos rindo feito bobos. Ele cumpria pena já há quase trinta anos — oito a mais do que eu. Beber e fumar nos devolvia a sensação de estarmos vivos, fazendo parte do mundo.

Ao perceber nossa habilidade com as máquinas e nossa liderança no grupo, Antônio nos prometeu algum dinheiro por fora. Queria nos agradar. Nesse primeiro dia voltamos para a prisão muito cansados. Foi difícil encarar o guarda, que nos revistou com a grosseria de sempre. Naquele momento, toda a opressão da cadeia ficou encarnada naquele guarda, o inimigo mais próximo. Havia uma guerra entre nós e eles. Por enquanto uma guerra apenas psicológica, mas que já prenunciava um conflito de verdade.

No dia seguinte o patrão nos adiantou uma grana e nas nossas duas horas de almoço fomos para o centro da cidade. Sentamos num restaurante com cadeiras na calçada e pedimos chope. Ficamos ali, chapados, bebendo e olhando o povo passar. As moças nos olhavam também. O Alemão era loiro e alto. Eu, embora baixo, estava em forma e não aparentava a idade que tinha. Era uma delícia constatar que ainda atraíamos olhares femininos. Sem grades, sem muralhas e sem guardas, nos sentíamos mais reais.

 E assim o tempo foi passando. Saíamos cedo e voltávamos com o dia já escuro. Trabalhávamos duro, convencidos de que Antônio era sincero. Ele parecia boa gente e nos tratava como iguais. Para provar que confiava em nós, nos apresentou seus filhos e sua mulher. E que mulher! Grande, de seios amplos e nádegas elegantes explodindo pelas costuras de saias que desciam pouco abaixo do joelho. Usava roupa de religiosa mas era vaidosa, se é que isso era possível. O volume das coxas parecia prestes a explodir por baixo de suas saias. Impossível não olhar.

 Seus olhos denunciavam fogosidade. Antônio parecia tranquilo no casamento. Ela, não: havia uma inquietude, uma sobra de vida e energia represadas. Queria se mostrar. Alemão parecia o alvo principal, embora alguma rebarba também sobrasse para mim. Ao se sentar, ela cruzava as pernas e sacudia nossos nervos. Outras vezes inclinava-se sobre as mesas, arrebitando aquele traseiro paradisíaco para o meu lado. A saia subia e as coxas apareciam, deliciosas. Outras vezes se debruçava sobre as máquinas da marcenaria e os seios quase saltavam para fora. No começo olhávamos com discrição. Mas logo ficou claro que ela gostava da nossa cobiça. Disfarçadamente, observava nossas calças.

 Alguns dias depois, descobrimos uma casa de tolerância nas vizinhanças. As mulheres de lá não eram exatamente misses, mas se vendiam barato. Apesar do preço baixo, não nos tornamos clientes assíduos, e só de vez em quando eu ia ver as moças para aliviar a tensão. No caso do Alemão, sua mulher vinha toda semana visitá-lo. Na verdade, gastávamos quase todo o nosso dinheiro com bebida e comida.

 No alojamento da penitenciária, a mesma sacanagem de sempre. Os jovens promovendo bagunça e barulho. Os interesses dos companheiros eram bastante lineares: maconha (eu agora também estava nessa) e cocaína. Também sonhavam com grandes roubos e muito dinheiro. Nada mais os impulsionava, nem os levava adiante. Ficavam ali secando, sem vida. Eu, como malandro, sempre fui uma fraude. Tinha coragem, mas era uma coragem inconsequente, de quem age por impulso. Se tivesse parado para pensar, não teria feito metade das coisas que fiz. De maneira cuidadosa e consciente, eu havia criado na prisão uma imagem a respeito de mim mesmo que misturava fatos reais e imaginários. Usava essa fraude para aumentar meu prestígio. Conversando com meus companheiros, descrevia audaciosos assaltos a bancos, mas a verdade é que jamais participara de um roubo desse tipo. Os outros homens, claro, também criavam ficções sobre suas vidas. A diferença é que eu me conhecia. Sabia exatamente quem eu era. Pisava no chão e olhava a poeira que meus pés levantavam. Não me deixava enganar pela imagem que eu transmitia.

Meu relacionamento com os companheiros era estável. Respeitavam minha inteligência, mas eu sabia que minha armadura era frágil. Procurava ser discreto e manter distância. Evitava qualquer contato que pudesse gerar complicações. Sabia que dentro de mim havia um lado negro: um vestígio daquela criança massacrada pelo pai, pela miséria das ruas e pelas instituições para menores delinquentes. Sim, ainda havia em mim um egoísmo abjeto e um individualismo desprezível. Mas, no ambiente em que vivia, esses defeitos me fortaleciam. Era essencial ser respeitado. A falsa imagem que eu alimentava era uma forma de autodefesa: graças ao prestígio e à reputação de violência, meus companheiros evitavam mexer comigo.

Bebíamos bastante em Pindamonhangaba e às vezes ficávamos sem dinheiro. Tínhamos conta no bar ao lado do quartel e no bar de uma portuguesa, na rua de baixo. Já conhecíamos a cidade toda. Exploramos espaços e conhecemos até a boca de maconha de lá.

Certa vez cortei o dedo na esquadrejadeira. Antônio me levou ao pronto-socorro. Deram uns pontos, mas, como eu trabalhava o dia inteiro, o ferimento voltou a se abrir e infeccionou. Antônio comprou remédios e me levou à sua casa para que a sua mulher fizesse o curativo. O patrão parecia ser mesmo muito gente boa.

Mas a fábrica ia mal. Os vendedores questionavam a qualidade do nosso produto. Na terceira leva de cadeiras que produzimos, mais de vinte — de um total de cem — foram devolvidas por causa de defeitos. Foi preciso fazer uma transformação.

Já nessa época havia se integrado à nossa equipe um homem vindo de Minas Gerais. Sem residência, ele morava na fábrica. Era desses matutos de pouca fala e muito trabalho. Dominava a arte da carpintaria primitiva. Havia algo de misterioso nele. Quase não saía da fábrica, parecia se esconder. Produzia janelas sob encomenda, cheias de detalhes e enfeites. Eu admirava seu trabalho e às vezes o ajudava a cortar madeira. Ele apreciava meu auxílio e me ensinava algumas coisas.

Depois de quase dois meses de trabalho sem o lucro imaginado, o patrão começou a segurar o dinheiro que nos dava por fora. A conta nos bares e na boca aumentou. Alemão e eu resolvemos virar a mesa. O problema era o mestrinho. O rapaz não tinha dom para dirigir a produção. Sugerimos ao Antônio que colocasse o Mineiro como mestre.

No dia seguinte, quando chegamos à oficina, a revolução já tinha estourado. O Mineiro assumira o posto. Agora trabalharíamos por lotes de peças. O novo mestre reposicionou todos os trabalhadores: Alemão iria para a esquadrejadeira; eu, para a modelagem; Zé ficaria na lixadeira; Valério continuaria na pintura e os demais cuidariam da montagem e do acabamento. Trabalhamos duro e conseguimos pagar nossas contas.

Irismar foi me visitar na prisão. Estava muito bonita. Como sempre, senti uma vontade enorme de protegê-la. Ela era pequena, de ossos frágeis e delicados, o que despertava em mim um sentimento diferente de tudo o que eu já havia experimentado. O impulso de protegê-la alimentava, em grande parte, o amor que eu sentia por ela.

Quando ficamos a sós, logo se aninhou nos meus braços e ronronou como uma gatinha. Conversamos. Estava tudo certo em casa. Carlinhos passara por lá e me mandara um abraço. Havia encontrado uma companheira e tinha ido morar com ela. Minha mãe estava bem. Irismar fora ao cartório se informar sobre os procedimentos para nossa união. O prazo máximo entre marcar o casamento e casar seria noventa dias. Teríamos que levar ao cartório duas testemunhas. Faríamos isso na saída do Dia dos Pais. Eu realmente estava convencido de que deveria me casar. Levei-a para dentro do alojamento. Na minha cama, fechei as cortinas e começamos a namorar. Somente casais podiam entrar. Estávamos seguros. Quando Irismar foi embora, levou consigo minha alegria. Desci para o alojamento triste, mas convicto de que estava na direção certa. Peguei caneta e o bloco de cartas. Escrever era muito mais que um ato mecânico para mim: meus sentimentos eram tão intensos que somente botando no papel eu conseguia entendê-los.

9.

Trabalhei como um mouro. Já não gastava com putas nem bebidas. Parei de andar com o Alemão, que continuava na mesma balada. No máximo eu jogava bilhar, valendo uma cerveja, no boteco da rua de baixo. Como quase sempre eu ganhava, acabava economizando. Queria gastar com a minha noiva.

Eu não me interessava mais pelas diversões que antes me empolgavam. Só minha saída importava. Na fábrica, sob a orientação do Mineiro, a qualidade e a produção aumentaram. O patrão ficou feliz. Sugerimos que o Mineiro pedisse um agrado ao patrão: um happy hour na fábrica todas as sextas-feiras. Deu certo. O Mineiro dependia de nós para seu planejamento funcionar. Agora que as coisas estavam correndo bem, o patrão concordaria com tudo o que ele pedisse. A linha de produção estava funcionando às mil maravilhas. O patrão sorria de orelha a orelha. Mas sua mulher deixou de ir à fábrica. Achamos que foi o Mineiro quem vetou. Ela atrasava a produção.

Na prisão, a moralidade feudal continuava imperando. Na mente de cada prisioneiro estava incrustada a doutrina do "proceder" — um código fundamentado na força física, no destemor e na busca da honra. Os Notáveis alcançavam o respeito. Embora eu não quisesse mais nada com o crime, essa cultura ainda permeava a minha mente. Não se vive tantos anos no cárcere sem adquirir marcas. Por mais que eu lutasse contra esse impulso, o pensamento criminoso me perseguia. Lá no fundo da minha mente persistia a ideia de que eu precisava compensar o prejuízo, depois de tantos anos de sofrimento. Eu precisava me vigiar.

Naquela época, meu amigo Natal ganhou liberdade condicional, e eu perdi meu companheiro de exercícios físicos. Provavelmente, nunca mais o veria. Pouco depois, Everaldo foi trabalhar conosco na marcenaria. Vivia cheio de dinheiro e às vezes falava em fugir do semiaberto. Eu me dava bem com ele. Numa conversa, nos contou que seus irmãos estavam assaltando bancos. Certo dia Everaldo me convidou para almoçar na cidade. Aceitei. O que ele não havia me contado era que um de seus irmãos almoçaria conosco. Fui apresentado como amigo — mais amigo do que eu realmente era. Apesar de jovem, o irmão do Everaldo estava no auge do sucesso. Jamais havia sido preso.

O rapaz falou sobre os assaltos a banco de que participara. Me tratava com respeito, até com admiração. Para ele, ter cumprido 22 anos de prisão era a glória. Terminado o almoço, ele pagou a conta e nos levou para dar uma volta em seu automóvel. Como era gostoso andar de carro, com o vento batendo na cara! No porta-luvas, uma automática enorme. Seu aço era sereno, suas linhas perfeitas. Era como um monstro inquieto, querendo pular nas minhas mãos. O rapaz falava em metralhadora, fuzil, dinheiro e poder. Em silêncio, eu combatia o fascínio sombrio daquelas coisas. Pensava: esse moleque não vai demorar para ser preso ou morto. Eu vou continuar no meu ritmo de caminhada, devagar e sempre. Everaldo quis ir embora com ele. Não, disse o irmão mais novo, a mãe não quer. Ele nos deixou na esquina da marcenaria, deu dinheiro ao irmão e se foi.

Um dia antes da nossa saída do Dia dos Pais, o patrão nos ofereceu uma churrascada. Bebemos e comemos até nos fartar. Antônio levou a mulher e os filhos. Os meninos que trabalhavam conosco foram com suas namoradas e mães. Até o Mineiro mandou chamar a mulher e dois filhos do interior de Minas. Estava mesmo foragido, soubemos. Tinha matado um rapaz que desonrara sua filha mais velha. A mulher do Antônio vestia uma saia justíssima; tive a impressão de que até o fim da festa a costura ia arrebentar. Enquanto eu pensava nessas coisas, o patrão ria, o rosto todo vermelho por conta de um copo de cerveja que quase o obrigamos a tomar.

10.

Dessa vez a viagem para casa foi interminável. Para me distrair e fazer o tempo passar mais rápido, fiquei olhando as casas dos bairros além do Campo Limpo, onde ninguém gastava dinheiro rebocando as paredes externas. Valia o que estava lá dentro; por fora, era tudo cor de tijolo mesmo.

Quando cheguei em casa, encontrei Irismar mexendo no armário. Agarrei-a por trás. Ela não se surpreendeu. Voltou-se e me beijou suavemente. Fomos para a cama e depois para o chuveiro. Quando minha mãe percebeu que eu estava em casa, já havíamos conversado e ajustado tudo sobre o casamento. Dona Carmem e seu Zé — nossos vizinhos, que cuidavam da minha mãe quando eu estava longe — seriam nossas testemunhas na assinatura do contrato nupcial. Era sexta-feira; na segunda, iríamos ao cartório.

Na sexta-feira mesmo, Avildo e sua mulher foram nos visitar. Ele tinha acompanhado minha história com a Magda e sabia o quanto eu sofrera; se eu ia me casar, era sinal de que estava me recuperando. Nessa visita, os dois disseram que, além da lua de mel, iam nos dar o vestido de noiva, o bolo e tudo o que fosse necessário para prepararmos a festa. Depois Avildo perguntou se queríamos ter filhos. Ser mãe era o grande sonho da Irismar. Ela havia ajudado a criar alguns sobrinhos e sentia falta de criança. Mas vínhamos adotando meios contraceptivos. Eu estava preso e não me parecia coerente ter um filho nessas circunstâncias. Preferia esperar até sair da cadeia. Avildo discordou: achava que devíamos ter um filho já, agora mesmo. Isso me daria mais um motivo para continuar no caminho certo. Irismar me olhou, esperando uma resposta. Nem precisei pensar muito. Acabei concordando com o desejo de todos. Levamos nossos amigos até o portão e, depois que eles se foram, jogamos fora os contraceptivos. Minha mãe, que a princípio fora contra a ideia, agora aderia, entusiasmada. Queria ser avó antes de morrer.

Na segunda-feira fomos ao cartório com a dona Carmem e o seu Zé. Tudo correu bem e o casamento ficou marcado para 12 de novembro daquele ano. Estávamos em agosto de 1994.

Tive a sensação de estar cumprindo meu destino. Não era a vida com que eu sonhara, mas era a vida que eu pudera construir, e devia ser suficiente. Eu não seria um escritor, como desejava, mas estava existindo de outro modo. Estava me comprometendo de verdade com pessoas reais. De nada valiam todos aqueles anos em que eu havia espremido meu cérebro para me educar sozinho. Teorias abstratas não podiam me dar aquilo de que eu precisava.

Voltei para a prisão e, no dia seguinte, para a marcenaria de Pindamonhangaba. Meus companheiros de trabalho e eu trocamos relatos sobre o que havíamos vivido lá fora. Alemão ficara com sua mulher em São José do Rio Preto. Havia conhecido sua companheira enquanto cumpria pena na penitenciária daquela cidade. Logo depois que se casaram, descobriram que ela estava com câncer. O tratamento quimioterápico foi demasiadamente agressivo para ela. Alemão lhe dava o amparo que podia e tentava não pensar demais no assunto. Mas eu sabia que de noite ele às vezes chorava.

Apresentei o comprovante da data do casamento para o diretor penal. O homem me olhou fundo e disse que eu não me preocupasse. Dali para a frente era com ele. Seriam três meses de espera até novembro. O patrão disse que me daria uma força para comprar as alianças. Dinheiro agora era uma preocupação séria.

Everaldo voltou com novidades. Havia participado de um assalto com os irmãos. Estava cheio de dinheiro. Havia comprado um estoque de maconha e cocaína, que deixou num esconderijo próximo à marcenaria. Quando usava as drogas, convidava os amigos. Eu não cheirava. Não me dava bem com cocaína. Ficava agitado e nervoso demais. Já da maconha eu gostava. Ajudava a dormir e a comer bem. Eu tinha ficado tantos anos sem fumar e já estava viciado de novo. Sabia que precisava parar. Um dia.

Quando o estoque do Everaldo de cocaína acabou, ele decidiu fugir. Precisava de mais. Tentamos impedi-lo, mas não foi possível. Tinha dinheiro e pegou um ônibus. Quando voltamos à prisão, os policiais tentaram nos culpar. Ameaçaram nos mandar de volta para o regime fechado. Mas eu sabia que eles não tinham motivos jurídicos nem regimentais para fazer isso. Pedi para falar com o diretor penal. Os guardas pensaram que o homem ia ficar contra mim. Expliquei a ele o que aconteceu. O diretor acreditou na minha história e, para frustração dos guardas, nos mandou de volta a nossos alojamentos sem punições. No outro dia, voltamos ao trabalho normalmente.

Nossos colegas de pavilhão estavam exagerando na maconha. O cheiro era fortíssimo e os guardas resolveram fazer uma revista geral. Encontraram uma ponta de baseado dentro do rádio do Jorge Alemão. Não houve piedade. Algemado, meu amigo foi levado para a penitenciária. Depois de sete anos no semiaberto, voltaria ao regime fechado.

Imaginei sua dor e seu arrependimento. Sua mulher, tão doente, precisava do seu apoio e se sentiria desamparada. Fiquei muito triste: era como se tudo aquilo estivesse acontecendo comigo. No mesmo dia parei de fumar. Sem o Alemão, a marcenaria ficou vazia.

Na época comecei a fazer amizade com Nunes, um pernambucano que regulava comigo em idade. Nossas ideias também eram parecidas. Nunes não tinha ilusões e não queria se envolver com o crime. Também fiquei amigo do Domingos Veras, condenado por estelionato. Nós o chamávamos de Domingão, porque era gordão. Durante quase toda a sua vida vendera terrenos que não lhe pertenciam. Assim tinha criado e educado seus filhos. Um era médico, outro delegado de polícia e a filha estava se formando em veterinária. Só foi preso e processado quando já era velho, condenado a dois anos de prisão no regime semiaberto. Em breve iria embora. Eu conversava muito com esses dois novos amigos. Estavam numa situação semelhante à minha: tinham família e não podiam se arriscar. Domingos tinha 62 anos e nenhuma condição física de fazer alguma coisa. Mas não queria viver à custa dos filhos. Já Nunes estava casado com uma mulher que morava no litoral paulista, no Guarujá, e queria viver em paz com ela. Tinha cinquenta anos e nenhuma profissão. Como iria sustentar a si mesmo e à mulher? Não podia viver do dinheiro dela, até porque ela ganhava pouco.

Domingão entendia muito de recursos jurídicos. Tanto que, por anos e anos, conseguiu escapar da justiça, driblando processos. Ele me garantiu que o juiz me faria cumprir os cinco anos de prisão que me restavam. Depois seriam mais uns dez anos no livramento condicional.

Ou seja, eu ficaria preso o resto da vida. Ao ouvir isso, minha cabeça se desorganizou totalmente. Como suportar mais cinco anos? O mundo estremeceu. As pedras no meu caminho começaram a se mover, ameaçando me soterrar.

Dias depois Irismar foi me ver. Ela parecia mais frágil do que o normal e perguntei o que acontecera. Respondeu que não conseguia reter nada no estômago. Fazia dez dias que estava vomitando direto. Em seguida me disse o motivo: estava grávida. Falou com toda a naturalidade, como se ficasse grávida todos os dias. Não tinha feito o teste, mas os sinais eram mais que evidentes. Demorei para acreditar. A notícia era grandiosa demais. De repente não consegui ficar com ela no refeitório e fui para o pátio. Precisava estar sozinho e pensar.

Contei a novidade aos meus dois amigos, que estavam no pátio. Ambos foram ao refeitório dar parabéns a Irismar. Depois eu a levei para a minha cama. Assim fragilizada, ela me pareceu ainda mais atraente. Comecei a acariciá-la levemente, até que ela mesma passou a fazer movimentos excitantes. Acomodei-me e, com todo o cuidado, fiz com que tivesse seu prazer.

Ainda faltavam vários dias para o meu casamento. O tempo se arrastava. Tentei me informar sobre o tema gravidez; conversei muito com meu patrão, que já era pai. Na mesma época, levei meu amigo Brasinha para trabalhar na marcenaria. Ele tinha vindo da Penitenciária do Estado. Era todo enferrujado e de cabelo vermelho. Do Jorge Alemão nunca mais tive notícias. No Dia de Finados, vi meus companheiros saírem para o feriado; como eu iria sair no meu casamento, dessa vez fiquei para trás. Foi difícil. Permaneci com os presos que haviam chegado fazia pouco tempo. Passei os dias correndo feito um doido no campo gramado. Antônio precisou de mim na oficina e foi me buscar. Trabalhei com o Mineiro montando treliças para divisórias. O trabalho foi um grande remédio. Eu voltava esgotado e me esparramava na cama, quase desmaiando de cansaço.

Ao fim de alguns dias, meus companheiros regressaram cheios de drogas e novidades. O pavilhão vazio voltou a se encher de brigas, desentendimentos e do som dos rádios no último volume. Eu não havia me dado conta do quanto aqueles caras mal-educados e de péssimos hábitos me faziam falta. Acabei me divertindo muito com as comédias que eles protagonizaram fora da prisão. Sentiam pena de mim por eu ter ficado. Mas logo seria eu a sair, e eles ficariam olhando. Será que me lembraria deles lá fora?

A marcenaria estava funcionando a todo vapor. Eu desempenhava o papel-chave na modelagem. Quis ensinar meu trabalho a outros colegas, mas eles não conseguiram assimilar; além disso tinham medo. Eu trabalhava sem proteção numa tupia, uma das máquinas mais perigosas de uma marcenaria. Às vezes eu trabalhava meio bêbado, e não sei como não perdi nenhum dedo.

Por fim, o dia dos dias chegou. Conforme prometido, Antônio me deu uma boa quantia de dinheiro. Era seu presente e de sua mulher. Na véspera, acabei falhando em minha decisão e fumei vários baseados. Mesmo assim não consegui dormir. Fiquei olhando o mato fora do pavilhão. Eu me rasgava de ansiedade e as horas passavam lentamente.

Às cinco da manhã a anarquia pulsava dentro de mim. Quando o guarda apareceu para me escoltar, já me encontrou vestido. Senti um alívio enorme ao ouvi-lo chamar meu nome. Até aquele momento eu ainda não conseguia acreditar na realidade daquele dia. Em Taubaté, à espera do ônibus para São Paulo, tomei uma cerveja. Havia garoado à noite e as ruas estavam molhadas. Era uma linda manhã. No caminho para casa, mal observei a paisagem. Aquela baianinha frágil era o único pedaço do mundo que eu queria ver. Sempre achei que ninguém iria gostar de mim de verdade. Agora eu tinha todas as razões para acreditar que estivera enganado. Que gostoso encher a boca e dizer "minha mulher"!

Irismar me aguardava no portão, tão ansiosa quanto eu. Soltou um suspiro e teve até que se apoiar na parede quando me viu chegar. Como ela estava linda de barriguinha! Fiquei algum tempo alisando seu corpo, com toda a ternura que meu coração de homem grosseiro permitiu.

Urgia apressar os preparativos. As bebidas estavam na geladeira, os docinhos e salgadinhos dentro dos armários. O bolo ia chegar com os padrinhos. Precisávamos comprar as alianças e uma calça preta para mim.

Compramos a calça em Santo Amaro. O preço das alianças nos assustou. Acabamos comprando a mais barata. Do contrário faltaria dinheiro para a lua de mel.

Irismar demorou um século na cabeleireira. Quase invadi o salão para ver se não tinham raptado minha noiva. Não vi seu penteado, envolto num lenço. Passamos pelo restaurante do Carlinhos. Ele nos parabenizou e garantiu que chegaria a tempo, com a ex-mulher e seu irmão Dôia. Depois voltamos pra casa e dormimos cedo.

Acordei pouco antes de o sol nascer e fui andar pelo quintal. Estava tranquilo e feliz. Fiz café e fui levar para a noiva na cama. Seu enjoo havia cessado e ela engordara um pouco. Parecia outra pessoa. Quando a conheci, tinha um rosto pálido e melancólico. Agora estava corada, sorridente. Além disso, parecia uma mulher, não mais uma garota.

Os primeiros a chegar foram meus padrinhos. Avildo estava de terno, todo solene. Sem perder tempo, Edna foi para o quarto ajudar a noiva a se vestir. Avildo e eu fomos buscar o bolo e as outras guloseimas que ele havia trazido e que estavam no carro. Logo chegaram Carlinhos, sua ex-mulher, Dôia e outros convidados.

Tudo parecia bem, mas lá no fundo havia um ponto de dor em mim. Eu não ia sair da prisão tão cedo. Estaria preso quando meu filho nascesse. Se ele ficasse doente, eu não teria dinheiro nem para comprar remédio. Fui para o quintal, sentindo-me em queda livre. Carlinhos, que sabia da minha situação e da minha angústia, foi atrás de mim. Subi alguns degraus de simulação, engoli a amargura e sorri. Fomos ao bar do Zequinha tomar um vinho.

Quando voltamos, eu estava mais animado. A noiva já tinha se vestido. Não tinha como não ver. Eu a preferia de saia e camiseta. Ela também parecia estar estranhando a roupa. Meu blazer era grande demais para o meu corpo e a calça, apertada. Entramos nos carros e fomos para o cartório. Em mim corria o medo de que a fogueira se transformasse em cinzas.

Vários casais estavam se unindo naquele dia. Seríamos os últimos. Esperamos. A noiva e as mulheres ficaram dentro dos automóveis e os homens do lado de fora, encostados nos carros. E demorou, demorou, demorou. Todo mundo estava impaciente. Fomos à padaria e bebi algo forte. Avildo chamou minha atenção. Não estaria bebendo demais? Quase retruquei, mas limitei-me a olhar para ele, calado. Quando voltamos ao cartório, estava na hora. Entramos em bloco, minha mãe amparada pela nora. Só ela conhecia o ritmo certo do caminhar da dona Eida. O juiz fez uma prédica sobre a importância do casamento mais parecida com uma liturgia. Perguntou se Irismar queria assumir o compromisso e depois repetiu a pergunta para mim. Todos assinaram o livro e voltamos para casa. Tudo parecia igual, mas estávamos casados. Havia muitas esperanças no ar e uma criança a caminho.

11.

A festa em casa foi modesta. O bolo sumiu num instante. A criançada da vizinhança se divertiu com os refrigerantes e os docinhos. A certa altura Avildo nos avisou: estava na hora de partir. Bertioga era distante. Ele iria nos deixar lá e voltar. O amigo pisou fundo no acelerador, mas a viagem parecia não ter fim.

Ao chegarmos, enquanto tirávamos nossas coisas do carro, Avildo foi acertar o pagamento da nossa estadia. Depois que ele foi embora, ficamos enfim sós. Nosso quarto, no fim do corredor do segundo andar, estava equipado como uma casa. Começamos nossa vida de casados brincando como crianças. Dei uns beliscões na Irismar e ela saiu correndo atrás de mim; em seguida, travamos a clássica guerra de travesseiros.

No cair da noite, fomos dar uma volta pela vizinhança. A praia ficava a três quarteirões da nossa pousada. Havia décadas que eu não via o mar. O céu estava nublado, um vento frio atravessava nossas poucas roupas. As ondas rufavam, refletindo a luz da lua.

Irismar respirava irregularmente. Era a primeira vez que via o mar. Aquela imensidão a sobrepujava. Abracei-a, protegendo-a junto ao peito. Ela ficou em silêncio, apenas suspirando de vez em quando. Nunca a senti tão minha como naquele momento. Começou a garoar e voltamos correndo para o nosso quarto-apartamento. Fizemos arroz e frango a passarinho. Depois da janta, ligamos o aparelho de som e dançamos sem saber dançar. Conversamos sobre nosso filho na barriga dela. Queríamos uma menina. Eu tinha verdadeira paixão por meninas. Seria a menininha do papai, eu dizia abestalhado. Irismar falava com uma voz infantil, imitando bebê; era a maior graça. Dormimos abraçados e felizes. Acordei quando o dia clareava. Fiz exercícios e fui acordar minha mulher. Quando falei da praia, ela pulou logo da cama. Colocamos roupa de banho, tomamos café e seguimos para o mar.

 Estendemos as toalhas sobre a areia branca e fina que fazia cócegas entre os dedos dos pés. Irismar vestia uma saída de praia e estava com vergonha de tirá-la. Jamais havia ficado de maiô em público. Argumentei que não havia muita gente ali. Ela acabou cedendo. Seu corpo estava lindo, a cintura ainda fina. Peguei-a pela mão e a levei até a água. Quando uma onda explodiu em suas pernas, ela perdeu a coragem. Quis voltar. Segurei-a com firmeza. Ela deu mais alguns passos e travou de novo. O mar estava traiçoeiro, arrancava a areia de baixo dos pés da gente. A água estava fria. Mesmo assim não lhe dei trégua. Comecei a jogar água e punhados de areia molhada nela. Ela revidou rápido e com isso descontraiu. Passamos horas brincando feito dois bobos. Só ao sair da água é que percebemos que o mar havia levado minha aliança e a corrente de ouro da Irismar. Ficamos tristes, voltamos para o apartamento lamentando. Mas não demorou para nos esquecermos disso. Ficamos o resto do dia à beira da piscina, relaxando nas espreguiçadeiras.

* * *

Dormimos cedo. No dia seguinte Irismar acordou indisposta. Nada sério: simples enjoo de mulher grávida. Mesmo assim, ela quis ficar na cama até tarde. Já eu resolvi dar uma volta. Na portaria da pousada, vi uma bicicleta com um câmbio enorme. Perguntei ao recepcionista se podiam me emprestar. Mas é claro! Saí pedalando em direção à praia. Fiquei zanzando por lá, atrás de corpos bonitos. Mulheres, mulheres, mulheres: a grande motivação existencial. Parei em alguns bares e bebi para realçar a ótica. Vivi algumas horas de um imenso prazer solitário. Voltei para o apartamento e a minha baianinha já estava bem, querendo piscina. Ficamos na água até a pele começar a enrugar. Naquele instante me ocorreu que casar tinha sido a melhor coisa que eu já fizera na vida.

No dia seguinte, em mais um passeio solitário de bicicleta, descobri um cemitério de barcos. Que bonitos aqueles barcos enferrujados, desmanchando-se sob o céu! Fiquei olhando os cascos velhos, muitos ainda na água, semelhantes a animais pré-históricos adejando sob o maçarico implacável do sol. Aquela paisagem me falava da ilusão dos sonhos e da realidade das ilusões. Muitas pessoas tinham navegado naqueles barcos, e havia uma melancolia suave em vê-los ali tombados, como elefantes, inúteis, esperando passivamente a morte.

A dor do mundo real já começava a fechar o cerco. Fui até a rodoviária e descobri que o último ônibus do dia partiria dali a pouco. E que não havia mais passagem para os próximos dias. Me assustei, porque no dia seguinte, às cinco da tarde, eu deveria me apresentar em Tremembé.

Para piorar as coisas, estava garoando, e eu não queria que Irismar se molhasse. Corri para o apartamento e me escondi nos braços da minha companheira. Contei sobre o ônibus, e ela decidiu: iríamos naquele instante. Reunimos nossas coisas, coloquei uma blusa minha sobre a cabeça dela, entreguei a chave do quarto na recepção e saímos correndo para a rodoviária, embaixo da chuva. Quando entramos no ônibus, ela estava sequinha e eu ensopado. Descemos em Mogi das Cruzes. Várias baldeações de metrô e ônibus depois, conseguimos chegar em casa, esgotados.

    A partida, dessa vez, foi ao mesmo tempo mais difícil e mais esperançosa. Era terrível deixar para trás toda aquela felicidade que eu tanto tinha demorado para encontrar. Por outro lado, minha mulher e meu filho, em seu ventre, me davam a certeza de que algo me ligava ao mundo. Dei um banho quente na Irismar e a coloquei na cama; em seguida, disse adeus. Ao me despedir da minha mãe, pedi que não fizesse a baianinha trabalhar muito. Cheguei à prisão. Os guardas até foram gentis. Com a certidão de casamento na mão, entrei na sala do diretor penal.

    Falei sem rodeios, enquanto ele me media com suas duras pupilas. Disse-lhe que precisava ser transferido para a prisão de Franco da Rocha. Expliquei que minha esposa estava grávida e minha mãe, inválida. Em Franco da Rocha eu ganharia um salário melhor e poderia ir vê-las com mais frequência. No início, o diretor não concordou. Achava que eu ficaria muito solto em Franco da Rocha e que poderia pôr tudo a perder. Eu sabia que, em parte, ele tinha razão; mesmo assim insisti. Disse que precisava ganhar dinheiro, sustentar a família. Ele acabou concordando. Iria pedir ao coordenador dos estabelecimentos penais do estado que me transferisse.

    Eu havia conseguido. As perspectivas eram boas. Eu conhecia muitos caras presos em Franco da Rocha, e todos trabalhavam em São Paulo. Avildo certamente me arrumaria o trabalho prometido.

Um clima doentio havia se instaurado na marcenaria. A religião do Antônio começou a nos incomodar. Não que ele tentasse nos converter; o problema é que contratou muitos companheiros de sua convicção religiosa que, além de não conhecerem nada de marcenaria, começaram a nos vigiar. Sabiam que não poderiam se igualar profissionalmente a nós, e por isso queriam encontrar alguma falha em nosso trabalho, para denunciar ao patrão. Assim garantiriam seu emprego.

Eu aguentava qualquer coisa, menos alcaguetas. Logo avisamos aos recém-chegados: se houvesse alguma denúncia, eles teriam que fugir. Havia o risco de acidentes. Todos nós lidávamos com ferramentas e máquinas perigosas — e alguém podia se machucar.

Apesar do clima ruim, eu me consolava pensando no futuro: era só aguentar mais um tempo. Além disso, Brasinha me acompanhava em todas. Era um amigo de fé. Estava cumprindo vinte anos de prisão e ao sair ficaria bem de vida. O pai tinha uma pequena loja de móveis e queria deixá-la aos seus cuidados.

Na prisão eu andava na companhia do Nunes e do velho Domingos. Conversávamos muito. Eles haviam formado uma pequena organização. Queriam conseguir capital, sem muito risco, para montar uma empresa e tocar a vida. O velho conhecia ladrões que roubavam cargas e vendiam a mercadoria por quarenta por cento do valor da nota fiscal.

Planejavam criar duas empresas. Uma "fria", com documentação falsa. Outra "quente", no nome do velho. Domingos garantiu que conseguiria fazer tudo isso em 48 horas. Era especialista em falcatruas e falsificações. Os dois falavam dessas coisas na minha frente, sem medo: sabiam que o espírito contraventor ainda era forte em mim. Embora eu não quisesse tomar parte nessas tramas, escutar os planos deles preenchia o vácuo da prisão.

E o plano era bom. Comprariam o produto roubado com a firma "fria" e o repassariam para a empresa verdadeira, "esquentando" a mercadoria. Então poderiam vender a preço de mercado, com um lucro superior a 50%. Em pouco tempo, poderiam fechar a empresa falsa e ficar só com a quente. Segundo os meus amigos, no mundo dos negócios todos os grandões haviam começado com algum golpe.

As primeiras etapas já estavam prontas. O velho Domingos tinha dois terrenos que herdara do pai. As escrituras estavam prestes a sair, segundo ele. Quando os dois cúmplices deixassem o livramento condicional, venderiam os terrenos. Com o dinheiro, alugariam dois galpões, montariam as empresas, contratariam funcionários. Depois iriam à caça das mercadorias. Era excitante vê-los armando as peças do quebra-cabeça. Eles falavam sério.

Um novo cúmplice se juntou à turma. Era um motorista de carga chamado Euclides. Filho e neto de caminhoneiros, fora criado na boleia de caminhões em viagens por toda a América do Sul. Conhecia estradas, mapas, trajetos, sistemas de segurança, tudo o que dizia respeito ao ofício de caminhoneiro. Viera parar na prisão devido a um caso peculiar. Fora condenado em seis processos de agressão à mesma vítima: o irmão de sua ex-namorada.

A história é mais ou menos assim. Um dia, ao chegar em casa, o ex-cunhado viu um caminhão estacionado na frente da casa e imaginou que Euclides estivesse lá. Pensou em lhe dar um susto, surpreendendo-o no quarto da irmã. Mas ao chegar lá encontrou-a dormindo tranquila e sozinha. Achou aquilo muito estranho. Em seguida, ouviu ruídos e gritinhos vindos do quarto da mãe. Ao entrar lá de supetão, viu a mãe montada sobre o Euclides, resfolegando feito louca.

Na hora, o rapaz partiu para cima do meu amigo. O caminhoneiro pulou da cama pelado e tratou de se defender. Como era enorme e fortíssimo, foi fácil. Deixou o rapaz desmaiado e deu no pé.

Mesmo depois desse flagrante escandaloso, a namorada continuou com ele. Mais tarde os dois se casaram e tiveram uma filha. Mas o cunhado jamais esqueceu a surra. Queria se vingar. Sempre que se encontravam na rua, era guerra. Houve até tiros e facadas. No fim das contas, Euclides acabou preso e condenado. Sua mulher e sua filha passavam por dificuldades. A família do Euclides lhe mandava algum dinheiro, mas não o suficiente. Quando ele saísse, seria difícil conseguir emprego por causa da sua ficha suja. As transportadoras não entregavam cargas a pessoas com ficha criminal. Por isso o plano do Domingos e do Nunes lhe interessava. Parecia relativamente seguro e bastante lucrativo.

Com o novo elemento, a trama se ampliou. O velho queria caprichar no verniz de legalidade e reduzir as chances de ser pego. Nesse ponto, Euclides vinha a calhar. Ele conhecia caminhoneiros que entregariam a carga mediante pagamento antecipado. Quando o carregamento estivesse em segurança, apresentariam queixa de assalto. Para os transbordos, seriam comprados caminhões baratos. Depois de a carga ser desovada, trocariam o "cavalo" e a lona, e seguiriam com notas fiscais emitidas pela empresa fria. Um armazém seria alugado à beira de uma estrada, para receber as cargas rapidamente.

Comecei a ficar assustado com aquela caminhada vertiginosa para a ilegalidade. Por outro lado, a sensação de perigo e aventura também me estimulava. A criminosos não se dão conselhos; aconselhar é pôr obstáculo, gorar, secar. Mesmo assim eu dava meus pitacos. Questionava as minúcias do plano só para vê-los inventar saídas — era como um jogo de xadrez com os amigos. Eles tinham um raciocínio rápido. Se a polícia não os pegasse logo, não os pegaria nunca mais.

Irismar foi me visitar. Estava tão bonita com aquela barriguinha... Torcíamos por uma menininha. Avildo já havia nos dado o enxoval, amarelo e branco. Irismar não quis fazer o exame de ultrassom. Gostava de ficar na dúvida. Eu não entendia muito bem isso, mas, enfim, a barriga era dela.

A ansiedade crescia com a proximidade do Natal. Na marcenaria, os crentes continuavam tentando fazer a cabeça do patrão contra nós. Apesar das nossas ameaças, não tinham desistido de nos dedurar, mas sempre que nos denunciavam o Mineiro nos defendia diante do Antônio — e vinha imediatamente nos contar o que tinha acontecido. Ele sabia que, se saíssemos, a fábrica iria a pique. O Brasinha, na esquadrejadeira, conhecia as medidas das peças. Eu dominava a modelagem na tupia. Trabalhávamos muito: estávamos viciados em produzir. Nada vira fumaça se não for queimado. Os caras estavam nos entregando, contaram que fumávamos baseados na hora do almoço, que frequentávamos a casa de prostituição, que tomávamos chopes e cerveja nos restaurantes da cidade, que tínhamos contas nos bares das redondezas, que às vezes garotas nos esperavam quando saíamos, que tínhamos dinheiro e drogas escondidos na marcenaria...

O que eles ignoravam é que Antônio sabia das nossas atividades. Era ele quem guardava nosso dinheiro e nos financiava. Ele nos dera uma gaveta com chave em sua própria escrivaninha para que guardássemos nossas "coisas". Mentíamos o mínimo possível para ele. O sujeito fora verdadeiro conosco e merecia pelo menos parte da verdade — a parte que ele podia suportar.

Um dia antes da saída do Natal, Antônio nos surpreendeu com uma festa. Fez até discurso. Afirmou que estava muito grato pela nossa dedicação e que nos daria um bônus. Eu e Brasinha bebemos tudo o que pudemos. No dia seguinte, a liberdade. Colocamos duas cadeiras ao lado da geladeira e ficamos distribuindo as garrafas de cerveja e preparando caipirinhas. Todas as bebidas passavam por nós. Servimos a mulher e os filhos do patrão e as namoradas dos rapazes.

Alguns dias antes Brasinha tinha visto um dos crentes nos denunciando. O dedo-duro percebeu que fora flagrado e ficou com medo do troco. Durante toda a semana evitou sair da fábrica na hora do almoço. Ainda não tínhamos feito nada contra ele, mas agora que estávamos bêbados os escrúpulos desapareciam. E resolvemos dar um susto no dedo-duro — uma lição para que parasse de nos perseguir.

Foi fácil. O guarda da escolta tinha nos deixado à vontade para aproveitarmos a festa, e o Mineiro estava viajando. Ficamos de olho no dedo-duro. Lá pelas tantas, ele foi para o segundo andar da marcenaria. Fomos atrás e o encurralamos, com as facas do churrasco nas mãos. O susto foi tão grande que o cara quase teve uma síncope. Bati, abusei, descarreguei frustrações. O Brasa humilhou o sujeito, batendo só na cara. Então o efeito da bebida começou a passar e fui recuperando o autocontrole. O Brasa queria bater mais; não deixei. Disse para o crente dar no pé. Mas antes ameacei: se abrisse a boca de novo para o Antônio, morreria.

Na portaria da prisão, o guarda da escolta limpou nossa barra. Disse que havia permitido as bebidas por causa da festa de Natal. Nem sequer fomos revistados. Deitei na cama e apaguei.

12.

    Acordei com a cabeça doendo. O Brasa estava cambaleante, de olhos vermelhos como o seu apelido. Parecia preocupado. Então, num instante, me lembrei de tudo. A cena voltou inteira à minha mente. Meus Deus! Que besteira tínhamos feito! O maldito crente podia nos denunciar. Mas não havia provas. Não deixamos marcas. Ninguém tinha visto nada. Seria a palavra dele contra a nossa. Dois contra um. Além disso, o sujeito devia estar assustado. Se nos denunciasse, seria só para o patrão, e Antônio manteria sigilo. Ao menos foi o que pensei. Sairíamos para as festas de Natal e Ano-Novo tranquilos.
    Os guardas começaram a fazer a chamada dos que iriam sair. Chamaram o Brasa — a chamada era por ordem alfabética e o nome dele começava com A. Então estava tudo certo. Logo fui chamado também. Mesmo assim continuei atormentado. Na fila, eu andava como uma formiga. Na mente zumbiam as abelhas da consciência. Como eu podia ter sido tão estúpido? Depois de tudo que me acontecera, como me foi possível fazer algo tão grotesco? Eu não podia beber, essa era a verdade. Eu era um

covarde, consciente de sê-lo, e a bebida me dava a coragem que eu não tinha.

Nem a viagem de ônibus me perdoou. Um único pensamento me martelava no caminho: eu precisava tomar jeito, senão perderia a oportunidade e acabaria excluído do mundo das pessoas comuns para sempre. Tudo o que eu desejava era ser um homem comum, ser como todos. Mas eu tinha minhas próprias regras, e elas nem sempre coincidiam com as leis da sociedade. Esse desacerto me custara muito caro. Querer viver mais que o permitido só me fizera viver ainda menos.

Depois de muita angústia, consegui me acalmar. Quando eu voltasse à prisão, pensaria nisso tudo. Ao chegar em casa, vi Irismar estendendo roupas no varal. Agarrei-a por trás antes que ela me notasse. Ela reconheceu meu cheiro na hora. Virou-se e se enroscou no meu pescoço. Peguei-a no colo. Estava pesada. Levei-a para casa mesmo assim. Os dias correram felizes. Passeamos no zoológico, fomos ao cinema, bebemos bastante. Visitamos Matilde e Carlinhos. Passamos o Natal na casa do Avildo. Também fomos ver vários tios e tias da Irismar. Pessoas bastante empobrecidas, mas que nos recebiam com uma cordialidade de milionários. E eu sempre atento à barriga da Irismar, imaginando o serzinho que já começava a se mexer lá dentro.

Mal senti aqueles dias passarem. Quando dei por mim, já estava partindo de novo, dando um beijo de adeus na barriga da minha mulher. Voltar à prisão sempre foi revoltante, mas agora, ao observar o mundo ao meu redor, eu via o muro da moralidade desmoronando. Por que logo eu tinha que ser punido? Havia gente pior em liberdade. Juízes e senadores prevaricavam impunemente. Presidentes eram depostos por corrupção. Assaltos milionários ocorriam com a participação secreta de quem era pago para combatê-los. Nós, prisioneiros cumprindo pena, começávamos a nos sentir injustiçados. Voltar para a prisão por quê? Em nome do quê?

Parei num bar em Tremembé. Enchi a cara enquanto as putas roubavam seus companheiros bêbados. Cheguei à prisão chumbado. Acordei de madrugada com dor de cabeça e fiquei olhando pela janela a noite virar dia. O sol tinha a cor amarela da angústia. Saí para trabalhar, mas quando cheguei à portaria recebi a má notícia. O crente vencera. Brasinha e eu tínhamos sido despedidos. Ao ouvir isso, meu amigo começou a praguejar contra todos os religiosos. Procurei ponderar com ele. Pelo que havíamos feito, devíamos no mínimo estar na cela forte. Se ficasse só naquilo, estávamos no lucro. Antônio era um sujeito leal, não iria nos denunciar. O problema era o crente. Voltei ao alojamento preocupado. Logo agora que eu precisava de mais dinheiro...

Voltei a correr e a fazer ginástica. Em parte, era uma forma de punir minha estupidez. Eu me disciplinava. Lutava comigo mesmo o tempo todo. Minhas ordens eram dirigidas a mim mesmo, prescrevendo meus próprios remédios. Mas por mais que eu corresse, às vezes parecia andar para trás.

No dia seguinte enfrentei a fila para falar com o diretor de produção. Imaginei que levaria bronca do homem. Eu merecia um castigo. Entrei na sala de cabeça baixa, pronto para ser humilhado. Era aguentar a dor, não tinha jeito. Fazer o quê?

Mas Antônio fora leal. Não nos denunciara. O diretor me sondou, tentando captar algo. Logo percebi que ele não sabia de nada. Perguntou diretamente o que havia acontecido. Respondi que eu não sabia. Antônio deve ter inventado alguma desculpa para nos dispensar; o certo é que não disse nada que nos comprometesse. Pedi, na cara de pau, um novo trabalho. O diretor disse que eu voltaria à equipe da Amplimatic.

Fiquei sem palavras para agradecer. Lembrei de toda aquela gente que fazia tanto tempo eu não via. A Cidinha! Quanta saudade! Eu a veria novamente. Brasinha também escapou: foi trabalhar numa serralharia em Taubaté.

No dia seguinte, lá estava eu na porta da prisão. Na fábrica, fui encaminhado ao novo gerente da Amplimatic, Rafael, um ex-chefe de segurança. Ele gostava de mim. Nos velhos tempos me vira várias vezes trabalhando no almoxarifado, com a camisa ensopada de suor. Pedi que me mandasse para a oficina de tornearia. Por sorte, o mestre precisava de ajudantes.

Fui bem recebido. O pessoal ainda gostava de mim. Voltei a cortar canos. Na hora do almoço, fui esperar a Cidinha na porta do almoxarifado. Quando me viu, ela ficou atônita. Nos abraçamos e, quando se separou de mim, ela sorria com uma naturalidade que eu desconhecia.

Almoçamos juntos. Contei-lhe do meu casamento e seguimos para as amoreiras, conversando. Éramos amigos agora. À tarde fui para o torno revólver. Devagar eu me readaptava. Passei a me encontrar com a Cidinha todos os dias. Agora ela falava mais de si mesma. Tinha uma filha e estava separada havia mais de dez anos. Seu sorrisinho, com os dentões para fora, realçava as maçãs do rosto. À medida que o diálogo melhorava, o tesão ia acabando. Eu não me sentia mais disponível. Pelo menos não para ela.

A fábrica já não trabalhava em dois períodos. Agora era um só, da manhã à tarde. De quinze em quinze dias, Irismar vinha me visitar. A barriga estava grande e ela, cada vez mais bonita. Sempre que eu olhava para aquela barriga, pensava em como iria sustentar a criança que ia nascer. A Páscoa demorava para chegar. Eu lutava contra a passagem lenta do tempo com a ajuda dos livros: tentava me perder dentro deles, ou me salvar.

Naqueles primeiros meses de 1995, o velho Domingos foi posto em liberdade. Deu-me o número do telefone da sua casa e pediu que o procurasse quando saísse. Uma semana depois, foi a vez do Nunes. Ele não sabia ao certo de sua vida e nem endereço deixou. Levou meu endereço do Embu e prometeu me procurar.

O dia de sair chegou sem que eu percebesse.

13.

Irismar me esperava no portão. Sua barriga estava enorme, e ainda assim ela se movimentava com facilidade e conseguia fazer quase tudo. Era uma gravidez sadia. Ela ficava muito bem nos seus vestidos largos. A barriga era quente e o serzinho lá dentro chutava sempre que eu encostava o rosto ou a mão nela. De manhã eu acordava e ficava olhando para a barriga da Irismar, pensando no mistério que ela carregava. Imaginei que a criança tinha a alma calma das plantas, com raízes fincadas no chão interno de sua mãe.

Mas eu continuava angustiado. Como sustentar minha mãe, mulher e filho? Telefonei para o Avildo. Disse-lhe que, de acordo com o diretor penal, estava tudo certo, eu seria transferido para Franco da Rocha na semana seguinte. Só que levei um choque violento com o que ele me falou em seguida: sua empresa não estava mais empregando amigos. Era uma nova política interna. Fiquei perplexo. Avildo explicou que já havia contratado amigos antes e que não dera certo. Então criara essa regra para proteger suas amizades. No entanto eu senti que a tal regra tinha acabado de ser estabelecida, especialmente para mim. Insisti, lembrei-o da promessa que fizera de me ajudar se eu fosse para Franco da Rocha. Avildo ficou em silêncio por alguns instantes. Por fim disse que ia falar com alguns amigos seus, empresários na cidade, e que tentaria me arranjar um trabalho.

Outra promessa, mas dessa vez não acreditei. Senti que mais uma amizade se desfazia, e bem no momento em que eu mais necessitava. Eu tinha lutado oito meses para conseguir a transferência, e agora Avildo falhava comigo. Nada justificava aquela atitude mesquinha. Ele sabia que eu precisava de um emprego, e me incentivara a formar uma família. Era meu padrinho de casamento. Sabia das condições em que viviam dona Eida e Irismar, ambas dependendo da aposentadoria da minha mãe — apenas dois salários mínimos — e da pensão do meu pai.

Se algo saísse errado no parto, como faríamos? E se eu precisasse comprar remédios? E se o bebê nascesse com algum problema? Como eu resolveria tudo isso sozinho, sem dinheiro suficiente? Quem ia se interessar em me arrumar emprego? Que empresário amigo do Avildo poderia me contratar, se o próprio, que me conhecia, tinha me rejeitado?

Evitei passar minhas preocupações para a família. Mesmo fragilizado, escondi meus problemas.

Irismar estava uma bolinha. Andava como uma pata, mas continuava com boa saúde. A criança ia nascer logo. A prima da Irismar veio para nossa casa, a fim de lhe fazer companhia até o dia do parto. Levaria Irismar para a maternidade e nos ajudaria com tudo. Enquanto isso, minha angústia crescia. Fazia um calor terrível todos os dias. Eu sentia o mormaço nos olhos e a fadiga no corpo e na alma. Precisava ter algo certo antes que a criança nascesse. Então resolvi telefonar para o Domingos.

A recepção foi calorosa. O velho queria me ver. Marcamos um encontro na estação Sé do metrô e dali fomos para a casa dele, na Vila Diva. Era um espaço bastante aprazível. De cara, já me estendeu cem reais. Disse que só não dava mais porque dependia do dinheiro dos filhos. Ainda não conseguira as escrituras dos terrenos que queria vender. Os negócios estavam parados. Alguns dias antes havia falado com o Nunes, que agora morava com a namorada em São Vicente, e também estava em compasso de espera. Mas Domingos estava confiante. Disse que até o mês seguinte tudo se resolveria. Então perguntou se eu queria trabalhar na parte limpa do negócio. Eu não ia precisar me envolver em nada de podre. Seria apenas um funcionário comum. Eles estavam precisando muito de alguém de confiança. Acabei dizendo que sim. O velho tinha muitos amigos e contatos, e naquele momento eu precisava de toda a ajuda possível.

Em seguida me convidou para acompanhá-lo até um cartório de Guarulhos. Seria preciso atravessar a cidade de ônibus. Domingos estava sem carro. Como eu não tinha nada para fazer e estava na torcida para que o plano dele desse certo, concordei em ir.

No cartório, percebi que a enrolação das escrituras era grande. Mas pelo menos me certifiquei de que as propriedades existiam. Mais cedo ou mais tarde, Domingos desataria aquele nó. O velho estelionatário vivera quase a vida toda lidando com terrenos. Combinamos manter contato. Eu avisaria assim que fosse transferido para Franco da Rocha.

De volta ao Embu, fui me encontrar com o Carlinhos. Ele me levou à boca para comprar droga, numa favela. Íamos por uma rua quando um rapaz surgiu do nada, com uma automática enorme na mão. Perguntou o que estávamos fazendo ali e disse que nos vigiavam desde que entramos na rua. Carlinhos explicou que íamos comprar maconha. E você?, perguntou para mim. Presunçoso, saquei meu salvo-conduto e lhe entreguei. Logo nos vimos rodeados por uma molecada com armas nas mãos. Um deles — ironicamente, o menor — pegou o papel e leu.

Seus olhos me mediram. Começaram a conversar entre si. Um dos rapazes conhecia Carlinhos de vista. Devolveram meu documento. Depois, uma ameaça: que eu não pensasse em intimidá-los só porque estava preso. Um "piolho" — um sujeito que cumpriu muitos anos de pena — eles espremiam ali na unha. Fiquei calado. Algum piolho tinha dado mancada naquela boca. Entendi a mensagem. Compramos nossa droga e fomos embora com o rabo entre as pernas.

Voltei para a prisão preocupado. Meu filho — agora eu o imaginava macho — ia nascer a qualquer momento e eu não estaria lá. Mas confiava na prima da Irismar. Ela já tivera dois filhos e entendia do assunto.

No dia seguinte, um novo golpe. Na portaria, descobri que eu fora cortado da Amplimatic, com mais uns vinte presos que também trabalhavam lá. Os guardas não nos deram nenhuma explicação. Voltei ao alojamento de cabeça quente. Quando o diretor penal chegou, lá estava eu na porta da sala dele. Me atendeu com o mesmo modo respeitoso de sempre. Expliquei minha situação. Ele prometeu que tentaria apressar minha transferência. Depois me encaminhou ao diretor de produção, que encontraria outro trabalho para mim enquanto eu não fosse para Franco da Rocha.

O diretor de produção era um sujeito grosseiro, metido a guarda de presídio, mas não tinha opção senão me empregar novamente. Mandou que eu me apresentasse no portão na manhã seguinte, bem cedo. E deu uma risadinha meio estranha. Só depois eu soube por quê. No dia seguinte, no portão, um funcionário me chamou. Informou que eu ia trabalhar num depósito de materiais de construção em Taubaté. Havia outro detento na portaria, um cara negro muito forte. Apresentou-se dizendo seu apelido: Guina. Trabalhava no depósito fazia algum tempo, e iríamos juntos para lá.

Passado algum tempo, surgiu um caminhãozinho dirigido por um velho de chapéu. Ele parecia uma uva-passa de tão enrugado e ia nos levar ao trabalho em Taubaté. O veículo era tão velho quanto o dono, mas a carroceria de madeira ainda estava firme. Na cabine, só havia o essencial. Bem, quer dizer, não havia velocímetro. O banco era estreito e duro, mas tinha lugar para nós três. O câmbio batia toda hora na minha perna. O braço do velho, todo nodoso, tinha veias da grossura de um dedo. Ele dirigia sem falar nada.

Ganhamos a via Dutra. O caminhão era lento mas resistente, quase um trator. Devia funcionar na porretada, nem marca acho que tinha. Fazia um barulho ensurdecedor.

Chegamos, enfim. Guina me levou ao depósito. Quando vi as pilhas de sacos de cimento, entendi o sorriso do diretor. Descemos para a loja, na parte da frente do depósito. Duas moças, filhas do velho, atendiam os clientes, atrás do balcão. Uma era gordinha e de cabelo curto, parecia de palha. A outra, mais nova, se assemelhava a uma fruta, de tão saborosa. O xodó do velho, segundo me disse o companheiro. A gordinha era casada. De qualquer modo, melhor não me aproximar de nenhuma delas. O patrão não ia gostar.

No entanto, a gordinha nos lançava olhares gulosos, de esguelha. Já a bonitinha fazia o tipo nariz empinado e não nos dava atenção. Ela avisou o velho que havia uma entrega de dez sacos de cimento e de dois metros de areia para fazer. Entregou-lhe um papel. O velho olhou para nós. Guina saiu e eu o segui. Ele abriu a carroceria do caminhão e com a pá começou a jogar areia dentro dela. Imitei-o. Eu estava forte como um touro. Foi fácil. Depois tínhamos que colocar os dez sacos de cimento sobre a areia. Fiquei em cima do carro enquanto Guina me passava os sacos. Eram pesados, mas eu queria mesmo exercitar meus músculos.

O caminhão partiu para fazer a entrega. Guina e eu ficamos na carroceria, o vento batendo na cara, em plena via Dutra. Entramos numa transversal e chegamos a uma vila. O velho parou o caminhão na frente de uma casa. A proprietária abriu um portão lateral e o veículo entrou no pátio. Desci e comecei a descarregar os sacos. Os primeiros foram fáceis, mas nos últimos minhas pernas já estavam tremendo. Depois jogamos a areia para baixo e fomos embora. Passamos a manhã fazendo entregas como essa.

Almoçamos a marmita que a prisão nos mandou. Eu me sentia sujo, suado e empoeirado, mas estava gostando. Depois do almoço, o cansaço começou a bater. Tirei a camisa, o suor escorrendo solto pelo peito. Até as seis da tarde continuamos carregando e descarregando o caminhãozinho. Comecei a pensar que não aguentaria aquele ritmo todos os dias. Quando voltei à prisão, estava moído. Tomei banho e caí na cama sem nem pensar em baseado. No dia seguinte, seria outra luta.

O pó do cimento endurecia minha pele e meu cabelo. E a gordinha olhando meu corpo com olhos brilhantes. Decerto o pai havia proibido que elas aparecessem. Mas nós descíamos, e ela olhava. Sempre que eu deixava a sala, sentia seus olhos pregados nas minhas costas. Na semana seguinte, meu corpo já estava mais acostumado com o ritmo louco daquele trabalho. Mas então vieram dias e dias de chuva. Carregar cimento debaixo de chuva era terrível. O cabelo ficava colando. A boca se enchia do gosto do cimento. Os sacos escapavam das mãos e se espatifavam no solo. Numa dessas, minha mão estava molhada e uma porta escorregou, caindo em cima do meu dedão do pé. Esmigalhou a unha e quase estourou meu dedo. Uma dor insuportável. O velho precisou me levar de volta ao presídio. De lá, fui para o hospital de Taubaté.

Peguei três dias de licença médica. No terceiro dia, ainda mancando, fui chamado à diretoria penal. O diretor finalmente havia conseguido minha transferência para Franco da Rocha: eu partiria no dia seguinte. Contudo, ele me alertou que eu estava indo para um lugar podre. Antigamente, a prisão de Franco da Rocha abrigara um manicômio. Suas instalações ainda eram improvisadas e precárias, e o local, dominado pela corrupção e pelo crime. Muitas quadrilhas de São Paulo recebiam ordens que partiam dali. Havia armas de fogo e drogas aos montes. A polícia podia invadir a prisão a qualquer momento, atirando. Eu deveria tomar muito cuidado.

Esses conselhos mostraram que o diretor realmente se preocupava comigo. Para os diretores de outras prisões pelas quais passei, eu era o emblema do mal. Analisavam-me pelo meu prontuário e pelo histórico criminal, jamais por quem eu realmente era. Nem sequer se davam ao trabalho de conversar comigo. Mas aquele homem era diferente. Ele me deu bons conselhos e tentou me ajudar, embora não fosse ganhar nada com isso — exceto um admirador sincero.

O diretor continuou falando e elogiou meu comportamento. Lembrou que eu já estava lá havia dois anos sem jamais ter sido sequer repreendido. Pensei que na verdade fora pura sorte, porque ninguém nunca havia descoberto minhas infrações. Em seguida, o diretor me desejou sorte e disse que eu ia me dar bem na outra prisão — desde que, claro, fosse cuidadoso. Agradeci por tudo e disse adeus.

De volta ao alojamento, sentei na cama, fechei as cortinas e fiquei pensando. Em Franco da Rocha eu certamente ia correr um risco enorme. Não tinha medo dos outros presos, mas de mim. Medo de ter uma recaída no crime. Até então eu havia resistido. Mas sabia que sempre estivera por um fio. A verdade é que eu não acreditava em mim. No entanto, o diretor tinha razão.

Por dois anos eu não cometera nenhum crime grave, não tinha roubado, não tinha matado. Agora ia enfrentar uma nova guerra. Esperava que as condições fossem favoráveis e que eu tivesse a chance de vencer novamente as tentações.

    O guarda me acordou de madrugada. O carro de presos me aguardava. Peguei minhas coisas e saí sem olhar para trás. O interior do veículo era abafado, sufocante. Havia dois detentos ali. Depois de algum tempo de viagem, meus companheiros e eu suávamos por todos os poros. E o carro ia aos solavancos pela estrada. O motorista devia estar com uma pressa dos infernos. Encostei na porta que nos separava da cabine e, por um buraco, enxerguei a frente do carro. O homem descia uma estradinha cercada de mata, e acelerava cada vez mais. Eu me senti num videogame. Numa curva, surgiu um carro de passeio vindo na nossa direção. Nosso motorista não desviou e o outro carro teve de entrar na mata para não se chocar contra nós. Como marionetes de pano, nós três éramos jogados o tempo todo contra as paredes e o teto de metal. E quando o carro brecava, éramos arremessados para a frente. Achei que fôssemos morrer. Nossos sapatos e barras de calça ficaram fedendo a vômito.

    Quando o motorista finalmente entrou nas dependências da prisão semiaberta de Franco da Rocha, estávamos nas últimas. Um dos meus companheiros de jornada, um velhinho, coitado, quase morreu. Tivemos que carregá-lo para fora e abaná-lo. Cuidando dele, esqueci que eu mesmo passava mal. Um enfermeiro apareceu e se encarregou do pobre velho. O outro detento e eu fomos conduzidos até o assistente penal de plantão. Meia hora depois um funcionário nos escoltou ao setor do semiaberto.

14.

Eu pensava estar preparado para o que me esperava lá dentro, mas fiquei chocado: a prisão parecia uma favela. Três alojamentos assimétricos e, dentro deles, total confusão. Um pavilhão enorme e aberto, com camas quadriliches formando "comarcas" de dois quadriliches cada uma, fechadas por panos que lhes davam a aparência de quartos ou celas. Cerca de duzentos companheiros amontoados por pavilhão. Um banheiro com três chuveiros e outro com três privadas.

Assim que cheguei, fui procurar vaga em alguma comarca. Depois de procurar por algum tempo, encontrei um velho amigo, Pardal, era irmão do Sidnei, um grande parceiro meu da Penitenciária do Estado que morrera de aids. Pardal me abrigou em sua comarca. Os demais companheiros pareciam gente boa. Ele me contou que em breve começaria a trabalhar: ia consertar máquinas de escrever na empresa de um amigo.

Mais da metade dos presos dali trabalhava na cidade de São Paulo. À noite, uma multidão deles retornava aos alojamentos. No meio daquele monte de gente, reconheci dois amigos: Índio e Davi. Eles saíam da prisão às cinco da manhã e voltavam às nove da noite.

Eu já estava começando a me sentir agoniado. Fazia tempo que não recebia notícias de casa: será que Irismar já dera à luz? Além disso, eu não tinha dinheiro. Depois de várias visitas à direção de produção, por fim consegui emprego numa fábrica de condutores elétricos, a Nevaflex, na Vila Prudente. No meu primeiro dia de trabalho, juntei-me a um grupo de presos que também ia para lá. Embarcamos num ônibus fretado pela empresa e descemos na porta da Nevaflex. Fui trabalhar numa tecelagem enorme.

Vigiava uma máquina cheia de bobinas. Meu serviço consistia em trocar as bobinas de tempos em tempos. Na minha frente, do outro lado da máquina, uma moça fazia o mesmo serviço.

Trabalhei a manhã inteira em pé. Eu olhava a moça, ela me olhava e às vezes sorria. Como sempre, eu tinha dificuldade de me aproximar das pessoas. Às vezes tentava puxar assunto, mas minhas conversas pareciam feitas de lata. A moça, no entanto, era gentil. Lá pelas tantas, me avisou que estava na hora do almoço. A comida era péssima. Engoli rapidamente, sem me importar com o gosto. Comia para me alimentar, para continuar forte e não adoecer. Sentir prazer em comer não era o essencial. O que me interessava era explorar a cidade lá fora. Caminhei pela calçada movimentada. Os prédios estavam tatuados de grafite e as ruas, cheias de carros. Tudo cheirava a fumaça e gasolina.

A praça da Vila Prudente era bonita. Sentei-me ali e fiquei contemplando a paisagem. Trabalhadores descansavam em outros bancos. As garotas eram lindas e eu não enjoava de olhá-las. Trabalhei o resto da tarde alimentado pelas imagens que observara. Enfim, consegui conversar um pouco com a minha colega de trabalho. Ela me contou que morava longe e que pegava duas conduções para chegar até lá.

Voltei para a cadeia ainda dia claro e vi um companheiro de comarca empinando pipa junto do alambrado. Fui me sentar perto de onde ele estava e fiquei olhando, absorto, a pipa que dançava lá no alto. Ela também estava presa. Voava, voava, mas só se libertaria de fato se a linha se arrebentasse. Mas aí, mais cedo ou mais tarde, acabaria caindo.

À noite conversei com o Pardal. Fazia alguns dias que ele tinha começado a trabalhar, estava cheio de novidades e ideias. Pensava em consertar computadores, pois as máquinas de escrever já estavam ficando obsoletas. Logo os outros companheiros começaram a chegar à nossa comarca. Um deles, um ex-ladrão de carros, tinha uma oficina mecânica. Estava muito cansado, ainda sujo de graxa. Tomou banho e desmaiou na cama. Então chegou o Valdir, a "menina" do alojamento em Tremembé. Também fora transferida e trabalhava como cabeleireira no centro de São Paulo. Parecia disfarçada entre nós, vestida como homem. Seus trejeitos e atitudes, porém, eram inconfundivelmente femininos.

Fiquei até de madrugada conversando com Valdir. Em Tremembé havia um preconceito enorme contra homossexuais. Já em Franco da Rocha ninguém se ligava na vida de ninguém. Todos levavam uma vida quase livre, uma vez que o pessoal só ia à prisão para dormir. Valdir se preocupava com o preconceito lá de fora; não tinha tempo para os caras ali. Perguntei sobre seu antigo namorado de Tremembé e ela contou que a relação acabara. Perdera o sujeito para uma advogada, mas agora isso já não tinha importância. Estando fora, conseguia quantos quisesse, disse. Momentos depois ela se levantou e foi tomar banho. Voltou enrolada numa toalha, que deixou cair, como que por acaso, revelando sua calcinha — o mesmo exibicionismo de sempre. Para quem gostava da coisa, Valdir era um prato cheio: uma grande bunda branca saltava da calcinha cor-de-rosa. Tinha seios pequenos — estava tomando hormônios. Parecia uma garota mesmo.

Sentou-se um pouco na minha cama. Meus companheiros nos lançaram olhares disfarçados enquanto jantavam. Fiquei embaraçado. Pardal riu da minha cara. Todos estavam acostumados com Valdir, eram amigos dela, que cortava e ajeitava o cabelo do pessoal da nossa comarca, ensinava as melhores combinações de cores para as roupas e como comprá-las. Era bem-educada e dava lições de boas maneiras. Valdir subiu para sua cama toda cheia de charme, rebolando. Era bem excitante, mas eu não queria enveredar por aquele caminho. Temia gostar.

De manhã, a tristeza me atingiu em cheio, como uma pedrada. Tentei telefonar para a Matilde, mas dava sinal de ocupado o tempo todo. Como estaria Irismar? Será que nosso bebê já havia nascido?

No dia seguinte, em meio ao tédio das bobinas, minha colega de trabalho e eu conversamos mais — seu nome era Fátima. No almoço, ela se sentou ao meu lado. Contou que era separada e que sustentava dois filhos pequenos. O ex-marido morava com outra mulher, que estava grávida. Pensei no meu pai. Seu Luiz se vangloriava de ter dois filhos registrados em nome dele e "outros que nem sabia direito". Prometi a mim mesmo que nunca faria o mesmo.

Falei da minha mulher, da minha mãe, do nenê que ia nascer. Falei da vontade que eu tinha de sair correndo dali e voltar para casa. Fátima resolveu me ajudar. Depois do almoço, me levou a um orelhão na rua atrás da fábrica. Fez a ligação e deu certo. Percebi que das outras vezes eu não havia discado direito.

Matilde atendeu, mostrando-se prestativa como sempre. Não, Irismar ainda não fora para a maternidade. Pedi que a chamasse. Escutei minha mulher chegando, esbaforida depois de subir as escadas. Meti todas as fichas no telefone. Quanta saudade, quanta preocupação! Ela estava bem, sim. O parto aconteceria em breve. Sua prima estava em casa. Dormia com ela na nossa cama e a ajudava a cuidar das coisas da minha mãe. Repetiu várias vezes que estava bem. Fui tomado por um alívio imenso. Quando desliguei, senti minhas pernas bambas. Sentei-me um pouco na beira da calçada para me recuperar, e Fátima se sentou comigo. Eu estava tranquilo e agradecido. Fomos andando até um bar, e ela ainda me pagou uma cerveja deliciosa.

Nesse mesmo dia, voltei ao orelhão atrás da fábrica — graças à Fátima, eu agora sabia usá-lo. Telefonei para o Domingos e conversamos por um longo tempo. Ele me tranquilizou, dizendo que tudo daria certo. Pediu que eu o procurasse quando saísse no Dia das Mães. De volta ao alojamento, encontrei Valdir na comarca. Tinha voltado mais cedo do trabalho e ficamos conversando. Apesar das boas notícias, eu continuava preocupado e precisava desabafar. Ela também enfrentava problemas. Um de seus irmãos estava fumando crack, se endividou com os traficantes do bairro, foi ameaçado de morte e precisou buscar um esconderijo. A família estava tendo trabalho com ele. Enquanto Valdir contava sua história, desconfiei que ela podia estar interessada em mim. Percebia seu jeitinho comigo e seus olhares provocativos. Curioso: eu estava quente de vergonha, mas também excitado; não havia como me enganar. Me assustei comigo mesmo.

Valdir foi tomar banho e eu deitei na minha cama, pronto para dormir. De repente, as cortinas se abriram, e lá estava Valdir me olhando fixo. Fiquei sem reação; não imaginava que ela fosse tão ousada. Nisso chegaram Quidão e mais dois companheiros. Valdir se afastou discretamente. Os recém-chegados não perceberam nada. Levantei, cumprimentei todos e fui para o banheiro. Quando voltei, Valdir estava deitado em sua cama, os raios azuis de seus olhos repousando tristes sobre mim. Eu não ia cair nessa armadilha, e ela sabia disso. As semanas foram passando. Todos os dias Fátima me recebia com um sorriso fresco no trabalho, sem segundas intenções. Era uma boa amiga. Eu gostava sinceramente dela e me condoía com seus problemas. Conversávamos muito, sobre todos os assuntos. Era uma alma simples, sem egoísmos ou pretensões, preocupada apenas em cuidar de seus filhos.

Não demorou muito, sofri um novo baque. A Nevaflex se mudou para Guarulhos e os presos foram dispensados. Mais uma vez fiquei sem emprego — além de perder minha nova amiga. Eu passava o tempo lendo, empinando pipa e fumando maconha com o Quidão.

Enfim chegou o dia de mais uma saída: 12 de maio de 1995. Deixei a prisão descendo uma rampa de terra, cruzando um mata-burro e várias porteiras. Quidão seguia a meu lado, ensinando o caminho. Depois da última porteira, um carro o esperava. Era seu cunhado, um conhecido traficante de Osasco. Perguntaram se eu queria uma carona e declinei da oferta. Não era preconceito, apenas prudência.

Quando entrei na estação de trem, ouvi tiros lá fora. Provavelmente uma tocaia: alguém esperava alguém que saía. Havia um corpo estendido no chão. Olhei e, mesmo de longe, percebi que era um jovem. Eu já tinha presenciado muitas mortes, não havia motivo para ficar chocado com aquilo. Mesmo assim fiquei atordoado, com uma vontade louca de correr para longe. Mas o trem demorava. Passei a temer que a polícia quisesse impedir a partida do trem para procurar suspeitos. Meu medo, no entanto, não se concretizou. O trem chegou e partiu sem impedimentos. A estação devia ser um local de acerto de contas, e a morte, uma rotina por ali.

15.

Ao chegar em casa, depois de uma viagem que pareceu interminável, levei um susto. Em tom trágico, dona Eida disse que a minha mulher estava no hospital. Havia feito uma cesariana; a criança nascera com problemas. Estava na UTI.

No fundo eu já esperava algo assim. A vida tinha me preparado. Comigo nada acontecia de modo normal; tudo era difícil. Eu jamais havia ganhado alguma coisa de mão beijada. Por que o nascimento de meu filho seria diferente? Era como se eu tivesse entrado no mundo na marra e ele quisesse me expulsar com mais força ainda.

Dona Eida me disse que Carmélia, a prima da Irismar, me levaria ao hospital. Estava me esperando em sua casa, na rua de cima. Fui até lá. Carmélia pegou a bolsa e saímos. Eu gostava dela, era uma jovem espontânea, sincera. Foi me contando o que tinha acontecido. As dores do parto haviam começado na manhã do dia 10. Zequinha, o dono do boteco da esquina, levou as duas para a maternidade mais próxima. Apesar das dores, a bolsa não rompia e o parto tardava. Com a demora, informaram

Irismar que ali só atendiam casos de urgência e a transferiram para outro hospital. A mesma resposta se repetiu em vários hospitais, até que elas chegaram à Maternidade São Paulo. O médico de plantão constatou que Irismar não teria mesmo dilatação e recomendou uma cesariana imediata.

Irismar ficou muito tempo na mesa de cirurgia e perdeu bastante sangue. Permaneceria na maternidade o tempo necessário para sua recuperação. Por fim, Carmélia me disse que não sabia que problemas o bebê tinha. Eu mesmo ia ter que conversar diretamente com o médico. Na maternidade, me identifiquei como marido da Irismar. O horário de visita era curto, apenas das três às quatro da tarde. Ficamos esperando. Uma fila começou a se formar atrás de nós. As pessoas traziam sacolas cheias de comida, enquanto eu só tinha um pacote de fraldas na mão. Isso me constrangeu. Em casa as coisas estavam difíceis. A pensão do meu pai atrasara e a despensa ficara vazia. Esses pensamentos me deixaram nervoso.

Quando chegou nossa hora de entrar, apareceu um velho se intitulando segurança, cheio de exigências. Quis proibir a entrada da Carmélia. A identidade dela era uma xerox autenticada. Fiquei puto da vida com o sujeito e comecei a discutir. Prepotente, ele nos tratava com descaso e desrespeito. Afirmou que, se eu continuasse falando, não deixaria nem eu entrar. Peguei-o pelo colarinho. Eu estava em forma e quase sem perceber ergui o velho e o sacudi no ar. Estava pronto para jogá-lo contra a parede, como um boneco de pano. Toda a fúria de 23 anos de prisão despertou naquele momento. Há muito tempo eu resistia ao impulso da violência, mas estava prestes a extravasar. Então ouvi Carmélia gritar e saí do transe. Soltei o homem e ela precisou segurá-lo para que não desabasse no chão. Minha quase agressão, porém, teve um efeito positivo. O velho precisava levar uma sacudida. Tão logo se recuperou do susto, deixou que

Carmélia e eu entrássemos. Ele tinha olhado fundo nos meus olhos e percebera os riscos.

No elevador comentei com Carmélia: "periga esse velho chamar a polícia para me prender na saída". Uma senhora, que estava conosco no elevador e tinha presenciado a cena, garantiu que testemunharia a meu favor. Tinha ido ver a filha que ganhara bebê naqueles dias e disse que o velho vivia humilhando as pessoas na entrada. A porta do elevador abriu e saí apressado. Quase correndo pelo corredor. Números de quartos passavam voando pelos meus olhos até que vi o da Irismar, um dos últimos. Só então me dei conta de que havia deixado Carmélia e a senhora que prometera me ajudar na saída do elevador: ambas pertenciam à confraria das mães e tinham assunto de sobra.

Entrei no quarto da Irismar sem bater na porta. Ela estava sentada com as costas apoiadas na cabeceira da cama, pálida e parecendo muito frágil. Senti remorsos, profundamente arrependido por ter engravidado aquela menina. Ela pronunciou meu nome ao me ver e com esforço abriu um sorriso. A cada tentativa de movimento, fazia uma careta de dor. Corri para ela, mas Irismar estava tão dolorida que mal pude tocá-la. A emoção quase me paralisava: jamais tinha me sentido tão ligado a uma pessoa. Estava nas mãos daquela menina pequena e fragilizada. Sentia minha boca seca. Com todo o esforço do mundo, consegui articular as palavras. Perguntei como ela estava. Bem, respondeu, mas preocupada com o menino. Só o tinha visto uma vez e não podia amamentá-lo porque estava tomando antibiótico. Também me disse que o corte da cesariana doía. Pedi para olhar. Era um rasgo horizontal na base do ventre, de cerca de dez centímetros, costurado com linha preta.

Logo Carmélia chegou. As duas conversaram, sorriram e até brincaram. Fiquei aliviado ao ver o sorriso da Irismar. A prima tinha lhe trazido batom, pó de arroz, ruge e um espelho pequeno.

Minha baianinha começou a se enfeitar. E era para mim. Não precisava, eu disse. Daquele jeito dodói, me conquistava mais. A prima perguntou se eu não queria ver o bebê. Irismar sugeriu que eu também falasse com o médico, para saber exatamente o que estava acontecendo com ele. Temia que o problema do nosso filho fosse ainda mais grave do que haviam lhe dito.

Descemos um andar e fomos em direção à enfermaria do berçário. Meu filho já havia saído da UTI, mas ainda estava em observação. Olhamos através de um vidro. Havia um monte de bebês lá dentro e tentei adivinhar qual era o meu. Carmélia entrou na enfermaria por uma porta lateral e trocou algumas palavras com uma mulher, que devia ser a enfermeira encarregada do berçário. Em seguida, a funcionária foi até uma das incubadoras, pegou um bebê e o trouxe até o vidro, para que eu o visse. Ali estava meu filho.

Foi um choque. Era um serzinho pequeno, embrulhado como um pacotinho, só com o rostinho vermelho de fora. Na cabeça, tubos espetados. Ele estava dormindo. Meu coração se apertou. Que vontade de tomar o sofrimento dele para mim. Sim, porque ele parecia estar sofrendo, com todas aquelas agulhas espetadas. Por outro lado, eu não sentia aquela pequena criatura como meu filho. Era apenas um bebê do outro lado do vidro. Antes eu pensava que bastaria pôr os olhos na criança para me sentir pai. Mas não aconteceu assim: eu não me sentia pai de ninguém. No entanto, precisava falar com o médico. Ou melhor, com a médica. Ela me atendeu numa sala ao lado da enfermaria e pediu que eu me sentasse. Informei-lhe o número do quarto. Ela foi até a enfermaria e voltou com uma prancheta. Prendi a alma entre os dentes e esperei o pior. Fui informado de que o bebê nascera com uma anemia forte. Estava tomando soro e sangue. Quando tentaram tirá-lo da incubadora, começou a sufocar e a ficar roxo. Agora estava em observação. Era preciso esperar que ele reagisse ao tratamento. No mais, era um menino normal.

Carmélia me esperava e voltamos ao quarto. Repeti a Irismar o que a médica tinha dito e tentei tranquilizá-la. O bebê estava sendo bem cuidado, e era isso o que importava. Pouco depois, o horário de visitação chegou ao fim. Ao passarmos pela portaria, eu me preparei para um novo confronto. Mas o segurança fingiu não nos ver. Em casa, expliquei tudo à minha mãe e depois senti uma frustração enorme, um vazio. Eu tinha ido ver minha mulher e meu filho e voltara de mãos vazias. O que fazer no resto da noite? Ficar ali preso com a dona Eida?

Resolvi ir ao bar do Zequinha. Lá, fiquei olhando os homens jogarem bilhar. Quase todos estavam armados. Quando se curvavam sobre a mesa para dar uma tacada, o cabo de uma arma despontava na parte de trás da cintura. Quem não os conhecesse ia pensar que eram bandidos. Na verdade, eram trabalhadores curtindo seu lazer após um dia estafante de trabalho. Um era ajudante geral; o outro, motorista; havia um pedreiro e assim por diante.

O pessoal no bar sabia quem eu era. Minha mãe era uma figura conhecida no bairro, chamada de "vozinha". Toda tarde ela levava uma cadeira para a calçada e ficava ali sentada, olhando o movimento. Todos a cumprimentavam e alguns paravam para um dedo de prosa. Ela era uma pessoa bastante agradável quando queria. Às vezes pedia que eu ficasse um pouco com ela na calçada; queria me mostrar às pessoas. Esse é o meu filho, aquele de quem eu sempre falo. Ela jamais escondia que eu estava na prisão; ao contrário, até gostava de alardear isso. Acho que, no fundo, queria despertar a piedade dos outros. Era um modo de se sentir cuidada.

Portanto, todos ali no bar sabiam que eu estava preso. Puxaram assunto, me convidaram para uma cerveja. Era como se dissessem que me aceitavam, que eu podia ficar com eles. Não era qualquer um que tinha esse privilégio. Os frequentadores do bar do Zeca não toleravam os ladrões e traficantes que agiam no bairro. Não admitiam crime no espaço que habitavam. Se encontrassem um bandido na rua, de madrugada, matavam-no sem pensar duas vezes. E esses "justiceiros" não agiam de forma isolada. O bairro todo os apoiava. A polícia nem aparecia por lá. Eram eles que garantiam a tranquilidade da região para todas as famílias, inclusive a minha. Eu tinha até que agradecer a eles por ninguém nunca ter invadido e roubado a minha casa. Ainda assim, eu não gostava de "justiceiros". No entanto tinha decidido ficar neutro, manter a discrição. Para a minha própria segurança.

No dia seguinte voltei sozinho à maternidade. Na fila, a mesma situação do dia anterior, o mesmo embaraço. Todos os visitantes traziam sacolas cheias, menos eu. O segurança fixou os olhos em mim quando me viu. Revidei com uma expressão dura e ele desviou o olhar. Eu era bom nesse tipo de duelo. Irismar estava se sentindo melhor. Conversamos sobre o nome do bebê. Tínhamos combinado que se chamaria Renato (se fosse menina, seria Regina). Irismar quis acrescentar o sobrenome de sua mãe, Santos. Portanto, nosso filho ia se chamar Renato dos Santos Mendes. Desci para vê-lo. Continuava dormindo. Ainda doíam em mim aquelas agulhas em sua cabeça. O que ele devia estar pensando? Coitadinho, já começava a vida doente, furado e preso a uma máquina. Dessa vez, por algum motivo, eu me senti mais próximo dele.

Procurei a médica. Gentilmente, ela me informou que aos poucos estavam tirando o bebê da incubadora para acostumá-lo a respirar por conta própria. Renato vinha aceitando bem essas "saídas" e ela achava que meu filho poderia ir para casa em breve. Levei as boas notícias a Irismar e, em seguida, fui ao cartório da região, que ficava na sobreloja de um prédio enorme. Estava cheio de gente. O registro do menino custava cinquenta reais e eu só tinha 35. Não esperava que fosse tão caro. O funcionário do cartório me fez um desconto, mas fiquei de bolso quase vazio. Só me sobrou dinheiro para a condução. Em casa, mostrei o registro do Renato à minha mãe, confessando que tinha ficado sem nenhum puto no bolso. Ela me mandou chamar o seu João, nosso vizinho, que tinha um barzinho ao lado de casa. O homem chegou e ela lhe pediu trinta reais emprestados. Com isso, eu tinha dinheiro para visitar minha mulher e meu filho no dia seguinte.

Tomei um banho, fui para o quintal e comecei a pensar. E agora, como voltar para a prisão, deixando as coisas daquele jeito? Minha mãe com uma dívida, feita por minha causa, Irismar e o bebê internados, dona Eida ali sozinha, desprotegida, precisando de assistência. Meu estômago embrulhou na hora e vomitei num canto do quintal. A boca ficou com um gosto horrível e a cabeça, doendo. Pior foi ter que limpar aquela nojeira rápido e escondido, pois não podia me mostrar fraco para a minha mãe. O que fazer? Desde que eu chegara vinha tentando falar com o Avildo. Tinha telefonado várias vezes para ele, de manhã, à tarde, à noite. Chamava, chamava e ninguém atendia. Eu não tinha a quem recorrer. Carlinhos, coitado, estava sustentando duas casas. O que fazer? Arrisquei telefonar para o velho Domingos. A situação dele não estava boa. Andava gastando muito com aquelas escrituras, que ainda não tinham saído. Tudo continuava na mesma, mas ele se ofereceu para me fazer um pequeno empréstimo. Cinquenta reais adiantariam? Sim, qualquer coisa seria bem-vinda, respondi. Ele disse que então se encontraria comigo na cidade para me dar o dinheiro.

Com o coração na mão, voltei à maternidade no dia seguinte. Era a despedida. Abracei Irismar e choramos juntos. Ela era muito mais forte do que eu. Tinha certeza de que tudo ficaria bem. Mais tarde ia passar pela médica. Estava se sentindo bem, apenas com uma coceira no corte, e queria pedir alta. Tentei fazê-la mudar de ideia. Que ficasse o tempo necessário. Mas, se tivesse alta, que mandasse alguém telefonar para a Matilde, para ela avisar o Zequinha. Eu já havia combinado com ele: Zequinha iria buscá-la de carro. Eu disse adeus, fui para o andar de baixo, dei uma olhada no bebê e nem falei com a médica. Fui embora.

    Deixei o que me restava de dinheiro para a gasolina do carro do Zequinha. Ainda havia alguma comida para a dona Eida em casa. Mas como elas se virariam quando Irismar voltasse? Na certa ela ia precisar de algum remédio. A aposentadoria da minha mãe só ia chegar no mês seguinte. Elas precisariam pegar mais dinheiro emprestado. Isso martelava na minha cabeça.

16.

Sentei no último vagão do trem, como era costume entre os presos do semiaberto de Franco da Rocha. Um vagão quase só de presos. Uma estação antes da nossa, o trem parou e policiais militares invadiram o nosso vagão. Tinham cercado o trem. Muitos presos se apavoraram. Dois pularam pela janela, outros esconderam drogas e armas sob os bancos.

Em algum lugar da minha mente, o ladrãozinho inconsequente que ainda existia lá, o bandido saqueador, o sujeito aprisionado desde criança teve o impulso de sair correndo. Eu precisava sobrepujá-lo o tempo inteiro, tinha que lutar para ser eu mesmo. Me controlei. Estava limpo, não fizera nada de errado, não havia o que temer. Estava em regime semiaberto fazia mais de dois anos, trabalhando firme. Saí para a plataforma com as mãos para cima, tranquilamente. Aquilo não era comigo.

Não sei por que, tomei uma lapada de cassetete que raspou na minha orelha esquerda e no pescoço, detonando meu ombro e o alto das costas. As pernas se mantiveram firmes. Mas não consegui sufocar um gemido de dor. E lá veio outro golpe no meio das costas, que me jogou contra a parede do trem. Gritei. Os companheiros que saíram comigo também foram espancados. Encurralados num canto, fomos revistados e surrados sistematicamente. Todos iriam para a delegacia. Queriam os donos das armas e das drogas. Ninguém se apresentou. Como seria necessário um ônibus para levar todo mundo, o tenente acabou desistindo. Deixou que voltássemos para o trem, mas antes anotou o nome de cada um e nos obrigou a passar por um corredor polonês formado por seus homens. Tomei pauladas, chutes e porradas, mas nem senti, de tão indignado que eu estava. O tenente avisou: ia nos esperar na estação de Franco da Rocha para nos escoltar até a prisão. Lá comunicaria suas suspeitas à direção e, se os responsáveis pelas armas e pelas drogas não aparecessem, seríamos todos autuados em flagrante.

O trem partiu, a viagem recomeçou. Eu estava desesperado. Os PMs nos fariam voltar para o regime fechado. Eu não tinha feito nada de errado. Não podia perder a pouca liberdade que me restava, de modo algum. Minha família precisava de mim. Olhei ao redor: vários companheiros pulavam pelas janelas do trem em movimento. Tomei uma decisão. Não dava mais para aguentar. Adeus, já era. Movido pela revolta e pela dúvida, evitando pensar nas consequências, também pulei pela janela.

E agora? Eu não sabia o que fazer. Dinheiro eu não tinha. Consegui dez reais emprestados com um fugitivo. Telefonei para o velho Domingos e dei a má notícia. Ele pediu que eu ligasse no dia seguinte, ia procurar algumas saídas. Não havia muitas. Respondi que, naquele momento, eu precisava de dinheiro; prometeu me emprestar algum no dia seguinte e sugeriu que eu fosse para a minha casa. Argumentei que a polícia sabia meu endereço, iriam me procurar lá. Não, ele respondeu, o procedimento não era esse. Vários amigos dele foragidos moravam em suas casas sem problemas. Os policiais iriam comunicar a fuga para a Delegacia de Capturas, e essa delegacia, no momento, não estava capturando ninguém; só lidava com transferências de presos. Havia mais de 200 mil mandados de prisão para serem cumpridos. Não existia cadeia para tanta gente. Então eu poderia ficar sossegado em casa por algum tempo. Confiei no velho; sabia que ele não ia me colocar numa situação de risco. Se eu fosse preso em casa, seria por culpa dele, e eu iria lhe cobrar um preço alto pelo mau conselho. Ele sabia disso. Marcamos um encontro para o dia seguinte; eu iria até a casa dele. Agora tinha tempo de sobra.

A caminho de casa, fui pensando no que faria. Novamente minha vida estava no alto do trapézio. Irismar, minha mãe, o bebê — o que seria deles? O que eu tinha feito da minha vida? Logo percebi que agira com covardia. Havia me aproveitado do incidente para fazer o que sempre quis fazer. Até o momento de saltar pela janela, eu estava limpo. Era preciso ser sincero comigo mesmo. Fugi porque quis. Agora não adiantava chorar sobre o leite derramado.

Cheguei em casa tarde da noite. Para minha imensa surpresa, Irismar estava lá. A médica lhe dera alta e Zequinha fora buscá-la; o bebê tinha ficado na maternidade, em observação. Precisei inventar uma mentira gigantesca. Disse que havia explicado ao diretor da prisão a situação da minha família e ele me concedera mais cinco dias para resolver tudo e voltar. Elas acreditaram. Estavam tão frágeis e precisavam tanto de mim para apoiá-las que nem perceberam o tremor em minha voz. Para as duas era uma alegria inesperada poder ficar comigo por mais algum tempo.

Se a elas a mentira satisfez, a mim fazia rodopiar, em busca de saídas. Eu era apenas um homem solitário como uma pedra.

Meu coração estava frágil; precisava revesti-lo de aço. O momento exigia força. A responsabilidade ameaçava me esmagar e eu precisava representar uma alegria inexistente.

Irismar fora instruída a repousar muito. Não podia fazer força nem andar demais. A médica só lhe dera alta porque ela havia insistido. Não suportava mais ficar na maternidade, não tinha o que fazer ali, não servia para nada: não podia sequer amamentar seu bebê por causa do antibiótico. Ela me mostrou a lista de remédios que precisava tomar — foi um choque. Havia ali umas seis medicações. O que eu ia fazer? Resolvi pensar nisso mais tarde. Ajudei-a a tomar banho. Ela dormiu encolhidinha no meu peito. Quanta inocência, quanta confiança em mim! Isso duplicava minha culpa. Minha consciência era um caldeirão me cozinhando em fogo lento.

No dia seguinte, fui procurar o Domingos. Foi difícil achar sua casa, mas a viagem valeu a pena. Ele abriu a porta e me puxou para dentro, cheio de generosidade. Senti que eu já não estava tão só. Contei, em minúcias, o que havia acontecido. Ele me escutou em silêncio e tentou me acalmar. A primeira coisa a fazer, disse, era arranjar um documento falso para mim. Também disse que eu deveria ir vê-lo com frequência, para ajudá-lo a conseguir a documentação dos terrenos; quando as escrituras saíssem, nós os venderíamos. Com uma parte do dinheiro, alugaríamos um apartamento para mim e para a minha família. A parte maior seria para organizar o esquema que ele estava montando. Eu ia ser seu homem de confiança. Para firmar nosso acordo, me deu cento e cinquenta reais. Veio em muito boa hora. Além dos remédios da Irismar, eu precisava comprar comida. Domingos garantiu que no dia seguinte poderia me dar mais.

Na volta para casa, passei no supermercado e fiz uma compra básica. Em seguida, procurei Balbino, marido da Matilde, e lhe mostrei a lista de remédios. No dia seguinte, a maior parte deles já estava na minha mão. Balbino conseguira alguns remédios pelo convênio da empresa em que trabalhava e outros ele mesmo comprara. Aquela gente era boa e generosa por natureza. Na hora da necessidade, sempre podíamos contar com eles.

Passei a ir todos os dias ao cartório de Guarulhos com o Domingos. Menos de uma semana depois da minha fuga, viajamos para Curitiba. Ele conhecia alguém lá que iria nos ajudar com o meu novo documento. Entrei no Palácio da Polícia, a central da polícia curitibana, para falar com o contato do Domingos. Quinhentos reais era o preço da carteira de identidade falsa. Planilhei e tirei foto. Domingos deixou cem reais de sinal. Ia assumir aquele pagamento, me disse. Depois de duas semanas, poderíamos buscar a carteira de identidade.

Eu sentia que estava perdido. Já sabia o que seria forçado a fazer. Estava apenas adiando o inevitável. Resolvi continuar adiando enquanto pudesse. Continuei vivendo minha falsa normalidade. Cuidava da minha garota, passava pomada no seu corte e controlava sua medicação. Pouco depois da viagem a Curitiba, consegui dinheiro para comprar gasolina, e Zequinha nos levou de carro à maternidade. Renato já estava fora da incubadora e se alimentava na mamadeira. Nesse mesmo dia nós o levamos para casa.

Viemos com o nosso tesouro no colo. Ele era quentinho e dormia o tempo todo. Irismar já podia amamentá-lo. Era tudo muito estranho e novo para mim. A fragilidade do bebê despertava meu instinto de proteção, mas eu não me sentia pai. Já Irismar o adorava e vivia plenamente sua maternidade. Após amamentar, ficava um tempão admirando o filho adormecido na cama. Era um amor total, semelhante ao fanatismo. Eu não conseguia compartilhar esse sentimento com ela.

Irismar começou a reclamar de dores no corte. Um dos pontos se abrira, e um líquido amarelado, que parecia pus, escorria dali. Fui me aconselhar com a Matilde, que me garantiu que aquilo era normal. Acontecera a mesma coisa com ela duas vezes. Estava chegando o dia de Irismar tirar os pontos da cesariana. Na mesma data, contudo, eu teria que buscar meu documento em Curitiba. O velho me arrumara dinheiro para a passagem e para quitar o documento.

Pedi que Zequinha levasse Irismar ao médico, e ele, sempre gentil, concordou. Para poder viajar, menti que iria voltar para a prisão. Disse que ia conversar com o diretor e pedir que ele me liberasse novamente. Prometi que em breve voltaria.

A essa altura, acossado pelo medo, comecei a me comportar como um foragido. Na rua temia ser abordado e preso. Também temia que a polícia aparecesse de repente em casa. Sempre que um carro deles estacionava ali perto, eu dava um pulo, saía pelos fundos ou subia até a laje para vigiar a rua. No meio da noite, sonhava que me prendiam e acordava apavorado.

Foi um alívio viajar. Curitiba era uma cidade muito agradável, embora fria. Voltei ao Palácio da Polícia. Entreguei o envelope com o restante do pagamento ao amigo do Domingos, peguei meu documento e fui embora.

Na viagem de volta, a ansiedade começou a bater. Sentia que algo ruim havia acontecido ou iria acontecer em breve. Eu tinha ficado fora por uma noite e um dia. Já estava escuro quando atravessei o pátio e entrei em casa. Ela estava deserta. Gelei. Fui falar com a minha mãe. Antes que eu perguntasse qualquer coisa, dona Eida me contou que o médico internara Irismar. Ela estava com uma infecção. A situação era grave. O bebê também ficara na maternidade. Foi um choque enorme, eu não sabia o que fazer. Queria correr, gritar, meu desespero foi tão grande que minha mãe, mesmo adoentada, saiu da cama para me acalmar. Mas nada me acalmou. Fui para o quintal e fiquei andando de lá para cá, feito louco, por horas. Só fui para a cama porque não quis deixar minha mãe ainda mais preocupada.

No dia seguinte não consegui tomar café da manhã nem conversar direito. Minha mãe continuou tentando me tranquilizar, mas só conseguiu me deixar irritado. Fui cedo para a maternidade e cheguei duas horas antes do horário de visitas. Fiquei andando pela avenida Paulista como um tolo, sem rumo.

Voltei à maternidade e peguei a fila dos visitantes — lá estava eu, mais uma vez de mãos vazias, sem nada além de dinheiro para a condução. Quando entrei no quarto, quase caí para trás. Minha baianinha estava branca como cal. Tubos de soro e plasma espetados em seus braços. Me aproximei do leito. Ela estava febril, com bagas de suor no rosto. Abriu um olho e notei que tinha me reconhecido. Mas parecia louca. Começou a fazer acusações, estava furiosa comigo, como se eu fosse culpado pelo estado de saúde dela. Depois de alguns instantes uma enfermeira entrou no quarto e injetou algo no tubo de soro da Irismar. Disse para eu não dar bola, porque ela estava delirando. Era a febre.

A enfermeira me levou até o médico que internara minha baianinha. Ele foi extremamente gentil e me disse que Irismar não estava bem. A infecção demorara demais para ser tratada. Ela vinha recebendo uma dose maciça de antibióticos e tinha que ficar hospitalizada. Mas sua vida não corria perigo, e por isso ela não estava na UTI. Passei pelo berçário. Renato dormia, como sempre. Senti que algo agora me ligava àquele serzinho. No começo tinha sido mais por causa da mãe: para mim, ele parecia uma extensão da Irismar, eu ainda não sentia aquela emoção de ser pai de que tanta gente falava.

Ao sair do hospital, me sentia arrasado. No primeiro bar, tomei um conhaque. O remorso estava me matando, aquela situação era culpa minha. Eu havia percebido a infecção e não tinha feito nada. Seria complicado ir ao médico porque eu ia ter que pedir mais favores, e, orgulhoso, detestava depender dos outros. Então escolhi a opção mais cômoda: confiar na suposta experiência da Matilde. Por causa da minha negligência, Irismar tinha piorado. Bebi mais um conhaque. Agora já era, concluí. Ia ser tudo ou nada. Eu devia dinheiro para deus e o mundo. Minha família estava em crise, Domingos não tinha mais um tostão e eu não contava com mais ninguém a quem recorrer. Precisava de uma arma. Não sabia bem para quê, mas precisava.

Foi o que eu disse a Domingos. Não tenho arma em casa, ele respondeu, mas meu primo Juvenal pode conseguir uma para você. Onde ele mora? Osasco. Fomos para lá imediatamente, os dois em silêncio. Entramos numa casa humilde no Parque Imperial. Juvenal era um sujeito bacana, percebi de cara. Até pouco tempo atrás, trabalhava como torneiro mecânico. Fora demitido e recebera uma indenização. Tinha comprado uma quantia razoável de cocaína e algumas armas. Seu irmão já era traficante conhecido na região. Juvenal juntou-se ao negócio. A boca era deles.

Sim, ele podia me emprestar uma arma. Mas eu tinha que devolvê-la no dia seguinte. Garanti que no dia seguinte eu voltaria com a arma. Era um revólver da Taurus, desses enormes, calibre 38, todo reforçado, tipo exportação. Fosco e com cano de seis polegadas. Chegava a ser bonito de tão feio. Fazia anos que eu não segurava uma arma. Com álcool no sangue, fiz até pose. Coloquei na cintura e me senti seguro.

Peguei um trem em Osasco, desci na estação Barra Funda e fui caminhando na direção do centro. Já escurecia. Parei para beber outro conhaque. Observei algumas lojas e várias vezes estive a ponto de invadir alguma com a arma em punho. Mas fui protelando. Então avistei um hotel. Na frente dele, uma escadaria. Subi e dei de cara com a portaria. Um rapaz tentou me atender e, quando viu a arma enorme na minha mão, ficou paralisado. Mandei que ele me entregasse o dinheiro. Deu-me o que havia no caixa mais um relógio que parecia caro. Depois ordenei que fosse para o corredor ao lado da portaria e ficasse lá no fundo. Eu devia estar com uma aparência terrível, porque o sujeito me obedeceu, aterrorizado. Deu até dó.

Desci a escada correndo e disparei rua abaixo. Agora a consciência já me atormentava e eu repetia mentalmente: mas que besteira eu fiz; vou pagar caro por isso... E continuava correndo sem parar. Fiquei ensopado de suor e me perdi. Já não sabia onde estava. Na minha mente, a polícia me caçava. Corri, corri com todo o fôlego do mundo. De repente fui dar numa avenida. Vi um ônibus se aproximando e nem pensei em saber para onde ele ia. Fiz sinal e quase me joguei na frente dele. O motorista foi obrigado a parar para que eu entrasse.

Sentei e tentei me acalmar. O coração estava na boca, o pulmão resfolegava como uma máquina velha. Um gosto de bílis invadiu minha boca. Contei o dinheiro rapidamente. Menos de cinquenta reais. Tamanha loucura por nada. O ônibus parou, olhei pela janela: uma floricultura aberta com dois rapazes no balcão. Novamente, agi sem pensar. Paguei, passei pela catraca, dei sinal e desci no ponto seguinte. Fui voltando a pé para a floricultura. Entrei sem olhar para os lados. Não deixei os rapazes pensarem. Mostrei o revólver e passei para o lado de dentro do balcão. Fiz com que se deitassem no chão. Abri o caixa e, novamente, só encontrei mixaria. Mesmo assim peguei o dinheiro. Saí e já estava pronto para correr quando vi um ônibus quase saindo de um ponto. Fiz sinal, ele parou, entrei e o motorista seguiu pela avenida. A arma quase caiu. Fui obrigado a prensá-la bem contra a barriga. Escapei fácil. Estava de volta às ruas como um cão raivoso.

O dinheiro era pouco, só dava para pagar as dívidas. A noite estava inaceitavelmente clara. Dessa vez eu tinha lido o letreiro do ônibus: largo do Arouche. Estávamos nos aproximando da cidade. Agora eu talvez encontrasse um alvo que justificasse toda aquela loucura. Engraçado, eu ainda sabia assaltar. Era como andar de bicicleta. Desci no largo do Arouche e fui caminhando pelo lado direito da rua que seguia para a praça da República. Olhava a calçada cheia de gente apressada. O revólver me incomodava, pressionando a barriga e querendo escorregar pela perna a todo momento.

Eu já estava chegando à praça da República, sem ainda ter encontrado um bom lugar para assaltar, quando avistei algo promissor. Era uma loja com duas portas metálicas abaixadas e, entre elas, uma portinhola entreaberta. Fui até a esquina para pensar. Se eu tivesse ficado ali parado por alguns segundos, talvez tivesse desistido. Mas uma espécie de fogo invisível me cegava. Voltei correndo e invadi a loja de arma em punho. Fechei a portinhola atrás de mim. Era tudo ou nada.

Uma pequena multidão me olhava, atônita. Meu impulso foi dar para trás; havia muita gente! Mas eles me olhavam e esperavam sei lá o que de um homem com uma arma na mão. Ergui a arma e tentei dominar todos com a voz. Era um assalto, gritei, todo mundo para o fundo da loja! Mas ordenei que uma das balconistas ficasse em frente à caixa registradora.

Entre clientes e funcionários, havia umas quinze pessoas. A maioria, mulheres. Sempre me alertaram que eram as que mais davam problemas num assalto, mas ali parecia tudo combinado, como numa peça de teatro. Nem precisei esbravejar muito. Todo mundo fazia o que eu mandava, sem nervosismo. Era um magazine desses finos, tipo butique. No fundo, duas portas. Banheiros masculinos e femininos. Um rapaz saiu, enxugando a mão, e então me viu com a arma. Levou um choque e ficou parado sem saber o que fazer. Nisso, as pessoas correram para os fundos, e o rapaz foi envolvido por elas. Sem que eu ordenasse, entraram no banheiro. Tranquei a porta com o pessoal lá dentro. Nisso, ouvi um ruído de fechadura. Alguém acabava de passar a chave numa porta lateral. Havia alguém escondido naquela sala, e a pessoa devia estar chamando a polícia naquele instante.

    Voltei-me para a balconista que havia ficado na caixa e mandei que abrisse a máquina. Tirei todo o dinheiro dos nichos e enfiei nos bolsos da jaqueta. Perguntei se havia mais dinheiro. Ela me olhou quase chorando e indicou uma porta abaixo da caixa registradora. Abri e encontrei uma caixa fechada. Sabia que o dinheiro estava ali. Nem conferi.

    Levei a mulher para o banheiro e vi as pessoas já acomodadas, sentadas no chão. Pareciam tranquilas. Cheguei a me surpreender com tanta serenidade. Pouco depois, eu já estava na rua. Tranquei a portinhola com a chave que eu tinha pego no lado de dentro e joguei a chave longe. Saí andando calmamente e, quando entrei na praça da República, comecei a correr com a caixa na mão e o revólver escorregando pelas pernas. Parei na ponta da avenida São Luís. O sinal estava fechado, vi um táxi com a luz de cima acesa, abri a porta e entrei.

    O motorista devia estar acostumado com esse tipo de abordagem, porque apenas me olhou e perguntou para onde. Largo da Batata, em Pinheiros, eu disse, perto do ponto de ônibus.

    Eu estava suadíssimo. O homem me olhava pelo retrovisor. O revólver cutucava minha perna. Meus bolsos estavam lotados de dinheiro. Empapada do meu suor, a caixa de papelão ameaçava se desmanchar no meu colo.

    Quando o carro entrou na avenida Consolação, tentei ajeitar a arma. Difícil. Meu coração explodia no peito. Uma catástrofe parecia iminente. Quando chegamos no começo da avenida Dr. Arnaldo, o trânsito parou. Poucos carros atrás de nós, uma viatura policial ligou as sirenes. Fiquei assustado. O motorista notou. Olhei o taxímetro. Meti a mão no bolso da jaqueta e saiu um monte de notas. Escolhi uma que cobria o preço afixado e passei ao motorista. Desceria ali. Ele tentou me segurar com conversa. Provavelmente era um PM trabalhando na folga. Disse que o trânsito ia melhorar assim que o semáforo ficasse verde. Não, eu não podia esperar. Abri a porta e saí andando. Logo comecei a correr entre os carros. Atravessei a avenida e desci a rua Teodoro Sampaio a mil por hora.

Eu era uma existência completa, uma bomba explodindo vida afora. Quando cheguei ao ponto do ônibus, meu corpo estava trêmulo, fervendo. Precisava me acalmar. Não conseguia parar quieto. Havia uma fila enorme. O primeiro ônibus chegou, ficou cheio, partiu. Logo encostou o segundo, e foi embora assim que lotou. Só consegui entrar no terceiro. Escolhi um lugar junto da janela. Meu rosto parecia salpicado de serragem: pinicava de tanto calor. Antes que o ônibus partisse, fiz sinal para um vendedor ambulante na calçada e pela janela comprei duas latas de cerveja.

Abri uma. Sorri de alívio ao sentir a cerveja me refrescando. Depois de passar algumas horas à deriva, num mundo de alucinação, eu estava voltando à vida real. Em Embu, ao chegar à padaria, eu já tinha me controlado. Só então lembrei que eu ainda não tinha aberto a caixa. Comecei a imaginar quanto dinheiro haveria lá dentro.

Ao chegar em casa, joguei a caixa na cama. Antes de abri-la, fui falar com a minha mãe. Eu sabia que ela não ia para a cama enquanto não falasse comigo. Dona Eida estava assistindo à novela. Foi uma conversa difícil. Ela pensou que eu fosse voltar com a Irismar e o Renato. Então dei mais detalhes sobre a infecção da baianinha e sobre o estado dela. Dona Eida ficou triste. Tomei um copo de água gelada e voltei para o meu quarto, nos fundos.

Abri a caixa e despejei o conteúdo sobre a colcha. Havia muitos maços de dinheiro, além de cheques e documentações de vendas. Contei a grana: 3300 reais.

A primeira coisa que fiz foi acertar minha conta com o Zequinha. Quis lhe dar um extra, pelo muito que fizera por nós, porém ele não aceitou. E ainda me deu um copo de vinho de graça. Depois me sentei com minha mãe em sua cama e ficamos assistindo televisão. Apaguei. Dona Eida me acordou no meio da noite. Eu estava dando pontapés enquanto dormia. Fui para minha própria cama, gelada e solitária.

Já acordei com uma decisão tomada. Chega de loucuras. Aquele dinheiro daria para passar algum tempo. Eu ia comprar uma arma, sim, mas para ela ficar em casa, só para defesa. Não podia continuar desafiando a sorte. O mundo do crime não era mais o meu mundo. Meu mundo estava ali, com aquelas duas mulheres e meu filho.

Encontrei os caras na frente da estação, me esperando. Fomos para o carro do Juvenal e ofereci certa quantia pelo revólver. Juvenal aceitou e fiquei com a arma.

Fui para a maternidade. Na avenida Paulista, comprei um walkman e enchi uma sacola com frutas, doces e revistas de caça-palavras. Dessa vez não senti vergonha na fila: eu estava bem carregado. Senti vontade de dar um susto no velhote da segurança, mas me controlei.

Encontrei Irismar deitada na cama, me esperando. Ainda estava ligada ao tubo de soro, mas já se livrara do plasma; a febre havia cedido. Me recebeu com um sorriso e ficou ainda mais alegre quando lhe dei o walkman. Em seguida, descarreguei as frutas e os doces. Disse que ela já tinha me levado muitas coisas gostosas na prisão e que agora era a minha vez. Irismar não perguntou como eu havia conseguido comprar tudo aquilo. Mesmo assim expliquei — com uma mentira, claro. Disse que o juiz tinha me liberado, que eu estava em liberdade condicional, trabalhando com o velho Domingos.

A caminho de casa, passei pelo mercado. Que delícia poder comprar à vontade! Me descontrolei e quase me faltaram braços para carregar as compras. Minha mãe ficou contente com as notícias. Acreditava que nossas dificuldades haviam acabado.

Cinco dias depois, Irismar recebeu alta. Voltou para casa com nosso filho e com outra lista de remédios. Agora eu estava podendo, então foi um prazer gastar na farmácia. Já me sentia mais corajoso para sair de casa. Aliás, ficar em casa é que era o perigo. Na rua jamais me descobririam. Eu não tinha cara de ladrão nem frequentava bocas de drogas. Aparentava ser apenas um pacato senhor de meia-idade.

Renato se tornou o encanto de toda a vizinhança. Tinha olhos grandes como os meus e todos diziam que era a minha cara. Umas garotas, vizinhas nossas, elogiaram a beleza do menino. Gracejei: eu podia fazer outros iguais, estava à disposição. Irismar me beliscou e eu ri. Ela estava de quarentena e eu já começava a ficar meio tarado.

O menino, aos poucos, foi entrando no meu coração e me dominando. Eu saía com ele na rua, todo orgulhoso. Em casa, sem muito o que fazer, eu ficava incomodando as mulheres. Às vezes ajudava em alguma coisa, molhava as plantas da minha mãe e pensava no meu tesouro — o dinheiro escondido lá nos fundos. Mas seguia remoendo meus problemas, buscando uma saída. Sempre que o portão de ferro rangia, eu me eriçava. Não deixava as mulheres aumentarem demais o volume da televisão porque queria ficar atento aos sons da rua. Com frequência ia ao quintal dar uma olhada na vizinhança, e andava com o revólver escondido sob a camisa. Até para o banheiro eu levava a arma. Às vezes, o choro do bebê me dava nos nervos. Ele parecia estar sofrendo e eu não tinha como ajudá-lo. Aquilo me sufocava. Então eu ia para a rua e voltava só à noite.

Nessa época, marquei um encontro com o Carlos Flores, um velho amigo que eu não via fazia muito tempo — bandido de grande reputação. Nós nos encontramos na estação ferroviária de São Miguel. Ele me contou que estava acomodado, vivendo no conforto. Possuía algumas casas e tinha se casado. Seu filho era tenente da Rota. De vez em quando ainda fazia alguma arte. Mas só por muito dinheiro, disse. Nisso, me convidou para compor um grupo que estava formando. Relutei a princípio. Mas era uma honra ser convidado pelo velho bandido. Na despedida, ele me deu quase meio quilo de erva. Ficamos de nos encontrar outras vezes.

Enquanto isso eu continuava mentindo para as mulheres em casa. O que mais poderia fazer? Minha mãe não era mais uma pessoa saudável e Irismar tinha acabado de dar à luz. Não aguentariam a verdade. Eu estava errado e ciente disso; aliás, minha consciência não parava de me martirizar. Em casa ficava nervoso, meio paranoico, esperando a polícia chegar a qualquer momento. Fumava maconha para me acalmar. O cheiro incomodava Irismar e às vezes ela me tocava para a rua. Eu vivia entorpecido; a lucidez era fonte de dor e tristeza. Meu coração apertava quando eu olhava o bebê. Queria chorar e não conseguia.

O tempo foi passando, a polícia não apareceu e eu fui me acostumando. Pouco a pouco o medo de ficar em casa sumiu. A presença do Renato agia sobre mim. Vivíamos de acordo com seu ritmo. Quando ele dormia, ficávamos em volta, loucos para que acordasse. À noite, no entanto, rezávamos para que dormisse. Acordava nas horas mais improváveis e queria a mãe. Eu não servia. Só depois de ele mamar é que vinha para o meu colo. Então, era todo sorrisos e não queria mais dormir.

 Essa vida caseira me anestesiava e a rua já não me atraía tanto. Estava gostando muito da minha mulher. O humor da minha mãe tinha melhorado com a chegada do neto. Era como um encantamento: estávamos todos apaixonados pelo menino. Com frequência saíamos os três para passear; éramos uma família e cada vez mais eu me sentia pai do Renato. Meu filho, meu filho... A estranheza inicial desaparecera. Eu estava louco pelo menino. Tomá-lo nos braços, sentir seu calor era emocionante demais. Era meu, tinha meu nome, me pertencia.

17.

A tranquilidade não durou muito. O dinheiro roubado estava acabando e Domingos acabou desistindo das escrituras dos dois terrenos. Chegou à conclusão de que alguém estava boicotando seus esforços — coisa de políticos. Já planejava iniciar outro negócio. Era um especialista em assuntos imobiliários, queria montar um escritório. Já estava até fazendo algumas corretagens pelo telefone. Precisava de certo capital, mas não queria pedir aos filhos. O que eu iria fazer? Entrei em contato com o Carlos Flores novamente. Ele disse que tinha um trabalho em vista, coisa fácil como tirar doce de criança. A vítima seria um velho, dono de várias bancas no Mercado Municipal. Ele depositava a féria da semana toda sexta-feira à tarde num banco da zona leste da cidade. Roubá-lo seria simples. O problema seria fugir com a grana. Havia muitos policiais na área e o banco ficava numa rua de mão única. Mas ele bolara um jeito que parecia infalível.

Flores já tinha um cúmplice garantido: outro bandido das antigas, conhecido como Japonês. Eu conhecia bem o sujeito: durante um tempo ele trabalhou como guarda na tropa de choque da penitenciária. Levava uma vida dupla: ora como guarda, ora como assaltante de bancos. Acabara preso, fora libertado fazia pouco tempo e precisava, como eu, arrumar a vida. Estava velho, sofria de insuficiência renal e não tinha um tostão. Flores queria ajudar o sujeito, pois lhe devia favores — como também devia a mim.

Relutei em aceitar o convite. Minha consciência ainda tentava me afastar do abismo do crime. Mas o fato é que eu já estava quase sem dinheiro. Com a minha parte no assalto, eu poderia financiar o escritório do Domingos — e ainda sobraria algum dinheiro. Viraria sócio do velho e o negócio seria legalizado. Minha parte ficaria no nome da Irismar. As perspectivas eram sedutoras. Além disso, a cultura do crime ainda me dominava. Por mais que eu negasse, por mais que mentisse a mim mesmo, a verdade é que só a ideia de cometer um assalto já me seduzia. Conversei com o Carlinhos. Ele não gostou do plano, mas também não sugeriu alternativa. Como eu iria fazer para sustentar minha família? Fomos comprar cerveja no mercadinho, distante da sua casa. O dono atendia por trás de uma grade e de chapas de ferro, mas a portinhola lateral de entrada daquela fortaleza só tinha um trinco. Era abrir a portinhola e entrar. Imediatamente, uma ideia explodiu na minha cabeça e me dominou. Carlinhos voltou para casa com as cervejas e eu me despedi dele dizendo que tinha coisas para fazer. Desde o momento em que vi aquele trinco fácil de abrir, minhas ações estavam determinadas. Voltei ao mercado, escondendo o rosto na camisa. Agi sem pensar, sob o impulso de todas as coisas que aprendera na prisão. Saquei o revólver e anunciei o assalto. Havia quatro pessoas atendendo no balcão e dois clientes. Parece que já estavam acostumados a assaltos, pois seguiram minhas ordens sem questionar.

Abri o trinco da portinhola, entrei, fiz os dois clientes entrarem, levei todos para o fundo do mercado, mandei que deitassem no chão e peguei o dinheiro que encontrei no caixa. Achei um cadeado aberto e, ao sair, fechei o trinco da portinhola com ele. Fui pela rua enfiando dinheiro nos bolsos e prendendo sob a cinta o diabo da arma, que teimava em escorregar para o joelho. Entrei na viela que ia dar no campo e saí correndo feito louco.

Atravessei o jogo de bola da molecada e fui contornando os quarteirões até retornar à casa do Carlinhos. Corri para o banheiro, tranquei a porta e contei o dinheiro arrecadado. Cerca de 2 mil reais. Toda a tensão escapou pela sola dos pés. Conseguira mais um tempo. E agora já estava consciente de que as coisas iam ter que ser daquele jeito mesmo.

Acabei entrando no esquema do Flores. Numa sexta-feira, fui com ele observar o velho, dono de algumas bancas no mercado, e acompanhar seus passos. Ele saiu levando o dinheiro em uma bolsa a tiracolo. Atravessou a rua, entrou num estacionamento e saiu dirigindo um Fusca, daqueles do Itamar Franco. Seguiu para a zona leste da cidade. Flores e eu discutimos o plano. Se abordássemos o velho na saída do mercado ou no estacionamento, não teríamos por onde escapar naquela rua de mão única e cheia de policiais. Precisávamos de um carro roubado para seguir o velho, e o abordaríamos no caminho do banco. Era um plano factível.

Eu me sentia dividido. Por um lado, não queria correr riscos, estava feliz em casa, com minha família. Meu amor pela Irismar só crescia e ela se mostrava cada vez mais amorosa. Mas impulsos incontroláveis me puxavam na direção contrária, como havia acontecido no caso do mercadinho. Além disso, eu estava de novo quase sem dinheiro. Ficar parado não resolveria a questão.

Procurei Domingos e falei sobre meus planos, esperando que ele me dissuadisse: o velho era muito prudente. Para minha surpresa, ele me incentivou. Claro, é um negócio arriscado, disse, mas já pensou se dá certo? Nós teríamos o capital para iniciar nossa microempresa. Antigos clientes, sabendo que ele estava na praça, já tinham começado a procurá-lo. Se conseguíssemos o dinheiro, o sucesso era garantido e ele me ensinaria tudo que sabia do ramo. Eu me tornaria um profissional gabaritado.

Telefonei para o Flores e marquei uma reunião. Também queria conversar com o Japonês. Fui encontrá-los num bar. No início fiquei confuso ao ver o Japonês. Eu me lembrava dele como guarda da penitenciária quando nem imaginava que ele também fosse assaltante. Era estranho vê-lo agora como ladrão. Além disso, estava muito mudado. Caído, doente, não era nem sombra do que fora um dia. Chegava a dar dó. No meio da conversa, o Japonês até chorou. Estava numa situação pior que a minha: precisava pagar o IPTU atrasado da casa e sua família estava passando por necessidades. Flores quis ir até a casa do Japonês, no Jardim Robru, e fomos no carro dele. Com o Japonês e a sua mulher, morava a filha do casal — separada do marido — e os dois filhos pequenos dela. Os três desempregados. Flores me levou lá para que eu ficasse tão compadecido como ele tinha ficado quando viu a situação do Japonês. O assalto só ia acontecer se eu participasse. Ou seja, o destino daquela família dependia de mim. Eu continuava relutante. E se formos presos? Flores garantiu que não seríamos. Se programássemos tudo direitinho, o plano seria mamão com açúcar, fácil demais. Japonês era um ótimo motorista. Com ele no volante, não nos pegariam nunca. Só precisávamos arranjar um carro.

De madrugada eu decidi. Agora tinha certeza: se não entrasse nesse roubo, eu acabaria entrando em outro. Não havia saída. Ao pular do trem, eu fizera minha escolha. Não podia viver da bondade do velho Domingos, estava na hora de fazer a minha contribuição. Era melhor atacar agora, naquela situação estudada, do que fazer loucuras repentinas como eu vinha fazendo. Pelo menos era um risco calculado, algo que poderia me ajudar a resolver os problemas de uma vez por todas.

Tomada a decisão, fiquei tranquilo. Agora era uma questão de sorte e habilidade. Comuniquei minha decisão ao Flores e marcamos um encontro para o dia seguinte. Iríamos atrás de um carro. Roubar automóveis era coisa fácil, poderíamos escolher o local. E, com alguma sorte, conseguiríamos algum dinheiro junto com o veículo.

No dia marcado para o roubo do carro, acordei quase em cima da hora, sem emoção. Por dentro, me sentia duro como uma pedra e tinha a expressão contraída. Tomei banho e, sem café, fui para a rua. Nem beijei o bebê. Na padaria bebi um conhaque, que já me balançou. Naquele momento, só mesmo uma bebida me descia pela garganta. Cheguei travado de tensão ao encontro. Sem muita conversa, nos dirigimos à rua do Orfanato, na Mooca. Nos posicionamos à direita de uma agência bancária. Os clientes estacionavam do lado de fora. Ficamos de olho, procurando o alvo ideal. Observávamos tanto os automóveis quanto seus donos. Queríamos achar um carro que se encaixasse em nossos planos, mas também prestávamos atenção em seus motoristas. Se alguém entrava no banco com uma valise ou um envelope, era sinal de que sairia de lá com uma boa quantidade de dinheiro. Logo avistamos três carros que serviriam aos nossos propósitos. Todos estacionados naquela rua. Seus donos provavelmente estavam no banco. Aguardamos, em tocaia. O Japonês ficou no começo da rua e eu, no fim dela. Assim que pegássemos o carro, o Japonês e eu o levaríamos à estação Itaquera do metrô.

Na escada do banco, avistamos um homem que parecia bem-sucedido. Em suas mãos, uma grossa pasta marrom. Ficamos a postos. Ele desceu os degraus até a calçada e se dirigiu a um dos carros visados — um Monza. Quando enfiou a chave na porta, eu já estava com a arma nas suas costas. Até então eu sentia um certo receio, mas naquele momento fiquei completamente tranquilo: enfim eu ia entrar em ação.

O assalto é quase um teatro. A vítima em geral acredita que, se reagir, levará um tiro, mas a verdade é que o assaltante não está a fim de atirar em ninguém. Na maioria das vezes, um tiro simplesmente inviabiliza o assalto. Depois de serem assaltadas várias vezes, algumas pessoas aprendem que o ladrão não quer atirar. Mesmo assim continuam se comportando segundo a convenção das vítimas e não reagem. Portanto, é como uma encenação: ladrão e vítima representam seu papel. O homem fingiu estar assustado e eu fingi que acreditava. O Japonês pegou as chaves da mão dele e já foi se apoderando do carro. Levei o homem para a porta de trás. Dentro do veículo, o Japonês destravou as portas. Vi o Flores passar do nosso lado, na calçada. Empurrei o homem para dentro do Monza e entrei em seguida. O sujeito quis protestar e enfiei o cano do revólver nas suas costelas. Mas ele não se intimidou e disse que levássemos o carro, mas que o deixássemos ali. Não podíamos fazer isso. Não sabíamos se havia algum alarme no veículo ou algum outro dispositivo que cortaria a gasolina. Só rodando para saber. Se algum imprevisto desse tipo acontecesse, ele precisava estar junto para resolver.

Saímos devagar. O Japonês era pura calma. Entramos numa avenida e rodamos até pegar uma rua que dava acesso à estação Itaquera do metrô. O Japonês freou: já havíamos rodado o bastante para saber que não havia alarme. Mandei o homem sair. Ele quis pegar a pasta, mas eu o empurrei para fora antes. Decerto havia algo valioso nela, e esse pensamento me alegrou. O Japonês pisou fundo no acelerador. Passamos por alguns carros da polícia e a tensão cresceu. Ainda não tinha dado tempo para que o roubo tivesse sido descoberto, mas algum policial poderia suspeitar de nós.

Logo chegamos à estação Itaquera. O percurso foi rápido, mas para mim durou um século. Eu queria sair daquele carro quanto antes. Saltei e atravessei a rua, enquanto o Japonês trancava o carro. Agora eu me sentia seguro. Tinha escapado. Haveria só mais uma vez e pronto. O Japonês parecia tranquilo até demais. Nosso plano era deixar o carro no estacionamento do metrô Itaquera durante o dia. À noite o Japonês levaria o veículo para dormir em alguma rua escondida, trazendo-o de volta para a estação de manhã. Isso seria feito durante uma semana. Então o veículo sairia do caráter geral da polícia. Estaria liberado e poderíamos usá-lo sem que a polícia estivesse atrás dele.

Pegamos um ônibus para São Miguel. Flores nos esperava lá, num bar. Ali abriríamos a pasta e dividiríamos o butim. Ele já estava no bar quando chegamos. Bebemos juntos, comi alguns pastéis e depois fomos para o carro dele. Paramos numa rua deserta e os dois me deixaram sozinho no veículo. Eu estava com o flagrante nas mãos. Com uma chave de fenda, estourei a fechadura de segredo da pasta. Dentro dela havia um monte de papéis com desenhos — o homem devia ser engenheiro —, dois celulares, óculos escuros de marca, calculadora científica sofisticada, um pacote de dinheiro, relógio de grife, conjunto de isqueiros, caneta, abotoaduras e clipes de gravata numa caixinha laqueada.

Deixei tudo dentro da pasta e chamei os dois. Dividi o dinheiro em três partes na frente deles. Depois tirei algumas notas da parte que me cabia e dividi o restante entre os dois. Eles ficaram me olhando sem entender. Então abri a pasta e pedi o conteúdo para mim. Ambos entenderam, pegaram o dinheiro e nem sequer pestanejaram. Flores ficou de jogar os documentos numa caixa do correio. O Japonês foi para um ponto de ônibus e eu pedi que Flores me deixasse na estação de trem de São Miguel. Eu estava armado, e no trem era menos provável que topasse com a polícia. Havia trocado meu revólver pela enorme pistola automática de Flores depois do assalto. Enfiei os celulares num dos bolsos da jaqueta e a calculadora no outro. Troquei de relógio e enfiei o meu num dos bolsos da calça, junto com o dinheiro e as outras coisas. Os bolsos da jaqueta ficaram estufados. Os da calça idem. Joguei a pasta num lixo, peguei o trem e fui para o último vagão. Encostei na porta do fundo e fiquei lá me equilibrando.

A adrenalina ainda borbulhava em mim. Eu não conseguia sentar nem ficar parado. Toda a ação do roubo do carro voltava à minha cabeça. As casas deslizavam pelas janelas, o trem voava. Estava tão absorto que não notei o perigo que corria. Por acaso ergui os olhos e vi dois vendedores ambulantes vindo na minha direção. Aquele pessoal andava pelos vagões oferecendo refrigerantes, balas, isqueiros, mas quando deparavam com uma vítima em potencial, saqueavam, furtavam e depois vendiam o butim. Eles se sentiam os donos dos trens e era preciso tomar muito cuidado.

Olhei ao redor: os outros passageiros estavam fechados dentro de suas vitrines e os dois ambulantes, parados alguns metros à minha frente. Notei que me avaliavam, olhando direto nos meus olhos. Só então percebi o que havia chamado a atenção deles. Eu devia estar parecendo bem estranho com os bolsos estufados, praticamente pedindo para ser assaltado. Fiquei esperando que viessem. Mas eles continuaram parados. Achei que estavam esperando reforços.

Odeio valentões. Quando me sinto desrespeitado, meu impulso é reagir à altura. Durante décadas, no entanto, fui obrigado a abaixar a cabeça e me calar. Mas naqueles dias as coisas eram diferentes. Virei para a porta e, sem que ninguém percebesse, engatilhei a arma. O barulho do trem abafou o estalar sinistro da mola. Guardei-a na cintura e abri o zíper da jaqueta para que a arma pudesse ser sacada facilmente. Na estação Quarta Parada, o trem abriu as portas e os outros passageiros do

vagão desceram. Em seguida, mais vendedores ambulantes entraram, pelas quatro portas do vagão. Uns cinco ou seis.
    Os recém-chegados logo me viram. Sem dizer uma palavra, todos começaram a avançar na minha direção. Antes que estivessem a cinco passos de mim, saquei e atirei duas vezes contra eles. Saíram correndo pelas portas, pularam as janelas e num instante todos desapareceram. De arma em punho, saltei para a plataforma, quase no momento em que as portas voltavam a se fechar.
    Na estação, uma grande correria. A multidão havia escutado os tiros. A polícia logo apareceria. Corri também, me misturei às pessoas assustadas e escapei para a rua, com celular, arma e tudo o mais no corpo. Numa avenida me juntei às pessoas num ponto de ônibus. Fiz sinal para o primeiro táxi que passou, entrei e pedi que me deixasse na estação Brás do metrô.
    Na cintura, a arma escorregava no meu suor. Minha roupa estava ensopada, o coração pulsava acelerado; procurei me controlar. O celular começou a tocar. Quem seria? Fingi que atendia enquanto, na verdade, desligava o aparelho. Simulei uma conversa e depois fiz de conta que desligava, aborrecido por ter sido incomodado. Na estação, comprei um bilhete e corri para o metrô.

    Sentei e fiquei pensando. Quantos tiros eu havia disparado? Uns dois, acho. Será que havia acertado alguém? Quando apertei o gatilho, havia um ambulante bem na minha frente. Impossível ter errado. Ah! Que se danassem! Procuraram e encontraram.
    Um leve torpor amolentava meu corpo. Era efeito da noite maldormida e da descarga de adrenalina. Meus olhos se fechavam sozinhos. Procurei ficar firme. Pensei em minha mulher e em meu filho. Aqueles imensos olhos me observando, confiantes. Tudo ficou claro e cheio de sentido. Até a semana seguinte eu estaria a salvo. E agora tinha dinheiro de sobra. Seguraria mais de um mês, se quisesse.

Em casa, menti novamente. Disse que os óculos, os celulares e o relógio caro eram presentes do Domingos, meu patrão. Dia seguinte fomos ao supermercado e fizemos compra para o mês inteiro. As coisas pareciam melhorar. Mas eu sabia que o teste mais difícil ainda me aguardava. Na sexta-feira, meu futuro seria decidido, para o bem ou para o mal. Carlinhos me aconselhou a não ir. Mas agora era uma questão de honra. Já estava tudo acertado com o velho Domingos. Se o roubo desse certo, eu iria direto para a casa dele. Juntos, decidiríamos o que fazer com o capital. Aos poucos eu me enchia de coragem e determinação. Nos dias que antecederam o confronto me lembrei de uma canção de guerra, preparando-me para lutar contra os soldados invisíveis do destino. Passei o máximo de tempo possível com meu filho. Levava-o para passear todos os dias e ficava com ele no colo por horas a fio.

Na sexta-feira, bem cedo, saltei da cama. Nem olhei para o Renato. Conferi o pente de balas e coloquei a arma na cintura. Por cima, vesti uma jaqueta leve, para facilitar o saque. Deixei todos dormindo e fui tomar café na padaria. Mas o café não desceu; tomei conhaque mesmo. Cheguei ao encontro e os dois já me esperavam. O Japonês estava ansioso. Precisava do dinheiro, como eu. O velho Flores, já com a vida mansa, nem ligava. Era apenas mais uma de suas centenas de ações. O assalto seria à tarde, mas iríamos reconhecer o terreno.

O plano era minucioso. Esperaríamos que a vítima saísse do Parque D. Pedro II e bloquearíamos a passagem com o Monza roubado, num local isolado. Flores ficaria ao volante. Eu faria a abordagem e o Japonês tomaria o volante do Fusca do velho. Entraríamos na Radial Leste, tomaríamos o dinheiro e em uma rua deserta soltaríamos o homem. Flores nos seguiria. Faríamos o transbordo e abandonaríamos o carro. Fizemos o percurso duas vezes.

Almoçamos em um restaurante de comida nordestina. Consegui controlar o nervosismo e me alimentar. Meu destino estava em minhas mãos, e eu o programara bem.

Antes da hora combinada, encostamos numa rua ao lado do Mercado Municipal. Logo atrás de nós ficava o estacionamento onde a vítima deixaria seu carro. Fomos a um bar, em frente à saída lateral do Mercado. Tomei mais um conhaque e fiquei à espreita. A tarde começava a esfriar. As pessoas iam e vinham na calçada, usando agasalhos. Eu pegava fogo. O álcool fazia efeito. Estava louco para começar a ação.

Então o velho saiu do mercado, com a bolsa a tiracolo; parecia cheia. Corremos para o Monza. Demorou uma eternidade para ele sair do estacionamento. Até pensamos que o velho estivesse com outro carro. Então as coisas se precipitaram. Senti que havia algo errado. O medo bateu. Mas agora já era. O Fusca passou e fomos atrás.

No primeiro cruzamento em que ele parou, a ansiedade tomou conta de mim. Senti um impulso incontrolável de agir naquele instante. Disse que dava para fazer a abordagem ali mesmo. Seria mais fácil. Flores concordou. Abri a porta do carro e fui pra cima do velho, como uma ave de rapina. O Japonês veio atrás.

O vidro da janela do Fusca estava abaixado. Enfiei a arma na cara do sujeito. Só então percebi quão velho ele era. Senti pena. Mesmo assim, disse que era um assalto e já fui abrindo a porta do veículo. Ele vacilou, não entendeu direito. Eu o empurrei para o banco do passageiro. Enquanto isso, o Japonês tomava o volante. O sinal abriu e o carro arrancou.

O velho quis reagir. Enfiei a arma por baixo de sua costela. Doeu. Olhei-o nos olhos, ameacei detoná-lo. Felizmente, ele acreditou. Não atiraria, é claro; mas, se fosse necessário controlá-lo, teria de lhe dar umas coronhadas. De repente o motor do carro morreu. Olhei para a mão do velho: ele estava segurando uma caixinha preta de plástico. Cutuquei-o mais firme e exigi que desbloqueasse o motor. Ele obedeceu.

Apesar de minhas ameaças, o velho continuava dando trabalho. Eu não queria machucá-lo, e por isso mandei o companheiro parar o carro no acostamento. Arranquei o velho de dentro dele na marra. O homem ficou nos xingando e nós fomos embora. Na rua seguinte topamos com um trânsito intenso. Não contávamos com aquilo. De manhã aquela rua costumava ficar livre. Quando olhei para trás, vi duas viaturas da polícia. Com as sirenes ligadas, iam abrindo o trânsito. A coisa era conosco.

Com o trânsito fechado, não tínhamos como seguir em frente. Abandonamos o carro. Corri pela direita e dobrei uma esquina, em desespero total. Nisso, um policial apareceu na minha frente, surgido do nada. Tentei dar meia-volta, mas avistei outros policiais, usando o Japonês como escudo. O primeiro impulso foi sacar a arma e atirar. Mas eu estava cercado. Se tentasse reagir, seria morto. Não podia morrer. Agora havia o Renato.

Pensei na carinha linda dele, levantei as mãos e me rendi. Dentro de mim, o olhar do meu filho estava fixo no meu. Era a primeira vez que eu me rendia para a polícia. Nas outras ocasiões, sempre tentara fugir, apostando mais na má pontaria dos policiais do que em minha própria e escassa sorte. Agora, eles avançavam sobre mim. Jogaram-me no chão. Acharam a arma, o relógio e a carteira do velho, que eu tomara no último momento. Levaram-me para a viatura algemado, com as mãos para trás. O velho estava lá. Eu cometera um erro grave. Ou melhor, dois. O primeiro foi ter entrado naquele esquema. O segundo foi ter feito o velho descer naquela avenida — onde, decerto, ele topara com uma viatura da polícia.

Fomos levados para a delegacia. Fui preso em flagrante. Meu documento estava no bolso. Minha mente trabalhava rápido. Urgia sobreviver. O documento era falso, e com aquele nome não haveria problemas. Eu seria réu primário e teria mais chances de escapar.

18.

O delegado mal bateu o olho em mim e já foi afirmando que eu tinha cara de grade. Quando comecei a falar, ficou balançado. Mas aí era tarde demais. Já havia mandado que eu fosse planilhado. Minhas impressões digitais me condenariam. Recusei-me a assinar o processo. Afirmei que aquilo tudo era forjado. O policial que me prendeu tinha cometido o erro de se apropriar do relógio e do dinheiro da vítima, que estavam comigo, e usei o fato de ele estar com esses objetos para acusá-lo de ter planejado o roubo. Mas o velho me reconheceu. O policial quis me agredir. Não esperei. Soquei-o no meio da cara. Pegou de raspão. Eu queria apanhar. Queria que me batessem. Queria armar uma briga enorme. Perdi completamente o controle. A consciência ameaçava me sufocar. O desespero, senhor brutal de minha alma, fazia meu sangue ferver.

Ofendi o delegado, disse que o flagrante havia sido forjado. Mas não me bateram. Levaram-me para a carceragem e entregaram meus documentos. O carcereiro abriu uma cela e me colocou pra dentro.

Cela com superlotação. Cerca de quatro por cinco metros. O banheiro tinha um metro e meio de largura por quatro de comprimento. Privada de um lado e cano de ducha do outro. Três lajes afixadas na parede, a cerca de um metro de distância uma da outra, faziam lugar de camas. No teto, uma lâmpada enchia tudo de sombras. Éramos cerca de 35 seres humanos comprimidos naquele espaço exíguo. Eu estava preso de novo, privado da minha humanidade.

Os veteranos da cela ficavam sobre as lajes. A parte de baixo era denominada "praia". Como eu acabara de chegar, pertencia ao povo da praia. Um velho que estava numa das lajes me chamou. Já me conhecia, mas não sabia de qual cadeia. Me convidou para subir na laje para conversarmos. Lembrei o local onde nos conhecêramos: a Penitenciária do Estado. O nome do velho era Quinha. Comecei a contar o que acontecera. Quando terminei, avisou que eu devia imediatamente jogar fora meus documentos. Picar tudo, atirar na privada e dar descarga. Logo que o delegado soubesse quem eu era, ia querer meter mais um processo em mim por falsidade ideológica. Naquela delegacia não havia tortura, informou. O delegado não permitia. Mas arrumava processos de toda natureza contra os presos. Era rigoroso, mas justo — e até malandro admira policial honesto.

Fui ao banheiro e me desfiz de tudo. Minha cabeça explodia de dor. A vida parecia ter me costurado ao chão das prisões. Passava a mão no rosto, tentando apagar as últimas horas de minha vida. O que dizer para a Irismar e para a minha mãe? Como desfazer aquele nó de mentiras? Quinha disse que eu, na verdade, tivera muita sorte. Estavam com um plano de fuga em andamento. Havia um carcereiro "limpo" do plantão do dia seguinte. Eles tinham um telefone celular que estava no xadrez em frente. Naquele xadrez, que dava para a rua, o pessoal estava fazendo uma "televisão". Era esse o nome de um quadrado que os caras recortavam na parede. Trabalhavam com brocas montadas em "matracas", ou seja, armações de cabos de vassoura usadas para fazer a broca girar. O carcereiro "limpo" trouxera as brocas. Minha alma respirou pela primeira vez. Havia esperança.

Aquela delegacia era virgem de fugas, e, com o carcereiro a favor, conseguiríamos escapar. Em menos de uma hora de cela, eu já me preparava para sumir dali. Rapidamente me entrosei com o Quinha. Ele disse que, no dia seguinte, eu poderia subir à laje. Passaria apenas uma noite na praia, para não despertar reclamações entre os outros presos. Quinha dividiria sua própria laje comigo. No momento, seu companheiro de laje era um rapaz que fazia as vezes de seu empregado — ou "valete". Eu estava integrado ao esquema; o valete era só uma espécie de criado, e desceria para me dar lugar.

Quinha era um alto traficante de cocaína. Fora preso em uma armadilha do Denarc, o Departamento de Narcóticos. Um malandro conhecido o tinha apresentado a um sujeito que queria comprar drogas. O cliente levou um pouco de cocaína, mas logo voltou pedindo uma grande quantidade. Assim que o Quinha terminou de efetuar a segunda venda, foi enquadrado. O freguês era da polícia.

Estava preso havia cerca de vinte dias, mas continuava negociando cocaína pelo celular. Sua mulher fazia a ponte entre ele e os distribuidores. Quinha era um sujeito duro e áspero, mas de boa conversa. Me convidou para trabalhar com ele, se conseguíssemos fugir. Precisava de um cara disposto. Fiz pose de bandidão. A reputação do Carlos Flores era bem conhecida; como seu companheiro, eu estava com enorme status na prisão.

O Japonês foi levado para a cela ao lado. Chegou antes de mim. Fui até a grade e chamei-o. Respondeu com voz fraca. Perguntei se estava tudo bem. Não, não estava. Sentia-se mal. Conversara com o delegado sobre sua doença e a hemodiálise.

Seria encaminhado ao hospital no dia seguinte. Eu não podia chorar, nem fraquejar. Precisava mobilizar toda a minha capacidade. Tinha que escapar, não importava como.

Sempre tive medo de fugas. Podia muito bem ser morto na tentativa. Mas agora tinha que ir em frente, mesmo morrendo de medo. Só os que estivessem no front teriam chance real de escapar.

O pessoal se preparou para dormir. A cela superlotada era sufocante. Um cheiro de suor azedo permeava tudo. Todos deitaram sobre as lajes — os chefões e seus companheiros, os valetes. Eu, que chegara por último, teria o pior lugar. Dormiria na privada. Mas preferi passar a noite sentado ao lado das grades, tentando respirar em meio ao ar pesado e remoendo minha própria consciência. Ao clarear o dia, aconteceu a primeira briga. Um espaço se abriu de repente no meio da cela: dois sujeitos trocavam socos. Pisaram no meu pé e, sem pensar, me enfiei também na briga. Quinha me deteve. Perguntou o que estava acontecendo. Eu não soube responder. Precisava socar. Só isso. Calma, calma, ele disse. Ali era assim mesmo. As brigas aconteciam. Fazia parte. O clima contaminava, e era preciso muito autocontrole. Só então percebi que eu saíra distribuindo socos ao acaso. Os coitados que eu socara estavam encostados na parede e me olhavam assustados. Depois disso todos se sentaram e a calma voltou. Os nós de meus dedos estavam ralados e sangravam. Eu batera muito forte. Estava molhado de suor. Segui para o banho, o povo abriu caminho; virei perigoso de repente. E assim consegui meu lugar na laje.

Eu acabava de me enxugar quando o delegado e vários investigadores invadiram o pátio da delegacia. Estavam me chamando pelo meu nome verdadeiro. Haviam descoberto a farsa. Estou perdido, pensei. Além de foragido e condenado, fui preso em novo flagrante. Com tudo isso, teria de cumprir o que me restava dos trinta anos. A carinha risonha do Renato surgiu no meu pensamento. E agora? Apresentei-me; não adiantava me esconder. O homem me olhou e pediu os documentos. Continuei sendo insolente. Como ele queria que ainda estivesse com os documentos? Somente se fosse muito trouxa. Ele riu com ironia. Era baixo e gordo, e as banhas do pescoço balançavam enquanto ria. Afirmou que já imaginava que eu tivesse destruído o documento. A culpa era do carcereiro que me deixara com eles.

Puxou a minha folha de antecedentes criminais. Eram cerca de vinte páginas de papel contínuo. Folheando o registro de processos, o delegado me deu nova má notícia. O Japonês havia sido preso com os documentos do Monza roubado. A vítima viria para nos reconhecer. Agora já seriam dois assaltos. Japonês filho da puta! Tinha ido para o assalto levando no bolso o documento de um outro roubo. Idiota!

Quando o homem foi embora, o carcereiro veio abrindo as celas. Era hora da recreação. Quinha chamou-o e me apresentou. Era um rapaz novo. Algum tempo atrás, visitara a casa do Quinha, onde fora recebido pela esposa do bandido. Ficara fascinado com o estilo de vida do traficante. Casarão, piscina, carros importados, empregados. Por ordem do Quinha, a esposa emprestou ao carcereiro um dos vários carros que havia na garagem. Se a fuga desse certo, o rapaz ficaria com o automóvel. Sorrindo, ele me disse que o carcereiro do plantão anterior seria transferido pra puta que o pariu por minha causa. Isso era bom, pois o sujeito seria um empecilho para nossos planos. O carcereiro entregou um pacote de drogas ao Quinha, que me repassou. Enfiei a droga pelos bolsos, sem entender bem; será que ele estava me tirando de laranja? Fomos à cela vizinha. O buraco estava camuflado com um enorme calendário. Tiraram para me mostrar. A broca quebrara durante a noite, mas já estava perto de estourar para o lado de fora. O carcereiro traria uma nova broca. O Quinha financiava tudo. Pegamos o telefone e voltamos para a nossa cela.

Assim que entramos em nosso xadrez, devolvi a droga a ele. Em seguida liguei pra Matilde. Expliquei rapidamente que fora preso e pedi que chamasse minha mulher. Logo ouvi a voz da Irismar. Contei que estava na cadeia. Ela já sabia. O velho Flores fora até nossa casa para avisá-la. Ficou de levá-la à delegacia à tarde.

Como ela estava? E o nenê? E a minha mãe? Notei uma sombra de agonia na voz da Irismar. Em desespero, ela não sabia o que fazer. Pedi que levasse alguns objetos de higiene e que insistisse para falar comigo. Dei-lhe o nome com o qual fora preso. Essa era a parte mais dolorida: assumir mentiras e falar do futuro negro que nos esperava. Mas ainda havia a esperança de fugir. Como vi a parede cortada, achei que seria fácil. Telefonei para o velho Domingos. Tentou me censurar. Descarreguei um trem em cima dele. Que direito tinha de ficar me dando bronca? Afinal, ele me incentivara a entrar naquele assalto! O dinheiro não seria usado para montarmos nossa empresa? Eu nem tinha sentido o cheiro da grana. Nem mais tarde, durante o processo, a bolsa da vítima apareceu. Duvido até que dentro dela tivesse a quantia que o Japonês dissera que havia. Ofendido, bati o telefone. Nunca mais soube dele.

Conversei com o Japonês. Me explicou o que acontecera quando fora preso. Ele andava mesmo com os documentos do carro no bolso, mas tinha um motivo: se algum guarda de trânsito lhe pedisse a documentação do automóvel, ele teria o que mostrar. Poderia então dizer que o proprietário havia lhe emprestado o carro. Então contei o que o delegado havia me dito. O Japonês se desesperou. Estava velho e muito doente. Se sofresse apenas um processo, poderia sair em dois ou três anos. Mas com dois processos nas costas era provável que morresse na prisão. Em vez de ficar com raiva dele pela imprudência, fiquei com pena. Sua pele estava cinzenta e o corpo, fraco. Sentia uma terrível dor de cabeça. Precisava fazer hemodiálise imediatamente. Convenci alguns companheiros da cela a cuidarem dele. Conversei com o carcereiro e expliquei a gravidade da situação. O cara me garantiu que falaria com o delegado.

Em seguida fui ajudar a matraquear a parede, enquanto o carcereiro ficava de sentinela. Durante o dia, as portas das celas ficavam abertas, e eu podia dar minha colaboração para a abertura do buraco. Coloquei toda minha força na hora de girar a broca. Cortei, estraçalhei concreto. Logo estava todo sujo de areia e cimento, suando em bicas. Superaquecida, a broca acabou se quebrando novamente. Fomos ambos substituídos — a ferramenta e eu. Os companheiros ficaram impressionados com meu ataque à parede.

Já estava integrado ao grupo. Graças ao Quinha, eu era agora um dos principais participantes da fuga. Fiquei intrigado: por que ele me ajudara daquele jeito? Pura generosidade? Difícil. Uma luz vermelha se acendeu em minha mente: senti algum perigo em Quinha. Provavelmente estava precisando dos serviços de um pistoleiro e cobraria o favor que eu agora lhe devia. Mas eu não tinha saída. Faria qualquer coisa para escapar dali.

Após trabalhar na broca, fui dar uma volta no pátio da delegacia. Era um espaço exíguo, abarrotado por uma multidão de presos. Mal dava para caminhar ali. Reconheci alguns companheiros em meio à confusão. Vieram me cumprimentar, queriam saber como eu fora parar ali. Tentei explicar o que havia acontecido, mas tinha engulhos só de falar no assunto. Cansado das perguntas, voltei para o xadrez. Lá era sempre noite, com aquela lâmpada amarelando tudo.

Pouco depois, o carcereiro apareceu com novas brocas. Deu-nos duas serras de aço na hora de nos trancar na cela. Se os companheiros no xadrez em frente terminassem de abrir o buraco naquela noite, teríamos de serrar os "pirulitos" — as barras das grades da porta das celas — para passar entre elas e segui-los na fuga. Seria fácil porque os pirulitos estavam só nas casquinhas; já haviam sido serrados.

    Tão logo a porta da cela foi trancada, a tensão começou a crescer. Era enervante, todos aqueles homens ali espremidos. Em menos de meia hora, teve início uma briga entre dois grupos. Eu estava conversando com o Quinha, sobre a laje de concreto, quando estouraram os gritos lá embaixo. Fiz menção de descer para apartar a luta. Ele me impediu. Disse que aquelas brigas eram normais. Extravasavam a tensão e tornavam a vida mais suportável até para nós, que só assistíamos. Era uma espécie de circo, e estávamos no camarote de luxo. Os socos comeram soltos por uns dez minutos. Então o carcereiro avisou que a boia chegara e tudo voltou ao normal.

    Fiquei olhando aquele povo; a maioria era de réus primários. Marinheiros de primeira viagem, sem experiência alguma. Quase todos jovens, trabalhadores, que se iludiram com o crime. Seres humanos aprisionáveis. Nos meus primeiros tempos de preso, os novatos sofriam muito mais. É verdade que, naquela época, não havia superlotação. Mas a brutalidade e a selvageria eram maiores. A violência do preso contra o preso era extrema. Naquele tempo os calouros eram quase sempre estuprados. Hoje em dia, quem cometesse um estupro seria morto.

    Algumas coisas, contudo, não haviam mudado. Ou mudaram pouco. Dentro da cadeia ainda imperava uma hierarquia entre presos. Os Notáveis — bandidos mais espertos e experientes — sempre existiriam: o crime tem divisas invisíveis. Eles dominaram por muito tempo o universo da prisão. Hoje o poder do dinheiro fala mais alto, vale mais do que a violência pura e simples. Você vale o que você tem. No fundo, as mesmas regras que se aplicam ao mundo fora da prisão. Na cadeia, no entanto, essas regras são mais explícitas.

Antes do fim do turno, o carcereiro deixou mais brocas e se despediu de nós. Quinha era um aliciador experiente. Acumular parceiros, para ele, era mais importante que acumular dinheiro. Para mim, no entanto, aquele sujeito continuaria sendo um carcereiro, não importava o que fizesse. Havia traído seus próprios companheiros; nada assegurava que não nos trairia também.

Era tarde da noite quando, já deitado na laje de valete com meu amigo, ouvi um estrondo que sacudiu toda a cela. Fui lançado da laje em cima do pessoal lá na praia. A explosão viera do pátio, que agora era invadido por homens vestidos de preto, com metralhadoras e tacos de beisebol nas mãos. Atiraram nas grades. Todos os presos se jogaram ao chão. Enquanto disparavam suas armas, os homens de preto soltavam risadas e xingamentos. Percebi que só queriam nos assustar. Já havia passado por situações piores. Levantei e me encostei à parede, fora da vista dos atiradores. Quinha também havia caído e estava no chão; ajudei-o a se levantar. Ele me explicou: aqueles caras eram do GOE, o Grupo de Operações Especiais. Invadiam as delegacias em casos de rebeliões e fugas. Queriam nos deixar em choque para nos dominar. E eram eficientes: eu tremia da cabeça aos pés.

O carcereiro abriu a cela. No meio do susto, tive certeza: a possibilidade de fuga havia acabado. Algum "passarinho" abrira o bico. A delação não era de todo inesperada. Naquela mesma tarde, um morador do xadrez em frente fora levado para uma conversa com o delegado. Suspeitávamos que ele houvesse denunciado a fuga. Agora, já era. As portas da cela que ficava diante da nossa também foram abertas, e os caras do GOE faziam os presos saírem debaixo de porretadas. O pau comia solto. Gritos de desespero ressoavam. Os companheiros de prisão se amontoaram no fundo do pátio. Da posição em que estávamos, não dava para ver direito o que acontecia. Apenas escutávamos os gritos e o som oco dos tacos retinindo nas paredes.

Enquanto alguns batiam, outros arregaçavam o xadrez. Todas as coisas que estavam dentro dele foram jogadas no pátio, como lixo. Descobriram a abertura na parede, claro. E continuaram batendo, até que o delegado chegou. Entrou na cela, olhou o buraco. Saiu e foi conversar com o chefe da equipe do GOE. Escutei o que ele dizia: a parede já estava na casquinha. Era só cavar mais um pouco e vazar. Quase havíamos conseguido. Mas agora era tarde.

Fecharam o xadrez. Mandaram que os companheiros espancados pegassem suas coisas; em seguida, eles foram distribuídos por outras celas. Cerca de meia dúzia deles veio morar conosco. O espaço, que já era pouco, encolheu ainda mais. A respiração ficou mais difícil, o calor aumentou. Os infelizes choravam por haver perdido a fuga. Nem a dor das pancadas importava.

Tentamos ajudar os feridos. Alguns estavam em péssimo estado. Cabeças machucadas, bocas partidas e marcas de espancamento pelo corpo todo. Os caras vindos do xadrez da fuga fizeram uma reunião e resolveram matar o passarinho. O assassinato ocorreria no dia seguinte. Não participei daquela decisão; só mais tarde houve uma reunião entre todos os moradores da cela, velhos e novos. Decidimos fazer um túnel a partir de nosso próprio xadrez. Entre os novos habitantes estava o Abel — o mesmo que havia coordenado a primeira escavação da parede. Fora ele que ensinara aos companheiros como fazer uma televisão. Era construtor, já havia escapado de várias prisões e todos ali o conheciam. Ficou encarregado de dirigir as novas escavações. Os recém-chegados haviam conseguido esconder duas brocas. Entre nós, havia uma faca de ferro improvisada e duas serras.

De manhã, os antigos habitantes do xadrez da fuga se prepararam para assassinar o suposto passarinho. Para mim, aquilo parecia um pesadelo. Não havia provas reais de que o suspeito nos denunciara. Era verdade que só ele tivera a oportunidade de conversar com a polícia, mas havia outros meios, como escrever e colocar na caixa do correio. Ninguém tinha uma prova definitiva. Contudo, aquilo era coisa deles, eu não podia me meter. Além disso, o argumento deles era poderoso: quem denuncia uma tentativa de fuga, denuncia outras. Mesmo assim, a situação mexeu comigo.

Assim que fomos para o pátio, aconteceu. O sujeito não teve chance; foi esmigalhado. Uns dez presos se juntaram e se lançaram sobre ele. Já morto, continuou sendo esfaqueado e espancado como os bonecos de Judas em sábado de aleluia. Muitos se acharam no direito de cuspir em cima, pisar ou chutar. Foi um massacre. O pátio ficou lavado de sangue.

O carcereiro foi avisado do que ia acontecer. Era nosso amigo. Só apareceu uma hora depois, para recolher os restos do sujeito. Como fora decidido na reunião, um dos companheiros assumiu a responsabilidade pelo crime, livrando todos os outros. O carcereiro levou-o para o delegado.

Eu já presenciara barbarismos piores, mas é sempre muito impactante ver um ser humano virar bicho. Só saí daquele transe ao voltar para a cela. Havia um "campana" na porta, sinal de que algo sério estava acontecendo lá dentro. Os companheiros, aproveitando as cenas de terror, haviam iniciado o buraco no canto direito do xadrez. Agora matraqueavam com a broca. Tirariam um pedaço mais ou menos arredondado da laje. Em seu lugar colocariam uma tampa de concreto falsa. Assim, o buraco passaria despercebido no caso de uma vistoria. Mas não seria tarefa fácil. A camuflagem tinha que ser muito bem-feita. Para esse serviço tínhamos o Lucas, um sujeito que trabalhava com arte. Era um gênio em tudo quanto dissesse respeito à contravenção prisional. Preso há três anos, participara de inúmeras tentativas de fuga em diversos distritos da capital de São Paulo.

Naquela época, as penitenciárias estavam lotadas. Durante os últimos governos estaduais, nenhuma prisão fora construída. Não dava voto. A população, a carestia e o desemprego aumentaram, e a população prisional quase triplicou. Não havia mais vagas, mesmo com a coletivização das celas. Não havia para onde remover os presos das delegacias. Assim, o que era provisório se tornava efetivo. O problema é que os xadrezes das delegacias eram pequenos e não estavam adaptados para receber presos permanentes. As celas se transformavam em depósitos comprimidos de pessoas. É um crime contra a humanidade colocar seres humanos nessas condições. Alguns presos se amarravam nas grades para poder dormir.

Virei auxiliar do Lucas. Sua sabedoria era imensa. Enquanto os companheiros quebravam o concreto, nós o esmigalhávamos, peneirávamos e acumulávamos poeira. Quinha mandou vir cola plástica. Em dois dias, tínhamos o material necessário pronto. Sem mais o que fazer na tampa, me envolvi no buraco do túnel.

Quando não estávamos cavando, fumávamos maconha ou jogávamos baralho. Construímos um buraco largo logo abaixo da cela e o chamávamos de "panela". Dali Abel iniciou o furo que iria dar na rua. O buraco foi se alongando e alargando.

Sempre tive o maior medo de entrar em buracos. Mas o tédio me forçava a agir. Eu amortecia a mente na droga e me atirava ao trabalho. Ali estavam todas as minhas esperanças. Às vezes, mergulhava na fuga da imaginação. Pensava-me escapando, chegando em casa de repente, surpreendendo a minha mãe e a minha mulher. Então eu pegava o meu nenê no colo e saía pelas ruas, apertando-o ao peito, sentindo seu calor.

Tudo isso me jogava dentro do buraco. Era eu quem mais aguentava ficar lá embaixo. Ninguém suportava mais que meia hora naquele calor sufocante. Eu ficava de quarenta a cinquenta minutos. Estava muito bem condicionado por anos de corrida no pátio da prisão.

A tampa logo ficou pronta. O concreto vindo do buraco foi peneirado até extrairmos o cimento e a areia. Lucas adicionou cola. A mistura foi então escurecida com cinza de cigarro e borra de café. Alcançamos assim uma cor bem próxima do piso da cela. Enquanto isso, o buraco lá embaixo continuava crescendo. E quanto mais o túnel se alongava, mais viciado ficava o ar lá dentro. Agora vinte minutos de trabalho era o tempo máximo para quase todos.

A terra era diluída na água da descarga. Já as pedras encontradas pelo caminho ficavam em cima das lajes, debaixo de cobertores. Domingo seria o dia de receber visitas; nossa ideia era entregar as pedras, em sacolas plásticas, às pessoas que viessem nos visitar. As visitas não eram revistadas ao ir embora; assim, poderiam levar os restos da escavação.

Como de hábito, duas cabanas de lençóis e cobertores foram montadas dentro de cada cela: era onde aconteceriam as visitas íntimas. Cada preso tinha direito de ficar dentro das cabanas por um determinado período, especificado e cronometrado por uma figura exponencial no universo do xadrez — o barraqueiro.

O barraqueiro era o senhor absoluto da "barraca" — local que fazia as vezes de despensa e cozinha. Lá havia um fogãozinho improvisado — um tijolo furado com uma resistência elétrica —, pratos e colheres de plástico, além de sacos para armazenar comestíveis e temperos.

Toda a responsabilidade relacionada à alimentação recaía sobre os ombros do barraqueiro. Com seus auxiliares, ele controlava e distribuía a alimentação que entrava no barraco. Eram eles que aqueciam e preparavam nosso café com leite, que a polícia trazia pela manhã, e o marmitex do almoço e da janta (com arroz, feijão e mistura). Teoricamente, todos deveriam receber porções iguais. Mas é claro que alguns eram mais iguais que os outros, como no A *revolução dos bichos*, de George Orwell.

Eu estava no grupo privilegiado. Como aliado do Quinha, tinha tratamento VIP. As rações proporcionadas pelo Estado eram divididas em partes iguais. Mas os mantimentos comprados pelo Quinha eram distribuídos de forma hierárquica. Mesmo assim, havia o suficiente para todos. Na verdade, era o Quinha quem sustentava aquele xadrez. Tempero, resistência do fogão, mistura, de vez em quando alguma guloseima e drogas. Era uma estrutura política.

Ao estipular e controlar os horários nas cabanas, no domingo de visitas, o barraqueiro também respeitava essa hierarquia. Naquele domingo, o Quinha e a sua companheira seriam os primeiros a desfrutar de uma das cabanas para visitas íntimas. Ficariam lá a manhã inteira. Eu e o Abel seríamos os próximos na cabana do nosso amigo. A outra cabana era de quem tivesse companheira e fosse do xadrez.

A companheira do Quinha, Dorothi, foi a primeira a chegar. Entrou na delegacia e logo foi ver o marido. Todos os presos estavam comprimidos no pátio; as celas pertenciam a quem tinha companheira. Irismar demorou, mas chegou com o Renato no colo. Quando a vi com meu filho, o chão ameaçou desmanchar-se sob meus pés. Um calor no rosto, uma vergonha... Deu vontade de me esconder. Olhá-la nos olhos foi dolorido. Mas não havia censura na expressão dela. Abracei-a, e Renato começou a chorar. Consegui sair com eles para o meio do pátio e sentamo-nos em um quadrado formado por colchões. Irismar queria saber o que havia acontecido. Com a voz estrangulada, fui tentando explicar tudo. Ela me ouviu em silêncio, balançando Renato, que aos poucos adormeceu. Contei toda a verdade e acentuei minha culpa. Sem querer usei o nascimento do Renato como desculpa para minhas ações. Isso ela não aceitou. O nenê não tinha culpa de nada. Concordei: claro que não tinha. Nem fora minha intenção acusá-lo. Assumia toda a culpa, mas queria que ela observasse as atenuantes. Eu havia me sentido sem saída e tomei, sozinho, a pior decisão.

Minha baianinha aceitou as explicações. Só não aceitava minhas mentiras. Disse que eu deveria ter lhe contado tudo desde o início. Mas como eu poderia fazer isso se ela estava tão doente? Não queria abalar a confiança que Irismar tinha em mim. Mas eu havia abalado do mesmo jeito, ela retrucou; como acreditaria na minha palavra novamente? Então fiz uma promessa: daquele momento em diante eu lhe diria tudo. Mesmo que doesse ou magoasse. Mas essa era outra mentira. Eu jamais poderia lhe contar tudo o que acontecia na prisão. Como dizer que a poucos metros de nós havia um túnel e que naquela semana vazaríamos por ele? Não podia. Esse era um segredo de xadrez.

Ela realmente gostava de mim. Chorou um pouco, mas me perdoou. Renato acordou e o mar invadiu minha alma. Ao me reconhecer, arregalou os olhos como holofotes e sorriu. Todo fofo, misturava pés e mãos em meu colo. Como era lindo! Mostrei meu filho para os companheiros, e todos queriam pegá-lo no colo. Ele ia de bom grado. Passou nas mãos de presos, visitantes, de todo mundo. Depois reclamou. Queria mamar.

Após a mamada, caiu no sono; já passava do meio-dia. Pouco depois Quinha e Dorothi saíram da cabana íntima. Deixamos o bebê — adormecido — com a Dorothi; ela nos chamaria caso ele acordasse. Em seguida, entrei com a Irismar. Cobertores cobriam o chão da cabana; o teto e as paredes eram feitos com lençóis. O rádio estava ligado no último volume. Catei a baianinha e a enchi de beijos. Agarramos um ao outro sofregamente. Eu estava cansado pela semana de trabalho intenso, mas o desejo era mais forte. Ventos antigos rugiam dentro de mim, e dei a ela o último suspiro que eu tinha.

Quando voltamos ao pátio, Renato estava acordado e cercado de admiradores, rindo para todo mundo. Sentei e encostei o corpo na parede. Conversei com a Irismar sobre as providências em casa. Eu deixara dinheiro escondido dentro dos meus livros. Expliquei que ela devia economizar. Disse também que havia uma possibilidade de eu sair da prisão. Tudo podia acontecer enquanto eu não fosse removido para uma penitenciária.

Nem bem as visitas foram embora, recomeçamos a escavação. Uma parte do túnel havia desbarrancado e perdemos tempo refazendo. Mas foi bom, porque o buraco ficou mais largo. Apesar do ar quase irrespirável, trabalhamos com ânimo. A visita redobrara nossa vontade de ir embora dali.

Nem todos os companheiros participavam do trabalho. Alguns não se interessavam por nada: viviam alienados, estupidificados. Outros, nós é que não queríamos. Eram ineficientes; atrapalhariam mais do que ajudariam. Havia os que estavam para sair e nem condenações tinham. Esses não tinham motivos para fugir. Mas a maioria sentia medo. Principalmente depois de testemunhar a violência com que a polícia reprimia possíveis fugitivos.

Na segunda-feira os companheiros da cela em frente retornaram ao xadrez de origem. Ficaram apenas Abel e Lucas. Dois outros da nossa cela foram para lá no lugar deles. Quando completássemos o trabalho, o pessoal do outro xadrez terminaria de serrar as grades de lá, e nós, as nossas. Seria uma fuga em massa.

Estávamos com medo de não dar certo. Poderíamos morrer na tentativa. O que nos impulsionava era o desespero, o medo de retornar a uma penitenciária. Nela não havia nenhuma esperança de fuga. Eu tinha uma família dependendo de mim e não podia falhar novamente.

O carcereiro amigo nos sustentava com bebidas e drogas. Quando alguém ficava muito cansado, bastava cheirar uma carreira para continuar trabalhando. Ele também nos trouxe uma pá de jardim, que acelerou a escavação. Mas o cansaço crescia à medida que avançávamos com o túnel. Minhas mãos estavam cheias de feridas. Algumas unhas, laceradas, começavam a infeccionar. Eu tomava cerca de dez banhos por dia. A pele dos pés e das mãos, frágil e embranquecida, rompia-se ao menor descuido. Dois companheiros abanavam cobertores na entrada do buraco. Outro, dentro da panela, agitava o ar com uma madeira redonda, semelhante a uma raquete.

Era como um naufrágio em local seco. Todo o meu corpo doía. Abel e eu já havíamos ultrapassado os limites da lucidez. Estávamos ensandecidos. Por duas vezes desmaiei de exaustão e ele me arrastou para fora do buraco. Eu dormia pouco, quase não comia, bebia e cheirava muita cocaína. Vivia sujo de barro. Barro nas unhas e na pele, que a água e o sabonete não tiravam. Domingo, Abel me disse que, pelos seus cálculos, estávamos embaixo da calçada. Em seguida, alcançaríamos a pequena praça arborizada que ficava do outro lado da rua. Aquele era nosso destino. Tínhamos pessoas que moravam perto dali e conheciam a área. Subiríamos para a praça e respiraríamos o ar da liberdade. Faltava pouco. Dois, três dias, no máximo.

Sábado dormi bem. Recebi a companheira já mais forte. Renato continuava encantando a todos com seu sorriso fácil. Tive que fazer um esforço enorme para não dizer a ela que voltaria pra casa naquela semana. Estava feliz; iríamos conseguir, finalmente. Passei o dia com a família, namorando, brincando e procurando ser o melhor marido e pai do mundo. Quando eles se foram, meus olhos atravessaram as grades para espiá-los. Ali estava minha vida, meu mundo. Não havia outra saída além de descer ao buraco e trabalhar.

Uma lâmpada de geladeira nos acompanhava dentro do túnel. Queimei o corpo várias vezes nas emendas dos fios. A lama dobrava a potência do choque. Mesmo assim, todo dia, ferozmente, eu atravessava aquele mundo de terra, pedras e cacos cortantes. Trabalhávamos nus. Deslizávamos na lama. Eu cavava, cavava e cavava. Não sei o que faria da minha vida sem aquele buraco.

Não conseguíamos mais diluir a terra na privada, que já entupira duas vezes. Mais cedo ou mais tarde o encanamento ficaria cheio, travando o esgoto de toda a prisão. Começamos a esconder os torrões de terra vermelha dentro da cela, e as pedras no xadrez em frente. O cubículo da ducha logo ficou cheio. A maior parte dos presos foi proibida de tomar banho ali; tinham de ir até a cela vizinha durante o dia. À noite, só tomava banho quem estava trabalhando no buraco. Para lavar o corpo, tínhamos de ficar em cima daquele montão de terra que se acumulava sob o chuveiro. O xadrez começava a ficar completamente coberto de lama. Era preciso limpar o chão o tempo todo, para que o lodo vermelho não chegasse ao pátio.

Quando eu parava de trabalhar, sentia algo estranho se mover dentro de mim — um travo de vinagre azedo que vinha me arrebentando estômago acima, ameaçando estourar meus ossos, dando vertigem. Uma calmaria tensa tomara conta do xadrez. Não havia mais brigas nem discussões. Quando alguém ameaçava estourar, era imediatamente contido. A polícia não podia aparecer ali. Se algum guarda visse aquele monte de lama, descobriria na hora que estávamos com o túnel em andamento.

Dormíamos em cima de montes de terra vermelha. Tudo era lama. Comi terra pela boca, pelo nariz e até pelos olhos. Na quarta-feira, verticalizamos o buraco. As raízes da grama começaram a aparecer. Estávamos no jardim da praça, na casca. Era furar e rua. Esperaríamos o dia chegar, pois os fundos da delegacia eram vigiados durante a noite. Além disso, de dia, com as portas das celas abertas, os presos do outro xadrez poderiam nos seguir na fuga sem precisar concluir a tarefa de serrar as grades.

Voltamos para a cela. Quando contamos que a grama finalmente havia aparecido, todos respiraram fundo. Até que enfim! Mas agora era preciso cuidado, pois talvez houvesse passarinhos entre nós. Eu sentia calafrios: o medo começava a expandir seus tentáculos. Pensei no meu filho, na Irismar. E assim juntei forças e coragem para o esforço final.

Dormi encostado na grade, sem perceber. Abel me acordou sorrindo. Estava todo vestido, envolto em plástico. Vamos embora, dizia. Levantei com muito custo, lavei a cara em um balde de água suja e vesti minha roupa. Com a ajuda do Abel, também me enrolei em um plástico. As portas se abriram. Ficamos escondidos no banheiro.

Quando o carcereiro saiu, os parceiros do outro xadrez vieram à nossa cela. Agora era entrar no buraco e fugir. Fui escolhido para ir à frente. Todos sabiam que eu havia deixado meu sangue e minha pele nas paredes daquele túnel. Depois de mim iriam o Quinha, o Abel e os três Notáveis do outro xadrez. A escolha era por bandidagem: quem fosse mais bandido ficaria na frente. Eu não era o mais bandido, mas ninguém havia penado tanto quanto eu naquele buraco. Merecia ser o primeiro.

E lá fui eu. Nos dentes, como um pirata, carregava a faca que usávamos no xadrez. Nem sei por quê. Naquele momento, tudo o que eu tinha a fazer era me arrastar pelo chão, seguindo o roteiro que havíamos preparado. Quando saísse do buraco, deveria procurar o carro do Quinha — Dorothi estaria lá nos esperando. Ao avistar o automóvel, eu correria para dentro.

Fui me arrastando pela lama até as raízes do gramado, com o Abel empurrando meu pé. Com a pá de jardineiro, abri um furo redondo no gramado, de baixo para cima. O ar puro invadiu o túnel; a grama e a terra vieram junto. A refrigeração já era metade da liberdade. Quando coloquei a cabeça para fora, escutei o primeiro tiro. Senti o vento na orelha. Deixei-me cair para dentro. Por sorte o Abel havia aberto espaço: fora ajudar o Quinha, que ficara um pouco para trás. Ouvi mais tiros. Mergulhei de volta no túnel.

O cheiro de pólvora queimava minhas narinas. Estavam atirando dentro do buraco. Queriam nos matar. Voltamos todos, num atropelo. Quando subimos ao xadrez, sujos de barro e cortados pelas pedras do túnel, os caras do GOE já estavam entrando no pátio. Deram tiros e jogaram bombas de efeito moral dentro das celas, que estavam todas abertas. Muitos se amontoavam nos cantos do xadrez, instintivamente; os mais espertos haviam se escondido no banheiro. Os policiais vieram nos pegar na marra. Nos jogaram para fora da cela. Fizeram a triagem: os que estavam sujos de barro, como eu, foram tocados para o fundo do pátio. O barro delatava nossa tentativa de fuga. Os outros presos foram trancados em suas celas e nós ficamos ali, separados do resto. Então os policiais vieram pra cima de nós.

Completamente enlouquecidos, atacaram com brutalidade, como animais selvagens. Foi terrível. Levei paulada até na sombra. Gritava a cada vez que me acertavam e mergulhava no meio dos parceiros que apanhavam comigo. Como sou pequeno, conseguia me esconder entre os outros com mais facilidade.

Rapidamente os policiais do GOE cansaram de nos esmigalhar e nos largaram ali, como se fôssemos um monte de qualquer coisa. Na boca, gosto de lama e sangue misturados. Ficamos jogados, meio embolados, sem força e sem vontade de nos mover. Minha cabeça sangrava, a perna estava dura, parecia quebrada, e o lado direito do rosto pulsava. Todos gemiam. Os demais companheiros do xadrez nos carregaram para dentro. Quatro de nós estavam desacordados. Abel parecia morto. Sua cabeça, do lado direito, estava amassada. Uma grande poça de sangue crescia ao seu redor. Apoiado no barraqueiro, consegui mancar até a cela. Tudo ardia e queimava. Já Abel foi apanhado pelos policiais e arrastado para a carceragem. Nunca mais soubemos dele. Deve ter morrido.

Quinha teve o braço e três costelas quebrados. Outros dois companheiros tiveram fraturas nas pernas e nos braços. Logo em seguida, os parceiros com membros quebrados foram levados a hospitais. Quinha voltou com o braço engessado e a cabeça costurada. Pouco depois o delegado veio falar conosco. Sabia que éramos os líderes da tentativa de fuga. Deu a entender que jamais veríamos o amigo Abel. Em breve seríamos transferidos para a Casa de Detenção. A mulher do Quinha e o carcereiro amigo estavam presos. O carcereiro seria exonerado e ambos responderiam a processos por facilitação de fuga.

Mais uma vez haviam nos dedurado. A denúncia fora feita em troca de favores por algum dos presos que nos ajudaram a cavar o túnel. Anos depois, soubemos que foi o Lucas. Já estava caguetando há algum tempo. Continuou dedurando os companheiros em outros locais até ser descoberto e assassinado na Penitenciária de Araraquara. Pobre daquele que foi morto no pátio da delegacia; era inocente, como eu havia suspeitado.

De repente, o delegado ficou bonzinho: trouxe um enfermeiro para cuidar de nós. Estranhei aquele súbito surto de humanidade: num momento ele queria nos matar; no outro, cuidar da nossa saúde. Era difícil entender um homem tão complexo.

O enfermeiro examinou minha perna. Apertou, esticou, apalpou, e eu gemia com uma dor que era mais vista do que sentida. Por fim, ele afirmou que se tratava apenas de luxação e que eu logo ficaria bom. Mas o rosto permaneceria amassado para sempre. O osso fora afundado. Em seguida, ele raspou parte da minha cabeça com uma gilete e costurou os cortes a frio. Quase nem senti: a adrenalina finalmente me deixara entorpecido.

O delegado mandou que colocassem o Quinha ao meu lado. Sua idade transparecia agora: pela primeira vez em muito tempo lembrei que ele tinha mais de sessenta anos. Um tira, com a maior delicadeza do mundo, nos algemou juntos. Monstros, que antes nos brutalizaram, agora transformavam-se em anjos que nos protegiam. Mandaram que me levantasse, mas minha perna emperrou. A muito custo fiquei em pé e ainda ajudei meu velho amigo a se erguer. Fomos conduzidos à carceragem. Nossos pertences nos foram devolvidos. Coloquei o cinto na calça que escorregava, toda suja de lama. O barro chegava até a nossa alma. Cuspi sangue preto. Senti o lado direito do rosto inchar e latejar. As costas ardiam a cada movimento. Por dentro, tumulto. Eu não entendia o que estava acontecendo, mas achava bom sair daquela loucura toda.

Aquela vida terminara.

19.

A porta do camburão se abriu e a luz feriu meus olhos. Rudes, vários guardas do presídio nos rodearam, armados com enormes cacetetes. Os PMs tiraram nossas algemas e nos entregaram ao pessoal da Casa de Detenção. Os guardas gritaram na nossa cara; Quinha respondeu zangado. Um deles ameaçou nos espancar, mas Quinha não se encolheu. O bate-boca continuou enquanto éramos conduzidos para a carceragem do pavilhão dois.

Assim que entramos nele, Quinha foi reconhecido por um grupo de prisioneiros. Fazia menos de um ano que estivera preso ali. Depois de libertado, mandara muita droga para o presídio. O pessoal o respeitava muito. Era chamado de "patrão" e recebia tratamento diferenciado. Eu, por extensão, participava dos privilégios. Não fomos colocados na gaiola; apenas sentamos num banco. Quinha foi levado à enfermaria, pois seu braço doía muito. Voltou rodeado de amigos — e com o braço numa tipoia. Também fui levado à enfermaria. Minha cabeça foi raspada de novo e os pontos queimados com um líquido ardido. Além disso, examinaram minha perna. Mandaram que eu colocasse compressas de água quente no rosto, para eliminar o sangue pisado. Meu olho direito estava inchado e roxo. Deram-me injeção de antibiótico e analgésico.

Tomei banho no segundo andar, em um xadrez onde morava um amigo do Quinha. Só então me livrei dos últimos resquícios de lama. Foi um alívio indescritível; já estava me acostumando a viver coberto de barro. Ganhei cueca, calça de uniforme e uma camiseta nova. Quando voltei ao pátio, era hora da janta. Fizemos uma refeição quente deliciosa, com bife, salada de tomate e cebola. Quinha ganhou vários gramas de maconha de diferentes pessoas. Como não fumava, deu tudo pra mim.

Fomos dormir no xadrez da triagem. Se quisesse, Quinha poderia usar uma cama confortável, mas preferiu ficar comigo.

A Casa de Detenção estava inteiramente mudada. Fazia 23 anos que eu saíra dali para a Penitenciária do Estado. Agora havia quase o dobro de pavilhões, e os espaços eram muito maiores. Mesmo assim, a prisão estava superlotada, com mais de 7800 presos. E apesar das obras recentes, o local já estava degradado. Na prática, eram os presos que controlavam o presídio. Lá dentro, quem determinava tudo eram os Notáveis. Na época, a Casa de Detenção era a segunda maior prisão do mundo, ficando atrás apenas de uma penitenciária na Tailândia, que abrigava 9 mil presos.

Recebemos cobertores emprestados, que estendemos no chão para dormir. Desmaiei de cansaço. Acordei de madrugada e olhei as grades, absorto; lá estava eu, de volta ao mesmo lugar. Meu pensamento rodopiava. Relembrei o que me acontecera vinte e tantos anos antes, em 1972. Chegara menino, aos vinte anos, cheio de ilusões, me achando um grande bandido. Mas, na verdade, era um tremendo bobalhão. Como havia me custado caro aquela estupidez! E agora, depois de velho, eu voltara ao mesmo ponto. Me senti envergonhado. Eu já sofrera muito ali, e sabia que ainda sofreria bem mais. Já não tinha ilusão alguma de tornar as coisas mais fáceis. Tudo era absolutamente real. Estava ali e não tinha como fugir. Fiquei manquitolando na cela enquanto o velho e os outros dormiam. A triagem estava cheia. E o meu menino? E a minha mulher? Precisava avisá-los. Tentei me acalmar. Pelo menos, eu estava inteiro. Mas agora não tinha mais esperanças. Não olhava para o futuro. Só o presente existia.

Dentro da velha cadeia imperava a lei dos mais fortes e dos mais violentos. O que me aguardava lá dentro? Inimigos eu não tinha. Passara minha vida prisional às voltas com livros. Não tivera tempo para cultivar inimigos. Talvez alguns dos meus amigos ainda estivessem naquela prisão. Me lembrei do Henrique Moreno, que estava na Penitenciária de Araraquara; eu tentaria me comunicar com ele.

Quando o dia amanheceu, descemos para o café. As escadas me fizeram sofrer com a perna machucada. A essa altura, o pessoal dos pavilhões do fundo sabia que havíamos chegado. Alguns vieram nos ver. Encontrei o Doca, um companheiro que conheci nos tempos do Juizado de Menores. Ele morava no pavilhão oito, onde ficavam os reincidentes. Em breve eu também seria transferido para lá. Doca me convidou pra morar no seu xadrez. Disse que vivia numa cela espaçosa e bem equipada. Presos que quisessem desfrutar de tal conforto tinham de pagar uma grana alta — do contrário, ficavam amontoados nas celas mais precárias. Aceitei o convite, embora soubesse que não seria de graça.

Durante a noite havia chegado à prisão outro de meus companheiros de infância, que eu conhecera na Vila Maria: Bebeto, assaltante e traficante de enorme conceito no mundo criminal. Conversamos, trocando informações sobre amigos em comum. Eu pouco tinha a contar sobre mim. As coisas que fizera fora da prisão já não tinham muita importância. Eu fracassara. Pior que isso: arrastara seres inocentes comigo. Suportara tantos anos de sofrimento para, no fim das contas, colocar tudo a perder.

Bebeto e eu fomos levados para o pavilhão oito. Lá, teríamos de cumprir trinta dias em cela forte, como castigo por nossas fugas.

Embora também reincidente, Quinha ficou no pavilhão dois mesmo. Era o espaço dos magnatas, conhecido como "casa da banha". Ali, o controle da polícia era maior. O lugar abrigava bandidos muito perigosos, além de estelionatários e gente de dinheiro.

No pavilhão oito, Bebeto e eu fomos levados à diretoria de disciplina. Enquanto aguardávamos nossa vez, encontramos Viola, nosso conhecido da Penitenciária do Estado. Ele nos informou que o diretor de disciplina era um sujeito bastante razoável. Entramos todos juntos na sala do homem. Viola fez as apresentações: disse que Bebeto e eu éramos pessoas de respeito. Explicou nossa situação de foragidos, com castigo a cumprir. Essa mediação foi providencial. Viola e o diretor se davam bem; ele tinha até presenteado a filha do homem com uma bicicleta, no aniversário da garota. O diretor nem sequer titubeou: ordenou a seus subordinados que nos deixassem fora do castigo. Mas alertou que, durante trinta dias, não poderíamos receber visitas. Nos relatórios constaria que estávamos na cela forte.

Naquela prisão, até o diretor e os guardas estavam envolvidos na cultura da criminalidade. Eles contratavam grupos de oitenta a noventa guardas de uma só vez para trabalhar ali. Chegavam sem nenhuma experiência, completamente ignorantes sobre o nosso mundo. No começo, eram rigorosos e cheios de normas. Não entendiam nosso dialeto composto de gírias. Andavam com o corpo rígido, de olho em tudo, vigilantes, honestos até o último fio de cabelo.

Meia dúzia de meses depois, ninguém mais os reconhecia. Caminhavam gingando, falando gíria — antes era "senhor detento"; depois "ô ladrão!" — e conversando com todo mundo. Aceitavam um maço de cigarros para liberar nossa passagem nos portões. Buscavam cativar a simpatia dos presos que trabalhavam na cozinha para ter acesso aos bifes grandes. Tratavam com distinção e respeito os patrões da droga e os bandidos conceituados, e sabiam "se virar" na cidade-prisão. Aculturavam-se. Éramos quase 8 mil e eles, muito poucos. Provinham dos núcleos mais pobres e incultos da população. Adaptavam-se à nossa cultura com facilidade. A prisão era o meio de vida deles. A maioria não se comprometia muito. Os metidos a espertos ultrapassavam os limites. Começavam a trazer drogas aos montes, armas e tudo que o preso pudesse pagar. Quando eram pegos, havia uma cadeia só pra eles. Não podiam ficar conosco; temia-se pela vida deles.

Após a conversa com o diretor, fui procurar minha nova casa: o xadrez 263 E, segundo andar do pavilhão oito. O prédio, deteriorado, estava cheio de buracos, com esgoto a céu aberto. As escadas, muito gastas, mais pareciam rampas. Era preciso cuidado para subir ou descer. E pensar que 25 anos atrás aquilo parecia um espelho de brilho e limpeza... Os corredores, agora, eram escuros e decadentes. As paredes estavam cheias de gambiarras elétricas, tipo favela. A pintura, totalmente descascada, tinha várias camadas à mostra. O chão da galeria era todo esburacado. Aquilo parecia uma caverna. Lembrei do tempo em que o coronel Guedes era o diretor-geral. Ele dizia que queria aquilo brilhando como "um brinco". E agora a prisão estava entregue aos caprichos dos prisioneiros. Tudo ali cheirava a maconha. Havia, em nichos escondidos das galerias e nos xadrezes, vários tambores de duzentos litros cheios de arroz, açúcar e frutas, fermentando para destilar álcool. Produzíamos nossa própria bebida e a vendíamos uns aos outros: era um meio de vida. E aquele cheiro enjoativo do chorume se espalhava por todo canto.

Já a cela, como Doca me garantira, era das boas: um xadrez espaçoso, com as janelas dando para a rua. A minha ala era conhecida como Lado E e o meu xadrez era um dos "coletivos"; os "individuais" ficavam do lado interno da galeria — o Lado I —, com janelas voltadas para o pátio. Tanto os coletivos como os individuais eram muito disputados pelos presos: morar no segundo andar do pavilhão era um privilégio.

No meu xadrez havia uma cama de casal e um sofá-cama. Canos de uma polegada atravessavam a parte de cima das paredes, sustentando uma tábua grossa de compensado. Em cima dela havia um colchão. Por uns tempos ele seria minha cama. Do lado direito da cela, num cubículo delimitado por uma parede, ficavam o lavatório, o chuveiro quente e a privada. Passei bons momentos debaixo do chuveiro. As porretadas que levara ainda doíam muito. A água quente era como um bálsamo. A dor em minha perna começou a diminuir.

Do lado esquerdo havia um balcão coberto com azulejos brancos e azuis. Ao lado, uma plataforma quadrada de concreto, com uma resistência elétrica, servia de fogão. Uma pia espaçosa formava um U com o resto do balcão. Tudo parecia muito funcional.

Doca me deu as boas-vindas. Era meu velho amigo e tínhamos muitas coisas em comum — mas também muitas diferenças. Nos conhecemos com cerca de quinze anos de idade. Ele já era ladrão de carros e assaltante, bem conceituado no mundo do crime. Quando completamos dezoito anos, Doca estava sendo caçado por toda a polícia de São Paulo. Sua especialidade era assaltar carros de entrega de cigarros — na época, nos anos 1970, isso era uma mina de ouro. Ele foi preso na mesma década, como eu, e condenado a centenas de anos de prisão, por dezenas de assaltos à mão armada. A diferença é que, após a prisão, eu me voltara para os livros e estudos. Ele, para o crime total.

Era muito corajoso e ousado. Tentou fugir várias vezes, mas jamais conseguiu. Cumpriu muitos anos de castigo por tentativas de fuga e assassinatos. Durante décadas peregrinou por várias penitenciárias até acabar ali, na Casa de Detenção, aonde chegara havia menos de um mês. Antes disso participou de uma rebelião na Penitenciária de Tremembé. E em breve se envolveria em novos problemas. Era questão de tempo. Com tantas faltas disciplinares, ele estava ciente de que tinha poucas chances de ser libertado — como eu.

O dono daquele xadrez não era o Doca, mas o Dançarino, um sujeito com corpo de quem dança balé. Ao chegar, já fui entregando a eles o punhado de maconha que recebera do Quinha e uma nota de cem reais. Ali, o grama da maconha custava um real. O grama da "pedra" (crack), cinco reais. Doca conhecia o velho Flores. Sabia do nosso assalto e acreditava que Flores me daria assistência enquanto eu estivesse preso. Afinal de contas, eu não o dedurara. Certamente receberia alguma recompensa. Eu podia apostar que foi de olho nessa recompensa que Doca me convidou pra viver naquele xadrez.

As celas ali custavam uma nota alta. Um coletivo todo equipado, no segundo andar do pavilhão, estava avaliado ao preço de uma geladeira, dessas grandes e requintadas. Os xadrezes individuais, por serem bem menores, custavam em torno de mil a 2 mil reais à vista, dependendo das instalações. Havia outras comodidades. Ali, no segundo andar, os guardas abriam as portas às seis da manhã e as fechavam às sete e meia da noite. Nos demais andares, as portas eram abertas às oito da manhã e fechadas às quatro da tarde.

No segundo andar ninguém morava de graça. Quem tinha dinheiro pagava aos donos dos xadrezes o privilégio de morar em um daqueles barracos. Quem não tinha muita grana só podia morar de favor. Nesse caso ficava à mercê do dono do xadrez, que podia expulsar o "hóspede" no momento que quisesse.

Naquela prisão, era raro que alguém agisse por simples amizade. Aquele era o pavilhão dos reincidentes: só havia cobra criada. Ali imperava a lei da sobrevivência.

Meu tributo inicial foi bem recebido. A maconha era um bom acompanhamento à minha nota de cem reais. A maioria dos moradores do pavilhão usava drogas, embora houvesse uns poucos que diziam pertencer à chamada "geração saúde". Só o que não havia ali eram otários ou inocentes.

Eu precisava colaborar e não sabia como. Lá em casa havia dois relógios que dariam um bom dinheiro se fossem vendidos — mas o dinheiro acabaria rápido. O que eu precisava era, no tempo de duração dessa grana, arrumar trabalho, algo que rendesse pelo menos meu sustento. Precisava colaborar no xadrez, com relação à droga e à alimentação. A comida feita na cozinha do presídio era péssima — e, segundo os boatos, ficaria cada vez pior.

Segundo os rumores, o governador de São Paulo à época, Mario Covas, planejava acabar com a Casa de Detenção. No passado, muitos governadores haviam anunciado fazer isso, mas não foram adiante. Covas, no entanto, parecia determinado. Novas prisões estavam sendo construídas no interior do estado — aparentemente, para abrigar os quase 8 mil presos da Casa de Detenção.

Essas notícias haviam intensificado a decadência do lugar. Já não chegavam mais verbas para reformas, manutenção, nada. O almoxarifado estava vazio. A única coisa que entrava na prisão era a comida — de péssima qualidade. Pouquíssimos funcionários ainda trabalhavam ali. No pavilhão oito, eram apenas meia dúzia. E ninguém se preocupava em manter a moral e a disciplina. Para quê? Amanhã aquela prisão poderia deixar de existir. O preso fazia tudo. A prisão funcionava no piloto automático.

Doca e Dançarino gostavam de fumar uma mistura de maconha com crack chamada "mesclado". Pouco depois da minha chegada, foram comprar crack com o dinheiro que eu trouxera. Doca sabia lidar com o vício. Sofrera muito e conhecia a arte do desprendimento. Escolhera o caminho das pedras: já passara por muitas celas fortes. Então, para ele, tudo ali era apenas recreação, um tempo para respirar fora do castigo e da opressão total. Seu mundo era outro: obscuras cavernas, masmorras e cafuas medievais. Já Dançarino era mesmo viciado. Vivia para aquilo. Passava o dia lutando para conseguir a pedra. O vício o tornava perigoso. Logo percebi que precisaria ter cuidado com ele. Como dono do barraco, Dançarino certamente ia tentar me espremer; e se eu não lhe desse dinheiro para comprar a droga, acabaria me expulsando.

 Doca trabalhava na marcenaria, no pavilhão seis. Era o pavilhão administrativo — exceto o quarto e o quinto andares, onde ficavam os presos estrangeiros. Nigerianos, em sua maioria. Tinham uma cor preta tão pura que chegava a brilhar. Enormes, fortíssimos, alegres, brincalhões e, às vezes, inocentes como crianças. Conheciam o mundo, haviam viajado por vários continentes. Sempre me dei muito bem com eles — embora, em geral, tivessem um preconceito enorme contra os presos brasileiros. Na terra deles, segundo diziam, quase não havia ladrões. Quando pegavam alguém roubando, matavam. E ali, naquela prisão, quase todos os brasileiros eram ladrões. Já os nigerianos, em sua absoluta maioria, haviam sido presos por tráfico de drogas — para eles, uma atividade profissional, moralmente aceita. Era um meio de vida como outro qualquer. Melhor que serem mercenários, a outra opção no país deles. Os nigerianos eram os melhores soldados da África.

 Doca me convidou para conhecer a marcenaria onde trabalhava. Na saída do pavilhão oito, o guarda do portão tentou me barrar. Doca rosnou e mostrou seu cartão de trânsito, que o autorizava a ir até o local de trabalho. Fazendo cara de mau, disse que eu iria com ele de qualquer jeito. O guarda recuou imediatamente. Como a maioria dos funcionários, preferia não arranjar problemas. Por que impor as regras se a prisão estava para acabar? Se houvesse uma rebelião, os guardas seriam os reféns imediatos, e as contas atrasadas poderiam ser cobradas. Éramos quase 8 mil prisioneiros contra, no máximo, uma centena de funcionários. Claro, havia também os policiais militares armados de fuzil, sempre posicionados sobre os muros. Era apenas isso que nos segurava ali.

No portão do pavilhão seis a segurança era mais severa. Mas Doca tinha seus jeitos. Conversou, ameaçou, rosnou novamente e conseguiu que eu passasse. A marcenaria situava-se no segundo andar, mesmo piso em que ficavam o setor jurídico e o cinema, que era enorme. Estavam passando o que me pareceu ser um filme pornográfico. Me interessei e fiquei por ali mesmo. Encontrei um lugarzinho no chão para sentar e apreciar. Doca seguiu para a marcenaria. Ele teria que fazer o almoço, pois era o cozinheiro da oficina. Mas o filme acabou logo após minha chegada. As luzes se acenderam; um homem magro, alto e quase careca apanhou um microfone e começou a falar. Um companheiro ao meu lado explicou: era o dr. Drauzio Varella. O médico iniciou uma palestra sobre prevenção da aids. Gostei da conversa. Ele falava de modo direto e claro. O filme era apenas um chamariz para a palestra. Mais tarde descobri que ele vinha todas as semanas falar com os presos. O pessoal gostava muito do dr. Varella. Passei a gostar também.

Após o filme, segui para a cozinha da marcenaria. Na verdade, não conhecia o caminho. Apenas seguia em frente, meio que sem rumo. Deixei a mente vagar, evitando pensar em minha situação. Sabia que havia perdido. Se tivesse esperado mais seis anos, completaria o tempo de encarceramento exigido pelo Código Penal — e pronto, estaria livre, quite com a justiça.

Acabei chegando à marcenaria. Doca preparava a comida e ia me falando sobre como funcionava a economia naquela prisão. Dinheiro havia aos montes: o lugar era praticamente uma cidade, com multidões de presos andando por todos os lados. Alguns companheiros faturavam mais ali, com drogas e patronatos, do que na rua. Ele também me explicou melhor a geografia do presídio. Em volta do pavilhão seis havia a Radial — um conjunto de caminhos que levava aos outros pavilhões. Os mais lotados eram os pavilhões oito e nove, situados nos fundos da prisão. No nove ficavam os presos primários; quase todos muito jovens, entre dezoito e 22 anos. O oito era a central de comando da prisão. Era lá que havia mais drogas, mais telefones celulares, mais armas de fogo, e onde quase tudo era resolvido.

Doca conseguiu uma autorização de trânsito para mim. Logo percebi que, na verdade, a marcenaria não era uma marcenaria. Havia pó de madeira, máquinas barulhentas e homens fingindo que trabalhavam. Mas tudo isso era apenas fachada para outras histórias que não podem ser contadas. Histórias proibidas.

Nos dias seguintes, fui com frequência ao pavilhão seis. Na judiciária central encontrei outro amigo, o Luiz Medeiros, que trabalhava lá. Ele sabia que eu datilografava e que tinha alguns conhecimentos da área jurídica. Por isso me convidou para trabalhar no seu setor. Fiquei interessado. Apesar das circunstâncias, o ambiente de trabalho parecia agradável. Havia pessoas inteligentes ali. Se aceitasse, eu teria trânsito livre em quase todos os pavilhões e ficaria em contato direto com minha própria situação processual. Mas eu sabia que na prisão nada era de graça. Se o amigo me oferecera o emprego, eu ficava na obrigação de retribuir. Seria deselegante não fazê-lo. Tudo exigia uma gratificação. Fiquei de pensar no assunto e responder mais tarde.

No xadrez, logo encontrei o que fazer. Sabia que não teria condições de ajudar com capital; por isso, ofereci meu trabalho.

Aprendi a fazer a janta. Era bem simples naquela cozinha espaçosa. O arroz e o feijão vinham da cota de mantimentos distribuída a todos os presos na galeria. Além disso, Doca e Dançarino recebiam uma porção extra de carne, legumes e verduras. Mesmo assim, quase nunca almoçávamos. Eles estavam sempre fumando mesclado e não tinham apetite. Mas, à noite, a fome era de leão. De manhã eu já começava a preparar a janta. Bem cedo, colocava a carne na panela. À noite, desfiava. Aí eu fritava alho, cebola e outros condimentos para retemperar o arroz e o feijão. Fazia a salada e pronto. Colocava tudo em cima do balcão e os caras devoravam, famintos.

Depois, mais droga. A televisão ficava ligada o tempo todo. Às vezes eu prestava atenção nela, tentando me desligar de mim mesmo. Sabia que mais cedo ou mais tarde Dançarino exigiria algum pagamento por minha estadia no xadrez. Cozinhar não pagaria o aluguel. No aperto, quando precisasse muito de drogas, ele viria para cima de mim. Não teria coragem de pressionar Doca, que era explosivo, podia se descontrolar de repente e matar sorrindo. Eu já o vira em ação. Estava sempre em meio aos Notáveis e participava das decisões.

Eu fumava maconha o tempo todo. Vivia me entorpecendo. Escrevi para Irismar, explicando a situação. Ela veio até a portaria me trazer camisas, cuecas, lençóis, cobertor; enfim, meu enxoval de preso. Também deixara um bilhete. Dizia que me amava e que estaria comigo na alegria e na tristeza. Aquilo me deu um alento enorme. Pelo menos eu tinha uma companheira leal.

Aquela era a região dos desesperados. O preso vê o tempo como algo que o destrói. Encara a vida e o mundo como coisas indiferentes à sua própria existência. É o absurdo de estar na vida e não se sentir vivendo. Isso foi me empurrando para o refúgio das drogas. Comecei dando um peguinha no baseado de mesclado. Logo fui envolvido por uma atmosfera de euforia. Esqueci prisão, mulher, filho, mãe, tudo, e fui feliz por um momento. Mas quando o efeito passou, caí em frustração desmoralizante. Senti que eu era o último dos seres humanos. Todas as tristezas da vida desenrolaram-se ao vento como bandeiras, batendo em minha cara. Um registro sem fim de enganos, fracassos e curtos-circuitos. Jurei nunca mais colocar aquela porcaria na boca. Tossi a noite toda e cheguei a chorar de amargura.

Meus cem reais foram consumidos em três dias. Doca e Dançarino viviam numa corrida constante e desesperada atrás de drogas. Eu não entendia como, mas sempre conseguiam. Logo, lá estava eu fumando com eles novamente. Já havia esquecido o sofrimento e a frustração que me abateram após a primeira fumada. Na segunda vez, já não senti tanta alegria, mas mesmo assim foi bom o suficiente para querer mais. Cada tragada fazia o mundo sumir, e a vida se transformava apenas naquele momento. Fiquei suspenso no ar. Às vezes, a autocensura me remoía. Mas afoguei minha consciência em mais tragadas. Que tudo se danasse!

Passei a fumar sempre e a viver atrás da droga. Aceitei o trabalho no setor jurídico. Fazia pedidos de informações aos tribunais e varas processantes, requerimentos de benefícios, unificações e junções de penas. Um mundo de procedimentos que não exigiam conhecimento; era tudo padrão, mecânico. Os companheiros atendidos por mim sempre me davam algum tipo de gratificação. Quase sempre, drogas. Era mais fácil do que conseguir dinheiro.

O comércio de maconha só existia em quantidades altas. O mínimo eram 25 gramas. Claro, havia as "balinhas". Custavam um real, mas eram difíceis de vender e de qualidade duvidosa. Somente em época de seca era possível negociá-las. Hoje posso falar livremente disso porque a Casa de Detenção acabou. Não vai complicar ninguém. Jamais citaria nomes ou meios para trapaças prisionais ainda em uso. Fui criado dentro da ética prisional e não saberia como me desfazer de tais amarras.

Selvagem, a natureza ressurgia de extintos passados. Tornei-me mais um viciado. Só fumava à noite, mas passava o dia pensando em drogas. Não dormia: desmaiava. Ficava parado no ar, sem pensar. Ondulando em vapor, sem raízes, a quilômetros e quilômetros de qualquer lembrança. Era muito bom. Mas meu coração não reagia bem. Passei a sentir tremedeiras, suores e taquicardias.

Quando venceram os trinta dias do castigo, preparei-me para receber Irismar e Renato no xadrez, sozinho. Seria ótimo. Minha vida recuperaria o sentido de continuidade. Fiquei esperando próximo ao portão. Meus olhos quase saltavam da cara a cada mulher com nenê no colo que entrava ali. Finalmente vi minha baianinha com aquele embrulho azul no colo.

Ela estava cansada: ficara segurando Renato na fila da entrada durante horas. Deu-me o pacotinho. Assim que o apanhei, ele pulou para trás, como que escorregando. Escapou de meus braços, mas consegui apanhá-lo no ar. Segurei desesperadamente, quase me jogando ao solo para conseguir equilíbrio. Irismar ficou tão surpresa quanto eu. As minhas pernas amoleciam e o coração ia sair pela boca. Passei-lhe o pacotinho e encostei-me à muralha que dividia o pavilhão oito do pavilhão nove. Escorreguei até o chão e fiquei ali, suando, apavorado.

Quando senti que meu corpo estava novamente sob controle, levantei e peguei o menino. Agora com firmeza. Aos poucos, fui descontraindo. Levei-os à enfermaria, no canto esquerdo do pátio interno do pavilhão. Renato me olhava, curioso. Brinquei com ele, abriu sorriso de mil estrelas. Como era lindo! Estiquei-o sobre as pernas e fiquei curtindo, absorto. Aquele menino me encantava; era o que havia de mais bonito no mundo. Em menos de sessenta dias de vida já aprendera um monte de coisas, inclusive a nos encantar com suas graças.

Logo apareceram Doca e Dançarino. Apresentei-os à baianinha e soltei o menino nas mãos deles. Bandidos perigosíssimos, riam e brincavam com a criança nos braços, entre constrangidos e felizes. Avisaram que tudo no xadrez estava arrumado; eu já poderia subir com as visitas. Peguei o menino com um braço e abracei a mulher com o outro; assim, seguimos para o segundo andar. Entramos, tranquei a porta por dentro. Tínhamos um trinco interior, que usávamos durante a noite. Aquela prisão era muito perigosa; meus companheiros de xadrez tinham inimigos e temiam uma invasão noturna. Havia cinco facas escondidas no bloco de cimento que fazia a base da cama. E não eram faquinhas ou estiletes. Eram enormes facões, pedaços de ferro chato de quase um metro por cinco ou seis centímetros de largura, trabalhados no esmeril e depois na lima, com corte dos dois lados e com pontas aguçadas. Faziam parte do equipamento do xadrez, como o fogão, as panelas, as camas e tudo o mais.

Mas nada disso estava em minha mente durante a visita. Meu filho me dominava por completo. Ficamos brincando até que ele indicou, aos berros, que estava na hora de mamar. Saciou sua fome e dormiu. Irismar e eu tivemos um momento a sós, mas Renato logo nos interrompeu. Estava bravo, berrando, cagado. Fiquei assistindo enquanto Irismar o limpava. Quanto amor naqueles dois! Um dia eu lhe diria quanto sua mãe o amava, pensei.

Irismar trouxera um dos meus relógios roubados. Após o fim da visita, mostrei o objeto aos meus companheiros de xadrez. Os olhos do Dançarino cresceram: já estava calculando seu preço em drogas. Hesitei por um momento, mas o desejo de me refugiar em um mesclado foi mais forte. Eu precisava preencher, de alguma maneira, a cratera sem fundo que se abrira depois que Irismar e Renato foram embora. Não queria me entregar ao vício mas não conseguia suportar o desespero. Meus nervos chegavam a me sacudir. Não resisti. Passei o relógio para o companheiro de cela, que logo saiu para negociá-lo.

Fui dar uma volta pela prisão e percebi que o clima estava carregado. Desde que eu chegara, algumas mortes já haviam acontecido no pavilhão, mas nada que me atingisse diretamente. A escadaria vivia coberta por poças de sangue que eu tinha que pular, por cadáveres com perfurações ou degolados. Naquele dia, logo percebi que algo estava prestes a acontecer. Alguém morreria em breve. Os companheiros transitavam na galeria em grupos. Os rostos não tinham cor. Muitos andavam armados. As facas eram tão grandes que faziam um enorme volume dentro das calças. Dava para sentir a vibração pesada no ar.

Eu não sabia ao certo o que estava acontecendo; o que sabia era que ali nada se fazia sem consentimento. Nos debates, os motivos eram expostos. Quem tivesse "manchas" no passado não podia debater. No crime, dizia-se, não havia perdão. Eram eles, os Notáveis, que promoviam as decisões extremas, como as sentenças de morte. E suas decisões eram executadas instantaneamente. Quando retornei ao xadrez, Dançarino também já estava de volta. Havia negociado o relógio por um ótimo preço. Estávamos abastecidos por algum tempo. Conversávamos, satisfeitos, quando ouvimos os gritos. Saímos a tempo de ver um sujeito chamado Ringo disparando pelo corredor e se jogando dentro de uma cela ao lado da nossa. Uma multidão o seguia de facas nas mãos, mas não se atreveu a invadir o xadrez.

Segundo as regras internas da prisão, os xadrezes deviam ser respeitados a todo custo. Era preciso pedir licença para entrar armado na cela de outros presos e entregar a arma aos residentes. Ela ficaria guardada enquanto seu dono permanecesse ali. Pelo código não escrito, a pessoa que entrava também devia ser respeitada. Ao sair, levaria sua arma. Educação prisional. Por isso, os perseguidores — cerca de vinte caras armados — ficaram do lado de fora, ameaçando. Imaginei o desespero do sujeito lá dentro, vendo o pessoal brandir as facas que o matariam.

 O próprio Ringo havia quebrado o código da prisão: entrara correndo num xadrez que não era o seu, sem pedir licença, e trazendo confusão. Ele logo pagou pelo desrespeito. Os residentes da cela permitiram que dois perseguidores entrassem, desarmados, para pegar o fugitivo. O infeliz foi arrastado à força para fora. E já foi tomando facadas até na sola do pé. Quando caiu, lavado de sangue, um rapaz se ajoelhou ao seu lado, enquanto os outros abriam espaço. Com duas facas, foi furando, furando interminavelmente. Aqueles pedaços de ferro improvisados em facas atravessavam o cadáver e batiam no chão, retinindo de modo sinistro. Quando o jovem esfaqueador cansou, a vítima já tinha o peito estraçalhado. O executor se levantou, apanhou as duas facas ensanguentadas com uma das mãos e, com a outra, saiu arrastando o que restava do Ringo pelos cabelos. Quando passou por nós, seus olhos brilhavam como bolinhas de vidro verdes. Parecia em transe. Mais tarde descobrimos que o rapaz havia esperado quinze anos para conseguir aquela vingança.

 Ringo era um famoso estuprador de cadeia. Orgulhava-se de comer todos os loirinhos de olhos azuis ou verdes que lhe passassem pela frente. Há quinze anos ele havia estuprado aquele rapaz numa cela de delegacia. E agora pagara o preço.

 No tempo das minhas primeiras prisões, o estupro era normal. Muitos de nós, ao chegar, ainda jovens, fomos estuprados. Jogavam uma manta na cabeça da vítima, que era então abusada sem sequer saber quem fora seu algoz. Os estupradores contavam, cheios de glória, seus feitos nas prisões.

 Agora, o que antes era fonte de orgulho atraía apenas escândalo e punição. Todo abuso contra companheiros de presídio era cobrado com extrema violência. Tratava-se de uma profunda transformação social. Nos pavilhões de convívio normal, não era mais permitido o homossexualismo. Os homossexuais passivos estavam segregados no lado I do quarto andar do pavilhão cinco. Esse era um pavilhão de convívio especial. A humanização dos presídios, a entrada das mulheres nas prisões, as visitas íntimas, um índice maior de escolaridade do preso e outras complexas sutilezas foram os responsáveis pelas mudanças.

Após presenciar a execução, caí no mesclado com meus companheiros. Fumamos por quase toda a noite. O ambiente ficou sinistro. Apagamos as luzes. Somente a televisão iluminava a cela. Parecíamos zumbis, sem fala, consumidos pela droga. Acordamos tarde. Na boca, um gosto de cinza, e a mente vaga e entorpecida. Eu tinha plena consciência de que estava me destruindo. O corpo se tornara lento e a mente, desmotivada. Preso à prisão. Preso a mim mesmo, a um círculo de fogo que se estreitava dia a dia.

Saí para trabalhar lutando para me livrar dos pensamentos que ameaçavam me deixar louco. Sentei à máquina de escrever. Um monte de tarefas me aguardava. Esse sempre fora meu trunfo: minha capacidade de trabalho. Meti o pau. Aos poucos fui saindo da sonolência. Foi ótimo. As petições fluíam, intermináveis. Passei três dias nesse desespero. Depois, a droga diminuiu, mas a vontade de ficar suspenso no ar permaneceu.

Irismar vinha aos domingos. Renato crescia e ficava cada vez mais gracioso. Penetrava em meu coração como uma faca. Quanto mais o amava, mais crescia meu arrependimento por tudo. Irismar, com sua fidelidade canina, me deixava cada dia mais apaixonado. Mas eu também sofria por não ser o marido que ela merecia. Todos que me faziam bem, paradoxalmente, também me feriam.

Na cela 261 E, ao lado da nossa, moravam os companheiros que trabalhavam no setor da caixa-d'água. Numa tarde, ninjas encapuzados invadiram aquele xadrez armados de facões enormes. Distribuíram pranchadas de faca nos residentes com vontade. Tocaram todos para fora do pavilhão.

Depois descobrimos o que havia acontecido. Um grupo de presos estava furando um túnel no banheiro colado à enorme caixa-d'água, já desativada. O local ficava encostado à muralha, em frente ao campo de futebol do pavilhão. Naquele setor, trabalhavam os responsáveis pelo recolhimento de lixo. Ali funcionavam também o setor de pintura e parte do setor de manutenção do pavilhão oito. O local era cercado por um alambrado, e só podia entrar quem trabalhasse ali. A proximidade da muralha conferia à área uma importância estratégica em tentativas de fuga.

O túnel caminhara bem. Por mais de um mês os escavadores trabalharam no mais completo sigilo e já haviam passado por baixo da muralha. Mais um pouco e sairiam na tubulação de águas pluviais da avenida Ataliba Leonel. Mas ocorrera uma denúncia. Um túnel tão longo, de cerca de 50 metros, certamente havia custado muito dinheiro e muitos sacrifícios. Os presos que trabalhavam na caixa-d'água eram os primeiros suspeitos da denúncia. Exatamente por isso estavam apanhando e sendo expulsos do pavilhão oito. O único que ficou no xadrez foi o Boca Rica, um malandro velho e insuspeito.

Assim os dias foram passando. O meu relacionamento com os companheiros de cela piorava. Doca vivia em uma paranoia constante. A droga estava mexendo com a mente dele. Acordava às quatro da manhã e começava a lavar o xadrez com uma esponja e sabonete. Implicava com tudo e vivia de faca na mão. A necessidade de ser, possuir e estar por cima de todos era enorme. Ele queria fazer valer sua malandragem em meio a tantos "otários".

A situação no resto da prisão também se deteriorava. As mortes sucediam-se diariamente. A cadeia pegava fogo. Os "noias", ou viciados, vinham sendo mortos como moscas. Compravam droga e não tinham como pagar. Primeiro passavam por profunda humilhação. Apanhavam na cara, tomando surras constantes. Não tinham moral nem para se defender. Depois, eram mortos e jogados na galeria como lixo. Havia aqueles que, por pagamento em drogas ou outros motivos, assumiam os crimes no lugar dos verdadeiros criminosos. Eram chamados de lagartos. Um traficante respeitável sempre tinha lagartos à disposição para o caso de precisar matar alguém na prisão.

Assisti a lagartos-noias brigando entre si a socos e pontapés na galeria. O objetivo era disputar quem se apresentaria como autor do crime que estava sendo executado no xadrez ao lado. Qualquer cinquenta gramas de crack compravam um lagarto. Dada a abundância de lagartos, os crimes aconteciam a todo instante. Não era necessário responder por eles. Também eu, assustado em consequência do uso da droga, comecei a andar armado. Dançarino não gostava nada daquilo. Fora batedor de carteiras e microtraficante do centro da cidade. Não estava para bandidagens. Começou a se aborrecer conosco. E nós com ele.

O pavilhão oito era a boca da prisão. Em cada andar havia de duas a três bocas de droga funcionando a todo vapor. Era o crime organizado finalmente chegando, com décadas de atraso, para dominar todos os espaços e impor sua ordem. Nos Estados Unidos, o crime organizado começou na década de 1920. No Brasil, só chegaria setenta anos depois. As cadeias haviam sido abandonadas e sucateadas pela ditadura militar. Depois da propalada abertura política, o país foi democratizado, mas as prisões continuaram controladas por aqueles que as dominavam com mão de ferro na época dos militares. O preso estava abandonado à sua própria sorte. A sociedade, por meio de leis cada vez mais severas, nos segregava em prisões superlotadas, e assim pensava se proteger. Ledo engano.

Não havia a menor preocupação em nos trazer a cultura da sociedade. Estávamos condenados à cultura criminal imperante nas prisões. Recolhidos diretamente da prática criminal e misturados sem o menor critério, não tínhamos chances. E precisávamos nos defender. Caso contrário, continuaríamos sob a lei do cano de ferro e da cela forte. A cultura criminal era a consequência natural disso. Não éramos tão estúpidos como se pensava. Fundaríamos organizações criminosas e nos engajaríamos no combate a tudo que nos oprimia. A sociedade jogava bombas para o alto e esperava que elas saíssem voando como pombas. Provavelmente para explodir em lugar bem distante.

Um dia, no trabalho, vieram me dizer que Doca me chamava no xadrez. Esperei pelo pior. Aquele maluco devia estar arrumando problemas. Mas não era nada disso. Doca tinha, sim, uma proposta de trabalho. Todos os presos que antes trabalhavam no setor da caixa-d'água estavam agora no pavilhão cinco, em seguro de vida. O quinto andar desse pavilhão era destinado aos presos que pediam seguro de vida às diretorias das áreas onde moravam. Ficavam lá trancados e só saiam sob escolta.

Faltava gente para fazer o recolhimento de lixo. Um novo funcionário assumira a chefia daquele setor e fora procurar o seu Bebê, dono da marcenaria. Pediu que ele indicasse um preso com voz e coragem para tocar o setor. Doca fora escolhido e acabara de assumir como encarregado da caixa-d'água. Por isso havia me chamado: precisava de mim para organizar a bagunça em que estavam os papéis do setor. Ele não sabia nada sobre a burocracia prisional. Eu, por outro lado, trabalhara por décadas como escriturário na Penitenciária do Estado.

Aceitei quando Doca me falou sobre os outros companheiros que escolhera para trabalhar conosco. Eu conhecia todos; eram gente boa. O escritório do setor ficaria em minhas mãos. Havia ali alguns funcionários da prisão, mas só faziam cena e assinavam papéis, mais nada. O comando real seria nosso. Ganharíamos algum dinheiro mensalmente da empresa que coletava o lixo. E havia muitos outros meios de ganhar dinheiro trabalhando ali. Era só procurar.

Algo me dizia que aquela canoa estava furada, mas embarquei nela mesmo assim. Pedi liberação do setor de judiciária. O Luiz Medeiros pediu que eu não fosse; poderia me arrepender. O diretor do setor também me pediu para ficar. Eu faria falta, ele disse. Mas não havia saída. O convite do Doca não podia ser recusado. Era coisa de xadrez. O sujeito me abrigou quando cheguei; agora eu devolvia a gentileza. Mas já pensava em me mudar para o xadrez ao lado. A cela 261 E estava habitada por pessoas sem expressão e pertencia aos que trabalhavam na caixa-d'água; talvez eu pudesse me instalar ali e dominar. Sabia que, para parar com a droga, teria de cair fora do ambiente onde morava.

Assumi meu novo posto. O chefe era um sujeito legal. Respondia a inquérito administrativo; estava envolvido na política carcerária. Era muito maleável e com uma mente criminalizada. Topava todas as oportunidades de dinheiro que surgissem. Os demais funcionários já eram menos maleáveis. Mas todos aceitavam nosso domínio e sabiam que haveria contravenções. Todos lucrariam com isso. Aquela prisão ia acabar. E todos, naturalmente, pensavam em aproveitar ao máximo o que restava.

Os noias atacavam o lugar com frequência. À menor distração dos funcionários, eles invadiam o setor em busca de saque. Com o resultado dos roubos, compravam mais drogas. Agora, cabia a nós guardar o local. A vigilância devia ser cerrada e armada. Se conseguíssemos defender o território, tudo que havia ali seria nosso.

Doca levou outro cara para trabalhar conosco, Chevrolet, que também se mudou para o nosso xadrez. Ficamos amigos instantaneamente. Até então, ele havia trabalhado como "correria", uma espécie de vendedor de tudo. Na galeria, negociava roupas, armas, drogas e tudo que gerasse lucro. Não usava nenhum tipo de droga: era louquinho por natureza. O negócio dele era comer bem e ser generoso para conquistar pessoas. Muito carente, precisava de amigos. E afetos custavam caro. O meu, Chevrolet recebeu de graça. Numa tarde de visitas, ele se tomou de amores pelo Renato. Percorreu a cadeia com o menino no cangote, e o garoto era todo sorrisos para ele.

O trabalho na caixa-d'água começou. Doca nos pressionava muito. Estava ficando cada dia mais perturbado. Via inimigos por todos os lados. Eu o compreendia. Ele estava há anos na prisão, sem ver a rua. E isso era algo que afetava a cabeça: o sujeito fica cheio de vontade de viver e não pode.

Nessa época, nossa droga secou. Dançarino não estava conseguindo mais se abastecer. Parei de usar mesclado de repente, sem mais nem menos. Não corri mais atrás e só fumava um baseadinho na hora de dormir.

Certo dia, Doca e Dançarino me disseram que um traficante conhecido havia chegado à prisão, e eles queriam alojá-lo. Era hora de eu ir embora. Eu não interessava mais. Não levava mais droga para o xadrez. Então, me mudei para a cela da caixa-d'água.

Dias depois, Doca também se tornou o encarregado da cozinha geral da prisão. Há muito tempo ele desejava essa posição. Ali rolava muito dinheiro. Ele teria nas mãos muito material de valor, como as enormes facas de cortar carne. Doca pediu para que eu assumisse seu lugar como encarregado no setor da caixa-d'água, onde ficaria apenas como supervisor. Mas eu não quis. Já estava farto de trabalhar com ele. Chevrolet, querendo ser simpático, assumiu o posto de encarregado.

Enquanto isso, eu imaginava um meio de vazar daquela cadeia. Havia muita gente procurando caminhos de fuga. Túneis, escadas para subir na muralha e armas para tomar a portaria.

Como eu trabalhava num setor estratégico, muitos presos vinham me pedir informações ao bolar seus planos de fuga. Perguntavam sobre os horários dos funcionários, da entrada e da saída do caminhão de lixo, pediam cópias de chaves. Eu não podia me negar a prestar informações. Era meu dever colaborar com fugas. Talvez até surgisse uma oportunidade para que eu também escapasse. Os companheiros, astros de diabólica astúcia, me surpreendiam sempre. Havia várias quadrilhas com planos e mais planos. Engenhosas, colocavam armas, celulares e drogas dentro da prisão. Eu temia ser enrolado em suas manipulações. Queria ir embora também, claro, mas não estava disposto a arriscar tudo. Tinha um filho para criar. Estaria a postos caso surgisse alguma chance.

Na caixa-d'água, Chevrolet acabou se desentendendo com um funcionário da prisão e o agrediu. Foi parar na cela forte. Era neurótico com os guardas. No lugar dele, Doca colocou Paulão, um rapaz enorme, com a pele negra coberta de tatuagens, que também passou a viver no nosso xadrez. Mesmo após a confusão com Chevrolet, continuamos lucrando na caixa-d'água. Como o lugar estava cheio de torneiras, cimento, canos, ladrilhos, tinta, material de construção e reforma, os companheiros nos procuravam para comprar. Aquilo era uma loja.

Os funcionários da cadeia traziam todas aquelas mercadorias, cobrando o dobro do que pagavam. Havia uma disputa entre os funcionários pela chefia daquela mina de ouro. Pernilongo era o apelido de um dos que concorriam para o cargo de chefe do setor. Sujeito covarde, traiçoeiro, sem palavra. Odiava presos. Um dia, Pernilongo deu um golpe. Denunciou o chefe e roubou o posto. Sua primeira atitude, ao assumir, foi mandar Paulão embora. O companheiro falava grosso e metia medo em todos. Eu estava de aviso prévio. Aquela prisão era demasiadamente perigosa para fazer desfeito a alguém, mesmo que fosse um funcionário tirando vantagem com presos. Pernilongo disse que poderíamos ficar no xadrez. A mim falou que não me preocupasse. Que mesmo quando saísse do setor poderia continuar morando lá.

Fui me encontrar com o Paulão às escondidas. Ele estava atacado na neurose. Eu também. Combinamos: para nós, ele continuaria como encarregado, tipo governo paralelo. Decidimos que o xadrez agora era nosso e não mais da caixa-d'água. Não daríamos satisfação a ninguém. Havia mais dois sujeitos morando lá — Luciano, um rapaz de uns vinte e poucos anos, e o Boca Rica, o velho encanador. Demos um prazo para encontrarem outro xadrez. Paulão e eu agora éramos os donos do lugar e acabamos por deixar o Boca Rica ficar.

Recebi a visita da minha mulher e do Renato naquele domingo. Levei-os para o meu xadrez. Luciano, que trabalhava na caixa-d'água como coletor de lixo, ficou olhando demais para a Irismar. Encarando mesmo. O sangue me subiu à cabeça. O cara estava me desrespeitando! Coloquei-o para fora e disse que mais tarde conversaríamos. O sujeito saiu bravo, querendo discutir. Enquanto isso, Boca Rica se espreguiçava na cama. Demorou para cair fora. Aquilo me aborreceu também. Estavam abusando. Eu era concessivo demais, facilitava muito e não os oprimia. Certa vez, quando Doca quis bater neles, eu até os defendi. E agora eles me recompensavam com desrespeito. Não tinham classe nem elegância.

Mesmo assim consegui abstrair. A baianinha nem percebeu nada. Era inocente e ingênua demais. Melhor mesmo que ela não percebesse o que estava prestes a acontecer. Aquela era uma região desesperada, onde tudo terminava em trágicas loucuras. Eu sabia que quando a visita acabasse a vela tombaria e a caravela adernaria. Duas coisas que todo preso exige: respeito a seus visitantes e jamais apanhar na cara. Quando um desses princípios é desrespeitado, o resultado é a desgraça. No fim da visita, eu já nem conseguia conversar. Levei Irismar lá embaixo e me despedi sem palavras.

Ao subir, procurei Paulão. Minha voz cortava como lâmina gelada. Expliquei tudo. Estava indignado e cheio de raiva. Isso me enchia de coragem para qualquer coisa. Fomos ao xadrez do Doca. Expus o que ocorrera. Ele me apoiou. Já queria entrar na cela metendo a faca em todo mundo. Precisei contê-lo. Não sabia no que aquilo podia redundar. Não tínhamos um lagarto. Jamais pensara que teria de matar de novo na cadeia. Julgava-me inteligente e capaz. Acreditava que me desviaria de todas as situações extremas, como fizera nos vinte e tantos anos anteriores. Mas agora não havia alternativa. Pegamos duas facas e fomos para o xadrez. Doca ficou do lado de fora, armado, segurando a porta. Ninguém entra. Ninguém sai.

Minha vontade agora teria de ser poderosa, imperativa, precisa como um bisturi. Eu dançava em minha própria corda bamba. Estava começando a me arrepender da decisão, mas era tarde. Boca Rica estava deitado na cama e Luciano, sentado. Havia um rapaz ao seu lado, um tal Edmilson, amigo dele. Certamente, ele chamara aquele amigo como reforço. Mas ambos pareciam nervosos, com olhos arregalados. Sentei em minha cama e, a custo, encarei-os. Paulão ficou do meu lado.

Por que ele tinha encarado minha mulher, o que queria com ela? E a raiva subiu de novo, engolfando. Levantei. Ele também se levantou e, desesperadamente, acusou Boca Rica. Afirmou que o velho havia se masturbado enquanto eu conversava com a Irismar. Luciano recorria a uma tática defensiva. Um crime maior inocentava um crime menor. Era a lógica dele. Preferia enfrentar o velho que a mim. Fizera sua jogada. Inesperadamente, o velho se levantou e lhe deu um soco. Quando ele caiu, Boca apanhou um pedaço de pau de sua cama e lhe sentou a madeira. Edmilson tentou pegar o velho por trás. Dei-lhe uma pranchada de faca e fui para cima dos dois, ensandecido. Perdi o controle. Enfiei a faca para pegar onde e em quem pegasse. Ouvi um grito, puxei e já fui encaminhando outras facadas. Paulão me empurrou. Gritou comigo. Quer matar os caras? E sua mulher e seu filho?

 Luciano pulou sobre o balcão e tentou sair correndo. Doca entrou de supetão e já foi lhe dando de prancha — a parte lateral dos facões. Boca Rica e Edmilson tomaram várias pranchadas e pontapés. Fui para cima do Luciano. Paulão me segurou novamente e Doca o deixou escapar. Os três correram pela galeria e escadas abaixo, em direção à carceragem. Sentei-me na cama. Todo meu ser pulsava, a adrenalina me fazia quase pular. Paulão me chamou de louco. Quase matara os caras. Doca pegou as facas. Provavelmente a polícia viria à cela saber o que ocorrera. Luciano estava ferido. Eu dançava em gelo fino, que loucura!

 Em volta de mim tudo girava sem parar. Quem era eu, afinal? Não sabia dessa fúria, dessa insanidade. Julgava-me lúcido, esperto e consciente. Não conseguira lidar com aquilo. Teria furado todos se não tivesse sido contido. Não queria matar. Queria ferir, machucar. Vingar a afronta. Pouco importava quem estava certo ou errado. Queria estraçalhá-los. Agora perdia a confiança em mim. Não era possível. Eu marchava às avessas, sem propósito. Ô meu Deus... Lembrei, enfim. Coloquei as mãos no rosto e danei a chorar feito criança. Os companheiros não entenderam nada. Chorei toda a minha vida de sofrimentos lavados em vinagre e sal. Controlei-me a custo. Estava dando vexame. Precisava contabilizar, pelo menos. Eles precisavam saber que eu soltaria o bicho novamente caso mexessem comigo.

 Havia sangue na minha roupa e um corte na minha mão direita. Entrei no chuveiro com roupa e tudo, enquanto Paulão juntava as coisas dos caras para levar à carceragem. O pessoal da faxina veio saber o que havia acontecido. Quando saí do chuveiro, envolto na toalha, Paulão explicava o caso. Os faxineiros ficaram revoltados: disseram que devíamos ter matado aqueles três safados. "Fita" (ocorrência) de visita não tinha acerto, era sentar o pau mesmo, sem massagem. Podíamos ter pedido a ajuda deles: o pessoal da faxina teria dado cabo do Boca Rica, do Luciano e do Edmilson. Prenderiam os três num xadrez, deixando-os amarrados embaixo das camas. Passariam uns três ou quatro dias espancando os caras até matá-los. Então encontrariam um lagarto para assumir o crime. Agora, Boca Rica, Luciano e Edmilson estavam lá embaixo, refugiados na carceragem. Esperavam escolta a fim de seguir para outros pavilhões. O pessoal da faxina resolveu ir atrás deles. Se desse, eles os sequestrariam da carceragem mesmo.

Por sorte, quando a rapaziada chegou, eles estavam sendo retirados do pavilhão às pressas. Ao ouvir a notícia, respirei aliviado. O carcereiro e quatro funcionários subiram às galerias para conversar conosco. Perguntaram quem espancara os três habitantes do xadrez. Dissemos que não sabíamos, e que a surra havia acontecido na galeria. Decerto estavam devendo para alguém. Nossa mentira era verossímil. Muita coisa acontecia nas galerias. Os guardas tinham medo de ir sozinhos até lá. Vinham sempre em grupos e apenas na hora da contagem, para abrir ou trancar os xadrezes. Caso fossem cumprir suas funções de vigilância, correriam sérios riscos. Várias vezes tiveram de sair correndo pelas galerias e escadarias abaixo. Companheiros encapuzados e armados com longas facas vinham atrás, sentando a prancha dos facões nas costas deles.

Os funcionários nos olharam e fizeram mais perguntas. Ao saírem, sabiam que fôramos nós os agressores. Mas nós os tratamos com respeito e isso era o que importava. Haviam colhido as informações necessárias para lançar no relatório. Mesmo assim, o carcereiro deixou claro que ficaria de olho em nós. Levaram para baixo os pertences dos três enxotados. Mais tarde soubemos que os agredidos não nos denunciaram. Sim, eles tiveram essa elegância. Ficamos somente Paulão e eu no xadrez.

Aquilo redundaria em algo ruim no futuro. Nada do que se atira para cima deixa de cair. A força da gravidade é inevitável. Deitei e desmaiei de cansaço. No dia seguinte fui trabalhar. Boca Rica, Luciano e Edmilson, que também trabalhavam naquele setor, não apareceram. Pernilongo ficou sabendo do que acontecera. Foi fácil para ele encontrar outros presos para trabalhar no lugar dos que sumiram. Bastou oferecer o dinheiro fornecido pela Vega Sopave, a empresa que recolhia o lixo. Pernilongo logo arrumou novos voluntários: quatro noias vindos da área da triagem, um território livre situado no local das antigas celas fortes, condenadas pelo pessoal dos direitos humanos e parcialmente destruídas pelos presos para que não fossem mais usadas. Dois portões com chapas de ferro fechavam os dois corredores. Cerca de uma centena de companheiros agora habitava o local. Quase todos viciados. Viviam para seus cachimbos de crack, estupidificados, num mundo só deles. Ninguém os queria. Eram capazes de qualquer coisa para conseguir drogas. Roubavam, assassinavam e responsabilizavam-se por homicídios alheios. Praticavam qualquer tipo de degradação humana para conseguir a droga. Como ter uma pessoa assim perigosa morando com a gente? Era um risco desnecessário.

De acordo com o antigo costume, os trabalhadores do setor tinham o direito de habitar o xadrez da caixa-d'água. Mas Paulão e eu não queríamos viver junto com aqueles noias. Resolvemos colocar outros presos morando conosco — assim, podíamos dizer a Pernilongo que o xadrez estava lotado, que não havia vagas. Naquela mesma época, Doca nos disse que o terceiro habitante de seu xadrez — o traficante que ficara em meu lugar — procurava outro abrigo. Ele e Dançarino não o queriam mais por perto: apesar de traficante, não vinha conseguindo muita droga.

Aceitamos o sujeito no nosso xadrez. Mas ainda faltava um habitante para completar a lotação mínima, que era de quatro presos. Pensei, pensei e acabei indo buscar Boca Rica lá no pavilhão cinco. Ele não tinha culpa da confusão que o Luciano arrumou e minha consciência me acusava.

Antes de trazer Boca Rica, tivemos de conversar com os caras da faxina. Ele era encanador, portanto útil para os esquemas de fugas e destilarias. O pessoal ficaria de olho nele, e qualquer escorregão seria o fim. Quando os novos trabalhadores da caixa-d'água chegaram com suas mudanças, fizemos entrar, fechamos a porta e explicamos que aquele não era mais o xadrez do setor. Agora era nosso, e estava habitado. Não havia vagas. Entenderam, sem causar problemas, e voltaram ao lugar de origem. Fiquei me sentindo meio mal por mandar os caras embora, mas fazer o quê? Não tínhamos 2 mil reais para comprar um xadrez daquele para nós. No dia seguinte, os noias certamente nos denunciariam para o Pernilongo, que procuraria o diretor do pavilhão e pediria para que nos expulsasse do xadrez.

Resolvemos nos adiantar. No dia seguinte, assim que os guardas abriram os cadeados, fomos procurar o diretor, que nos recebeu em sua sala. Explicamos que Pernilongo havia nos dado o xadrez para morar. Na época, ele afirmara que não nos tiraria de lá, mas agora queria colocar os noias morando conosco e isso não aceitávamos. O diretor entendeu a situação. Quatro presos era um número suficiente para um xadrez do segundo andar. Colocamos a cela sob a proteção do diretor, que não se dava bem com os guardas que agora dominavam a caixa-d'água. Antes, ele sempre recebia parte dos lucros gerados no setor. Mas, conhecendo Pernilongo, deduzimos que ele não vinha pagando o que devia ao diretor. Exploramos essa brecha. Deu certo. O homem nos tranquilizou. Não permitiria que nos tomassem o xadrez. Já era nosso, afirmou.

Fui trabalhar. Quando cheguei à caixa-d'água, a bomba já havia estourado. Pernilongo estava furioso. Sua primeira providência foi me expulsar do trabalho. Eu já previa isso. De caso pensado, não levara o cartão de trânsito. Quando Pernilongo o pediu, prometi entregar depois. Na maior cara de pau, apanhei minha faca na gaveta da mesa. Eles sabiam que eu trabalhava armado. Mas não imaginavam que pudesse desrespeitá-los tanto. Coloquei a faca na cintura e sai sem lhes dizer nada.

Voltei para a cela. Nossa cota de carne, legumes e verduras já estava lá. A caixa-d'água tinha uma cota diária de alimentos. O preso-cozinheiro ia buscar todos os dias e já deixava nossa parte no xadrez. Doravante, teríamos de ir buscá-la na cozinha. Doca estava no comando por lá e era nosso aliado.

Agora tínhamos um xadrez só nosso. Era meu e do Paulão. Boca Rica e o traficante — chamado Tião — estavam de favor. Preenchiam vaga. Nem Doca podia se meter conosco agora, porque havíamos tomado o lugar dos guardas. Aquilo era um feito. Ninguém ali tomara xadrez da polícia: todos haviam comprado, pagando caro.

Como previsto, Doca enfiou os pés pelas mãos no trabalho. Não aguentava muito tempo sem aprontar alguma coisa. Aquela agitação toda acabava com os nervos dele. Após uma discussão, saiu correndo atrás de companheiros que trabalhavam na cozinha brandindo o machado de desossar carne. Foi denunciado e remetido à Penitenciária do Estado. Dançarino ficou sozinho na cela.

Nessa época, uma grande transformação acontecia na cozinha. Além de ser fonte constante de corrupção, o local já não proporcionava alimentação a todos os detentos. Os mais humildes, principalmente os que moravam na triagem, comiam o pão que o diabo amassou. Não era possível produzir comida bem-feita para quase 8 mil presos naquelas condições. A cozinha estava ultrapassada, imunda e condenada pela saúde pública. Somente quem fosse esperto comia carne. Quem tinha dinheiro comia nos refeitórios dos funcionários e da diretoria, que seguiam padrões de restaurante. Havia lanchonetes com sanduíches e refrigerantes de todos os tipos. Sorveterias, docerias, padarias e verdadeiros minimercados. Mas quem não tinha acesso a essas partes da prisão acabava passando fome. Ficávamos dependendo da comida trazida aos domingos pelas visitas. Durante a semana, nossos familiares também podiam deixar mantimentos na portaria. A Denadai, empresa fornecedora de alimentos em marmitex individuais, foi contratada. Uma marmita de folha de alumínio com arroz e feijão secos para não derramar pelo caminho e fatias de qualquer coisa por cima começou a ser distribuída para todos os presos. A princípio, a Denadai fazia um bom serviço. Mas depois foi relaxando, a comida ficou sem tempero e tão seca que ninguém mais comia. No xadrez, nossa situação estava ficando difícil. Já não recebíamos a cota de alimentos da caixa-d'água. E, sem o Doca na cozinha, não podíamos ir lá buscar comida. Estávamos reduzidos ao "bandeco" da Denadai. Eu não podia pedir nada para minha mãe. Ela mandava temperos, o que já ajudava bastante. Retemperávamos a comida do marmitex. Paulão traficava e sempre comprava algumas coisas para mistura. Boca Rica só corria atrás de crack. Vivia endividado, na ponta da espada dos traficantes. Nós o avisamos: não interferiríamos. Mas sempre ajudávamos. Tínhamos dó do velho.

20.

Certo dia, fui chamado a uma área conhecida como Divineia. Era um local que ficava junto à portaria onde aconteciam atendimentos legais. Quem me convocara fora o dr. Madeira, coordenador da doutrina espírita na Penitenciária do Estado. Como advogado, podia me requisitar. Fazia anos que não nos víamos. Não me censurou por minha recaptura. Ao descobrir que eu estava na Casa de Detenção, resolvera ir falar comigo. Apareceu para matar a saudade e para pedir um favor: queria que eu o ajudasse a montar uma reunião espírita na prisão. Claro, eu o ajudaria com muito prazer. Gostava muito daquele velhinho e seria legal fazer algo por ele.

Aliás, há tempos eu vinha conversando com o Paulão sobre a filosofia espírita. A mãe dele seguia essa doutrina. Sempre que havia mortes na prisão, ele acendia uma vela e fazia uma oração para que o infeliz descansasse em paz. Era sincero. Eu achava interessante aquela delicadeza em um sujeito valentão, sempre disposto a combater fogo com fogo. Convidei-o para participar da reunião do dr. Madeira. Paulão aceitou, e logo convidamos outros companheiros. O dr. Madeira passou a nos visitar toda sexta-feira. A reunião acontecia na capela católica. Suas palestras eram sempre muito amigas e agradáveis. Era mais nosso amigo que qualquer outra coisa. Demonstrava um afeto imenso, que fazia um bem enorme a todos nós. Também trazia informações sobre nossos amigos em outras penitenciárias e ajudava companheiros com necessidades familiares e jurídicas. Foi numa dessas reuniões que conheci Beto, um jovem que viera para o pavilhão oito recentemente. Era réu primário. Estava no pavilhão nove no massacre de 1992. Foi baleado duas vezes e quase morreu. Como eu, procurava algum trabalho manual ao qual pudesse se dedicar. Houve uma simpatia imediata: era como se nos conhecêssemos havia anos. Passei a frequentar seu xadrez e nossa amizade cresceu naturalmente.

Até então, sentia-me um fragmento isolado do resto do mundo. Buscava alguma coisa que não conseguia encontrar. Aos poucos fui voltando a ser eu mesmo, depois de um bom tempo distante de mim. Eu era meu melhor amigo e meu pior inimigo.

Beto estava no mesmo ponto que eu. Saíra do pavilhão nove em busca de um novo ambiente para retomar a si mesmo. Foi viciado em crack durante anos. Mas conseguiu largar o vício. Estava em época de pleitear benefícios jurídicos e precisava dar um rumo à sua vida.

Irismar pediu que eu registrasse a dona Carmem, nossa vizinha e madrinha do Renato, como minha visitante. Ela estava com saudade e queria me ver. Era a "comadre", expressão nova para mim. As filhas dela não saíam lá de casa; eram muito amigas da Irismar. Certo domingo, eu aguardava impaciente a chegada da minha mulher. Queria muito ver o Renato, que se tornara o centro e o eixo do meu mundo. Quando vi, lá estavam dona Carmen e Irismar, uma em cada braço da minha mãe. Ela viera andando, com imensa dificuldade, amparada pelas duas. Suave, fazia o maior esforço, mas chegara. Quando a abracei, tremia, emocionada. Antes eu pensava que jamais a veria novamente.

Fitou-me e todo o amor do mundo apareceu em seus olhos. Fiquei profundamente comovido. Ela chorou. Levei-a até a capela católica, onde agora eu recebia minhas visitas. Dona Carmem enxugava os olhos. Viera para ajudar dona Eida e sentia-se recompensada. Cumprimentei-a, perguntei das meninas. Estavam bem. Peguei Renato, joguei-o para o alto e ele sorriu. Beijei a minha mulher, estava feliz.

Depois do almoço, conversei longamente com a minha mãe enquanto Irismar trocava a fralda do Renato. Dona Eida me disse que o menino, apesar de ter o pai preso, era feliz. Muita gente o amava, ele era querido demais. Desde que nascera, uma verdadeira romaria de mulheres da vizinhança fora vê-lo. Senti, de novo, que tinha uma família. Era minha gente. No entanto, percebi algo estranho no olhar da minha mãe na hora da despedida. Mas eu ainda estava entorpecido por ter visto Renato. A preocupação se esvaneceu rapidamente.

Alguns dias depois, eu estava tomando sol no campo do pavilhão quando Boca Rica veio me procurar. Percebi em seu rosto que algo grave acontecera. Quando falou que estavam me chamando na carceragem, eu já sabia o que era. Perguntei: minha mãe morreu? Ele abaixou a cabeça, confirmando. Não foi chocante. Eu já estava preparado. Mas senti as pernas moles. Meus pés pareciam dormentes e as muralhas, mais sujas. O solo pavimentado era tão desigual...

Segui direto para a cela e tomei banho, com a mente amortecida. Vesti a roupa de receber visitas e só então desci. Conversei com o chefe da carceragem. Ele quis me transmitir alguma coisa, mas percebeu a inutilidade. Cortei; eu queria falar com a diretoria. Como ainda conservava o cartão de trânsito da caixa- -d'água, nem precisei de autorização. Caminhei para o pavilhão seis disposto a brigar. Eu tinha o direito de ver minha mãe. Não que quisesse mesmo vê-la. Afinal, o corpo a ser enterrado não era ela. O que eu precisava era saber como as coisas estavam lá em casa — se tinham dinheiro, comida e tudo o mais. Renato deixou de mamar aos seis meses; estava com dez. Precisava de leite em pó. Lembrei a última visita: minha mãe estava tão animada para comemorar o aniversário do neto... Irismar devia estar perdida, sem saber o que fazer. Apesar de todos esses pensamentos, eu estava meio insensível, estranho a mim mesmo. Subi as escadas sem sentir a dureza do concreto. Cheguei à divisão de vigilância e segurança, ignorei a fila de companheiros que aguardavam atendimento e invadi a secretaria. Sabia que ali trabalhava um sujeito que já estivera preso comigo em Franco da Rocha, o Ulisses. Tínhamos até certa amizade. Mas não nos falávamos havia um bom tempo porque ele trabalhava na carceragem. Todos que ali trabalhavam eram suspeitos de caguetagem na prisão. No entanto, havia alguma chance — embora pequena — de que ele me ajudasse naquela situação, pois tinha contatos com a polícia.

Ao me ver, o amigo abriu um sorriso. Estava trabalhando num computador. Desligou e me levou até a copa para tomar um café. Deve ter lido meus olhos. Quis saber o que estava havendo. Desabafei sem nenhuma vergonha. Eu ia precisar de toda a ajuda que pudesse conseguir. Ele me escutou, sensível, sem interromper. Quando parei, Ulisses parecia tomado por minha angústia. Pediu que eu esperasse ali e foi falar com seu superior. Demorou para voltar. Me bateu uma fome absurda, comi três pães secos com café, um atrás do outro.

Ulisses voltou e pediu que eu o seguisse. Entramos na sala do diretor de segurança e disciplina, um homem gordo, estourando nas costuras e nas bochechas. Ele foi direto: afirmou que dificilmente eu conseguiria ir ver minha mãe. Afinal de contas, eu morava em outra cidade e teria de ser escoltado pela Delegacia de Capturas. Caso fosse São Paulo, ele mesmo providenciaria escolta. A divisão de capturas não tinha policiais nem para os milhares de mandados de prisão que precisava cumprir, quanto mais para realizar escoltas como aquela. Já o telefone estava à minha disposição. Caso quisesse chamar os familiares, ele me permitiria recebê-los. Como não havia outra saída, aceitei sem questionar muito. Sei lá por que confiei que o diretor estivesse dizendo a verdade.

Passamos para o gabinete do diretor de vigilância. Ali o clima me pareceu mais favorável. O homem era enorme: minha mão desapareceu dentro da dele quando nos cumprimentamos. Senti bondade nos seus olhos. No entanto, eu sabia que essa era a diretoria mais dura da cadeia. Ali se decidiam as opressões, as punições e as possíveis violências policiais. O diretor pediu que eu lhe contasse o que estava acontecendo. Falei sobre minha preocupação com minha mulher e meu filho. Eles viviam do salário que Irismar ganhava da minha mãe. Agora eu não sabia o que ia acontecer. O diretor me escutou até o fim e então me estendeu o telefone. Liguei para a Matilde. Ela atendeu chorosa. Eu não quis muito papo; queria Irismar, que demorou para chegar: tiveram de ir buscá-la em casa. Atendeu com voz embargada. Não consegui conversar muito. Determinei que colocasse uma roupa e viesse conversar comigo pessoalmente. Ela não estava bem, mas viria.

Desliguei e saí. Não podia ficar muito na sala daquela gente: comprometia. Eu morava no pavilhão oito, lugar de bandido; esperava-se de mim um comportamento de bandido até nas piores horas. Sentei em um banco do lado de fora. Ulisses me fez companhia por um tempo. A vida exigia e eu responderia a contento. Era o único meio de não sofrer com a ideia de que nunca mais veria a minha mãe. Era isso que doía: eu não a veria mais. Nem quando saísse, em liberdade. Minha mãe já era.

As pessoas passavam para lá e para cá, mas eu nem as via. Estava centrado. Era meu modo pessoal de ser, como a cor do meu cabelo e o número de minhas roupas. A morte da minha mãe era motivação perfeita para dar um salto de qualidade. Fazia um frio por dentro. Eu não conseguia sequer um olhar duro para aqueles que me observavam. Ulisses me chamou. Eu já podia ir para a Divineia porque minha mulher havia chegado. Eu estava autorizado. Pediu-me que voltasse a falar com ele mais tarde. Queria fazer algo mais efetivo por mim.

Fui andando e passando pelos portões. Irismar estava sentadinha num banco. Aproximei-me e ela saltou em meus braços. Apertei-a, emocionado. Ela começou a chorar. Chorou, chorou até não aguentar mais. Limpou o nariz no lenço e me encarou. Eu não chorava. Apenas a olhava, preocupado. Perguntei como tinha acontecido. Simples: Irismar fora dormir com o Renato na nossa cama depois de assistir à novela com a minha mãe. De manhã, foi acordá-la e já a encontrou gelada. Assustada, correu para a casa da dona Carmen, que confirmou a morte. Só então Irismar telefonou para a prisão. Estava muito abalada. Dona Eida era como mãe para ela. Doía muito. Ela não sabia se conseguiria entrar de novo naquele quarto.

Matilde cuidaria do enterro. Irismar viera com o Marcelo, genro da Matilde. Pensavam que me levariam para o enterro. Quando eu disse que não iria, ela se mostrou estranhamente nervosa. Ficou brava comigo, e não com o diretor que impedira minha saída. No fim das contas, Irismar até tinha razão. Eu voltara para a prisão por minha culpa. Claro que eles foram me caçar, mas eu me coloquei em posição de ser preso.

Ela sofria e esse sofrimento doía em mim. Eu sabia que dona Eida estaria bem onde quer que se encontrasse. Não acreditava em morte total. Caso houvesse Deus, não poderia ser injusto com a minha mãe. A coitada sofrera a vida toda com o marido alcoólatra e com o filho bandido e preso. O outro lado da vida não podia ser mais dolorido para ela. Caso contrário, cadê Deus? Eu só acreditava num Deus assim, justo, embora soubesse que a vida não era nem um pouco justa.

Tive que alterar a voz para fazer Irismar voltar à realidade. Estávamos dentro de uma prisão e não em casa. Abracei-a, mas minha vontade era de absorver o que a fazia sofrer. Pedi que viesse domingo, eu daria um jeito na situação.

Em casa, tudo ia mal. Não havia dinheiro. O leite do Renato dava apenas para mais alguns dias. Comida quase não tinha. Era fim de mês; se estivesse viva, dona Eida receberia naqueles dias. Agora não havia o que receber. Eu não sabia o que fazer, mas faria alguma coisa. Domingo eu teria dinheiro e resolveria tudo. Na minha cabeça, loucuras. Eu assistira a alguns assaltos na prisão. Conhecia um grupo de malucos que, armados de facas e máscaras, assaltavam os presos estrangeiros no pavilhão seis. Relógios caros, dólares, aparelhos importados, tudo o que houvesse de valor. Em último caso, eu faria o mesmo. Estava cheio de coragem e de razão; isso me tranquilizava. Se não houvesse outro jeito, os gringos pagariam caro.

Roubos aconteciam o tempo inteiro lá dentro. A prisão era como a rua: não dava para ostentar nada que a molecada logo atacava. Dias atrás eu assistira a um roubo na Radial. Um velho gringo fora atacado por dois rapazes, que o encheram de porrada. Eu até tentei apartar. O velho gritava em uma língua estrangeira e mostrava o pulso. Era óbvio que haviam lhe roubado um relógio. Os rapazes fugiram para o pavilhão oito. O guarda, na portaria, fez de conta que não tinha nada com isso. Era melhor fingir vista grossa; do contrário, ele também poderia sofrer ataques. Naquela mesma tarde, Beto pediu emprestado meu cartão de trânsito. Ia negociar um relógio no pavilhão quatro. Juntei os pontos.

Se até Beto estava naquele esquema de roubos, por que eu não poderia entrar também? Com esse pensamento na cabeça, me despedi da Irismar. Marcelo não podia ficar esperando, precisava ir trabalhar. Voltei andando pela Radial, oprimido até os ossos. Subi as escadas automaticamente. Senti raiva dos caras da diretoria penal. Eles também eram culpados. Eram meus carcereiros; não me deixavam sair. Lembrei-me do Ulisses e enfiei a cara para dentro. Ao me avistar, ele me pediu que entrasse. Relutei. Acabei entrando, nem sei por quê. Talvez porque necessitasse falar com alguém.

Ulisses desligou o computador e me levou à copa novamente. Tomamos outro café; eu estava com fome de novo. Comi mais dois pães, agora com margarina. Desabafei tudo. Falei sobre minhas dificuldades. Não tinha saída. Teria que traficar. Conhecia alguns traficantes. Pegaria droga em consignação e venderia no varejo. Claro, podia ser pego. Haveria mais processo, mas fazer o quê? Ele tirou cinquenta reais do bolso e me deu. Pelo menos não precisaria de consignação. Era só comprar e vender. Mas ele iria me ajudar mais. Quem sabe eu conseguisse dar um jeito sem me meter com drogas, especulou.

Mostrou vários sacos de cimento, outros de cal e várias latas de tinta. Torneiras, um vaso sanitário e um lavatório, novinhos. Eram meus. Podia levar embora e vender. Eram sobras de uma reforma que eles haviam feito há tempos na divisão penal. Calculei: venderia tudo por um bom dinheiro. Ulisses pediu que eu esperasse. Sentei-me num banco, a comer mais pão. Demorou. Estava quase indo embora, preocupado em buscar o carrinho para levar tudo aquilo antes que alguém objetasse. Então ele voltou e disse que o diretor de vigilância queria falar comigo. Pensei bobagem. Será que aquele cara já havia me denunciado? Mas não, parece que o diretor queria me ajudar.

Quando entrei na sala, o homem me olhou e disse que sabia do sufoco que eu passava. Não sei por que ele me inspirou confiança. Desabei novamente. Abri o verbo, contei tudo. Escutava minha voz como se não fosse eu que estivesse falando. Conforme ia contando, as coisas se ordenavam na minha mente. Tudo foi se encaixando. Ao fim do relato, o homem perguntou se eu estava disposto a trabalhar firme para sustentar minha família. Respondi que estava disposto a qualquer coisa por eles. Eu roubaria, traficaria, mataria por eles.

O diretor pegou o telefone e ligou para a chefia do pavilhão quatro. Mandou que chamassem Vanderlei. Entendi que era um preso, desses importantes. Os cumprimentos foram bastante amistosos. O homem brincou com ele. Falou de mim. Disse que estava me mandando lá. Queria que me colocasse em um trabalho que rendesse bem, pois eu estava precisando muito. Agradeceu e mandou chamar o diretor do pavilhão. Explicou que me autorizara a trabalhar no patronato do correio. Ele devia permitir a minha entrada no pavilhão quatro.

Disse que eu poderia tirar um salário mínimo se trabalhasse de fato. Depois, quando pensei que já era o máximo que um diretor poderia fazer por um preso, mandou que eu aguardasse. Telefonou para outra pessoa, conversou. Não entendi direito. Pediu o nome da minha mulher. Quando desligou, escreveu um endereço num pedaço de papel e me deu. Explicou que era o endereço da sua igreja. O nome era o do pastor com quem conversara ao telefone. Ele nos daria uma cesta básica e roupas para o nenê.

Fiquei espantado. Esperei que viesse alguma cobrança. Não conhecia aquela gente. De repente, do nada, estavam me ajudando. A troco de quê? Bondade? Solidariedade? Difícil acreditar. Conheci diretores de cadeia que ofereciam vantagens, mas pediam colaboração. E eu não podia colaborar de forma alguma. Mas aquele homem não pediu nada. Saí ressabiado. Ulisses explicou que o diretor era religioso e agia assim mesmo. Claro que, se eu vacilasse, ele virava uma fera. O homem tinha fama de espancador.

Eu voltaria no dia seguinte com o carrinho, para levar o material doado. A minha autorização de trânsito ainda estava válida. Pernilongo me caçava para tomá-la, mas não tinha coragem de invadir o pavilhão oito, que metia medo em muita gente. Cadáveres às vezes despedaçados, degolados, sem sangue e até decapitados saíam todos os dias de lá.

Fui encontrar Vanderlei, sujeito enérgico, de rosto vermelho. Alguns diziam que era estuprador. Diziam também que era ele o "monstro do Embu", o sujeito que jogara ácido nas pernas das garotas de minissaia. Era pastor de igreja, dessas pentecostais, ali na prisão. Tudo bem, cada qual com a sua vida, desde que me deixassem em paz. Foi bastante simpático. Explicou-me que quem lhe dera o patronato fora o mesmo diretor que me mandara ali. O homem era mesmo de bom coração. Só não aceitava traições. Vanderlei me levou ao quarto andar. Era uma sala de ducha desativada. Tinha duas prensas; eu trabalharia numa delas. Apresentou-me para os companheiros que trabalhavam ali.

Avaliei-os, um a um. O preso funciona defensivamente. Analisa, pesa as possibilidades das pessoas com as quais vai conviver e faz um diagnóstico das probabilidades. Reconheci um dos meus novos colegas de trabalho: Claudinho, que eu já encontrara em outras cadeias. Era o único ali que poderia representar perigo. Os demais eram manobráveis. Entre eles, Baiano, um viciado em crack em processo de recuperação. Sentei na prensa, e Baiano me ensinou o trabalho. Era simples. Colocar um cordão de nylon numa peça de chumbo e bater a prensa em cima. Eu ganharia por milheiro. Ele me disse que dava para tirar cerca de um salário mínimo. Bastava trabalhar firme. Eu começaria no dia seguinte.

Passei na diretoria do pavilhão. O diretor deixou claro que não gostava da minha presença ali. Veio com ameaças e garantiu que faria tudo para acabar com aquela minha "regalia". Para aquele homem, trabalhar em seu pavilhão era privilégio. Mas ele logo percebeu que sua truculência não me assustava. Eu já suportara a sanha de homens muitas vezes mais cruéis. Minha mãe morrera e eu ali, escutando absurdos de um animal daqueles. Estava amortecido. Na verdade, eu precisava encarar. Esses excessos de adversidades eram naturais ao ambiente.

Paulão me esperava no xadrez. Estava chocado com a morte da minha mãe. Ele a conhecera. Sua mãe era velhinha e seu maior medo era perdê-la. Procurou dizer palavras reconfortantes, mas que não confortaram nada. Dormi cedo. Acordei de madrugada. Subi na janela da cela buscando ar. Estava abafado. Muita realidade me compactando. Pensei na minha vida toda. Como fora idiota! Mas que saída eu tinha? Ficar ali na prisão abestalhado, deixando mulher e filho no hospital? Além disso, ainda havia quatro anos para cumprir no semiaberto. As pessoas costumam pensar que, para quem cumpriu 24 anos, mais quatro não significam nada. Só que o raciocínio é inverso. Depois de 24 anos, mais um dia pode ser demais. A gota d'água que vai fazer o copo transbordar.

Eu não veria mais a minha mãe. Isso martelava na minha mente a cada instante, pressionando.

Fui ao pavilhão quatro no dia seguinte. No portão de entrada o guarda disse que meu cartão de trânsito estava vencido e o confiscou. Como trabalhar naquele local sem meu cartão? O guarda me conduziu até a chefia. Por sorte, Vanderlei estava lá. Ele mandava tanto quanto o guarda. Deu-me um ofício com o qual eu poderia entrar naquele pavilhão sempre que precisasse.

A fábrica de lacres para os Correios ocupava o pátio interno e a antiga área da ducha do quarto andar. No pátio ficavam as máquinas pneumáticas que marcavam os lacres. Em cima, na área da ducha, estavam as prensas e a parte da montagem das caixas de lacre. No segundo andar daquele pavilhão situavam-se as celas da psiquiatria, onde viviam os companheiros com debilidade mental. Era um pavilhão retangular, com xadrezes nos lados interno e externo, como o pavilhão oito e o nove. Com uma particularidade: as celas eram todas individuais. O terceiro e o quarto andares eram de convívio normal. Ali só ficava quem trabalhava no local ou quem recebera algum privilégio da diretoria-geral.

O quinto andar era o hospital da prisão, com sala de cirurgia, ambulatório, enfermaria e um corredor de celas para presos em tratamento. No porão, abismos e silêncios. De um lado, a administração do pavilhão, a copa dos guardas, o aparelho de raios X, a enfermaria e as capelas. Do outro lado, a masmorra, uma espécie de castigo de segurança máxima, onde eram colocados os companheiros que haviam cometido faltas gravíssimas e que estavam à disposição da diretoria-geral. Era ali que ocorriam os espancamentos. Também era ali que os companheiros eram isolados, quebrados e escondidos até se recuperar, longe de olhares denunciadores.

Trabalhei o dia todo como um desesperado, lutando para me absorver no trabalho e esquecer o resto. Somente na hora do almoço tive tempo para pegar o material que o Ulisses me dera. Aproveitei um carrinho emprestado da fábrica e, em duas viagens, levei tudo para a cela. A privada e o lavatório vendi antes de subir no prédio. O resto Boca venderia para mim.

Paulão resolveu se mudar para o pavilhão nove. O mercado lá era bom para drogas. Ele mesmo não usava nada; só negociava. Gostava muito de dinheiro, mordomias e poder. Moraria na cela do pessoal da faxina. Aconselhei-o a não ir, pois o perigo era grande. A rapaziada nova cometia loucuras sem pensar duas vezes. E o xadrez da faxina controlava a disciplina do andar.

Mesmo que ele não quisesse, estaria envolvido em tudo que acontecesse ali.

    Tião me pediu para colocar um primo dele na vaga deixada pelo Paulão. Ninguém tinha nada a objetar; consenti.

    Baiano disputava comigo quem produzia mais. Tinha mulher e quatro filhos pequenos para sustentar. Tomava um pouco do trabalho que me era destinado. Isso me aborrecia. Mas como ele era mais velho por ali, fui deixando.

21.

Tião me acordou cedo. O bicho estava pegando. Todo mundo armado nas galerias, até a entrada do pavilhão. Dois companheiros do pavilhão oito haviam ido receber dívida no nove e acabaram esfaqueados. Estavam no hospital, correndo risco de morte. As facas do xadrez estavam num esconderijo, na parede da ducha. Era preciso apenas tirar um ladrilho. Havia três delas, enormes. Nas escadas todo mundo estava armado. Facas longas, caibros e até algumas armas improvisadas, tipo foices. Corte amplo, lâmina de serra feita no esmeril. Pareciam aqueles alfanjes usados pela figura da morte. Fui passando, observando caras patibulares e olhares ameaçadores. Assustei-me. Encontrei Beto com o maior facão, ferro bruto com corte vazado dos dois lados. Parecia que estávamos na idade da pedra, todos com pedaços afiados de sílex nas mãos. Era guerra. O grupo de amigos dos companheiros que haviam sido esfaqueados queria invadir o pavilhão nove atrás dos agressores. O pessoal do pavilhão nove não aceitava invasão. Estavam todos em pé de guerra. Somente um muro nos separava da catástrofe. Entre os dois portões, guardas.

Os presos do meu pavilhão queriam os agressores de qualquer jeito. Seriam trucidados sem perdão. Estavam condenados. A rapaziada do nove mandava invadir: esperavam com armas nas mãos. Umas três centenas de pessoas armadas de cada lado. Vi que estavam determinados; aquilo ia virar um morticínio.

Armados, os caras subiam e desciam o pavilhão. Os guardas, nos portões que dividiam os dois pavilhões, sabiam que não era com eles. Mas na hora que estourasse a boiada, quem estivesse na frente seria arrastado. Atrelado a tudo aquilo, senti minha cara queimar de preocupação. Havia pessoas portando armas de fogo. Caso fossem disparadas, a PM invadiria e esparramaria cadáveres por todos os lados. E eu, com a sorte que tinha, com certeza seria um deles.

Passamos a manhã naquele impasse. Acabaram resolvendo a coisa pelas vias do entendimento. No dia seguinte, o batalhão de choque da Polícia Militar invadiu. Os guardas recusavam-se a trabalhar caso as armas não fossem removidas. Havia uma lista de presos a serem transferidos. Lideranças, obviamente. Os soldados entraram batendo nos escudos e fazendo os cães latirem, como a SS nazista. Era rotina. Eles provocavam barulho para avisar que estavam chegando. Centenas de facas foram jogadas para baixo. O pátio ficou forrado delas. Era até perigoso andar por ali; os guardas ficavam de longe para ver se viam quem jogava.

Fomos tirados do xadrez a borrachadas. Nos colocaram de joelhos no fundo da galeria, enquanto os funcionários arrebentavam nossas celas. Enormes cães pastores alemães babavam em nossas costas e os soldados batiam com os escudos nas pontas de nossos pés. Voltamos passando por um corredor polonês, entre borrachadas e pauladas. Corri como um avião a jato; estava treinado. Arrumamos tudo novamente, contabilizamos os prejuízos. Os cabeças do conflito foram todos desterrados. A PM os conduziu nus, a porretadas e pontapés, até os carros de presos.

Seguiram para penitenciárias longínquas. Era sempre assim: rotina, dizíamos com desdém.

De madrugada, acordei de repente, nem sei por quê. O primo do Tião morava na cama-beliche em cima da minha. Ouvi um barulho estranho. Puxei um pouco a cortina e vi Tião encostado na minha cama, de pé. Puxei mais um pouco a cortina e levei um susto. Ele chupava o pau do primo. Quando percebeu que eu observava, tirou a boca, mas o primo, que não era primo coisa nenhuma, demorou, e aquele negócio ficou estendido no ar. Tião me olhava, assustado e sem ação. Levantei; ainda não estava concatenando bem as ideias. Boca Rica acendeu a luz do xadrez. O primo que não era primo estava recolhendo o membro.

Boca já sabia e disse que isso vinha acontecendo há muito tempo. Tião sentou-se e com a voz enrolada disse que gostava daquilo. Na cara de pau perguntou se nós queríamos que ele nos chupasse também. Não, não me atraía, mas Boca Rica...Tião ficava me olhando enquanto Boca resfolegava trepado em suas costas. Aquela não era a primeira vez também para o Boca, entendi. Os três pediam sigilo. A partir de então virou gandaia. Tião passava de uma cama para a outra, cheio de vontade. Eu não tinha nada contra, nem a favor. Era tudo com eles. A mim parecia grotesco, para não dizer bizarro. Fumavam mesclados e depois faziam a festinha sexual. Aos poucos aquilo foi me incomodando demais.

Até que Paulão descobriu. Boca Rica contou. O negão expulsou os dois primos do xadrez na hora. Não os defendi. Que se danassem! Meus problemas eram maiores que aquela palhaçada toda. Boca, por estar conosco desde o começo e por haver falado, ficaria.

Certo dia, no meio do meu trabalho, fui requisitado para comparecer à diretoria penal. O diretor de vigilância queria falar comigo. Essas requisições quase sempre significavam problemas. Alguma denúncia, complicação. Subi as escadarias do pavilhão seis mordendo os dentes de preocupação. Nem imaginava do que se tratava, mas o medo é criativo. Alguns companheiros do pavilhão quatro viviam assustados. Deviam a alma para o pessoal do fundão. E eu, como morava por lá, era uma ameaça permanente para eles. Podia ser um intermediário vigiando-os, ou mesmo um matador pago. Ali era a Casa de Detenção, onde tudo podia acontecer. Dependia do montante em dinheiro.

Por conta disso, eu precisava sempre pisar em ovos. Procurava sorrir para todos e parecer tranquilo. Minha única preocupação era sustentar a família. Conseguira capital para rolar aquele primeiro mês. No mês seguinte, sairia o salário que vinha dos Correios. Eu me matava naquela máquina. Com a cesta básica, deu para equilibrar o orçamento.

Vários amigos quiseram me dar droga para vender. Rejeitei. Caso me fosse possível, levaria a família em frente sem usar dinheiro adquirido com a desgraça dos outros. Era uma coisa que a morte da minha mãe me deixara: um anseio enorme de amarrar todas as pontas. Tentaria seriamente. Drogas eu não usava há semanas. Todo tostão estava sendo revertido para a minha família. Estava aprendendo a fazer bichinhos de pelúcia junto com o Beto. Aquilo parecia ter futuro. Precisávamos de novos modelos de animaizinhos.

O diretor havia me chamado para perguntar meu grau de escolaridade. Quando falei que tinha o primeiro ano de direito, ele sorriu. Havia arrumado outro trabalho, e remunerado. Lembrou-se de mim quando soube que estavam precisando de monitores na seção de educação. Telefonou para o diretor daquele setor e me encaminhou na hora. Agradeci a preocupação dele e fui para o andar de baixo. No fundo do corredor havia várias salas conjugadas. O diretor de educação pareceu-me bastante razoável. Encaminhou-me para o Aparecido, monitor-coordenador da Funap, a Fundação de Apoio ao Trabalhador Preso. Ele conversou comigo mais de hora. Era psicólogo de formação e procurou fazer uma avaliação dos meus conhecimentos. Como ofereceu diálogo, as ideias fluíram com tranquilidade. Gostei dele imediatamente. Era simples, bastante culto e muito humano. Provinha das classes assalariadas e fizera seu curso superior com muito sacrifício. Tínhamos algo em comum: bebê em casa. Quando começamos a conversar sobre nossos filhos, a empatia foi total. Preenchi um formulário de teste. Ele me disse que era pro forma, porque sabia que eu tinha o perfil necessário. Pediu que eu fizesse uma redação rápida. Leu, gostou e disse que eu estava aprovado. Faltava só conversar com a Arlete, a supervisora. Seria chamado nos próximos dias.

    Minha vida era visceral. Trabalhava o dia todo feito louco. A máquina parecia fazer parte das minhas mãos. Depois chegava à cela, tomava banho e seguia para o xadrez onde Beto morava. Estava até pensando em me mudar para lá. O que me impedia era que ele tinha namorada, e eu tinha a minha mulher e o meu filho. Não dava para receber visita no mesmo xadrez. O lugar onde eu morava era só meu aos domingos. Um conforto para a minha família.

    Certo dia, quando eu chegava para trabalhar, o guarda do portão me conduziu ao diretor de pavilhão. O homem quase esfregou na minha cara a portaria baixada pelo diretor penal. Estava proibida a entrada de presos que não morassem naquele setor. Ele conseguira. Me disse, ironicamente, que sentia muito, pois sabia que aquilo atrasaria minha vida. Mas era o diretor penal quem determinava. Olhei bem no fundo de seus olhos de vidro. Um vergalhão incandescente atravessava meu coração. Sentia o rosto queimando, não podia deixar passar. Aquilo corroeria minha alma se não falasse. Disse-lhe que ele não sentia coisa nenhuma. Que estava gostando, e muito. O homem se levantou da cadeira, sem acreditar na resposta, e eu emendei: disse que ia correr atrás dos meus direitos. Pedi licença e fui saindo.

Fui direto à diretoria de vigilância, no pavilhão seis. Ulisses me explicou que havia uma guerra velada entre os dois diretores. Um queria mandar mais que o outro. Uma cela naquele pavilhão custava bem mais de mil reais, dependendo das circunstâncias. O diretor do pavilhão queria manter a situação e mudar para lá somente quem pagasse mais. O diretor de vigilância era honesto e não aceitava aquele comércio. A minha presença afetava sensibilidades. Mas isso seria resolvido imediatamente. Ulisses me introduziu na sala e explicou tudo. Eu não podia parar; precisava continuar meu trabalho. Minha família dependia daquilo. O diretor leu o desespero em meus olhos. Disse-me que compraria aquela briga: era justa. Pediu que eu aguardasse um pouco. Ulisses sorriu: estava tudo certo. Um jeito seria dado. Já fazia mais de um mês que eu trabalhava. Irismar havia retirado meu primeiro salário. Ganhara mais que um salário mínimo. O diretor de vigilância voltou com o maior sorriso nos lábios. Estendeu-me um papel e, sem dizer nada, voltou para sua sala. Era um documento assinado pelo diretor penal me transferindo do pavilhão oito para o pavilhão quatro. Eu nem pensara em tal possibilidade. Era um setor tranquilo, quase não se via movimento. O ar era leve e inspirava serenidade. A maior parte da população era composta de gente de posses e com propósitos na vida.

No entanto, os outros presos tinham preconceito contra os habitantes do pavilhão quatro, vistos sempre com suspeita, pois podiam estar do lado da polícia. Muita gente em seguro de vida morava ali, gente que havia fugido dos pavilhões do fundão. Eu estava preso havia 26 anos e construíra uma identidade sólida no meio em que vivia. Caso fosse para o pavilhão quatro, corria o risco de sacrificar essa reputação. Por outro lado, precisava sustentar minha família. Sobre o crime, não tinha mais ilusões há muito tempo.

Ulisses afirmou que poderia segurar minha mudança até segunda-feira. Ainda era sexta. Eu poderia desistir na segunda, caso desejasse. Ele morava no pavilhão quatro e me aconselhou a aceitar a mudança. Se eu fosse morar lá, garantiu, poderia me ajudar muito mais. As oportunidades eram maiores. Que se danasse o que os outros poderiam dizer. Não eram eles que teriam de sustentar a minha família.

Eram imensos os meus fracassos, mas eu tentaria novamente. Desistira mil vezes de mim para retomar mil e uma. Voltei para a cela reflexivo, vasculhei todos os meus interesses e passei o fim de semana indeciso. Contei somente para o Beto. Ele não queria que eu me mudasse. Nós estávamos montando uma sociedade para produzir bichinhos de pelúcia. Mas se eu não me mudasse, perderia o trabalho. Domingo, na visita, segurei Renato, olhei nos seus olhinhos e acabaram-se todas as indecisões. Ele valia qualquer sacrifício. Quem quisesse falar, que me financiasse. À noite comuniquei ao Beto e ao Boca Rica que me mudaria. Acreditava em mim novamente. Seria bastante difícil, mas eu possuía toda a coragem e toda a covardia necessárias. Segunda-feira, bem cedo, saí do pavilhão oito com todas as minhas coisas.

22.

Quando cheguei ao novo pavilhão com a mudança, o funcionário no portão de acesso não quis acreditar. Mostrei a autorização e ele bufou. Levou-me à presença do diretor do pavilhão. A fúria passou por seus olhos, mas em suas palavras só transparecia desprezo. Entre os dentes, resmungou que eu era apenas mais um; resto de lixo, algo assim. Ouvi barulho de descarga de uma privada. Minhas mãos ameaçavam desligar-se dos braços para estrangulá-lo. Mordi os dentes e me contive. O diretor me enviou para uma cela no segundo andar, em frente aos companheiros da ala da psiquiatria. O guarda me acompanhou a contragosto. Me deixou na cela e foi embora sem trancar a porta. Também ali as celas ficavam abertas durante o dia. A minha estava imunda. Joguei água com sabão em pó e detergente até no teto. Os companheiros da fábrica vieram me ajudar. Emprestaram-me um cadeado. Aquele andar era perigoso; como os guardas só vinham com as chaves à noite, os próprios presos tinham que trancar suas portas, por questões de segurança. Os DMs — Débeis Mentais, que era como chamávamos os companheiros da psiquiatria —, quando soltos, invadiam as celas para roubar.

Passei o dia arrumando tudo. Quando me dei por satisfeito, subi para almoçar com o pessoal do patronato. O encarregado gostou. Agora eu estaria mais à mão. Como eu não era mais do pavilhão oito, ele não precisaria temer nada de minha parte. Ganhei até um armarinho dele. Mas havia inconvenientes: minha cela não contava nem com fogão, nem com ducha. Eu não estava em condições de pagar para comer na copa dos guardas. E os banhos eram coletivos.

Dormir sozinho era um privilégio. Comecei a trabalhar à noite também, fazendo montagem de lacres na cela. Quando deitava para dormir, desmaiava de cansaço. Havia uma biblioteca com bons livros no setor de educação daquela área. Sozinho, repensei a vida. Reli livros que já haviam me emocionado, agora com novo entendimento. Meu espírito se amainava, descansando. Durante a semana, o diretor às vezes passava pelo corredor e me olhava. Eu sentia seu ódio. Ele procurava algum modo de me prejudicar.

No domingo seguinte, Irismar veio me visitar. Gostou muito do sossego e da tranquilidade do pavilhão. Além disso, tínhamos uma cela só para nós dois.

Um dia, fui chamado à diretoria de educação. Arlete, uma mulher muito simpática, queria conhecer os novos monitores, e eu era um deles. Fiz um esforço para não olhar sua boca grande e seus olhos brilhantes. Era mais charmosa do que bonita. Tinha um sorriso cativante e uma conversa bastante agradável. Casada, com filho pequeno. O papo de criança sempre dava certo nesses casos. Aparecido, que passei a chamar de Cido, ficou conversando comigo quando ela foi embora. Gostei daquele cara, de verdade. Ele lia muito e tinha uma cultura geral bastante ampla. Me emprestou uns romances de Sartre, que li com prazer. Conversamos muito sobre Freud, Jung, Reich, Adler. Fui lembrando tudo que havia lido nesses autores e aprendi outro tanto com o novo amigo.

Cido era moreno, magro, da minha altura. Abri minha alma para ele. Falei sobre o processo de reflexão que estava vivendo e sobre o amor imenso que sentia por meu filho. Como psicólogo e curioso acerca da vida do preso, me escutou e deu boas opiniões. Certo dia, durante uma de nossas conversas, me convidou para dar aulas na escola do pavilhão dois. A princípio fiquei com vergonha de posar de professor. Mesmo assim, aceitei o desafio. Cido mandou que me fizessem um cartão de trânsito para todos os pavilhões. Eu começaria no dia seguinte. No início, ganhando 64 reais. Podia chegar a 128 caso houvesse necessidade de mais de uma aula por dia. Era cerca de 80% do salário mínimo da época.

Cheguei à cela com o rosto em fogo. Andava de um lado para o outro, ansioso, lembrando cada palavra da minha conversa com o Cido. Minha vida parecia aumentada. Um brilho especial, uma satisfação enorme me permeava. Como estivera distante de mim mesmo! Havia esquecido como amava cultura, novos conhecimentos e conversas de alto nível. Aquele era meu mundo e eu me questionava, perplexo, como pudera me perder dele. Pensava também no tempo perdido, na vida perdida, e isso doía. Quantos anos lutando apenas para sobreviver! Uma infelicidade cansada me jogou na cama para desmaiar.

No dia seguinte, comuniquei ao Vanderlei que agora também era professor, como ele. Na parte da manhã, daria aula. Vanderlei só podia dar aulas no pavilhão cinco, para alunos em seguro de vida como ele. Vi-o sorrir ao ouvir a notícia, mas algo se escondia por trás do sorriso. Ele era muito amigo da polícia. Depois do banho, vesti a roupa de receber visita e saí. Exibi meu cartão de trânsito ao guarda do portão, que o leu várias vezes, para acreditar. Questionava: como um preso pode ser professor na cadeia?

Ao adentrar o pavilhão seis, eu me sentia autorizado. Subi à educação; Cido me esperava. Deu-me caderno, caneta, um livreto da Funap e uma folha com os requisitos mínimos para a preparação de aula para ensino básico II (PEB II). Olhei para o material e saí com o Cido. Conversamos sobre aulas enquanto ele me levava ao pavilhão dois. Chegando lá, o novo amigo me conduziu até a diretoria e me apresentou ao diretor do pavilhão. Eu seria o monitor da escola no horário das dez da manhã ao meio-dia. O homem me olhou, medindo. Espantou-se pela antiguidade do número do meu prontuário. Olhou-me mais atentamente, li seu questionamento: "cobra criada", professor?

Subimos ao segundo andar. A sala de aula estava cheia de companheiros. Entramos juntos. A princípio, me senti intimidado. Cido levou-me à frente e explicou que eu seria o novo professor. Eram cerca de vinte presidiários. Havia ali poucos jovens. A maioria dos alunos era de homens feitos, e havia dois senhores. Após ouvirem a apresentação, perguntaram se eu viria sempre e se não faltaria como o anterior. Cido assegurou que eu não faltaria. Quando ele se dirigiu à porta, me desejou boa aula, prestes a sair, fui instintivamente atrás dele. Mas Cido fechou a porta antes que eu pudesse alcançá-la. Entendi: eu devia começar a dar aula naquele instante. O cara me soltava na sala como quem diz: "Te vira!". Eu não havia me preparado; imaginava que naquela primeira aula haveria somente uma apresentação. Senti que aquilo era um teste. Os companheiros esperavam algo de mim. O que dizer?

Resolvi parar de pensar a respeito e comecei a falar. No início, foi difícil. Os caras me olhavam grosso, fixamente. Decidi falar de mim. Contei sobre o montão de cadeia que estava cumprindo. Dois deles me conheciam de outras prisões. Era um aval. Falei sobre o meu filho e a minha mulher, a morte da minha mãe e as necessidades em casa, a mudança para o pavilhão quatro e tudo que fui lembrando na hora. Quando o assunto acabou, dispensei-os, afirmando que no dia seguinte já teriam aulas efetivas. Ao final da minha fala, encontrei nos olhos dos alunos um voto de confiança. Uma confiança que eu jamais imaginara que alguém ainda pudesse depositar em mim. Saí dali empolgado e surpreso comigo mesmo. O desafio era enorme, mas eu me sentia cheio de coragem e disposição.

Corri pela chuva na Radial, me molhando todo. Cheguei ao pavilhão seis ensopado. Cido me esperava. Sorrindo, perguntou-me como fora e me deu uma toalha para que eu me enxugasse. Expliquei. Então ele me disse que me largara sozinho na sala de propósito. Aquele impacto era muito importante para quebrar o gelo. Não havia tempo para fazer diferente. A necessidade era imediata e eu teria que aprender fazendo. Ele me ajudaria e me ensinaria a montar as aulas. Explicou os objetivos mínimos, mostrou-me a biblioteca do professor. As aulas durariam duas horas. Eu podia preencher esse tempo como quisesse, desde que alcançasse os tais objetivos mínimos. Deveria dar ênfase à interpretação de texto e às quatro operações matemáticas. Geografia e história mereceriam apenas noções leves.

Aqueles alunos provinham, em sua maioria, do PEB I, ou seja, da alfabetização. E iriam para o PEB III, que equivalia ao quarto ou ao quinto ano de uma escola normal. Peguei um monte de livros e voltei para a cela. Troquei de roupa e fui trabalhar na máquina. O trabalho rendeu pouco. Estava preocupado e inseguro quanto às aulas. Tomei banho e me entreguei aos livros. Rapidamente, comecei a me lembrar do conteúdo. Montei três aulas com facilidade. Era só seguir o roteiro da Funap. Mas escrevi tudo no caderno. Os alunos não podiam perceber que eu copiara do livro. Imaginei que respeito se ganhava pelo conhecimento. Se eu seguisse somente as anotações do caderno, ia parecer que elas haviam sido criadas por mim.

Os três primeiros dias foram cruciais. A segurança que consegui foi me dando confiança para me aventurar. E me dei bem.

Eles gostavam de curiosidades e de conhecimentos sérios. Conversavam bastante quando o assunto interessava. Era gostoso. Ao sair da sala de aula, eu geralmente me sentia emocionado e plenamente satisfeito. Prometia a mim mesmo estudar mais para oferecer mais no dia seguinte.

    Sentia ter conquistado meus alunos. Eles me respeitavam. E eu gostava cada vez mais deles. No fim das aulas, disputavam para ver quem me levaria para tomar café no "barraco" onde moravam. Fui ganhando a amizade de todos, um por um. Em menos de um mês, eu os tinha nas mãos. Parecia que nascera para aquilo. Havia descoberto uma utilidade para minha vida. Adorava fascinar os alunos, deixá-los flutuando nas ondas de minhas histórias. Minhas aulas se tornaram teatrais; eu me sentia leve, provocava risos e às vezes um quase chorar. Era absolutamente novo e mágico para mim.

    Como a comida era péssima no pavilhão quatro, passei a almoçar no xadrez do Beto, no pavilhão oito. A namorada dele trazia temperos, feijão e mistura para a semana toda. Como ele morava sozinho, eu me convidava e lhe fazia companhia. O meu cartão de trânsito não me dava direito a subir nos andares superiores, mas ali pouca gente sabia que eu me mudara do pavilhão oito — o centro do universo carcerário.

    Eu entregava para a Irismar tudo que ganhava na fábrica e na escola. O dinheiro dava para os gastos em casa e ainda sobrava um pouco. Em dois meses, ela conseguiu juntar alguma grana. Então comprou pelúcia e os acessórios para minha produção de bichinhos. Eu já conhecia as técnicas, e Beto me deu um modelo de cachorrinho. Comecei a produzir bichos de pelúcia após o anoitecer. Portanto, eu trabalhava o dia inteiro e boa parte da noite. Sete horas da manhã, ia para o patronato; nove e meia para a escola; uma hora da tarde, voltava para a fábrica; dezoito horas, preparava aulas; e aos poucos deixei de montar lacres para os Correios. Era mais vantajoso costurar bichinhos de pelúcia.

Minhas andanças pelo pavilhão oito me deram a certeza de que eu transitava por um mundo de pesadelo. Vivia pulando poças de sangue. Isso quando não encontrava cadáveres na porta da chefia do pavilhão. Na galeria, várias vezes precisei me desviar de companheiros que corriam feito loucos pelos corredores, fugindo de perseguidores que brandiam facões enormes. Após algum tempo, aquilo começou a me incomodar, embora eu tivesse custado um pouco para admitir isso.

Passei a evitar o pavilhão oito. O problema é que, sem frequentar a cela do meu amigo, eu ficava sem comida. Comecei a enfraquecer de fome. Então pedi que Irismar me trouxesse algumas coisas. Farinha láctea, Neston, leite em pó, aveia fina e algo para passar no pão. De dia, beliscava aqui e ali. À noite fazia uma supervitamina e comia uns dois pães com algo substancioso dentro. Aquilo me alimentava.

Comprei uma televisão preto e branco a prestação. Para minha família não faltava nada. Irismar agora morava na casa que fora da minha mãe. Alugou para um casal a nossa antiga casinha. Renato crescia. A baianinha já sentia dificuldades em mantê-lo no colo por muito tempo. Nos dias de visita à prisão, as longas filas a deixavam exausta.

As aulas cresciam e eu com elas. Fui deixando o patronato. Às vezes, passava tardes inteiras conversando com o Cido. Ele me dava noções de uma filosofia educacional que me interessava cada vez mais. Nossos diálogos eram ricos. Seu interesse por meus conhecimentos me fazia buscar fundo na memória. Instigado por nossas conversas, eu lia cada vez mais. Ao mesmo tempo, me aprofundava em pesquisas para aprimorar minhas habilidades na sala de aula.

Praticava uma didática inventada na hora e de acordo com os resultados. Para mim, era mais fácil descobrir métodos novos do que praticar os já existentes. Nas reuniões pedagógicas que tínhamos com o Cido e às vezes com a Arlete, comecei a chamar atenção. Éramos cerca de vinte presos atuando como professores. Tínhamos uma sala só nossa. O material de ensino era escasso. Havia uma sala de aula por pavilhão; nossa escola tinha cerca de quinhentos alunos. As salas contavam com um encarregado, um prisioneiro remunerado pela Funap. Ele organizava os horários, zelava pelo espaço escolar e cuidava da minguada biblioteca. Eu já estava me candidatando para ter dupla carga horária, ou seja, duas classes. Largaria o patronato e me dedicaria integralmente à escola e aos bichinhos de pelúcia. Comprei um modelo de ursinho muito bonito. Minha freguesia eram os moradores dos pavilhões oito e quatro. Havia muitos pedidos, e eu já não conseguia dar conta da demanda.

Nos dias de visita, bancas eram montadas nos pátios para expor o artesanato. Eu colocava meus bichos para vender ali. Na segunda-feira, ia buscar o capital. O problema é que a maior parte dos pagamentos era feita em droga e cigarro. Quem colocava as mãos no papel pintado dificilmente o soltava. Era moeda para negociar com guardas e fechar transações extramuros. Mesmo assim, eu ganhava muito mais com os bichinhos do que no patronato, onde havia muitas conspirações. O trabalho era pouco e havia disputas para dividir os lucros. Vanderlei tinha um sócio, o Gringo. Boliviano e traficante internacional, era ele quem nos dirigia no patronato. Conquistei-o facilmente. Admirava minha luta. Mesmo assim, eu tinha problemas com outros trabalhadores, como o Baiano e o Claudinho. Certo dia, tive uma discussão séria com o Baiano. Perguntei se ele queria ir ao pátio resolver nossos problemas. Embora fosse bem maior que eu, o sujeito se amedrontou. Não conversamos mais. Ele frequentava o templo do Vanderlei para se assegurar no pavilhão e na fábrica. Mas fumava crack às escondidas. Eu sempre soube.

O diretor do pavilhão foi substituído. O novo diretor começou a lotear o local. Queria expulsar de lá o máximo de gente que pudesse. Para isso, forjava justificativas. Cada cela esvaziada era então preenchida a um alto preço. A conversa era a de sempre: a prisão estava para acabar e ele queria sua parte. E a demanda era alta porque muita gente queria a tranquilidade e a segurança do pavilhão quatro.

A oferta e a procura aumentavam no mesmo nível. Seguidamente aparecia alguém à procura de vaga, com o dinheiro na mão, e o diretor subia aos andares superiores para esvaziar alguma cela. Caçava algum incauto e o exilava no pavilhão oito ou no nove. Qualquer motivo era pretexto para expulsão. Alguns eram enxotados porque usavam drogas, outros porque eram homossexuais, outros porque não tinham trabalho e passavam o dia dormindo. Às vezes até cara feia era motivo para o exílio. O medo logo se espalhou entre os que ainda não haviam sido expulsos.

O novo diretor também fazia negócios lucrativos com os presos que estavam na masmorra — ou seja, em regime de castigo. Se pagassem o devido preço, continuavam recebendo visitas e podiam até sair para tomar banho de sol. Negociei algumas vezes com o diretor, por intermédio de terceiros — ele jamais negociava diretamente. Consegui celas para alguns amigos e livrei outros dos rigores da masmorra.

Quanto a mim, não me preocupava com o diretor. Por mais que procurasse, ele não encontraria justificativas para me expulsar. Eu não usava mais drogas, trabalhava em dois setores e raramente estava na cela durante o dia. Ficara quase um ano na miséria da prisão. Minha mãe precisou morrer para que eu acordasse. Precisava de uma paixão ardente para recuperar terreno. Meu filho e meu trabalho na escola me davam essa força. Havia cacos de vidro pelo caminho, mas eu já não estava mais descalço.

23.

Foi anunciada uma grande transformação na escola da Casa de Detenção. Uma nova estrutura de educação seria adotada, diferente de tudo que já se fizera naquela cadeia. Arlete e Cido me convidaram para encenar um novo papel. Eu seria professor de história do telecurso de primeiro grau. Agora os cursos de alfabetização se chamavam Alfa I e Alfa II. O objetivo era preparar o aluno para a entrada no telecurso de primeiro grau. Até então, havia os PEBS I, II e III. Depois vinha o supletivo de primeiro grau. Para os PEBS havia algum material de ensino, embora não houvesse livros para os alunos. Para o supletivo não havia nada.

Agora teríamos uma didática mais planejada. Nós, os monitores, faríamos uma oficina que seria ministrada pela Arlete e por algumas pessoas da Funap. O telecurso teria os livros e os vídeos que a Funap comprara da Fundação Roberto Marinho. Consequentemente, haviam comprado também três televisores e três videocassetes. Daríamos aulas com material audiovisual. Era uma transformação memorável, um investimento de peso na educação do presidiário. A novidade me deixou entusiasmado. Estava adquirindo importância na escola. Em menos de três meses fui promovido. Nas reuniões, todos ouviam o que eu tinha a dizer.

Para dar o passo inicial no novo sistema, várias dinâmicas de grupo foram executadas em nossas reuniões. A finalidade era nos deixar à vontade e integrados. Mas a coisa não funcionava muito bem por causa das regras prisionais. Havia preconceito: todo toque físico na prisão é demasiado. Mas então vieram as palestras, os ensinamentos, e as oficinas começaram a funcionar melhor. Arlete nos apresentava os novos métodos educativos. O trabalho era planejado e interessante. Tudo foi exaustivamente discutido: o método Paulo Freire, o construtivismo, técnicas e dinâmicas de aproximação, e a especificidade do nosso aluno, que entrava em conflito com a filosofia da educação que ensinava para libertar.

Nosso despreparo ficou bem claro. Arlete se comprometeu a nos assistir de perto e ajudar em tudo o que fosse possível. Tinha sob sua responsabilidade mais nove escolas de outros presídios, mas olhava para nós com especial carinho. Éramos a única escola constituída somente por presos. Todas as outras contavam com professores formados misturados aos presos que davam aulas. Ela se dizia orgulhosa de nós. Gostava particularmente do nosso idealismo. Da garra com que brigávamos pelos nossos alunos. Sabíamos que o preso não é bom nem mau. Apenas triste e humano. Entre esperanças, crenças e ideais, é sempre um pobre--diabo que chora pela liberdade perdida.

Um novo monitor-coordenador veio trabalhar conosco, o Zé Antônio. Em uma das reuniões, ele se levantou e se apresentou. Tinha formação em filosofia e experiência de alfabetizador. Era um sujeito alto, largadão. Inspirou simpatia imediata. Já imaginei altos diálogos. Sempre adorei filosofia. Ele cuidaria mais da parte da alfabetização, com os professores do Alfa I e II. Depois, aulas do telecurso nos foram mostradas. Discutimos o uso do método audiovisual, os livros e tudo referente ao curso. Claudionor era professor de matemática e organizava a burocracia com relação à prisão e ao preso. Aos poucos fui construindo uma grande amizade com ele e ajudando-o a organizar a escola. Compúnhamos a opinião dominante entre os professores.

Toda sexta-feira, após as aulas, voltava com ele para o pavilhão cinco, onde ele morava. Em seu barraco, Claudionor sempre guardava uma garrafa de "maria louca", a bebida fabricada ali mesmo, destilada a partir do arroz, das frutas e do açúcar, de alto teor alcoólico. Enchíamos a cara juntos. Ficávamos jogando conversa fora, rindo e nos divertindo como dois bêbados inofensivos. Era um momento de descontração pelo qual esperávamos a semana toda.

Depois de muitas reuniões, partimos para a seleção dos alunos e a montagem das classes. Comandei o processo da seleção no pavilhão oito, onde não havia nenhum monitor. A escola ali era uma vergonha. Já na porta de entrada, um buraco. O esgoto transbordava. Merda para todo lado. Fedentina terrível. Arroz e feijão boiavam misturados a fezes, invadindo a escola. Havia uma pequena salinha que servia de escritório. A biblioteca era ridícula. Paredes descascando com lascas de tintas antigas.

A sala de aula era um monstro pré-histórico. Todos que entrassem eram batizados com gotas do esgoto que vinha dos andares de cima e se infiltrava nas paredes e no teto. No alto, calhas improvisadas canalizavam uma água grossa e nauseabunda que escorria de um vão entre as lajes para o lado de fora, através da janela. Nas janelas, grades escuras e engrossadas por ferrugem. Os vidros, quebrados há anos, jamais haviam sido substituídos.

As carteiras eram do tempo de nossos avós. A lousa pintada na parede tinha veios brancos de rachaduras antigas. As lâmpadas pendiam de fios duvidosos por onde grossas gotas de esgoto desciam até o chão.

O banheiro ao fundo vivia transbordado de fezes, fedendo pela sala toda. Fiquei olhando e pensando em como dar aulas naquele inferno. Seria um sacrifício para mim e para os alunos. Só verdadeiros heróis aceitariam estudar ali. Aquele era um pavilhão sem futuro, de reincidentes. Parecia um elefante enorme abatido e apodrecendo ao vento.

Por falta de melhor data, minha triagem no pavilhão oito foi marcada para uma segunda-feira — a chamada "segunda sem lei", dia de cobranças e acertos de contas na prisão, após o domingo de visitas. Era normal que ocorressem uns dois ou três assassinatos. Poças de sangue e confusões nas escadarias faziam parte da rotina. Mas com ou sem mortes, com ou sem cadáveres, a seleção seria realizada. Acompanhado dos meus companheiros monitores, fui à sala onde ocorreriam as triagens. Ficamos a postos. Os candidatos começaram a chegar. Fomos preenchendo os formulários e distribuindo as provas para que fossem resolvidas. Funcionava como pão quente em padaria.

Quando já tínhamos cerca de 150 triagens executadas, senti algo estranho no ar. Os companheiros terminavam as provas e não saíam da sala. Ficavam por ali, aglomerados. O encarregado da escola havia sumido. O pátio ali em frente estava vazio. Saí da sala. Um silêncio sepulcral dominava tudo. Os guardas estavam na carceragem, trancados por dentro. Era um péssimo sinal.

De repente, gritos primitivos e tenebrosos. Engoli em seco, fui até a escadaria que subia para os andares. A luz quebrava nas grades fechadas. Havia um enorme cadeado do lado de dentro. Ninguém entrava e ninguém saia. Era possível sentir o perigo no ar. Gritos, gritos. Fui avisar os monitores. Não éramos daquele pavilhão e estávamos sem os sensores naturais aos residentes. O Luizinho, meu xará monitor, que morava no pavilhão cinco, foi dar uma volta comigo no pátio, para averiguar a situação. Nas janelas do lado I, ninguém. Provavelmente, toda a população do pavilhão estava envolvida no conflito. Eu rezava em silêncio para que fosse apenas um acerto de contas e não uma rebelião. Se uma rebelião estourasse, ficaríamos presos ali. Teríamos que bater nas grades e pedir pros caras abrirem o cadeado e nos deixarem subir. Estávamos preparados para correr até as grades, caso ouvíssemos latidos de cães anunciando a chegada da tropa de choque da Polícia Militar. Não queríamos recepcioná-los. O massacre dos 111 presos, ocorrido em 2 de outubro de 1992 — que ficou conhecido como Massacre do Carandiru —, ainda estava vivo na mente de cada um de nós.

De repente, o portão gradeado dos andares foi liberado. Não se tratava de rebelião; era acerto de contas mesmo. Logo começaram a chegar novos companheiros para a triagem. Enquanto os outros monitores aplicavam as provas, subi para ver o que acontecera no segundo andar. Havia três cadáveres lá em cima, justiceiros de bairro, que haviam matado o irmão de um malandro conceituado. Os corpos estavam sendo arrastados para a carceragem. Não quis olhar, mas não havia como evitar. Reconheci dois corpos: eram moradores do pavilhão quatro. Ou seja, foram sequestrados e trazidos para cá. Aquela cadeia não tinha segurança alguma mesmo. Quando os caras queriam matar, nada os segurava. Não reconheci o terceiro cadáver.

Ficamos lá até o fim da tarde, sem almoçar, realizando o nosso trabalho. Subi ao pavilhão seis com uma pilha de triagens realizadas. Cumprira o meu papel, mas o preço fora caro demais.

Eu já conseguia produzir bichos de pelúcia de alta qualidade. Conseguira algumas revistas com novos modelos. No resto do meu tempo livre eu estudava e montava as melhores aulas do mundo. Já não brincava de professor. Agora eu encarnava o papel. Ajudei o Claudionor e o Cido a organizar a grade da escola.

Aumentamos as vagas. Conseguimos formar duas classes de telecurso por pavilhão.

Cada monitor ficou com onze aulas por semana. Consegui o que queria: ganharia quase um salário mínimo somente na escola. Com o dinheiro que recebia pela venda dos bichinhos, podia deixar o patronato. Aquele ninho de cobras me aborrecia. Quase toda semana eu entregava de oitenta a cem reais a Irismar, quantia que vinha exclusivamente da venda dos bichinhos de pelúcia. Minha freguesia aumentava sem parar. Havia patrões da droga que haviam comprado cerca de trinta a quarenta bichos. Pagavam à vista, em dinheiro. Eles não podiam ficar devendo. Tinham que dar o exemplo: era preciso que fossem bons pagadores a fim de ter moral para cobrar seus devedores.

Comecei a fazer experiências. Modificava modelos e observava resultados. Se ficassem bons, aprovava e largava o modelo velho. Ninguém fazia bichinhos como os meus, a não ser Beto. Mas a produção do meu amigo era toda vendida na rua, pela companheira dele. Meus bichinhos eram únicos. De um modelo pequeno, eu fazia um grande e um médio, e vice-versa. Em época de Páscoa, produzia dois coelhos imbatíveis. Muitas vezes varei noites assistindo televisão, tomando café e costurando à mão.

Irismar também foi aprendendo a comprar a melhor pelúcia, os melhores olhinhos e narizinhos. Não conseguia vender lá fora. Nem tentava. Os que ela levou ficaram empacados. Meu mercado era ali mesmo, junto dos patrões. Quando o Dia das Crianças se aproximava, eu agenciava meia dúzia de companheiros para me ajudar. Meus alunos também me enchiam de encomendas. No Natal, eu me afogava num mar de bichinhos. Não conseguia atender a todos, e muita gente ficava aborrecida comigo. Angariei até algumas inimizades. Trabalhava com fúria, com a responsabilidade de sustentar uma família.

A minha mãe havia acertado com o Balbino, marido da Matilde, a construção de uma casa na parte da frente do terreno. As fundações já estavam prontas. Após a morte da dona Eida, ele, como um homem de palavra, cumpriu seu compromisso. A minha mãe havia lhes dado como pagamento um terreno em Itaquaquecetuba. Logo estávamos com duas casas de aluguel. Tudo colaborava. As aulas tornavam-se cada vez mais empolgantes. Consegui muitos livros de história de variados autores e procurei aprender de fato. Pensava conhecer a história do nosso país, mas dando aulas descobri que não sabia nada. Tudo agora parecia mais sério, mais interessante. Pesquisei nos melhores livros e colhi a análise de vários historiadores. Aos poucos montei um curso paralelo às quarenta aulas de história do Brasil do telecurso. Os alunos vibraram.

Antes de entrar na história do nosso país, eu explicava a formação de Portugal e contava como os portugueses vieram parar aqui. Depois começava a falar da construção do Brasil. Mas fazia isso de um modo muito particular, inteiramente ao gosto dos companheiros. Começava com os degredados trazidos por Martim Afonso de Souza para povoar a vila de São Vicente: salteadores de estrada, assassinos, vadios e pessoas não gratas ao governo português. Não veio nenhuma mulher, nem para o cheiro. Os degredados, juntamente com as índias que sequestravam e estupravam, seriam os ancestrais diretos daqueles que iriam, de fato, descobrir o Brasil: os bandeirantes.

Aprendi muitas anedotas, curiosidades e explicações diversas sobre cada curva obscura do tempo histórico. Cido e Zé Antônio me proporcionavam a oportunidade e os meios para fazer as pesquisas. Aprofundei-me a ponto de pensar em esboçar uma monografia. Queria interpretar a história do país do modo como minhas pesquisas a concebiam. Estava me tornando um conhecedor, efetivamente. Não há melhor método para aprender que a obrigação de ensinar.

Conseguia estimular o interesse de todas as classes. Aprendi a trabalhar com a lousa, buscando fixar conhecimentos por imagens associativas. Usava a televisão e as aulas dramatizadas como recursos complementares. De todos os historiadores, os que mais gostei foram Boris Fausto e Leôncio Basbaum, com sua *História sincera da república brasileira*. Mas o que mais me apaixonou foi o antropólogo Darci Ribeiro. Seu livro *O povo brasileiro* me emocionou demais. Fez com que eu me sentisse parte viva desse povo. Amei o índio, o negro, o branco e todos os mestiços.

Esses livros fabulosos deram mais vida às minhas aulas. Eu convocava os meus alunos ao conhecimento de quem fomos, somos e seremos como povo, com raízes culturais e históricas únicas. Esforçava-me muito para que se sentissem como eu, brasileiros, com orgulho de sê-lo. Não somente pelo futebol, mas pela grandeza do nosso país e principalmente do nosso povo.

Eu crescia. Voltava ao meu centro. Participava apaixonadamente das reuniões pedagógicas. Integrava-me à escola com amor e empenho. Cido e Zé tornaram-se meus amigos do coração. Se algum dia eu não falasse com eles, sentia uma falta enorme. Aprendi a dialogar, a pensar com método e a ordenar meus sentimentos. Enfrentei dificuldades inúmeras: alunos que queriam tumultuar as aulas, companheiros que só iam à escola para ter isso no prontuário, inveja, funcionários que não admitiam preso ser professor, colegas professores viciados em drogas e incapazes de lidar com o vício. Além disso, me tornei uma espécie de confidente — como costuma ocorrer com os professores dentro da prisão. Alunos me contavam os problemas que tinham com suas mulheres, com seus filhos e familiares.

Um problema frequente eram os preconceitos dos alunos evangélicos. Quando eu começava a falar na cultura trazida pelos escravos, os evangélicos abandonavam a sala de aula. Alguns presos, que se autodenominavam "pastores", vieram conversar comigo. O que eu ensinava como cultura e manifestação religiosa de um povo era pecado grave para eles. Macumbaria. Discuti muito com cada um dos evangélicos. Firmei posição nos meus estudos e conhecimentos; eles, na Bíblia. Continuei afirmando que os cultos africanos não eram pecado, nem brincadeira. Eram, sim, a religião e a cultura que os escravos haviam trazido da África, algo que os unia e os ajudava a suportar a opressão e a miséria de suas vidas. Quando abordava a teoria evolutiva de Darwin, também surgiam problemas. A questão da criação bíblica vinha à tona, e os evangélicos queriam brigar comigo.

 A verdade é que eu estava cheio de moral. Trabalhava na melhor das profissões e sustentava minha família com dignidade. Contava com o respeito dos meus alunos e fregueses em todos os pavilhões. Não precisava colocar faca na cinta para me sentir seguro. Meu comportamento e meu trabalho falavam por mim. Estava me realizando como professor e produtor. A minha mulher, apesar do desgaste das filas da visita, me amava. O meu filho crescia e se tornava cada vez mais belo e querido. Nos dias de visita, o molequinho corria no pátio atrás da bola, todo feliz. Era amoroso, doce e inteligente. Eu o adorava: era o grande amor da minha vida. Ele me inspirava para a luta durante a semana.

 Claro que eu também sofria. Sofria a ausência daqueles que amava; sofria por viver num mundo tão brutal. Certo dia acompanhei Cido ao pavilhão oito. Ele queria organizar uma pequena triagem para completar vagas na escola de lá. Viramos a Radial e alguém veio em nossa direção, empurrando um carrinho com um cadáver. O corpo estava lavado em sangue, todo esburacado. Cido ficou muito impressionado, mas se manteve firme. No dia seguinte, voltamos ao pavilhão com a mesma finalidade. Adentramos o pátio. Quando dobramos à direita, em direção à escola, topamos com um sujeito que arrastava um cadáver degolado, com a cabeça pendendo.

Dias depois fomos ao pavilhão nove. A princípio, tudo correu bem. Descontraídos, comentamos que felizmente não veríamos ninguém morto. Nesse instante, um homem enorme veio correndo em nossa direção, quase nos atropelando. Atrás dele, vários companheiros de facas em punho. Encostamos na parede e ficamos olhando, paralisados. O sujeito tropeçou, caiu de costas e foi perfurado trocentas vezes. A vítima corcoveava, soltando um som grosso como um ronco, enquanto um sangue escuro vazava dos muitos buracos em seu corpo. O som do ferro atingindo o chão, após atravessar o corpo, lancetava nossa mente.

Pensando que uma rebelião havia começado, os carcereiros correram para o fundo da carceragem. Rapidamente, levei o Cido para a escola. Sentei o amigo em um banco no pequeno escritório pegado à classe. Ele não era medroso, mas estava chocado. Eu também. Daquele dia em diante, não voltei a acompanhá-lo em suas andanças pelos pavilhões. Aquelas cenas faziam a vida ter gosto de morte, e eu não aguentava mais.

Embora tentasse me abstrair daquele mundo, eu utilizava elementos da cultura da prisão nas minhas aulas. Isso tornava muito mais fácil a assimilação por parte dos alunos. Por exemplo, para explicar a lei da oferta e da procura, eu fazia referências à economia prisional. Se chegasse um quilo de maconha e não houvesse mais droga na prisão, o que ocorreria? Procurava os alunos mais envolvidos e perguntava a eles diretamente. A resposta era sempre a mesma: os donos da mercadoria fariam "balinhas" mínimas e as venderiam a um preço alto. E se chegassem trinta quilos, como ficaria? O traficante faria trouxinhas de 25 e de cinquenta gramas e venderia barato, ao preço que oferecessem. As "balinhas" desapareciam do mercado.

Então eu fazia a exposição teórica do lastro-ouro para emissão do papel-moeda. Inflação, leis de mercado, comércio internacional, Banco Mundial, FMI e toda essa base econômica serviam para que os alunos tivessem maior compreensão da história, particularmente das guerras entre os povos. As aulas me ensinavam muito, principalmente sobre mim mesmo.

Mais ou menos nessa época reencontrei o Ulisses, considerado o maior conhecedor das ciências jurídicas no cárcere. Pedi uma consulta sobre minha situação processual. Expliquei que já estava preso havia 26 anos e esperava sair dali a quatro anos, mas a resposta do Ulisses me derrubou. Embora 30 anos fossem a pena máxima do país, a lei dizia que, em caso de novo delito no cumprimento da pena, desconsiderava-se o tempo já cumprido e seria feito um novo cálculo. Nesse sentido, minha pena estava agora em 74 anos. Eu teria que cumprir 32 anos no regime fechado para pleitear o regime semiaberto, e somente um monte de anos depois poderia sair em definitivo. Meu Deus!

Foi como se uma gaiola de megafones explodisse na minha consciência. Então esta vida não teria mais fim? Eu ficaria preso até morrer? O que eu sentia não era revolta. Sabia que era o único culpado. Mas a consciência da culpa não me consolava. Eu era um homem sem futuro. Pelos meus cálculos, só poderia voltar ao semiaberto quando tivesse 52 anos. E já não me restaria a alternativa da fuga. Estaria velho, não poderia mais me aventurar.

Havia outro motivo para que eu não tentasse mais fugir: queria dar ao Renato um bom exemplo, na medida do possível. Sabia que o exemplo é a melhor forma de educação. Eu aprendera a fumar nas bitucas dos cigarros do meu pai. Aprendera a beber tomando o que ficava no fundo dos copos dele. Quando ele me flagrava bebendo ou fumando, me dava uma surra. Mas a surra não apagava o poder do exemplo: eu continuava imitando o que via. O meu maior medo era que Renato seguisse os meus passos. Se isso acontecesse, a responsabilidade seria minha. Antes, eu acreditava que poderia sair quando ele tivesse sete anos. Daria tempo para educá-lo. Mas... e agora? Que tristeza para aquele menino! Quando teria um pai ao lado dele?

Eu pensava nessas coisas aos domingos, durante as visitas, mas não dizia nada. Aproveitava o tempo que tinha com o Renato. Eu o levava a uma parte do pátio onde havia um buraco de escoamento de águas pluviais; ele atirava pedras lá dentro e soltava risos de alegria quando elas estalavam na água. Era um garotinho simples, fácil de contentar. Grudava na minha perna para andarmos juntos. Seus olhos eram enormes e curiosos. Adorava jogar bola. Eu, que nunca gostei de futebol, ficava horas disputando partidas com ele.

Mergulhei ainda mais fundo no trabalho. Continuei estudando modelagem para produzir os melhores bichinhos de pelúcia que pudesse. Um ex-aluno me disse que sua tia vira meus animaizinhos na banca do pavilhão e queria conversar comigo. No domingo, ao descer ao pátio para passear com o Renato, vi que a tia do ex-aluno, uma senhora bastante distinta, me esperava. Conversamos enquanto Renato corria atrás de um gato, com outros garotos que tinham vindo visitar seus pais.

A senhora explicou que trabalhava para um pirata. O sujeito copiara os bichos de pelúcia das empresas tradicionais, com pequenas modificações. Sua marca misturava os nomes das duas fábricas mais famosas, para confundir incautos. Sua pelúcia era de alta qualidade, como a dos modelos que ele copiava. Como os bichos eram grandes, sobravam muitos retalhos. Havia um quarto cheio desses retalhos, que poderiam ser reaproveitados. Ela me forneceria aquele material. Em troca, queria que eu lhe desse modelos de bichinhos pequenos. Também desejava faturar com aquele material desperdiçado. Havia até tecidos importados, coisas de primeiro mundo. Acertei com ela. A proposta era muito boa e eu queria ver no que aquilo daria.

No meio da semana ela me enviou três sacos enormes. Um deles continha bolinhas de isopor, para o enchimento dos bonecos. Os outros dois, retalhos de tecido. Só coisa fina. Eu poderia trabalhar por três meses sem gastar com material, uma economia muito bem-vinda. O fim de ano se aproximava; eu faturaria alto. Em troca, dei à minha nova sócia vários modelos — mas apenas modelos superados, que eu não utilizava mais.

A mulher comprou todos os bichinhos que fiz com os tecidos especiais. Vendeu com tanto lucro que acabou me trazendo o dobro de retalhos de tecidos. Disse-me que o dono da fábrica em que trabalhava havia se apaixonado por minha produção e me daria emprego na hora. A proposta dela era que, quando eu saísse da prisão, fosse trabalhar com o seu patrão na modelagem — e me tornasse sócio dela por fora. Arremataríamos os retalhos e nos apropriaríamos dos modelos que o patrão copiava dos outros. Era cobra engolindo cobra, como na prisão.

Eu precisava ter cuidado para não ser engolido também. Se dissesse que só sairia da prisão dali a muitos anos, perderia meus novos sócios. Só me restava, portanto, iludi-los, para que continuassem me cortejando. Foi o que fiz ao longo dos dois anos seguintes. Trabalhei todo esse tempo com o material gratuito dessa gente. O "futuro patrão" mandou até cortes inteiros e não apenas retalhos. Dei-lhe o modelo de um urso panda grande que eu havia aperfeiçoado ao longo dos anos. Vendeu muito. Irismar afirmou ter visto meu bicho em várias lojas importantes.

Claro, nem tudo era paz e tranquilidade em meu negócio. Na prisão, muitas vezes eu vendia fiado, e alguns compradores acabavam se recusando a pagar. Então eu era obrigado a colocar a faca na cinta para ir receber. Os caras eram metidos a valentes e poderiam querer me intimidar se me vissem desarmado. Na maior parte das vezes a faca era só para assustar. Mas uma vez tive de sacá-la. Um morador do pavilhão sete havia comprado uns oito bichos. Estava pagando aos poucos e chorando a cada real que eu conseguia arrancar dele com muita insistência. Então quis me ameaçar. Mas eu sabia que ele não era de nada. Puxei a faca, enquadrei e recebi tudo na hora.

Outra vez, no pavilhão oito, me recusei a fazer negócios com um certo sujeito, que pertencia a uma organização poderosa. Ele já comprara outros bichinhos e me pagara em drogas. Mas eu não gostava disto: tinha que revender a droga e esse era sempre um risco desnecessário. Além do mais, havia a vontade antiga que assanhava as tripas quando eu me via perto das drogas. Por isso, acabei me recusando a lhe vender mais bichos. O cara não gostou e resolveu me dar uma lição.

Um dia, quando eu chegava para dar aulas no pavilhão oito, ele apareceu, acompanhado por um sujeito enorme. Parecia bêbado; desviei. Chamou meu nome; fingi não escutar. Veio atrás de mim. Ao me alcançar, fez ameaças. Me proibiu de voltar àquele pavilhão. Caso me pegasse ali, iria me fazer passar mal. Eu sabia que ele estava envolvido em quase todas as mortes que ocorriam no pavilhão oito. Já o vira em ação, furando cadáveres. Era um carniceiro, cruel e impiedoso.

Mas não podia deixar que me intimidasse. Eu tinha negócios naquele pavilhão e, além disso, dava aulas lá. O sustento da minha família dependia da entrada no local. Confrontei-o. Ele me convidou para subir as escadas. Devia estar armado, mas eu não tinha alternativa senão segui-lo. Sabia que ele tinha lagartos de montão. Poderia me matar, e me vi obrigado a segui-lo para o matadouro. Caso contrário, eu demonstraria que as ameaças dele me intimidavam e então não poderia mesmo entrar no pavilhão.

Fui andando em direção às escadas. Antes de chegar ao primeiro degrau, levei uma pancada no rosto tão forte que fui jogado longe. Nem enxerguei quem me acertou. Por sorte, não caí. Fiquei zonzo e demorei para me recuperar. Caminhei tonto, me recobrando a cada passo. Consegui sair do pavilhão oito e voltar à minha cela. Meu rosto estava amortecido. Fora uma porrada e tanto.

O lado direito do rosto inchou muito, o olho ficou preto e tapou. Por dentro, estava vermelho de sangue. Cuspi sangue. E tive que passar dias me escondendo da polícia. Se vissem meu olho daquele jeito, cobrariam explicações. O William, professor de geografia, precisou se desdobrar para dar também as minhas aulas. Meu amigo Pintado, que ganhou esse apelido por ter o corpo todo tatuado, foi conversar com os caras no pavilhão oito. O pivô daquela agressão era ligado a um poderoso traficante. Matava para ele. Mas o traficante-patrão me conhecia da Penitenciária do Estado e gostava de mim. Era meu freguês de bichos de pelúcia há tempos. Depôs a meu favor, dizendo que eu ajudava todo mundo. Não havia por que me agredir. Pintado, amigo deles, ajeitou tudo. Assim, fiquei livre para ir ao pavilhão oito sempre que quisesse. Mas eu não podia fazer nada contra os meus agressores, envolvidos com pessoas poderosas demais. Eu não era páreo para eles.

Isso me custou pontos na reputação: fui agredido e não pude revidar. Por outro lado, como professor, meu valor era cada vez mais reconhecido. Assim que Claudionor foi para o regime semiaberto, eu o substituí como líder dos professores. Tinha conquistado as simpatias de todos e estava numa posição privilegiada na escola.

Certo dia, fui dar aula no pavilhão sete. Não gostava muito de lecionar ali. O pessoal era muito displicente, tipo classe média da prisão. Boa parte dos alunos vinha à escola apenas para registro no prontuário. Isso podia ajudá-los a obter benefícios jurídicos. Logo após a chamada, muitos abandonavam a classe. Eu até os estimulava: quem não estivesse a fim, podia sair. Se ficassem, atrapalhariam. Naquele dia, quando entrei no pavilhão, senti algo estranho. Passei pela carceragem. Os guardas estavam lá e observavam tudo com um ar estranho. Seria comigo?, pensei, pois isso sempre nos passa pela cabeça.

Seria uma rebelião? Apenas mais um acerto de contas? Quantos morreriam desta vez? Fui para a sala de aula. Apenas dois alunos estavam lá, ambos evangélicos e apartados da vida prisional. Não sabiam de nada. Caminhei até a porta. Alguém chamou meu nome: era um aluno que se encontrava na esquina do pavilhão. Ele me explicou o que estava acontecendo. Os presos haviam cavado um túnel. Naquele dia, um grupo de guardas começara a vasculhar o pavilhão, pois tinham escutado rumores sobre uma possível fuga. Se o túnel fosse descoberto, os guardas seriam sequestrados. Os presos tomariam o pavilhão de assalto. Se eu não quisesse participar daquilo, que saísse enquanto podia. O meu aluno não esclareceu o que aconteceria em seguida. Assim, peguei os meus livros e caí fora. O pavilhão quatro era colado ao pavilhão sete. Voltei à minha cela e fiquei esperando a explosão.

E aconteceu. Soubemos no dia seguinte, pela televisão. As coisas ocorreram exatamente como o meu aluno antecipara. O túnel havia sido denunciado. Os guardas procuraram, procuraram até achar. Foram desarmados e viraram reféns, como estava previsto. Então os companheiros começaram a vazar pelo túnel, apressadamente. Mais de cinquenta conseguiram ir embora naquele dia. O escândalo foi enorme. Os fugitivos eram perigosos, do tipo que realmente dava prejuízo à burguesia endinheirada. Foi um acontecimento.

24.

Na Casa de Detenção as coisas andavam cada vez mais confusas e complicadas. Tudo estava de pernas para o ar. Não havia como controlar direitos e benefícios. Um pedido de benefício jurídico demorava em torno de um ano para sair da Casa e chegar ao juiz. Documentos desapareciam com frequência. Havia escassez de funcionários e, entre os que trabalhavam lá, muitos tinham má vontade em relação aos presos. Embora aquela fosse uma prisão de trânsito para as penitenciárias, muita gente ia ficando em definitivo. Tanto as penitenciárias quanto os distritos policiais estavam superlotados. O caos se instaurara nos presídios do estado. Os governadores anteriores não haviam construído prisões suficientes. Elas não rendiam votos.

A maioria dos companheiros na Casa de Detenção queria sair daquele lugar caótico. Faziam o possível a fim de conseguir transferência para as penitenciárias. A Vara de Execuções de São Paulo estava atravancada de recursos jurídicos. Tudo seguia morosamente. As remoções para as cadeias do interior do estado não avançavam.

O desespero agravava a violência e a desordem. Novos sofrimentos se prenunciavam. Alguns noias encontraram um meio de usar drogas e não pagar. "Metiam bronca" nas bocas, usavam toda a droga e diziam que pagariam depois. Juntavam-se a outros desesperados que queriam sair daquela prisão. Munidos de facas, tomavam o pavilhão seis, o dois, o quatro, o cinco.

Já os pavilhões oito e nove jamais eram invadidos ou tomados. Havia um acordo tácito entre os noias e os figurões do crime organizado. Se houvesse confusão em um desses pavilhões, a PM invadiria atirando, como já fizera. E o morticínio seria grande. Havia muitas armas de fogo na prisão; os presos de todo o sistema penal do estado estavam dispostos a vender caro suas vidas. E a Polícia Militar não daria moleza. Seria fogo contra fogo. Muitos de nós tínhamos amigos que haviam sido assassinados na chacina de 1992. No pavilhão nove, o nome de cada um dos 111 mortos estava gravado nas paredes.

Além da matança, uma invasão da polícia redundaria em outros tipos de prejuízo. Drogas e armas seriam perdidas; projetos de fuga em andamento seriam descobertos; outras situações comprometedoras poderiam vir à tona. Claro, tudo isso seria cobrado de quem provocasse a invasão.

O pavilhão cinco foi tomado várias vezes pelo pessoal que estava no seguro de vida. No quinto andar, a ala do lado direito abrigava os presos que pediam seguro de vida nos outros pavilhões. A segurança não era assim tão intransponível, mas garantia a vida dos assegurados. Ninguém ali se atreveria a invadir o pavilhão cinco. Seria assassinado. Uma boa parte dos moradores do local não podia ir a outras partes da prisão. Caso fosse, seria morta. Para ali eram mandados os presos por estupro. Os homossexuais assumidos habitavam o quarto andar, a chamada Rua das Flores. Muitos companheiros de outros pavilhões frequentavam aquele recanto.

Aquele era o pavilhão mais bem armado da cadeia, com verdadeiras fábricas de facas improvisadas. Fabricar facas era um meio de vida lucrativo, mas perigoso. Quase todos os faqueiros acabavam sendo mortos com seus próprios artefatos. Assassinatos ocorriam quase diariamente.

Certo dia fomos convocados para uma reunião de professores no pavilhão seis. Havia vários assuntos em pauta. O principal deles era o nosso salário. De acordo com o contrato de trabalho, tínhamos direito a receber 40% do salário mínimo. Eu já dava aulas havia quase três anos, mas continuava recebendo a mesma coisa: os dois expedientes rendiam 80% do salário mínimo. É bem verdade que ganhávamos um adicional. Mas tínhamos de cumprir dez horas de aulas-estudo na sala dos professores por mês. E o fato é que o salário mínimo subia, acompanhando a inflação galopante da época, enquanto nosso salário permanecia o mesmo.

De manhã cedo, antes de seguir para o pavilhão seis, passei pelo pavilhão oito. Precisava levar uns olhinhos de urso para o Beto. Ele também vinha se dando bem com os ursos. Os anos nos tornaram cada vez mais amigos. O apoio era mútuo. Eu almoçava quase todos os dias com ele, ano após ano. Principalmente na segunda e na terça, quando a comida em seu barraco era trazida pela sua família, que o visitava no domingo. Era coisa de primeiro mundo.

Beto contou que um grupo de presos planejava invadir o pavilhão seis. Viriam em grande número dos pavilhões oito e nove. Ele ouvira as conversas; estava tudo armado. Havia três dias o pessoal procurava o momento certo para atacar. Eu não podia faltar à reunião, mas também não podia delatar o que estava prestes a acontecer. E se tudo degringolasse? Se o choque da PM invadisse, e eu lá no meio? Às vezes sentia a vida como uma fera movida a vapor, com a ferrugem se avolumando nas dobras. Tive que enfrentar o problema. Segui para o pavilhão seis torcendo para que deixassem o ataque para outro dia. Pelo que percebi, estavam todos de chapéu atolado até os olhos. Ninguém sabia de nada. Lá estavam Cido, o diretor de educação, os dois guardas que faziam a contagem nas escolas dos pavilhões e os 22 monitores que davam aulas na prisão. Cido abriu a reunião e me sentei próximo à porta. Pouco depois, um sujeito meio pálido passou por ela. Senti que o pior acontecera.

Sem dizer nada aos outros, fui ao corredor. Desci as escadas e logo percebi que o pavilhão já estava tomado. Vi vários caras com os rostos cobertos por toucas ninja feitas de camisetas. Contei uns quinze. As facas eram enormes. Os homens riam, nervosos. Observei o líder. Pensei tê-lo reconhecido. Voltei rápido à sala. O pessoal continuava debatendo nosso salário, sem ter ideia do que estava acontecendo. Chamei Claudionor para um canto e abri o jogo. No mesmo instante ele interrompeu a reunião e transmitiu a má notícia. Os guardas se levantaram de um salto e saíram correndo para a sala da diretoria da escola. Iam se trancar lá para não virarem reféns. A porta tinha uma chapa de ferro e podia ser trancada por dentro com um cadeado. Os guardas e o diretor da escola estavam tão apressados que deixaram Cido para trás. Ele não era presidiário e, portanto, também poderia virar refém. Ficou meio que perdido, sem saber o que fazer. Peguei-o pelo braço e o levei à sala segura, junto dos guardas. Claudionor e eu tentamos acalmar aquele povo apavorado. Prometemos fazer o possível para impedir que fossem usados como reféns. Em seguida, eles se trancaram por dentro. Também giramos a tranca do lado de fora e colocamos o cadeado. A chave ficou com o Claudionor.

Ele e eu descemos as escadas. Os caras vasculhavam os andares em busca de guardas. Estouraram os cadeados da diretoria penal e invadiram. Pouco depois, os funcionários começaram a sair em fila, levando lapadas de facas nas costas e na cabeça. Seriam reféns.

Fomos atrás para entender o que estava acontecendo. Eles já haviam tirado as toucas e mostravam as caras. Reconheci alguns. Havia alunos meus entre eles. Os reféns foram enfiados no banheiro dos guardas, na entrada do pavilhão. Um dos meus amigos, Xodó, ficou encarregado de negociar com a polícia. Ele não havia participado do sequestro. Era apenas o negociador.

Eu conhecia esse companheiro havia décadas. Chamei-o para um canto. Falei sobre o Cido e os guardas da escola, trancados na diretoria. Fiz um pedido sério: que os deixassem conosco. Eles faziam parte da escola da prisão. Não prejudicavam ninguém. E se as coisas saíssem erradas, eles seriam nossos escudos lá em cima. Além de mim e do Claudionor, havia outros vinte monitores, também presidiários. Se a PM invadisse, os guardas da escola nos ajudariam a sobreviver. Nós os colocaríamos na frente e negociaríamos.

Xodó não podia dar a palavra final. Chamou o sujeito que comandava aquela tomada. Explicamos tudo novamente. No início, ele se fez de desentendido. Xodó nos apoiou. Então o líder concordou. A princípio, deixariam os guardas da escola em paz, desde que o Claudionor e eu os mantivéssemos sob controle. Demos nossa palavra. Em seguida, no entanto, o líder acrescentou: se as coisas ficassem difíceis, os invasores talvez precisassem de mais reféns; nesse caso, pegariam o pessoal da escola. Não concordamos e a coisa ficou no ar. Gostávamos muito do Cido; mesmo que os caras dominassem os guardas e o diretor, não deixaríamos que o sequestrassem. Claudionor fechava comigo. Carequinha, encarregado da escola do pavilhão nove, também concordou. O nosso amigo não tinha nada a ver com aquilo.

Voltamos ao andar de cima. Vanderlei estava apavorado. Todos sabiam que ele era agente da polícia, cagueta e sem-vergonha. Os monitores o assustaram ainda mais, dizendo que os invasores do pavilhão o procuravam. Vanderlei pediu que fôssemos com ele à diretoria penal. Sabia onde estavam escondidas as melhores facas apreendidas. Aceitamos. Ao chegar lá, topamos com um grupo de presos tentando abrir um arquivo de aço. Não eram da turma dos sequestradores. Estavam apenas aproveitando o caos. Com facilidade, dominamos a situação. Tomamos a frente e Vanderlei abriu o arquivo com a maior facilidade. Na primeira gaveta havia saquinhos contendo drogas e dinheiro apreendido. Nas gavetas de baixo, facas aos montes. Vanderlei disse que aquelas eram as de pior qualidade. Fomos até o banheiro vizinho ao gabinete do diretor penal e Vanderlei ergueu um tapume, revelando várias facas bem trabalhadas. Apanhamos algumas e subimos. Escondemos as armas embaixo dos armários e colocamos outras na cintura. Assim, estaríamos preparados para qualquer contratempo, mas o fato é que nenhum de nós estava disposto a usar as armas. Enfeite, farol, talvez para participar do clima.

 Claudionor teve a ideia de pegar a televisão do diretor penal para salvá-la do saque. Queria marcar pontos: não era bobo. Uma para o diabo, outra para deus. Fomos buscar. Na sala do diretor encontramos um armário de aço embaixo da televisão. Claudionor o abriu com facilidade. Dentro do armário vimos duas garrafas PET de dois litros cada. Parecia água, mas bastou um gole para sabermos que era vodca pura.

 Lavamos todas as preocupações e todos os receios em goles afogueados. Era bebida apreendida na portaria. Achamos outras garrafas e levamos para os nossos companheiros monitores. Agora entrávamos em outras vidas, diferentes das nossas. Os desertos calcinados de ódio e ignorância floriram e tudo era alegria. Demos uma festa na sala dos professores. Fizemos incursões à copa do diretor penal e trouxemos um monte de coisas para comer. Abrimos a porta de ferro dos nossos tutelados e lhes demos chá quente com bolachas recheadas. Tudo na maior gentileza. Mas imagino o que eles devem ter sentido ao nos ver bêbados e com enormes facões na cinta ou nas mãos. O cheiro forte de maconha invadia tudo. No lugar deles, eu ficaria apavorado.

A bebedeira, a empolgação e a ousadia cresciam. Alguns de nós retiniam facas nas paredes e nas grades, produzindo faíscas de fogo e um som assustador. Vanderlei se encolheu dentro de uma carteira escolar. Ele havia nos revelado as armas por um único motivo: a esperança de que o ajudássemos a se defender. Agora nos via bêbados, ameaçadores e incontroláveis. Quanto a mim, fazia tempo que não me sentia tão alegre. Andava para cima e para baixo como se tudo fosse nosso. Mas sabia que aquilo podia acabar em desgraça. Caso a polícia invadisse, nos encontraria armados e bêbados.

Quando menos esperávamos, dois sequestradores adentraram a escola. Queriam levar os funcionários para o cativeiro. Não, não podíamos deixar. A bebida nos encorajava; argumentamos, fortalecidos. Mas eles não queriam acordo. Perguntaram onde estava a chave que abria a tranca do lado de fora. Mentimos que não sabíamos. Resolveram arrombar, pediram nossa colaboração. Não demos. Forcejaram estupidamente o cadeado. Jamais conseguiriam sem a nossa ajuda. Quando cansaram, foram buscar mais pessoas do bando deles.

Ao voltar, viram as nossas facas nas cintas. Não iríamos confrontá-los. Pelas regras do crime, não poderíamos defender funcionários em detrimento de presos. Não o faríamos. Podiam levar os guardas e até o diretor de educação. A função e o risco eram dos funcionários. Havia um salário e até um adicional por conta do perigo do trabalho deles. Mas não permitiríamos que levassem o Cido, de modo algum. Ele não era funcionário da prisão.

Por sorte, entre os recém-chegados estava um amigo do Carequinha, lá do pavilhão nove. Conversamos. Na verdade, eles não estavam precisando dos funcionários. Estavam com mais de uma dezena de reféns. Dois ou três não fariam diferença. Ficou acertado que todo o pessoal da escola ficaria conosco. Caso fosse necessário, nós mesmos os levaríamos até eles. Com exceção do Cido, que ficaria conosco. Eles não queriam nada com o nosso amigo.

A bebida finalmente acabou e o álcool começou a perder o efeito. A melancolia e a ressaca baixaram. Estávamos ali, expostos em nossas fragilidades, enquanto o dia escurecia e o inferno renteava o chão.

Assim como começara, a revolta acabou. Os companheiros haviam negociado um acordo com o coordenador da Coespe, a Coordenadoria dos Estabelecimentos Penais do Estado de São Paulo, futuro secretário dos Assuntos Penitenciários. Foram removidos para um dos presídios do interior. Levaram um funcionário como refém. Com certeza não escapariam do "salve", o espancamento de chegada. Mas já estariam onde queriam estar.

Eu não sabia se o esforço valia a pena. Embora quase todo mundo quisesse sair da Casa de Detenção, o fato é que em nenhuma cadeia havia tanta facilidade como ali. Pagando, tudo era possível. Um lugar perigoso, mas andando na linha dava para viver com relativa paz. O problema eram os recursos jurídicos, que demoravam demais, e a vida que custava caro. Lembro de um sujeito sem uma perna que conseguiu fugir. Afirmaram, na cara de pau, que ele havia subido e descido a muralha de dez metros sem que ninguém visse. Também houve um preso que montou restaurante na rua com as mercadorias desviadas. E, para conseguir capitalizar, não havia melhor lugar. Se bem esperto e conhecido, o sujeito podia dobrar seu capital dentro daquela prisão. Os riscos podiam ser contornados e os perigos, comprados. Quem não é visto não é lembrado, e vice-versa — essa era a política que eu seguia lá dentro. Na escola e junto do pessoal da Funap, eu queria ser visto e lembrado. Para o mundo da prisão, procurava ser esquecido.

Após a confusão, fomos mandados para os nossos pavilhões de origem. Eu não conseguia me livrar da sensação de que, mais uma vez, havia escapado por pouco. Até quando aquela sorte? Ano que vem ou dia seguinte?

Pouco depois, numa quarta-feira, fui dar aula no pavilhão cinco. Era dia de recreação do pessoal do seguro de vida. Eles desciam escoltados e ficavam no pátio interno durante a manhã. No meio da aula, escutamos o maior tumulto. Os alunos saíram da sala. Fui atrás. A carceragem estava tomada. O portão de saída do pavilhão tinha sido trancado com cadeado. Não era possível ir embora. Voltei para a sala de aula.

O encarregado da escola logo chegou, contando a história toda. Alguns companheiros do seguro de vida haviam tomado a carceragem. Queriam ser transferidos para outra prisão. A situação deles era de extremo perigo, como assegurados e jurados de morte. Não tinham nada a perder. Mantinham meia dúzia de funcionários reféns, com facas no pescoço. Já acontecera várias vezes. Tinha virado rotina sequestrar funcionários para sair da cadeia. Só que, desta vez, estava embaçado. Os companheiros que comandavam o pavilhão já tinham avisado que não aceitariam mais aquilo. O pessoal do seguro andava abusado demais. A cada sequestro, o pavilhão todo era oprimido pelo choque da PM, em represália.

A polícia exagerava na reprimenda exatamente para que tais ações fossem coibidas por dentro. Havia imensos prejuízos. Contravenções eram descobertas, muita gente era levada para a cela forte, o clima de tensão crescia. A qualquer momento a polícia podia resolver não negociar mais. Então todo mundo estaria em risco. O trauma do massacre de 1992 estava em todas as cabeças. Outra matança sempre seria possível.

Os companheiros me levaram para o segundo andar. Ali havia quatro xadrezes que pertenciam ao pessoal que trabalhava na escola. Na subida da escada, vi os companheiros da faxina do pavilhão carregando facas. Aquilo não ia prestar.

Eu tomava café quando escutei a gritaria. Havia gente apanhando ou morrendo aos poucos, pelos gritos desesperados. Desci as escadas. Quando cheguei, já havia acabado. O pessoal do pavilhão tinha invadido a carceragem e tomado os guardas das mãos dos sequestradores. Depois, bateram bastante nos caras. Falaram até que haviam "subido o gás" (assassinado) do líder dos sequestradores. Sangue esparramava-se pelas paredes. Saí pulando poças pelo chão. Sabia que aquilo iria repercutir. Onde já se viu preso tomar guardas de presídio da mão de preso e ainda bater e matar? Eu nunca tinha visto aquilo.

Nada mais fazia sentido naquela prisão. Os pavilhões estavam sempre interditados ou tomados. O trânsito ficava truncado, impedido. A cadeia enlouquecera e já não se sabia mais o que fazer. Senti que algo grande estava para acontecer. Algo realmente sério. E logo descobri o que era: uma ação de fuga em massa vinha sendo planejada. Fui convidado. Pegaram tão de surpresa que nem pude pensar muito. Em princípio, eu não queria sair foragido novamente. Sabia que as chances, como das outras vezes, seriam pequenas.

Mas e se a fuga desse certo? Eu ficaria ali dentro, com a desesperançada vontade de conviver com o meu filho? O que sobraria, então?

No dia programado, eu daria aula no pavilhão dois. Ao chegar, vi no local muita gente estranha. Na sala de aula, quase ninguém. Liguei a televisão, joguei a fita no videocassete e deixei rolar, sem explicar nada. Saí da sala e fui olhar as galerias. Muita gente. E quase todo mundo armado. Ouvi o barulho do caminhão do lixo. Senti que o campo estava minado e me arrependi de ter saído da minha cela. O caminhão entrou na frente do prédio, vindo do pavilhão oito. Já estava tomado. Desci as escadas e vi. Muita gente, muita mesmo. Se desse certo, seria uma loucura.

O caminhão entrou na Divineia já acelerando. O malandro ao volante estava cheio de vontade. Jogou o carro no portão, que veio abaixo. O veículo passou por cima, seguindo para o último portão. Um guarda que estava atrás do portão ficou esmagado embaixo.

Atrás do caminhão, pelo portão arrombado, vinham os companheiros a pé. Os mais corajosos se atiraram na frente, de facas nas mãos. Mas assim que os companheiros apontaram na entrada da Divineia, balas começaram a chover. A polícia os esperava: era mais um plano delatado. Atiraram para matar. Alguns companheiros que iam na vanguarda foram baleados. Os outros conseguiram recuar a tempo, pois os guardas começaram a atirar contra o caminhão. A polícia, provavelmente, não contava com o veículo roubado.

Em alta velocidade, o caminhão trombou com o batente de ferro e concreto do portão de saída. Mesmo assim, continuou acelerando. Mas uma viatura estava de tocaia e os policiais metralharam o caminhão, matando os quatro companheiros na boleia.

Nos pátios, a maior correria. Muitos conseguiram voltar ao pavilhão de origem. Outros entraram no pavilhão dois e tomaram o prédio de assalto. Os guardas foram feitos reféns e novamente o "bagulho" ficou louco. E eu, como não poderia deixar de ser, estava lá dentro, assistindo a tudo, bestamente. Um funcionário e vários presos já estavam mortos. O negócio estava sério demais. Subi ao segundo andar e fui para o xadrez onde moravam os companheiros que trabalhavam na escola.

O pavilhão dois era o mais antigo. Hoje, em seu lugar, há uma biblioteca imensa: a Biblioteca São Paulo, no Parque da Juventude — a Casa de Detenção foi demolida e em seu lugar nasceu o parque. No meu tempo, porém, o prédio era um imenso bloco quadrado de cinco andares, com um pátio interno. Um velho dinossauro já morto, sendo desossado. Fiquei acompanhando o movimento pela janela, tomando suco gelado. Já estava me acostumando àqueles sequestros. Mas sabia que, uma hora, o "pé do frango" iria azedar. Mais cedo ou mais tarde ocorreria um grande massacre. Tudo isso fazia parte da longa agonia da Casa de Detenção. O fim da prisão demorava. Não acabaria de uma hora para outra. Eles não tinham onde enfiar os quase 8 mil presos. Penitenciárias não se construíam da noite para o dia. Aquela situação se alongava, sem fim.

    A vida de presidiário começava a afetar a minha relação com Irismar. Para ela, as visitas eram um desgaste constante. Primeiro, havia a longa distância a ser percorrida entre a nossa casa e a prisão, com o Renato no colo. Depois, vinham as filas intermináveis; as mulheres dos outros presos muitas vezes a desrespeitavam, passando sempre na frente, maltratando-a. Então chegava a hora das revistas — a humilhação nas mãos de funcionárias rudes e desumanas. E ela passava por tudo isso carregando sacolas cheias de comida... Essas coisas começavam a afetá-la. Ela foi chegando cada dia mais tarde na visita. Antes, chegava sempre às nove. Agora, só aparecia às dez, dez e meia. A princípio, não dei bola. Depois aquilo foi me deixando revoltado. Eu trabalhava desesperadamente para sustentar a família. Não comprava nem mesmo um sorvete para mim. Repassava tudo a Irismar. E mesmo assim ela parecia querer me ver cada vez menos.

    Me convenci de que os atrasos se deviam à enorme fila. Fui pedir ao diretor de vigilância uma autorização para que ela pegasse uma fila preferencial. O homem não sabia dizer não para mim. Minha argumentação era sempre a mesma. Que ele confiara em mim e eu jamais traíra sua confiança. Havia três anos que o diretor me ajudava. Mal sabia ele que eu me envolvera em cada uma... Fosse como fosse, consegui. Menti que Irismar tinha problemas na coluna e não podia ficar muito tempo em pé com o bebê. O diretor concordou em abrir uma exceção.

A minha mulher passou a pegar uma fila minúscula. Mesmo assim, continuou se atrasando. Passou a chegar ao meio-dia, depois à uma hora da tarde. Às três e meia já ia embora. Só dava para transar uma vez, rapidamente. E não dava tempo para curtir o Renato. Isso estava me deixando louco da vida. Assim que Irismar chegava, eu já começava a destratá-la. Dizia que ela não fazia nada além de cuidar do menino. Dormia todo dia até onze horas da manhã. Eu achava que ela queria fazer esse horário também na visita de domingo.

Foram muitas brigas. O sentimento dela com relação a mim foi se esgarçando. Eu a queria na cama, ardentemente. E, aos poucos, comecei a perceber que ela não gostava mais. Cedia apenas por obrigação. Não me amava mais. Era por isso que se atrasava: para evitar o sexo. Percebi que ela não aguentava mais e que eu estava só. A cadeia desmanchara seus sentimentos. E eu era o culpado. Eu me colocara dentro da prisão. Irismar queria apenas ser feliz com seu marido e seu filho, em casa, e eu havia destruído seus sonhos de moça.

Um dia fiz a pergunta, diretamente. Ela assumiu que não sentia mais vontade. Eu precisava me respeitar, não podia continuar daquele jeito. Disse que ela passasse duas semanas sem me visitar, para pensar melhor. Deixei claro que se não me quisesse mais, nada iria lhe faltar. Eu manteria tudo do mesmo modo. A única coisa que mudaria é que ambos seríamos livres. Ela me traria o Renato uma ou duas vezes por mês. Como eu a sustentava, ela também faria minhas compras, tanto dos comestíveis quanto do material de trabalho. No fim da conversa, acabamos transando. Não resisti. Ela não tomara anticoncepcional. Não previa que pudéssemos transar ainda.

Nessa mesma época, comecei a receber cartas da Magda. Eu a amara demais no passado. Ela, porém, me abandonara duas vezes na prisão. O sentimento havia acabado, mas o tesão permanecia. Eu vivia excitado. Aquilo vinha assim desde criança e não cessara. Fui fiel a Irismar durante aquele tempo todo. Ela me foi suficiente. Seu corpo jovem me satisfazia plenamente.

Mas agora as coisas haviam mudado. Nas cartas, Magda contou que estava sozinha. Havia rompido uma relação de cinco anos. Queria me ver, embora me soubesse casado. Não a registrei como minha visitante. Sabia que, se ela viesse, seria irresistível. Havíamos aprendido juntos os segredos do amor e do sexo. Meu método de autocontrole e lealdade era segurar o primeiro passo. As cartas já eram quentes. Lembrar o vivido remetia a delícias que conhecêramos juntos. Aquela boca e aquele fogo todo que ela possuía... Seu rosto lindo e seu sorriso encantador...

Havia algo mais importante ainda: era inteligente. Magda tinha cultura, formara-se em comunicação social. Eu estava louco para absorver seu conhecimento e a vida cultural à qual ela tinha acesso. No momento, quem cuidava do meu intelecto eram Cido e Zé Antônio. Ambos me emprestavam livros, CDs e sustentavam um diálogo que me alimentava. Suas conversas ajudavam minha mente a sobreviver no labirinto sufocante daqueles pavilhões, que pareciam pesados guindastes ou enormes máquinas ferroviárias erguendo-se sobre nossas cabeças. Traziam morte e sofrimento, quais fornalhas a cremar vidas em fumaça e gases cinzentos. Conversar com aqueles amigos sobre as coisas lá de fora, cultura e conhecimentos gerais, era essencial para minha humanidade.

Passaram-se duas, três, quatro semanas. E só então Irismar voltou com a resposta. Pensara muito e chegara à conclusão: não dava mais. Era mesmo o fim. Engoli em seco. Foi uma porrada. Eu gostava muito dela. Mas já havia me preparado para aquilo. Não demonstrei abalo. Fui curtir o Renato. Quando voltei para a cela, ela dormia, como sempre. Prometeu vir a cada duas semanas. Estava tudo certo.

Naquela semana, registrei a Magda como minha visitante. De alguma forma, aquilo me liberava. Havia algo de gostoso em estar livre de compromissos.

Recebi uma carta da Magda dizendo que queria conhecer o meu filho, na minha casa. Irismar sabia da minha história com ela. Agora não importava. Ela não sentiria ciúmes. Poderia sentir-se insegura, mas era até bom. No entanto, desconfiei das intenções da Magda. Devia haver algum outro motivo para essa vontade de ir lá em casa — não era só para conhecer o Renato. Ela e Matilde tinham uma amizade muito forte. As duas viviam se telefonando. E Matilde não gostava da Irismar. Aquilo cheirava a conspiração.

Domingo tive uma surpresa. Irismar apareceu sem avisar. O Renato estava lindo. Brinquei muito com ele. Agora não precisava me preocupar com a Irismar, e isso me descontraía. Não ter relações sexuais tinha suas vantagens. Ela então me contou que Magda lhe fizera uma visita. Nem Irismar nem Renato haviam gostado dela. Mas esse não era o motivo daquela visita inesperada. Por fim, minha ex-mulher disse por que viera me ver antes da data marcada. Estava grávida. Fiquei em choque. E agora? Separados e ela grávida, como faríamos? Nada, disse-me ela. Teria a criança e nós teríamos dois filhos. Já sabia que seria homem. Como? Apenas sabia. Sei lá por que, não consegui ficar contente com aquilo. Quando ela foi embora, pensei muito. Mais um filho... Como ficariam as coisas? Bem, agora já era, fazer o quê? Desta vez, Irismar parecera menos arisca. Quem sabe a gravidez seria até motivo para um retorno. Eu precisava pensar.

Um dia, tive a ideia de montar um espaço cultural no pavilhão nove. Um dos meus alunos era encarregado da capela católica do pavilhão e me levou para conhecer o espaço. Era um salão enorme. O padre rezava a missa aos domingos e o salão ficava trancado a semana toda. Conversei com o Cido, que me autorizou a levar a televisão e o videocassete da escola para o salão duas vezes por semana. Ele e Zé Antônio nos emprestaram fitas de filmes modernos. Colocamos cartazes nas escadarias do pavilhão e começamos a passar os filmes. Quando percebi, havia de duzentas a trezentas pessoas assistindo. A pastoral carcerária acabou encampando o nosso projeto. Videocassetes foram doados para todas as capelas católicas. Depois vieram revistas, livros, gibis. Levei o dr. Madeira lá e o apresentei ao pessoal. Ele iniciou suas palestras ali também.

No entanto, meu pensamento sempre acabava voltando para o filho que estava a caminho. Escrevi para a Magda contando a novidade. Ela exultou quando falei da separação. Caso quisesse vir me visitar, já estava registrada havia um mês.

25.

E lá estava eu outra vez, esperando Magda ansiosamente. Louco para tê-la entre minhas mãos, presa a meu peito, diante dos meus olhos. E ela veio rápido. Estava lindinha, toda de preto. Cabelo curto, como sempre gostei. Viera para mim. E em seus olhos brilhantes havia um vulcão. Quando a vi correndo em minha direção, percebi que ela me queria de verdade. Abracei e já fui beijando sua boca, guloso. Era como se aqueles cinco anos não houvessem passado.

Ela era minha. Sempre fora, desde a primeira vez que a vi. Anos atrás, Magda dissera que não me amava. Não acreditei; tive a pretensão de conhecer seus sentimentos melhor do que ela mesma. E eu tinha razão. A prova estava ali: cinco anos haviam se passado e ela viera me ver, pronta para se entregar a mim. No entanto, enquanto a beijava, senti que havia ali algo além da simples paixão. Magda tinha algo muito grave para me dizer. Sentamos e ela ficou com as minhas mãos entre as suas. Havia envelhecido. Não tinha mais aquele corpinho certinho, e seu cabelo estava mesclado de branco. O rosto ainda mostrava o mesmo sorriso, só que mais triste e sofrido. Para mim ela era linda de qualquer jeito. Era Magda. E para nós não havia idade.

Magda então falou o que tinha para dizer. Começou afirmando que eu precisava ser muito forte. Explicou que, ao visitar a minha casa pela primeira vez, notara que o inquilino da casa do fundo — um sujeito moreno e muito bonito — parecia muito próximo da Irismar e do Renato. Naquele dia, uma campainha soou dentro do seu cérebro. Foi conversar com a Matilde, que confirmou suas suspeitas. Algum tempo depois, resolveu fazer uma segunda visita. Encontrou o inquilino brincando com o meu filho e a Irismar passando calças masculinas. Não teve dúvidas: eram amantes. E agora tinha suspeitas inclusive quanto à paternidade do segundo filho da Irismar. Segundo Magda, o pessoal do bairro já comentava o assunto. Todos estavam revoltados porque eu continuava sustentando a casa, mesmo com outro homem lá dentro.

Acreditei de imediato. Durante as visitas mais recentes, Renato me falara muito de um tal Zé, baiano como a Irismar. Havia muita identidade. E então as pontas soltas começaram a se amarrar. De repente, Irismar perdera o desejo sexual; por quê? Ao se separar de mim, o que ela queria? Que eu a sustentasse, mesmo ela estando com o sujeito? E na minha casa? O ciúme e a indignação corroíam. É incrível como sugestões transformam-se em verdades em nossa mente. Aquilo estragou a visita. Fiquei possesso. Queria pegar aquele cara de qualquer jeito. Tentei me lembrar de algum amigo que pudesse resolver o problema. Sentia-me traído e roubado. Vibrava em mim um vento feroz. Eu queria socar, pisar, extrair sangue pelos olhos.

Magda se esforçou para me acalmar, com afagos e palavras doces. Aos poucos fui engolindo a raiva. Havia uma mulher à minha frente, e eu precisava sobreviver. Estiquei as mãos e os braços para tocá-la. Ela aceitou, sabendo que eu precisava daquilo.

Magda sempre fora generosa. Levei-a para conhecer a prisão. Isso, claro, era apenas um pretexto. Encostei-a na parede da muralha, longe de olhos indiscretos e comecei a beijá-la sofregamente. Ela estava toda macia e cheirosa, uma delícia! Voltamos ao passado. Às paredes da galeria de visitações da Penitenciária do Estado.

Ficamos nos esfregando e conversando quase o dia todo. Tentei subir com ela para a visita privada. Mas eu não havia marcado com antecedência, e os guardas não nos deixaram passar. Levei-a ao portão prometendo estar preparado dali a quinze dias.

Voltei para a cela. Os longos tentáculos da dor começavam a me envolver. Então Irismar tivera a coragem de me trair? Durante a conversa que selou a nossa separação, perguntei-lhe se conhecera outra pessoa. Ela negara. Era difícil aceitar que a baianinha havia mentido. Por anos e anos fora correta comigo. Além disso, sempre demonstrara uma honestidade e uma coragem incríveis. Não tinha medo de me enfrentar. Sabia que eu não lhe faria mal algum, mesmo que houvesse outro cara na jogada. Eu destruíra o futuro dela ao uni-la a meu passado. Era a mãe dos meus filhos e eu gostava sinceramente da garota. Já me dera muito de si e merecia ter sua vida. Conversamos várias vezes sobre isso. Por mais que doesse, eu a queria feliz, porque assim os meus filhos também o seriam.

Pensando bem, desisti de acreditar que ela tivesse me enganado. Irismar não era assim. Embora também fosse honesta e séria, Magda era altamente influenciável pelas paixões. Podia ter se deixado enganar pelas aparências.

Após pensar muito, resolvi confrontar Irismar. No domingo seguinte, conforme nossa programação, ela veio me visitar com o Renato. Quando chegou, reparei que sua barriga ainda nem aparecia. Tranquei a cela e comecei a falar como se já soubesse de tudo. Joguei forte, enquadrei. Ela então começou a chorar baixinho. E não precisou dizer nada para que eu tivesse certeza: era inocente. Conhecia-a em todas as suas expressões. Aquela acusação a ferira profundamente. Ela não conseguia falar. Ficou muda enquanto as lágrimas escorriam. Renato nos olhava, perplexo. Meu coração ficou pequeno. Senti como se eu fosse um torturador. Havia uma dor nela que evocava todas as minhas dores passadas. Sentei-me ao seu lado, abracei-a. Ela estava mole, derrotada. Aconcheguei-a no peito e pedi que me explicasse tudo. Eu acreditaria no que ela me dissesse.

Passado o sofrimento mais imediato, ela conseguiu falar. Explicou que sabia das conversas do pessoal da rua. Mas não estava fazendo nada. O Zé era casado e tinha quatro filhos. A esposa morava na Bahia. Ele vinha a São Paulo trabalhar durante temporadas curtas, retornando sempre à Bahia. Era seu amigo. Conhecia gente da sua família e gostava muito do Renato, que se apegara a ele. Irismar lavava e passava a roupa do rapaz mediante pagamento. Estava fazendo sua parte. Não havia nada entre os dois. Ela não queria mais saber de homens. Tudo o que queria era criar seus filhos, mais nada.

Acreditei nela e disse que estava tudo bem. Mesmo assim, o Zé teria que se mudar. Aquela falação manchava minha moral e não podíamos permitir que isso continuasse. Irismar explicou que ele não podia sair naquele instante porque não tinha para onde ir. Bem, que fosse quanto antes. Dito isso, fui curtir o Renato.

O Cido e o Zé Antônio haviam participado de um concurso da Funap para preencher vagas de supervisores. Ambos foram aprovados. Em breve tomariam seus próprios rumos e eu perderia dois amigos. Quem os substituiria na escola? Cido me garantiu que da Funap não viria ninguém. Ele e o Zé Antônio haviam me indicado para ficar na administração escolar. Outro colega professor, o Abdail, me auxiliaria. Ele tinha vasto conhecimento, trabalhava com alfabetização e gostava de dar aulas. A ideia de coordenar a escola me atraía. Mas precisávamos esperar que a Arlete aprovasse o plano.

Nessa época, comecei a ver, nos pátios dos pavilhões, uma mulher bastante diferente das que frequentavam a prisão. Bonita, bem-falante, dinâmica, sempre rodeada de pessoas que não faziam parte do meu círculo de relações. Tudo que eu sabia era que ela trabalhava com teatro e cultura. Andava com um guarda-pó que escondia suas formas, mas dava para ver: era uma bela mulher. Seu nome: Sophia.

Ao longo daquela semana, fui reunindo mais informações. Fiquei sabendo que um funcionário, o Waldemar, responsável pelo setor de esportes, tomara conta do espaço onde antes fora a cozinha, um salão enorme. Ele e um pessoal que trabalhava a seu lado nos setores de esportes dos pavilhões limparam e higienizaram o setor. Resolveram transformar o lugar num espaço cultural. Sophia estava envolvida, tinha seu próprio projeto, chamado Talentos Aprisionados, e atacava em outras três frentes culturais: teatro, literatura e artes plásticas. Trouxe uma atriz global para fazer oficina de teatro; convidou o escritor Fernando Bonassi para fazer oficina de texto; conseguiu material para os companheiros que pintavam produzirem sua arte.

Para mim, na época, funcionário era sempre funcionário. Por mais amigos que fossem, não dava para confiar neles. Eu os vira se tornar demônios, com canos de ferro nas mãos, para nos espancar em épocas de rebelião. Não confiava em nenhum deles; em última análise, prefeririam nos sacrificar a perder o emprego.

Passei a assistir aos encontros organizados por Sophia. Era emocionante. Toda a rapaziada da prisão comparecia. No centro, os artistas; em volta, nós, os presos. Já tínhamos nossos grupos musicais. Os gêneros favoritos eram o rap e o pagode. Os Detentos do Rap faziam apresentações fora do presídio e já haviam gravado CD; o Dexter ensaiava com o Afro X o grupo 509 E, que mais tarde faria sucesso.

Era surpreendente: a Casa de Detenção realizava um movimento cultural de sucesso. Já houvera iniciativas semelhantes em outras prisões e até ali mesmo, mas não com aquelas dimensões e aquela abrangência. Em todos os pavilhões havia grupos ensaiando algo no fundo das galerias. A coisa parecia efervescente e contagiante. A cara do presídio se transformava.

Concomitantemente, começaram as remoções. As penitenciárias novas estavam sendo inauguradas. A prisão seria esvaziada. Quase todas as tardes um grupo de companheiros era levado ao pavilhão seis. Passavam a noite ali. De manhã cedo, vinha a tropa de choque. Após uma revista humilhante e espancamentos, os companheiros eram algemados, acorrentados e colocados dentro do ônibus. Seguiam até o Campo de Marte. Dali eram embarcados em aviões da FAB. Não havia paraquedas e os presos ficavam algemados à aeronave. Caso houvesse uma pane, morreriam todos. Assim eram levados às novas penitenciárias, em cidades afastadas de São Paulo.

Nos dias de embarque a cadeia ficava fechada e o trânsito, impedido. Esse movimento todo atrapalhava as aulas. Ninguém mais tinha estabilidade. A atividade econômica diminuiu sensivelmente. O crédito havia acabado. Qualquer um de nós podia ser colocado na "lata" e viajar para longe. Todos tinham receio de ser desterrado. Alguns temiam a violência covarde dos soldados, outros a distância dos familiares. Eu sabia que, se fosse removido para algum fim de mundo, não voltaria a ver o meu filho. As novas prisões ficavam muito longe da capital. A maioria dos companheiros queria ir para locais próximos; ninguém queria se distanciar dos familiares. No meu caso, em que outra prisão conseguiria sustentar meus filhos? No primeiro ano seria somente sofrimento. Guardas novos e ignorantes, sem flexibilidade humana. Regulamentos internos rígidos, problemas de ajuste de convivência entre presos. Estupradores, caguetas e aqueles que vinham do seguro de vida seriam excluídos ou mortos. Dificuldades para a família chegar até a cidade e arranjar acomodações. Como consequência, miséria geral. Não teríamos nada além do que a prisão nos desse. Eu alimentava a esperança de que me deixassem por último: meu comportamento nos anos recentes fora exemplar.

Apesar das partidas constantes, a Casa de Detenção continuava lotada. Sempre que uma leva de companheiros ia para as penitenciárias do interior do estado, outro grupo de presos chegava, vindo dos distritos policiais. Os novos companheiros tinham questões a ajustar uns com os outros. Os crimes sucediam-se, incontáveis. Escorria sangue nas escadarias dos pavilhões.

E, no meio disso tudo, Magda apareceu novamente. Marquei a visita privada com antecedência. Ficamos a sós no xadrez. Eu lhe disse que acreditava na Irismar. Analisei suas evidências, uma por uma, e todas se mostraram frágeis. Ela ficou puta comigo. Disse que eu estava defendendo a mulher que me traíra. No fim, no entanto, meus argumentos também a deixaram com a pulga atrás da orelha.

Finda a conversa, aproveitamos um ao outro. Era muito gostoso esfregar o rosto naquelas coxas lisinhas, sentir aquele cheiro forte. Molhada de amor, com a pele colando na minha, exibindo um sorriso único e sem voz. Olhava-me e queria mais e sempre mais. Dei a ela quase tudo.

Ela saiu mole, leve e feliz; pelo menos foi o que afirmou. Parece que queria mesmo ser minha mulher. Depois de confirmar que eu ainda era capaz de lhe proporcionar prazer, estava resolvida. Eu é que não estava muito. Como confiar nela? Já me abandonara duas vezes. Além disso, eu ainda não tinha decidido realmente me separar da Irismar, em especial com mais um filho a caminho. Não renunciaria aos meus filhos, de maneira alguma. A mulher que me quisesse teria que me querer inteiro. Além disso, Irismar era responsabilidade minha. Eu jamais a abandonaria.

Na semana seguinte, Arlete me chamou. Estava tudo pronto. Eu e Abdail iríamos assumir a escola. Um monitor da Funap, que dava aulas na Penitenciária do Estado, seria nosso canal de contato com ela. Faria também a função de presidir nossas reuniões e discutir com a diretoria de educação quando fosse necessário. Nós fazíamos a escola, mas quem levava a fama era a diretoria de educação. O diretor era muito popular, mas nós, monitores, não gostávamos nem um pouco dele. Conhecíamos sua hipocrisia de pastor evangélico. O homem era esperto e escorregadio. O diálogo com ele era fácil, mas sempre nos deixava com um pé atrás. Era muito ligado aos diretores da área penal, e isso nos preocupava. Além disso, comandava os guardas da escola. Eles faziam as chamadas dos alunos e preenchiam a folha de frequência. Sempre se desentendiam com os monitores. Bati de frente com eles algumas vezes, mas no fim consegui me impor. Na sala de aula era eu quem determinava as coisas. Não abria mão disso.

Com o apoio dos monitores evangélicos, os guardas tentaram proibir que se fumasse em classe. Nas minhas aulas, no entanto, os companheiros podiam fumar à vontade. Eu não fumava e até desaconselhava, mas não impedia. Às vezes, algum guarda aparecia, querendo impor suas regras. Eu discutia. Deixava claro que, dentro da minha sala, quem mandava era eu. Ali não era uma escola de crianças. Preferia que eles fumassem na classe do que abandonassem a escola para fumar lá fora. Quando as discussões com os guardas ficavam mais espinhosas, eu lhes dava a alternativa: que me tirassem da escola. Mas se eu saísse, a maior parte dos monitores me acompanharia. Acabaram por levantar aquela proibição.

Eu era respeitado pelos alunos, pois sempre os defendi e sempre fiquei ao lado deles. No fim da aula, vários continuavam vindo conversar comigo sobre problemas pessoais — especialmente no pavilhão nove, onde a maioria dos presos era jovem. Eu tentava ajudá-los. No entanto, a rotina começou a me cansar. Por isso, fiquei feliz com a mudança. Por alguns meses, eu daria aulas apenas durante as manhãs. À tarde trabalharia na sala dos professores, organizando tudo e resolvendo os galhos. Depois, quando começasse a época de triagem, eu dedicaria tempo integral à administração.

Em meu novo cargo, comecei a implantar planos ambiciosos. Queria reformar as escolas dos pavilhões. Havia muito tempo que não faziam manutenção nas salas. As classes estavam um lixo. Algumas, como as dos pavilhões oito e cinco, deviam ser interditadas pela saúde pública. A do pavilhão oito vazava esgoto por todos os lados. A do pavilhão cinco inundava de água de esgoto quase todos os dias. As melhores eram as do pavilhão nove, recém-reformada, e a do pavilhão quatro. As dos pavilhões dois e sete precisavam de carteiras e lousas novas. E todas exigiam pintura, além de pequenos reparos.

Também fiz um esforço para criar um concurso literário patrocinado pela escola. A ideia era aglutinar companheiros com talento para escrever. Queria iniciar um movimento literário na prisão. Meu pensamento era levar esses talentos para as salas de aula e trabalhar com eles, produzir textos e quem sabe até livros. E aí abrir espaço na mídia e em editoras. Eu já tinha um livro escrito, em casa. Sempre acreditei que tivesse valor. Mas jamais me arriscara a mostrar para alguém.

Seria preciso solicitar verbas para os prêmios do concurso. Arlete me disse que a Funap não tinha verba para nada. Ninguém estava interessado em ver presos escrevendo. Era um perigo! Os segredos prisionais poderiam ser expostos. Mas a minha intenção era esta: cutucar, provocar e trazer à luz.

Logo notei que seria mais fácil conseguir dinheiro para as reformas do que para o concurso. Arlete me avisou que o diretor da Funap viria à prisão para se reunir com a nossa equipe. Aquele seria o momento ideal para reivindicar uma reforma nas escolas. Pegaríamos o homem de surpresa. Ele não poderia recusar publicamente. Mesmo assim, na hora, tentou fugir pela tangente. Não lhe dei chance. Exigi compromisso. O diretor acabou concordando. Mas pediu que lhe enviássemos uma relação de tudo que faltava em nossas escolas. Neste momento, percebi que o cara era mais esperto que eu. O projeto seria engavetado por falta de verbas e tudo ficaria do mesmo jeito. De qualquer modo, eu montaria o projeto. E de uma maneira tão detalhada e perfeita que ele teria que ler e analisar. Comecei a fazer o levantamento das necessidades das escolas com a ajuda de alguns monitores. Nós e nossos alunos éramos a escola, eu dizia sempre. O pessoal da Funap e a diretoria de educação apenas ganhavam o prestígio. O valor era nosso. E nós sabíamos disso.

Nas reuniões de professores, conversávamos a sério. Éramos iguais e jamais tentei posar de chefe. Aquela escola era o sorriso dos meus olhos. Eu dizia que cada aluno merecia o melhor de nós, ganhávamos para isso, mesmo que fosse pouco. Eles eram nossos companheiros de sofrimento. Estávamos todos contra a violência bruta que dominava o presídio. Era nossa missão convencer nossos alunos do quão estúpido era tudo aquilo. A educação era o antídoto contra a violência. Para roubar, nunca foi necessária selvageria; só os fracos e ignorantes são violentos e brutais. Eu dizia isso com a experiência de quem já fora fraco e ignorante, portanto violento e bruto. Quando o companheiro conhecesse os códigos com os quais o mundo se comunicava, teria uma chance de fazer uma releitura do mundo. E poderia ser reinserido na vida social. Era nossa função muni-lo de ferramentas para que cavasse sua chance.

Em sala de aula, eu usava todos os meios disponíveis para incentivar o estudo. Às vezes dizia que até para roubar seria preciso o conhecimento adquirido na escola. Era preciso saber utilizar o capital arrecadado. Seria preciso ter postura, saber conversar e se vestir bem para poder se aproximar de grandes quantias. O imposto de renda cruzava informações. Se alguém comprasse alguma coisa sem declarar, quem lhe vendesse declararia. Então o "leão" mandaria verificar a sonegação. Muitos ladrões haviam sido presos assim. Era preciso trabalhar e manter uma fachada. Crime era algo a ser feito clandestinamente. Até para ser criminoso era preciso estudar, saber e conhecer. A mim, de fato, não importava o que fizessem lá fora. Meu mundo era a prisão. Importava que ali dentro estudassem e aprendessem a distinguir as coisas. Muitos companheiros odiavam as leis e a polícia sem sequer perceber sua importância. Eles tinham mães, esposas e filhos — famílias que dependiam das leis e da proteção policial para não serem roubadas ou violadas. Eles não estavam em casa para defendê-las.

Discutíamos tudo isso na sala de aula. Eu aprendera com o método Paulo Freire a estimular o pensamento crítico dos alunos por meio da educação. Acreditava firmemente que, mesmo havendo intenção criminosa, o sujeito estaria ganho para a sociedade no momento em que o livro entrasse em sua alma. Vivia isso na minha própria pele. Tudo era muito difícil na prisão. Fôramos abandonados à nossa solidão de concreto, grades, guardas e muralhas. Precisávamos aprender a ser companhia uns para os outros. Eu acreditava nisso com todo o meu ser e lutava fervorosamente por esse objetivo.

Irismar apareceu novamente. Disse-me que o tal Zé ainda não saíra da casa. Ela não tinha coragem de expulsá-lo. Sabia que ele passaria por apuros e lhe tinha amizade. Tudo bem, eu disse. Sentei, escrevi uma carta e pedi que ela entregasse ao sujeito.

No domingo seguinte, Magda veio me ver. Contou que o Zé estivera na sua casa. A carta o deixara apavorado. Também, pudera. Eu pegara pesado. Ameacei mandar alguém enchê-lo de balas. A verdade é que eu não tinha ninguém que pudesse fazer o serviço para mim. Mas a mentira colou. O Zé ficou tão assustado que correu até uma delegacia. Após ler a carta, o delegado o aconselhou a se mudar de casa. Zé não perdeu tempo. Correu atrás de uma nova residência e já estava com a mudança marcada.

No entanto, seu novo endereço ficava perto da minha casa. Ele não conseguira encontrar nenhum lugar fora do bairro. Tinha medo que eu não me desse por satisfeito e mandasse matá-lo mesmo assim. Por isso, pedira que a Magda viesse falar comigo. Agora, ela estava convencida de que o Zé jamais tivera nada com a minha ex-mulher. O cara tinha uma forte amizade pelo Renato e pela Irismar, e nada mais. Vivia para a família.

O delegado que o aconselhou a sair da minha casa me mandou um recado por intermédio da Magda: se acontecesse algo com o Zé, eu seria responsabilizado. Pensei que talvez tivesse exagerado naquela carta. Escrevera na hora da raiva e extrapolara. Mas minha explosão tivera o efeito desejado. Era isso que importava. O Zé se mudou sem mais rodeios. Capítulo encerrado.

26.

Pouco antes, eu havia feito uma nova amizade, com o João Bosco. Um sujeito enorme, mas doce como mel. Fora selecionado para trabalhar como professor. De cara a gente já se deu bem. Era sua primeira prisão; às vezes chorava igual criança. Antes, era um comerciante próspero, dono de um restaurante, e ia bem de vida. Mas acabara se envolvendo em um crime planejado por um amigo. Sua participação foi pequena, mas mesmo assim o juiz o condenou. Para piorar, sua esposa morrera recentemente. Os três filhos estavam sozinhos em casa. Dois eram maiores de idade, mas o mais novo o preocupava demais. Na prisão, como na rua, ele estava sempre às voltas com seu telefone celular. Tinha contatos e amigos espalhados em vários setores da atividade econômica. Conquistara-os com seu jeitão simpático e generoso. Até os guardas gostavam dele. Além do corpanzil, tinha uma alma enorme. Tentava ajudar a todos. Às vezes, até se metia em confusões por causa dos problemas dos outros.

Certa vez, sua boa alma quase nos levou para o caixão. O João tinha um amigo, Nélson, meio abobado, desses que arrumam problemas o tempo todo, mesmo sem querer. Um dia, passeando pelo pátio, Nélson de repente afundou no chão. Tinha pisado em um buraco — na verdade, parte de um túnel que os presos do pavilhão sete cavavam. Os escavadores estavam quase chegando à muralha. Mas o tombo do Nélson revelou o túnel aos guardas, e mais um plano de fuga foi frustrado. O pessoal do pavilhão sete colocou a culpa no Nélson. Eu almoçava com o João, no xadrez dele, quando o Nélson entrou correndo, gritando que queriam matá-lo. João ouviu a história e garantiu que iria defendê-lo. Juntos, confrontamos os perseguidores. Os caras brandiam facões enquanto João balançava suas mãos enormes. Achei que fôssemos morrer. Mas João acabou se oferecendo para ressarcir os prejuízos — um túnel custa caro. Assim, o assunto se resolveu.

Além de generoso, João tinha grande interesse por cultura. Pensava em escrever um relato sobre sua vida na prisão. Eu também tinha vontade de colocar minhas experiências no papel, mas estava completamente envolvido com o meu trabalho. Era a primeira vez que um preso dirigia a escola da Casa de Detenção.

Um dia, vi alguns cartazes nos pavilhões. O escritor Fernando Bonassi ia dar uma oficina de texto, numa iniciativa do projeto da Sophia. Os interessados deveriam comparecer ao salão da antiga cozinha. Fiquei um pouco desconfiado. Nunca ouvira falar no Fernando Bonassi. Mas eu desconhecia a maioria dos escritores brasileiros modernos. Acabei arranjando um tempo e fui assistir a uma das aulas da oficina, no salão da cozinha.

No fundo do salão havia um quadrado composto por bancos. Úmido e agreste, o lugar parecia um jardim selvagem. O piso era coberto por lajotas carcomidas. As paredes estavam enegrecidas por décadas de fumaça. No ar persistia um cheiro enjoativo de comida. Havia história ali. De pé, no meio dos bancos, havia um sujeito vestido de preto, usando óculos. Conversava com meia dúzia de gatos-pingados. Dois deles eram meus alunos. Nada literários.

Sentei e fiquei observando. Apesar da minha desconfiança, comecei a achar aquele cara legal e interessante. Havia vida dentro dele, ardendo, pulsando em palavras. Estava questionando o tempo todo e os caras não se apercebiam. Ficavam com perguntinhas idiotas. Entrei de sola. Perguntei se realmente ele queria fazer um movimento literário na Casa de Detenção. Ele garantiu que sim. Então passamos a conversar sério. Eu não tinha nenhum plano até escutá-lo. Fui apenas observar, cético, sem esperar muito. Mas agora as ideias começavam a brotar. Falei sobre meu plano de promover um concurso literário. Expus um programa para aglutinar os vencedores do concurso em um grupo, a fim de criar uma agitação literária. Ele me escutou atentamente. Por fim, perguntei se ele queria se juntar ao meu projeto.

Fernando Bonassi respondeu que era exatamente aquilo que queria e que eu podia contar com ele. Assegurou que correria atrás do financiamento dos prêmios. O sujeito pensava rápido. Lembrou que o dr. Drauzio Varella era um dos diretores da Unip, a Universidade Paulista, e que havia pouco lançara o livro *Estação Carandiru* pela Companhia das Letras. Poderíamos entrar em contato com o dr. Drauzio e pedir ajuda à Unip.

Eu sempre tivera vontade de participar do projeto da Sophia, mas ainda não encontrara tempo ou ocasião. A coisa não parava de crescer. Grupos de pagode, formados pelos presos, faziam grande sucesso entre a rapaziada — como o Sentimento Maior e o Bola Sete. E, é claro, havia a parte literária, tocada por Fernando. Dali para a frente, eu também seria incorporado àquela movimentação cultural.

Fernando e eu continuamos planejando o concurso. Os textos ganhadores seriam publicados na *Folha de S.Paulo*, onde Bonassi tinha uma coluna. Ele me falou de seus livros publicados. Traria alguns para que eu conhecesse seu trabalho. Fiquei muito contente em tê-lo ali. Desde que o Cido e o Zé Antônio haviam ido embora, assumindo o outro trabalho, eu sentia falta de uma conversa substancial. Falar sobre cultura e conhecimento com pessoas de fora da prisão era algo essencial à minha sanidade.

Contei as novidades ao João Bosco. Ele também quis participar. Na outra quarta-feira, fomos juntos. Monopolizamos a conversa com o Fernando. O diálogo ficou vivo. Podíamos conversar livremente, ele queria assim. Então falamos de crime, escola, livros, de tudo o que veio à mente. No final, fizemos a pergunta que atiçava nossa curiosidade: por que ele decidira dar uma oficina de texto na prisão? Ganharia alguma coisa? Faria alguma reportagem? Qual era seu objetivo?

Sua resposta não nos convenceu, pelo menos não na hora. Disse que procurava, na prisão, um tipo de diálogo que não encontrava lá fora, onde havia muitos "bundões", muita rotina e nada novo que fertilizasse sua arte. Existia uma certa imobilidade. Já conosco tudo lhe parecia vital e substancioso. Ficamos lisonjeados, embora soubéssemos que não era só aquilo. Para conseguir a palavra em nossos diálogos, era preciso tomá-la. Para continuar falando, era preciso não conceder apartes. As falas eram nervosas. Tentávamos compactar, zipar. A boca, os olhos, as mãos, o corpo todo expressava o que vivíamos naquele momento.

João contava histórias. Falou das suas perplexidades, das dificuldades que enfrentara para se adaptar à prisão. Estimulados pela oficina, João e eu começamos a escrever juntos. Fernando gostou muito. Tanto que nos pediu para fazer uma série. Em seu entusiasmo, queria levar nossos textos à *Folha de S.Paulo* e pleitear uma coluna para nós. Levou os nossos escritos a uma amiga que fazia parte da cúpula do jornal. Ela adorou os textos e a ideia de assinarmos uma coluna. Levaria a proposta ao dono do jornal. Ficamos no aguardo, ansiosos. Para mim, representava o início de alguma coisa nova e importante.

Enquanto isso, as visitas da Magda se sucediam. Ela vinha quase todos os domingos. Conversávamos muito. Moça muito inteligente, ela captava as coisas com facilidade. Lera e aprendera muito nos últimos anos, e nossas conversas acabaram se tornando mais interessantes que a cama. Magda, porém, se zangava porque eu sustentava Irismar mesmo após a separação. Ela, que vinha a ser minha mulher de verdade, precisava ralar no restaurante para sustentar a si e a seus filhos. Irismar vivia folgada, acordando às onze horas da manhã, sem nada para fazer.

Eu não me preocupava com isso. Irismar era responsabilidade minha. O que me preocupava era saber que, se eu morresse, Irismar e Renato ficariam sem sustento. Magda propôs levá-la para trabalhar em seu pequeno restaurante. Seria uma boa. Irismar gostava de cozinhar. Aprenderia alguma coisa e ganharia algum dinheiro. Poderia inclusive levar o Renato para o trabalho. No domingo seguinte, transmiti a proposta a Irismar. Ela respondeu que não gostava da Magda. Não era para menos: Magda a acusara de adultério, sem provas. Mas, diante dos meus pedidos e para não passar por preguiçosa, concordou.

Nessa época mencionei a Fernando Bonassi que tinha um livro pronto, guardado em minha casa. Ele pediu para vê-lo. Demorei um pouco para lhe mostrar. Havia um certo pudor em mim; talvez o livro fosse ruim. Mas ele insistiu, e eu mandei vir. Estava manuscrito num caderno antigo. Folhas amareladas, quase se desfazendo. A letra era minúscula, mas certinha. Estava engavetado havia onze anos. Não o perdi quase por milagre.

O dr. Drauzio conseguiu financiamento para o nosso concurso. Seriam 5 mil reais. Planejamos apenas duas categorias: contos e poesia. Os três primeiros lugares de cada categoria seriam premiados. Cada companheiro poderia concorrer com três textos. O prêmio era bom. Até eu entraria na disputa. Fernando digitou os meus textos. Adorou o livro. Nossa amizade crescia.

Eu transmitia a ele tudo que conseguia relatar sobre a minha experiência na cadeia.

Agora as coisas andavam bem. Eu atendia os estudantes e até os repórteres que vinham fazer matérias sobre a escola na Casa de Detenção. Tudo que dizia respeito à escola, aos poucos, foi centralizado em mim. A revista *Educação* produziu uma ótima reportagem. Um texto meu foi publicado nela. Eu aparecia numa foto, dando aulas num dos pavilhões.

Como administrador da escola, no entanto, eu tinha que resolver problemas cada vez mais complicados. Às vezes algum monitor passava a usar drogas demais e precisava de equilíbrio. Eu já fora usuário e sabia que, na prisão, a droga pode ser a única válvula de escape. Mesmo assim eu tentava ajudar, na medida do possível, dando conselhos.

Outras vezes, tive que salvar a vida de monitores ou alunos que, endividados, acabavam sendo sequestrados pelos credores. Fiz muitas "vaquinhas" com amigos para pagar dívidas de conhecidos. Mas não conseguia salvar todos.

Também havia muitos problemas com os guardas. Com frequência, algum monitor ou aluno era mandado para o castigo. Então era preciso conversar com o funcionário que assinara a infração. A escola me dava esse tipo de dor de cabeça quase todo dia. Mas era meu trabalho. Eu sentia que colaborava para algo extremamente positivo.

O concurso literário já estava no ar. Fernando trouxera os cartazes e nós os pregamos nas escadarias dos pavilhões. Os textos do pessoal da prisão começaram a ser entregues ao Waldemar, o encarregado do setor de esportes. Entreguei os meus; concorri apenas em contos. Fernando seria um dos jurados. Os outros seriam Mano Brown, dos Racionais MC, Arnaldo Antunes, ex-Titã, e o dr. Drauzio Varella.

Fechamos o concurso na época limite. Cento e poucos companheiros concorreram. Esperávamos muito mais. Depois, fiquei sabendo que houve boicotes. Por trás daquilo, existiam questões políticas que eu não havia imaginado.

Fernando levou os textos para os julgadores. Eu sabia que tinha muita chance de ganhar, pois os três textos com os quais concorri eram bons. Nessa época, Fernando tinha acabado de ler o meu livro. Gostou tanto e fez tantos elogios que fiquei até pensando se não exagerava para me agradar. Mas não. Ele ficou mesmo impressionado. Propôs que eu o reescrevesse. Depois seria preciso digitar.

Lembrei que Magda estava com um computador novo em casa. Havia até começado uma pequena empresa de digitação com ajuda da filha. Pedi-lhe que digitasse o livro. Ela aceitou; queria se comprometer comigo como minha mulher. Mas a minha caminhada pelos presídios de São Paulo ainda seria longa. Não acreditei que ela tivesse fôlego para isso. Também ainda não estava preparado para me separar em definitivo da Irismar.

Após a digitação, Fernando enviaria cópias do livro a três grandes editoras. Se não aprovassem, iríamos às de menor porte. Ele se comprometeu a seguir comigo até o fim, para editá-lo. Acreditei nele. Comecei a reescrever imediatamente. Enquanto isso, a barriga da Irismar crescia. As brigas entre ela e a Magda se multiplicavam. Segundo Irismar, Magda maltratava o Renato. O menino não compreendia que devia ficar quieto em um canto, tinha quatro anos de idade e interferia na rotina do restaurante.

Terminei de reescrever o livro e entreguei-o a Magda. Pouco depois, fui procurado pela Sophia. Ela disse que havia examinado meu projeto de reforma das escolas, que se encontrava na Funap. Garantiu que tentaria conseguir material para executá--lo. Levei-a de classe em classe. Mostrei tudo que precisava ser reformado ou transformado. Sophia revelou ter um coração enorme e uma vontade de aço. Tirou fotos de tudo e montou um projeto extremamente sério. Iria apresentar para empresários interessados em causas sociais.

Esses empresários não queriam investir em arte na prisão. Achavam que arte não tem retorno social do capital investido. Mas em escola estavam dispostos. Aos poucos, ela conseguiu o material necessário para a reforma. Conversou com a diretoria geral, acertando os detalhes. O problema eram os funcionários. Eles não queriam fazer nada. Para quê? O salário deles chegaria de qualquer jeito... Sophia tomou a peito. Chegava de manhã cedo e só partia à tarde. Ela mesma tocava tudo. Vivia de escola em escola conferindo o material que sumia. Brigava com diretores para que exigissem trabalho dos seus funcionários. Acabou até se queimando.

Nisso, saiu o resultado do concurso. "Cela forte", um dos meus contos, foi o primeiro colocado em sua categoria. Magda terminara de digitar o livro. Fernando faria o prefácio e entregaria o original para o dr. Drauzio, que o levaria à editora que publicara seu livro.

Meus problemas familiares, contudo, ressurgiam. Magda afirmou que não havia como pagar o salário e a condução da Irismar. O restaurante, segundo ela, não rendia muito. Dizia que trabalhava, trabalhava e estava sempre em dificuldades financeiras. No fim de semana seguinte, Irismar veio falar comigo. Disse que a Magda queria cortar o dinheiro do ônibus. Mas, aí, Irismar gastaria quase todo o salário com condução. E ela se recusava a trabalhar de graça. Apoiei. Imaginei-a grávida entre panelas, suores e cabelos molhados. Fiquei com dó. Me revoltei com a Magda. Não admitia que abusasse da garota. Além disso, ela continuava pegando no meu pé pelo dinheiro que eu dava à mãe do meu filho. Pressionava por uma separação legal. Queria casar. Eu não me divorciaria enquanto estivesse preso. Irismar dizia que sumiria com o Renato nas terras da sua família, na Bahia. Eu não queria provocá-la, agora que estava no fim da gravidez. Magda, por outro lado, queria legalizar a situação. Seus filhos não aceitavam que ela continuasse amante de homem casado — e, ainda por cima, preso. Eu estava em dúvida entre as duas. No fundo, preferia a Irismar, que me fazia sentir seguro, apesar de tudo. Ela já estava uma bolinha, grávida, e mesmo assim me parecia mais desejável. Eu agora tinha alguma esperança de reatar.

A coluna na *Folha de S.Paulo* não decolou. O dono gostou dos textos e da ideia, mas uma coluna como a nossa poderia dar ao jornal a imagem de tendencioso. Eles já estavam publicando matérias sobre menores delinquentes. A justificativa não me convenceu. Mais uma frustração. Nesse meio-tempo, Fernando Bonassi me presenteou com seu laptop antigo. O diretor de vigilância autorizou. Era um 486 Digimac. Fiquei emocionado com a generosidade do amigo. Agora eu poderia produzir textos aos montes. Ele só me ensinou a abrir o Word. O resto fui aprendendo sozinho.

Meu segundo filho nasceu em 11 de novembro de 1999. Queria que se chamasse Henrique, uma homenagem ao Henrique Moreno, meu melhor amigo, que fora fuzilado pela polícia. Irismar não quis. Como eu escolhera o nome do Renato, ela se achou no direito a dar nome ao segundo. O menino foi batizado como Jorlan. Nascera de cesariana, como o irmão. Mas dessa vez dera tudo certo. Doía na consciência não estar presente, mais uma vez. Telefonaram para a prisão para me avisar, conforme eu pedira.

Irismar me trouxe o menino. Era uma bolinha rosada e nervosa. Peguei-o nos braços. Meu patético tormento se tornou orgulho, prazer e cuidado. Estava feliz com a Irismar. Jurei para mim mesmo que jamais a deixaria em falta. Ela criaria nossos filhos em paz, nem que eu me matasse para lhes garantir o sustento.

Numa visita, nessa mesma época, Magda exigiu uma definição. Ou ela ou Irismar. Pediu que telefonasse ou escrevesse para ela quando decidisse. Eu já estava decidido. Não liguei mais. Escolhi a Irismar. Além disso, dar um telefonema era muito caro: dez reais por uma hora de uso no celular. Não, meu negócio eram meus filhos. E, com o tempo, eu reconquistaria a Irismar.

Os meus bichinhos de pelúcia fluíam. As encomendas continuavam a se multiplicar. Eu já não tinha como dar aulas. A administração da escola ocupava meu tempo. Todas as salas estavam sendo reformadas e pintadas. A que dava mais trabalho era a do pavilhão oito, com seus vazamentos incontáveis. Além disso, o material da reforma às vezes desaparecia. Resolvi nem me meter. Não sabia o que os caras andavam aprontando. O pavilhão oito era pleno de lacunas vorazes. Tudo ali acontecia aos sorvos.

Nessa época, resolvemos implantar um projeto chamado Escola do Ano 2000. O pessoal da Funap e os monitores apostavam em mim. Convoquei os monitores para uma quase cruzada, disposto a ver tudo dar mais que certo. Haveríamos de provar que o preso era capaz de cuidar do próprio preso. Os guardas e a diretoria de educação estavam céticos e hostis, mas cooperariam. Eu tinha a chance de gerar uma mudança positiva. Arlete estava para defender sua tese de mestrado. Seu trabalho se referia à educação nos presídios. Estávamos em fase de seleção de monitores para o ano letivo. Ela queria aplicar um curso com dinâmicas e técnicas que poderiam ser empregadas em salas de aulas. Seria a primeira vez que monitores presos passariam por curso de adequação e práticas escolares.

Estávamos renovando o quadro de professores. Alguns de nossos monitores haviam sido transferidos para prisões no interior de São Paulo. O mesmo acontecia com parte dos alunos. Mas a escola tinha que continuar. Triávamos, classificávamos e matriculávamos alunos, mesmo sem saber se poderiam frequentar as aulas. Quando fossem transferidos, as fichas escolares seguiriam com eles. Isso facilitaria a formação de escolas nas novas penitenciárias. A reforma das salas de aula continuava. Em grande parte, graças a Sophia. A Funap cedeu novas carteiras. A escola do pavilhão oito recebeu um portão de ferro desenhado com filigranas. Todas as escolas teriam uma pintura padronizada em cores alegres e aconchegantes.

Lancei panfletos inflamados convocando os companheiros a se matricular. Nós os pregamos em todos os cantos da prisão. Eu tinha vários colaboradores: alguns monitores, que acreditavam na escola como eu; João Bosco, meu amigo William, o colega poeta Márcio "Pantera" Nascimento; Moacir, que assumiria a escola do pavilhão oito; Luizinho, do pavilhão cinco, e outros.

Enquanto isso, a seleção para novos monitores prosseguia. Participei da banca examinadora. Não votei, mas dei opiniões. Tivemos boas surpresas. Havia pessoas bastante interessantes. Inclusive evangélicos. Antes, tínhamos receio quanto a eles. Fanáticos de doutrinas fechadas, não se encaixavam no perfil de professores que desejávamos. Mas esses que havíamos classificado pareciam culturalmente mais abertos.

Nos pavilhões, o número de inscrições crescia assustadoramente. Não teríamos classes nem para a metade das pessoas inscritas. Daríamos um jeito, pensávamos. A grade anual da escola variava entre quinhentos e 550 alunos. Ao longo do ano letivo, alunos entravam e saíam. As classes começavam com 25 alunos, no máximo. Ocorriam transferências, desistências, afastamentos e muita evasão escolar. Nós repúnhamos as vagas e preenchíamos as classes, pois a Funap exigia certo número de alunos matriculados para considerar como classe. Nosso pagamento dependia do número de classes em que dávamos aulas. Quase todos os monitores queriam carga horária dupla para ganhar dobrado.

Fernando havia completado o projeto do meu livro e, com a ajuda do dr. Drauzio, mandara o original à primeira das grandes editoras da nossa lista: a Companhia das Letras. Eu já conhecia essa editora de nome. Eu, que vivi me perdendo, esperava agora começar a reaver-me. Esforçava-me e dava meus dias inteiros para melhorar a escola. Mas meu projeto de montar um grupo de escritores não foi para a frente. Fernando anunciou que tiraria o time de campo. Estava decepcionado. Procurava ideias e pessoas revolucionárias. Encontrara operários do crime e pessoas que só se preocupavam consigo mesmas.

Então, na escola, iniciamos a grande triagem.

27.

Reuni os encarregados das escolas e os monitores para dar início a uma grande triagem. Distribuí as tarefas. Arlete mandou as provas de seleção. Até o monitor da Funap compareceu. Os candidatos haviam sido convocados no dia anterior. Tudo estava pronto. Fiquei na sala, guardando o material de reserva, pronto a resolver qualquer problema.

Não aguentei a ansiedade. Saí a campo. Fui de escola em escola. Ajudei onde o trabalho estava mais apertado. A agitação era enorme na prisão. Escolhi um dia do meio da semana, evitando a "segunda sem lei" e os "bondes", que era como chamávamos as transferências de presos. As remoções, por sinal, haviam diminuído. As penitenciárias que o governador inaugurara já estavam superlotadas. Apesar das transferências, a Casa de Detenção continuava lotada, pois chegava gente todo dia. Partes do pavilhão cinco, por exemplo, haviam sido esvaziadas pelos bondes — mas logo se encheram de novos habitantes.

Isso acontecia porque, segundo os rumores, a Casa de Detenção não seria mais fechada. O governador Mário Covas morrera. O vice parecia não ter força política para manter as metas do governo — entre elas, o fim da Casa de Detenção. Aquela cadeia era local de trânsito e centro nervoso do sistema carcerário.

Agora havia ali uma nova população, vinda dos distritos policiais superlotados, onde as condições de existência eram desumanas. Nos distritos, os presos se revezavam nas camas ou tinham que se amarrar às grades para dormir; além disso, eram subalimentados. Quem tinha que morrer, morria. Os desafetos foram resolvidos. Os valentões que extorquiam os humildes nas delegacias foram justiçados. Os devedores subiram para o seguro de vida. Quando fomos classificar a triagem, notamos que essa nova população era mais estudada. Foi difícil encontrar analfabetos para formar uma classe de 25 alunos por pavilhão. O pavilhão dois não tinha nenhum aluno considerado analfabeto. Era a primeira vez que isso acontecia em trocentos anos da Casa de Detenção. Até os anos anteriores, a maioria dos alunos era encaminhada aos cursos relativos aos primeiros três ou quatro anos da escola comum. A maior parte dos que passaram pela triagem que fazíamos agora foram para o telecurso de primeiro grau, que correspondia mais ou menos ao período da 4ª à 8ª séries do ensino normal. Como não havia escola para segundo grau, uma boa parte dos companheiros ficou sem aulas. A Funap não pagava monitores nem fornecia material para ensino de segundo grau.

Trabalhamos muito na classificação da triagem. Eu, que sempre fora meio estrangeiro naquele e em outros mundos, agora me sentia integrado a todos os monitores no objetivo de construir uma grande escola. No trabalho e no ideal, eu me encontrava com os outros. Esse era o meu ponto de intersecção.

O pavilhão quatro mudou de diretoria. Eu teria que me virar novamente para manter a vaga no pavilhão. A nova equipe chegara voraz atrás de espaços para vender. Eu já tinha vaga no xadrez do João Bosco, no pavilhão sete. Qualquer problema, era só seguir para lá. O problema seria receber nossas visitas, mas nos ajeitaríamos. Naquela mesma época, contudo, João Bosco conseguiu transferência para o regime semiaberto. Vê-lo partir, estranhamente, doeu. Era mais um que se ia e que, com certeza, eu não veria mais.

Fernando veio com a novidade. A Companhia das Letras estava chamando a ele e ao dr. Drauzio para conversar. Era sobre o meu livro. Pelo que entendi durante o telefonema, a editora fora "fisgada". Mas o pessoal queria saber quem eu era. Vai que eu fosse um louco perigoso... A notícia foi emocionante. A primeira editora à qual enviamos o livro aceitava publicá-lo! Que bom! Isso significava que o livro tinha valor, como eu imaginara a princípio. Não foi só o Fernando que gostou dele. Agora, era aguardar a reunião para ver no que dava.

Estávamos em fevereiro de 2000. Entre as pessoas que passavam pela triagem e os remanescentes para matricular nos nossos cursos havia mais de mil companheiros. Contudo, tínhamos apenas umas seiscentas vagas. E agora? Comecei a quebrar a cabeça para conseguir o maior número de vagas possível. Coloquei mais carteiras em cada classe. Em vez das cinco matérias do telecurso, organizei uma turma com duas e outra com três. Os alunos fariam os exames supletivos nas matérias que haviam cursado e já seriam matriculados naquelas que faltavam. Dobrei o número de vagas no telecurso só com esse golpe. Consegui liberar um horário de aulas à noite — o que, por medida de segurança, não era permitido em alguns pavilhões. De dezenove professores, fomos para 23. Fiz o que pude para abrigar o maior número possível de companheiros.

Passei dias montando o quebra-cabeça da grade escolar. Foi um trabalho enorme. Somente Márcio me ajudava, digitando tudo. Comecei a me estressar. Dor de cabeça contínua; fortes dores nos olhos; tontura; mal-estar. Mas precisava colocar a escola no ar. Os monitores também colaboraram, mas algumas decisões só competiam a mim. Pude então avaliar melhor o trabalho do Cido em coordenar tudo aquilo.

A reforma das classes ia terminando. A escola estava linda! Sophia fizera um trabalho de qualidade. Agora, sim, teríamos uma escola de verdade. Os quadros estavam negríssimos, as carteiras haviam sido renovadas. Tudo estava pintadinho e limpo. Já não havia mais goteiras de esgoto nas salas de aula. Arlete estava conosco. Auxiliava sempre, mesmo de longe. O pessoal da Funap, naquela época, era de primeira qualidade. O problema era a falta de dinheiro da instituição. "Ensino e educação na prisão para quê?", perguntavam os responsáveis pelas verbas públicas. Eles queriam fazer mais cadeias. A determinação do governador era esvaziar a Casa de Detenção. Não importavam as pessoas. Éramos considerados presos, não cidadãos. Não votávamos. Em breve, haveria a eleição para o governo do estado. O governador queria reeleger-se e o fim da Casa de Detenção era uma grande plataforma. O material escolar já estava armazenado. Todo o palco armado. Era só esperar o dia certo de detonar a escola.

Um dia, Fernando chegou com um sorriso largo. A Companhia das Letras publicaria meu livro. Ele depusera a favor do meu caráter. Finalmente, eu chegaria até as pessoas! Talvez pudesse construir uma carreira. A opinião do pessoal do ramo confirmava minha ideia: o livro era mesmo bom. E, do jeito que estava escrito, eu poderia escrever quanto quisessem. Era assim que eu escrevia todos os dias. Minha fé crescia. Fé no salvamento de todos os desastres da minha existência. O momento era rico. Senti que minha luta pelo saber começava a ser recompensada. Era como que se o vento estufasse a roupa no corpo. Comecei a escrever histórias no meu computador. Estava decidido: seria um escritor.

Era começo de março. As aulas teriam início no dia seguinte. O diretor de educação me chamou. Pensei que quisesse falar sobre a escola, mas estava enganado. Alguém havia conseguido uma coluna no jornal *Notícias Populares*. Estavam publicando textos com denúncias grosseiras sobre corrupção na Casa de Detenção. Ele não me mostrou os textos. Apenas disse que também havia sido atingido. Sim, perguntei, mas e aí? Ele queria saber se eu não estava por trás daquilo. Não, eu nem tinha tempo para tais cogitações. E depois, denunciar era contra os meus princípios pessoais. Eu não denunciaria nem a polícia.

Eu estava tranquilo ao sair da sala. Ele deixara claro que só me perguntara pro forma: afinal de contas, eu era conhecido como escritor, tinha até um laptop na cela. Mas ele sabia que não havia sido eu. Nos artigos havia muitos erros de português. Além disso, eram difíceis de ler. Ele sabia que eu dava aulas de português e, portanto, devia escrever melhor.

No dia seguinte acordei tarde de propósito. Fui fazer um passeio de verificação em todas as classes. Estava tudo funcionando como um relógio. Nenhum problema. Fui para o pavilhão seis e entrei na diretoria de educação. Comuniquei oficialmente ao diretor que a escola estava no ar. Pedi que telefonasse à Arlete e lhe contasse a novidade.

Passei na sala dos professores, conversei um pouco com o Márcio sobre o andamento das coisas e voltei para minha cela. Tinha várias histórias para escrever e bichinhos de pelúcia para confeccionar.

Às dez da noite um guarda colocou a cara no guichê. Perguntou meu nome e prontuário. Mandou que arrumasse minhas coisas. Eu iria para o bonde. Foi um choque imenso. Eu não esperava; fiquei meio atoleimado. Eu tinha dinheiro, bichos para entregar, computador, televisão, rádio e muitas coisas na cela. Os meus livros somavam mais de cem, todos escolhidos a dedo.

Sempre que chegavam doações de livros ao setor de educação, eu selecionava alguns para ler. Comprava de quem quisesse vender. Era maníaco por livros. Mas acumulava apenas os que estavam em minha pauta de leitura.

Em choque, fui escolhendo o que levaria comigo enquanto o guarda me apressava. Deixei dinheiro, roupas, livros imprescindíveis e os bichinhos para entregar nas mãos do Bidu, vizinho em frente. Irismar viria buscar depois. Desci as escadas com televisão, computador e duas bolsas cheias de roupas e pertences.

Estava perplexo, não conseguia raciocinar. O chefe de plantão ficou com a minha televisão e o meu computador. A família retiraria durante a semana. Colocaram-me numa gaiola. Logo foram chegando os outros. A maioria era do pavilhão nove. Comentavam crimes cometidos na prisão. Um deles pertencia a uma organização que dominava a cadeia. Contaram sobre a guerra que estavam tendo com outra facção. Fiquei num canto, dolorido e só.

Aonde me enviariam? Por que me mandavam embora? Esperaram que eu colocasse a escola no ar para depois me chutar para longe. Eu era mesmo um cão vadio. Podiam meter o pé quando quisessem. E eu, que já estava me achando tão importante... Sentia o maior orgulho de ter organizado a escola. Eles dispunham de nós como quisessem. Não éramos donos de nós mesmos. Após cinco anos naquela cadeia-cidade, eu havia esquecido desse detalhe.

A injustiça queimava como ferro em brasa. Eu não fizera nada de errado. Havia anos que eu me comportava do modo mais correto que conseguia. Era pouco, mas eu me recusava aceitar que fosse nada. Eu tinha uma identidade, que haveria de prevalecer onde quer que me mandassem. Os jovens conversavam, animados. A eles, qualquer paixão divertia. Queriam movimento, ação. Eu pensava em como faria para sustentar meus filhos. Provavelmente, para onde eu fosse, haveria escola. Mas não era a escola que realmente sustentava. Os bichinhos de pelúcia eram a base. Felizmente tínhamos duas casas alugadas, o que ajudava muito.

No pavilhão dois fomos trancados em uma cela com a janela cheia de placas de ferro sobrepostas. Parecia o filme *Mad Max*. Água escorria pelas paredes. O chão começava a alagar. A privada turca ao fundo era separada por um murinho. A luz era amarela. Fiquei ali na penumbra, como um pássaro assustado. Recompus meus erros e distribuí meus pecados por todos os dias que me viram existir.

As horas passaram. O xadrez foi enchendo de gente, e a água tomando conta do chão. Eu observava os companheiros. Todos iriam viajar, como eu. O destino, ninguém sabia: o preso não precisa saber de nada. Eu andava dentro da cela, não conversava com ninguém. O xadrez encheu de água e pedimos para sair ao pátio. Ali continuava a ser a Detenção e eles ainda nos temiam. Saímos. Aos poucos, os companheiros foram sendo embarcados, e sobramos apenas meia dúzia. Procuramos saber nosso destino. Penitenciária de Presidente Venceslau. Meu Deus! Estavam mesmo com ódio de mim. Mandavam-me para a prisão mais longínqua do estado! Mais de dez horas de viagem. Sempre soube que era a pior de todas as penitenciárias.

Quando veria meus filhos novamente? Haveria trabalho por lá? E a viagem, como seria? Mais de dez horas viajando em uma caixa de aço chacoalhante: era o fim. Por mais que pensasse, eu não conseguia atinar sobre o que havia acontecido. Por que faziam aquilo comigo? Havia trabalhado feito louco para colocar aquela escola no ar. Talvez minha expulsão tivesse a ver, precisamente, com meu trabalho: talvez tivessem medo da minha capacidade.

De manhã cedo, quando pensávamos que não iríamos mais viajar, fomos chamados e embarcados num carro de presos. Havia um banco de aço de fora a fora, com um pequeno espaço para colocar os pés e uma alça para apoiar a mão. Nossas vidas foram reduzidas a esse retângulo de aço. Para piorar as coisas, senti vontade de defecar assim que entrei. Um suor frio me subiu pela espinha. Como aguentaria dez horas naquele sufoco, segurando a necessidade de ir ao banheiro? Eu não podia defecar ali, de modo algum. Ninguém aceitaria. Os companheiros eram bandidos. Estavam tomando o bonde porque haviam feito desgraça na cadeia. O grupo era perigoso.

O carro foi se deslocando pelas ruas de São Paulo. Os buracos foram doendo nos ossos, aos solavancos. Os companheiros xingavam. Procurei ficar em silêncio. Quanto menos me manifestasse, menos saberiam de mim. Quanto menos soubessem, mais valorizariam. Ganhamos a estrada. O sufoco do gosto da gasolina queimada na garganta cessara. Caso afrouxasse os músculos, me desfaria em merda. Até onde aguentaria? Senti tontura e dor de cabeça. Entrou um vento suavizando. Lembrei que era preciso manter a coluna ereta. Coloquei as palmas das mãos no banco de aço e me concentrei. Lutei para sair, em pensamento, daquele carro. Mas não adiantava. A vontade de usar o banheiro era muito grande. Todos conversavam naquele começo de viagem. Havia uma vertigem neles. Os sorrisos eram corrosivos.

Aos poucos, foram se calando. Depois só xingavam e lamentavam. Alguns foram para o fundo do carro. Lá havia um pequeno cano por onde escorreria a urina. Recebemos uma garrafa de dois litros de água que foi sugada rapidamente. Não tomei nem um gole. Todos haviam tirado as roupas, estávamos de cuecas e derretendo. Suávamos toda a água do corpo enquanto o carro comia a estrada. O que eu havia feito para merecer aquilo? Esse pensamento me voltava a cada segundo. Não conseguia me conformar. Por quê?

Éramos apenas homens sofrendo naquele retângulo de ferro escaldante. Não dava para ver nada. Estávamos todos de cabeça baixa, mergulhados em nós mesmos. Almas frias, quais sombras que se casam com raios. O cheiro azedo de suor dominava tudo. Estávamos derretendo, desidratando aos poucos.

Só se viam olhos luzindo; olhos que afrouxavam o brilho e, de tão duros, ameaçam quebrar. Tudo ali era esforço de resistência. Depois da metade da viagem, restava economizar forças. Não podia miar feito gatinho quem já latira como cão. Quando o carro entrou em determinada cidade, pensamos ter chegado. Mas ainda estava muito longe. Os bancos pareciam entrar nos ossos. Não sei onde consegui forças para me segurar. Às vezes ficava arqueado, travando, para não me borrar. Que desespero! Os companheiros haviam chegado ao limite de suas resistências e todos se queixavam. Um reclamava da barriga, outro da cabeça. Eu não podia reclamar do que me agoniava. Mesmo assim era preciso durar. Durar como a pedra, de tão dura.

Quando chegamos à penitenciária de Mirandópolis, nem acreditei. Não era o final da viagem, mas ficaríamos ali até que a perua da penitenciária de Venceslau viesse nos buscar. Fomos colocados num xadrez da inclusão. Estávamos em trânsito. Quando fui usar o banheiro, não saiu nada. Meus parceiros de viagem eram jovens com imensas dificuldades. Não suportavam bem a tranca a que nos submetiam. No primeiro dia estávamos unidos em nosso sofrimento. Depois começamos a nos dividir. Mas tudo ia sendo bem administrado. Ninguém faria nada contra ninguém ali. Conversei com quase todos. Inicialmente, estavam inclinados a me discriminar, porque eu viera do pavilhão quatro. Pavilhão de seguro de vida, diziam. Expliquei como fora para lá. Aceitaram e até se comoveram um pouco com a história.

Passava os dias pensando, não sei bem em quê, talvez remoendo o que considerava uma traição. Pouco conversava, embora o xadrez fosse tão pequeno que a conversa de dois era de todos também. Limitava-me a responder. Procurava apenas ser viável e admissível para todos. Eles queriam falar de crimes; nada do que eu fizera lhes interessava. Aos poucos a resistência foi sendo solapada pela rotina e pela indefinição. Estávamos ali trancados havia uma semana. Até quando? Os companheiros queriam colocar o colchão na janela e botar fogo. Seríamos sufocados. E se os guardas não abrissem a tempo? Eles desejavam fazer qualquer coisa que provocasse movimento. Sugeriram até tomar o guarda quando ele viesse abrir a porta. Mas a porta não abrira desde que chegáramos lá.

Eu, que vivia a lutar contra minha natureza violenta, não aceitava aquilo. Mas não podia bater de frente. Não podia ser contra. Eles dominavam. Propus fazer um ofício ao diretor daquela penitenciária cobrando providências. Nossos familiares nos procurariam e não nos encontrariam. Seria preciso telefonar para avisar onde estávamos. Aceitaram, mas, se não desse resultado, tomaríamos uma atitude drástica.

Enviei o ofício, torcendo para que desse certo. Caso colocassem fogo no xadrez, seria terrível. Uma tempestade que varreria qualquer possibilidade de diálogo. Iríamos sofrer muito. E não sabíamos se aquilo resultaria em alguma coisa. Sabia que a polícia temia mais um preso de caneta do que um com uma faca na mão. Ainda mais se percebessem que esse preso sabe o que escreve. Me esmerei no texto. Qualquer pessoa formada que o lesse entenderia as ameaças veladas nas entrelinhas.

Não demorou. À tarde, a perua da penitenciária de Venceslau I veio nos buscar. Em menos de trinta minutos entrávamos no presídio. Desceram três ali. Meu destino era a penitenciária II de Venceslau. Uma prisão nova, inaugurada há menos de dois anos. Eu não sabia se era boa ou ruim. Iria conferir.

28.

Cheguei sem saber o que pensar. Estava com a cópia digitada e impressa do meu livro. Não sabia como trabalhar com as sugestões que a editora fizera. Quem intermediaria? Tudo se confundia em minha mente. Mas agora era preciso esquecer e me voltar à sobrevivência. Aquela prisão não era habitada por presos comportados — isso, para dizer o mínimo. Eram desterrados. Indesejáveis como eu. Minha preocupação, ao ser recebido, era não ser alvo do "salve" a canos de ferro, como era praxe ali. Era uma espécie de "informação" ao ingressante. Caso fosse contra os regulamentos, seria tratado daquela maneira. Eu poderia ter sido recomendado. A recomendação tem a ver com o que o preso fez no lugar onde estava. O "salve" então poderia ser um alerta mais vigoroso, pois havia alguma informação punitiva inserida no contexto.

O chefe da inclusão me pareceu bastante razoável. Conversou e não me maltratou. Quis saber por que fui transferido, confirmando que seria mesmo uma espécie de castigo. Mas isso eu não sabia. Mostrei meu cartão de trânsito entre pavilhões e documentos das minhas funções como encarregado da escola. Mostrei o livro, falando da publicação. O homem me escutou sem comentários, mas ficou impressionado. A revista foi pessoal e rigorosa. Ele conhecia o ofício.

    Eu iria para a prova. Eles queriam saber quem eu era antes de me soltar no convívio comum. Deixariam que eu cumprisse meu tempo de prova no hospital. A maioria cumpria esse período de "provas" no setor de cela forte. O homem simpatizara comigo. Deixou claro que não havia nenhuma recomendação. Menos mal. Dizia que a cadeia estava numa boa. Não havia morrido ninguém desde sua inauguração. Mas a disciplina era rígida e exigente. A lei do cano de ferro imperava. As faltas disciplinares eram cobradas exemplarmente. Naquela prisão, percebi, produzia-se sofrimento para gerar segurança.

    Essas coisas não me preocupavam. Não era minha tendência ir contra regulamentos, desde que não me prejudicassem. O problema era a população. Eu, praticamente, estava desarmado. Além de naturalmente não gostar da violência prisional, tinha que pensar primeiro na minha pequena família. Eles dependiam de mim. Eu não podia "tirar" a cadeia — ou seja, tomar atitudes drásticas quando provocado. Matar e morrer dentro da prisão fazia parte do "tirar" a cadeia. Eu queria só cumprir minha pena. Meu negócio eram os meus filhos, que precisavam de mim.

    Estava acostumado. Com o tempo as coisas mudavam. O ambiente nunca ficava igual. A prisão produzia um espaço menor que nossa humanidade. A maioria não percebia muito bem e se deixava ficar, suportando. Alguns explodiam, extrapolando. Eu tendia a ocupar todos os espaços disponíveis. Todo espaço que vagasse, eu investigaria. Se interessasse, eu, sutilmente, ocuparia.

    O sujeito que viera comigo, o Pequeno, descobri, estava preso por estupro. Se os caras que desceram em Venceslau I descobrissem, no mínimo ele iria sofrer bastante. Ainda bem que isso não acontecera. Eu não gostava de ver ninguém sofrer, ia querer interferir e seria mal interpretado. Um perigo. Aqueles sujeitos eram capazes de qualquer loucura.

Fomos colocados em celas individuais no hospital. Eram pequenas mas tinham de tudo. Lavatório, privada, chuveiro (frio, naturalmente), mesinha, estante para guardar coisas e cama. Tudo feito de concreto pré-moldado. Ganhei um kit básico de higiene. A custo, liberaram algumas folhas de papel e um lápis. Seriam dez dias em observação. Eu estava acostumado a morar sozinho e até gostava disso. Sentia falta da televisão, do telefone celular, do computador, dos livros, cadernos, canetas e tudo o que tinha. Mas tentei não me aborrecer. Era preciso sobreviver. A janela era enorme, ventava demais e chovia. O vento cantava, chicoteando a janela com gotas grossas. Fiquei ali, imerso na beleza brutal daquilo tudo. Folhas secas voavam vigorosamente, e todos os vãos e cantos assobiavam. Nuvens escuras eram cortadas por vergalhões vermelhos que retumbavam cela adentro. Lindo! As lágrimas de abandono e solidão se misturaram às de perplexidade diante do fenômeno. Fiz uma oração àquela beleza que dominava a prisão. Aceitei estar ali, aceitei todo aquele sofrimento e me abri, à disposição de tudo.

Passei os primeiros dias escrevendo e fazendo ginástica. Eu sempre correra na Casa de Detenção. O espaço do pavilhão quatro era pequeno e eu corria no pavilhão oito. No segundo dia, o vizinho em frente perguntou de onde eu vinha. Contei. Mencionou os nomes de alguns companheiros e perguntou se eu os conhecia. Sim, eu conhecia. Continuamos conversando. O sujeito explicou que não podia dizer seu nome verdadeiro. Estava associado aos companheiros de uma organização que tomava conta de quase todos os presídios de São Paulo. Inventei um apelido pra ele, Mané. E foi assim que continuei a chamá-lo.

Fiquei meio ressabiado, mas a conversa dele me convenceu. Viera de uma penitenciária de São Vicente e tinha relação com gente conhecida de Santos. O Mané, embora bandido e perigoso, era gente da melhor qualidade. Fizemos uma amizade em pouquíssimos dias. Conversávamos bastante e perturbávamos Marcelo, um bobalhão que vivia puxando o saco do Mané. Um baba-ovo; havia muitos como ele. Claro, nem todos eram tão bobalhões. Viviam um jogo entre ser e não ser, sem saber exatamente o motivo. Era também um meio de vida e uma luta pela sobrevivência.

Eu não tinha nada contra essa organização. Muito pelo contrário, seus estatutos eram a idealização do que deveria acontecer na prisão. O preso, abandonado às suas consequências, criava culturas, como é natural a todo ser humano. E essa cultura originada na prisão só poderia ser do crime. Era a cultura do abandonado. Havia muitos abusos de preso contra preso. Estupros dos mais novos, extorsões dos mais humildes, exploração contra aqueles que só pensavam em cumprir suas penas. Havia abusos até contra a visita dos companheiros.

Esse estatuto combatia semelhantes abusos. Sempre achei que pessoas como o Mané, generosas e amigas, deviam nos liderar. Havia problemas para quem agia errado ou era suspeito de ter feito algo errado. No crime não há perdão. Fazia muito tempo que eu não me permitia a ilusão do crime. Só cuidava de não me envolver e de tratar a todos com cuidado. Procurava agir de modo correto. Apoiava somente o que julgava certo e não me metia em nada duvidoso. Eram quase trinta anos de experiência. Comigo, as cobranças seriam muito mais fortes. Eu sabia que não haveria desculpas.

Passei dez dias trancado. Saía somente para ser examinado pelo médico e preencher fichas de chegada. Deixaram-me sossegado. A comida era distribuída em cumbucas de plástico. Quem conheceu o marmitex da Denadai na Casa de Detenção ou nos distritos de São Paulo sabia valorizar aquela refeição. Era limpa e suficiente. Nenhuma maravilha, é claro. Não se comparava a uma alimentação feita em casa ou em restaurante, mas dava para comer. Escrevi vários textos. Descrevi a viagem e casos que lembrei. Estava em fase experimental de contos. Queria aprender. Teria que fazer isso sozinho, e o único método seria escrevendo. Um exercício contínuo. Experiência, numa palavra. Ler, eu já havia lido muito, mas ainda era pouco. Precisava ler o tempo todo. Meu estilo era pura experiência. Aprendera a escrever escrevendo cartas. Porque tinha que conquistar pessoas, parece que desenvolvi uma maneira convincente de me expor. Mas como precisava ser verdadeiro, desenvolvi um tipo de escrita visceral, que parecia ao gosto de quem lia. Diziam que eu era seco, direto.

 O terreno daquela prisão ainda guardava muito da planície descampada que fora até pouco tempo. De manhã cedo, era um frenesi de pássaros. As árvores farfalhavam, loucas. Um sentimento de abundância envolvia o ar, como o som dos grilos na madrugada. Como não havia vassoura, eu limpava o chão com um pano molhado. A cada manhã, logo que o sol se abria, eu notava que a quantidade de insetos diferentes no piso era maior. Olhava aquilo com ternura, encantado com a variedade e a profusão de cores dos bichinhos. Havia uma diversidade enorme de besouros. Pequenos, minúsculos. Ou grandes, pretos, do tamanho da palma da mão. Alguns pareciam pintados à mão por um grande mestre. Combinavam cores que me pareciam impossíveis de se ajustar. Algumas eu nunca tinha visto. Uns tons de verde que cambiavam para o azul e viravam violeta, dependendo do ângulo. Insetos grandes, como gafanhoto, louva-a-deus, escaravelho e outros de que nem desconfio o nome apareciam na cela logo cedo. Paravam e ficavam; pareciam estúpidos. Às vezes mariposas e borboletas enormes adentravam a cela pela janela. Eram lindas, doces, suaves. Eu passava longo tempo observando, tentando entender a vida daqueles insetos. Como era possível tamanha variedade? Tanta beleza, para que servia? Para atrair predadores, caça ou sexo?

Fui levado ao diretor de disciplina, conhecido como China. Era desses nisseis antigos, aculturado pela prisão. Havia trabalhado no choque da Venceslau I por décadas. Mané dizia coisas horríveis a seu respeito. Reuni as forças que eu tinha em torno das minhas trincheiras. A prisão ali estava fácil, em comparação à penitenciária I, que ficava ao lado. Mas se eu pisasse na bola as coisas tendiam a endurecer. Em volta do China, três assessores ameaçavam rosnar para deixar isso mais claro. O homem estava acostumado com o poder que tinha sobre os presos. Não havia insegurança nele. Falava sério. Citou o fato de eu ser preso antigo. Eu devia ter participado das comissões e devia pregar a união. De fato, eu era do tempo das comissões de representantes de presos: época em que havia diálogo. Pela minha matrícula, ele deduziu que eu vinha de uma cultura prisional coletivista.

Eu já ouvira muitas vezes aquela história. A polícia se esforçava para nos dividir. Somente assim podia nos controlar. Não eram apenas os muros da cadeia nem os guardas armados que nos mantinham presos. Era nossa desunião, a aspereza interior, a dureza exterior que cada um cultivava para sobreviver e a esperança de conseguir algum benefício jurídico. Todo mundo queria sair numa boa, mesmo aqueles com planos de reincidência criminal.

O China tinha um instinto natural contra os presos. Lembrava o Cirane, antigo chefe de disciplina da Penitenciária do Estado. Eram da mesma escola. Antiga e eficiente escola de destruir, esmagar pessoas e produzir monstros. Eram esses homens, desumanizados pela convivência prisional e movidos por uma vingança absurda, que dominavam a maior parte das diretorias das penitenciárias no estado de São Paulo. Conheciam tudo de repressão, tortura e domínio. Sabiam como lidar com os piores elementos do sistema prisional com base na violência, mas eram cegos quanto às questões como reeducação e recuperação do homem para o convívio social. Enormes dinossauros a atravancar um sistema penal, obsoleto por si mesmo.

Procurei dizer quem eu era e o que fazia. Embora soubesse que, para aquela gente, valia o ato e não a palavra. Por princípio, não acreditavam nem confiavam no preso. Para essa gente, éramos uma sub-raça, desprovida de qualidades humanas. Eu teria que provar cada uma das minhas palavras. O esforço era possível. Eu ainda acreditava em felicidade para fazer a vida doce e tristeza para fazê-la humana. Depois da conversa exploratória (ele, jogando isca; eu, rebatendo com firmeza), veio a conversa real. O China disse que eu iria para o segundo raio. Naquela prisão, os pavilhões eram chamados "raios". O segundo e o terceiro eram os mais perigosos, onde não havia privilégios. Em seguida, ele perguntou se eu queria ir para o primeiro raio — o mais tranquilo e seguro. Percebi na hora que aquilo era isca. Se respondesse afirmativo, ele diria que, por enquanto, eu ficaria no segundo. Quando fizesse por merecer, me mudaria. Esse "por merecer" tinha um duplo sentido: significava que eu teria que colaborar com eles.

Cortei antes. Já decidira que nunca mais moraria em pavilhão suspeito, em prisão alguma. As vantagens não valiam a pena. Precisei me explicar várias vezes só porque morei no pavilhão quatro. Eu já estava há muito tempo na cadeia e sofrera o suficiente para ter que dar explicações. Não, eu não queria ir para primeiro pavilhão algum. O segundo estava ótimo. Era lá mesmo o meu lugar. De alguma maneira, me defini para ele. Era um jogo e eu mostrara as minhas cartas. Agora ele sabia que não ia ser mole. Com certeza, me observaria com mais apuro. Caminhar de cabeça erguida, tornando-me digno apesar da pena que me cabia, era a minha meta.

Que se danasse! Eu estava cansado daqueles arrogantes e pretensiosos diretores de cadeia. A sacanagem que haviam feito comigo era imperdoável. Estava preocupado com o que encontraria nesse tal segundo pavilhão. Diretores não me preocupavam. Teriam que agir mais ou menos dentro da lei. De qualquer modo, me fascinava o que havia de inquietante e perturbador na natureza humana. Prisão era laboratório. A minha família eram também os meus amigos. E na prisão eu fizera grandes amigos. Voltei à inclusão, apanhei minhas coisas e fui conduzido ao raio dois.

No primeiro raio viviam os companheiros que trabalhavam nos setores básicos da cadeia: cozinha, padaria, lavanderia e faxina da administração. Ali também moravam estupradores e denunciantes, que seriam mortos caso habitassem os pavilhões de baixo. Havia também companheiros que esperavam a hora de sair. Celas pequenas, para três pessoas.

No segundo e no terceiro raios "o cabelo voava" e "o bicho pegava". Estado de tensão e perigo constante. Eram dois andares de celas em dois prédios separados por uma enorme quadra de futebol de salão. Na entrada, uma gaiola de barras de ferro. Em cima da gaiola, uma plataforma, quase um salão. Ali se uniam as estreitas galerias que percorriam os dois lados do segundo andar. No andar de baixo outras galerias acompanhavam as portas das celas. Delas desciam dois degraus, que se separavam da quadra por uma espécie de vala arredondada de escoamento de água das chuvas. Subia-se aos andares superiores por duas escadas coladas às paredes do quadrilátero. Na plataforma superior, do lado direito, dois banheiros. No esquerdo, uma espécie de balcão e pias grandes.

Cheguei atormentado pelo peso dos meus pertences. O guarda — barbeado, de uniforme azul e branco — demonstrava que a disciplina ali era séria. Se os guardas andavam assim, os presos, então... O rapaz tomou meus dados e me designou a cela 235, no segundo andar. Havia vaga lá. O relógio da galeria marcava cinco da tarde. Estavam todos trancados, menos os xadrezes da faxina e da boia. Com dificuldade carreguei minhas coisas escadas acima. Quando cheguei ao alto, escutei alguém chamar meu nome.

    Era Adilson, amigo do João Bosco, em cujo xadrez eu o encontrava com frequência. João colocava os telefones celulares para dentro da cadeia e Adilson vendia ou alugava. Acabou sendo surpreendido quando realizava uma dessas transações e batera com os costados naquele "inferno tropical", como dizia. Gostava de mim e queria que eu fosse morar com ele. Mas o guarda já me designara outra cela. Quem sabe depois? Eu queria ver e sentir a cadeia primeiro. Bem, pelo menos tinha um conhecido ali. E daqueles que falariam bem de mim. Fui ao guichê do xadrez que me foi indicado. Um rapaz aloirado, magro e alto me olhava. Expliquei que a polícia me mandara para ali. E já estava subindo as escadas para me trancar. Era preciso avisar. De repente, os caras podiam estar fazendo alguma coisa proibida…

    O guarda abriu a porta. O rapaz saiu para me ajudar com as coisas. Olhei ao redor: só jovens. Eu era, de longe, o mais velho. Ficaram me olhando, curiosos e apreensivos. O mais velho deles, o Alemão, perguntou de onde eu viera. Contei. De onde eu era? Ah! Ele conhecia o Bebeto, que fora meu parceiro na infância. Estivera na Penitenciária do Estado e conhecera o meu amigo lá. Era uma espécie de líder. Ficou fácil. Quando falei que estava cumprindo 28 anos de prisão, todos se entreolharam. Não entendi por quê. Provavelmente eu os assustara. Imagina-se que alguém que passe tanto tempo preso esteja impregnado de maldade. Quase um monstro. Por outro lado, respeitável. O mais velho tinha 24 anos, metade da minha idade. Havia dois com dezenove anos: o Bahia e o Pequeno. Gato tinha 22.

    Havia outra vaga nos três beliches de concreto da cela. Ali cabiam seis presos. Ao fundo, à direita, ficava a privada; à esquerda, o cano que nos servia de chuveiro e o lavatório. Cerca de quatro por quatro metros, mais ou menos. O coração vacilou quando pensei em viver anos ali. Arrumei minhas coisas na cama vazia e coloquei o colchão que ganhara na inclusão na vaga de cima. Como recém-chegado, meu lugar ficava na pior das camas. Estavam todos nas camas da parte de baixo do beliche, com exceção do Pequeno, que aparentava catorze ou quinze anos. Cara de criança num corpinho magro e frágil. Ele teria problemas se tivesse sido pego no tempo em que fui preso pela primeira vez. O Alemão me pareceu malandro demais. Dominava os meninos de um modo estranho. Colocava-se muito acima deles. Só o Gato se mantinha numa posição honrosa. O Alemão pesquisava para saber que tipo de malandro eu era. Percebi que, se desse mole, seria tirado como ninguém. Decidi que seria maior que ele e bateria de frente. Desconfiei que ele não fosse nada do que arrogava. Bebeto, traficante, gostava de transar com loirinhos de olhos azuis. Não deixaria passar um alemãozinho bonito e liso como aquele, que ainda por cima parecia gostar de se drogar.

 Durante a viagem eu aprendera algumas lições sobre como lidar com aquela rapaziada: não podia ter medo de brigar nem imaginar que eles mudariam para melhor. Era preciso ser firme e duro, jamais amolecer. Numa discussão, dizer as coisas com firmeza. Se brigasse, devia agredir com toda fúria. Não dar nenhuma chance. Depois de firmada a presença e estabelecido o respeito, seria possível relaxar. Eles tinham que sentir que encontrariam forte oposição caso me desrespeitassem.

 Aquilo já não fazia parte da minha natureza. Eu me tornara um sujeito dócil e afetuoso. Mesmo assim, sabia manter uma frente. Aprendera a entrar e a sair de qualquer situação, embora às vezes duvidasse da minha sabedoria. Fiz algumas investigações e me informei. Havia o xadrez do pessoal da faxina e o xadrez da boia. Essa gente era unida e dominava o local, apesar de haver outros grupos. A correlação de forças era delicada: o equilíbrio, tênue. Não havia facas, apenas espetos de ferro três oitavos, retirados das armações de concreto das camas e prateleiras. Eram enormes e pontiagudos como agulhas. Cada malandro tinha o seu.

O Alemão falava do pessoal do raio com desdém. Dizia que eram todos covardes e medrosos. Deixavam-se dominar tanto pelos guardas como pelos valentões da faxina e da boia. Ele não. Se mexessem com ele, iria para a "bolinha" — o centro da quadra, onde se iniciam as partidas de futebol; um círculo pintado com tinta amarela fluorescente no centro do pátio. "Ir para a bolinha" significava desafiar alguém para trocar espetadas naquele espaço. Pelos códigos do crime, todo sujeito que se considerasse malandro teria, em tese, que aceitar esse tipo de desafio. Caso contrário, seria chamado de "comédia", alguém de quem se ri. Eu integrava outro grupo, o dos humildes. Mas quando um humilde se enfurece, coitados dos valentões. Geralmente acabam estraçalhados. Tudo é muito perigoso em prisões pequenas como aquela. Quando cheguei, havia cerca de 250 pessoas em cada raio. No fundo do raio, um grande paredão se erguia acima do teto das celas. No meio, uma câmara de vigilância.

Os meninos do xadrez cumpriam penas leves. Quando afirmei que minha condenação somava 74 anos, espantaram-se. Quando eu sairia? Não sabia. O Pequeno ficava meio afastado de mim, com medo. Imaginava que eu pudesse abusar dele.

Na minha primeira manhã na nova casa, acordei cedo, com o barulho da galeria. Era o café. Lavei a mão e a cara, apanhei as vasilhas e fiquei esperando o carrinho chegar à porta da cela. Os meninos me olhavam. Não esperavam uma iniciativa daquelas. Pegar o café e o pão logo cedo passou a ser minha tarefa. Eu aprendera que sempre valia a pena mostrar-se útil. Logo em seguida, apanhei um pano molhado e fui varrendo o xadrez com ele. Não havia vassoura nem rodo ali; somente na faxina. Eles emprestavam, mas, como todos usavam, queriam logo de volta. Uma cadeia miserável! Não nos davam equipamento de limpeza, nem permitiam que alguém nos trouxesse de fora. Deixavam entrar apenas desinfetante e sabão em pó. Distribuíam um pedaço de sabão fedido por cabeça. Aquilo não servia nem para lavar o chão.

Durante a faxina, juntei um monte de bichinhos que estavam pelo chão. Eram diferentes daqueles do hospital. Uns mais bonitos, outros mais nojentos. Enchi as mãos de bichos e de sujeira e dei descarga no "boi". Depois lavei a privada, a pia e o chão dos banheiros e da ducha. Lavei todas as canecas e pratos sujos. Era fácil. Só era permitido ter uma caneca, um prato e uma colher de plástico. Havia uma garrafa PET para o café e outra para o leite. Era toda a "louça" permitida no xadrez.

Aquela cadeia era uma volta ao tempo da pedra lascada. Coisa do diretor penal e do China. Só se podiam ter dois lençóis, dois cobertores, duas calças, duas bermudas, duas cuecas e duas camisetas. A cela ficava de frente para o pátio. Íamos para lá às oito da manhã e voltávamos à hora do almoço, às onze. Soltavam novamente à uma da tarde, para nos recolherem às quatro.

Trabalho quase não existia. Havia um salão que eles chamavam de "sala de artes". Não era permitido trabalho artesanal nas celas. Apenas um número reduzido de presos tinha acesso à sala de artes para fazer artesanato. Aliás, quase nada era permitido. Ali, nos sacrificavam o máximo possível. Fazia parte da pena: era para que o preso temesse voltar para a cadeia quando saísse. Minimizavam nossas vidas, esmagavam nossos sonhos, acabavam com nossa humanidade. Transformavam a nós todos em feras enjauladas. O futuro haveria de mostrar seus erros. Uma pena que inocentes fossem pagar por aquilo.

Havia uma empresa que trabalhava com enfeites e brinquedos, a Regina. Mantinha uma oficina com cerca de trinta a quarenta presos. Com o tempo essa empresa aumentou bastante seus investimentos, proporcionando mais trabalho para os companheiros. A maioria esmagadora ficava no pátio jogando bola ou andando de um lado para o outro, conversando. Alguns jogavam dama ou dominó.

A escola ainda não fora inaugurada. A cadeia já fizera aniversário e a educação ainda era um projeto. Aliás, essa sempre foi a última das preocupações do sistema. Eram muito bons em punir, isolar e manter presos. Em reeducar, recuperar socialmente, reinserir na sociedade, fracassavam fragorosamente. Isso não fazia parte de seus interesses. O bom preso é aquele aprisionável, que não dá trabalho e colabora com a administração dos presídios.

Quando a porta foi aberta, saímos quase todos. Os meninos esfregavam os olhos feito criança recém-acordada. Tomaram café e comeram pão na galeria até que os guardas os enxotassem dali. Adilson me aguardava na plataforma acima da gaiola. Estava cheio de vontade de falar. E falou, desabafou, quase chorou. Queria notícias. Falei que João me escrevera do semiaberto e que já estava na rua. Queria o endereço. Eu daria. Ele estava agoniado, sentindo-se abandonado, e chorava demais. Era comovente ver um homem daquele tamanho tão ferido, tão magoado. Tentei acalmá-lo, mas eu mesmo estava desprotegido, no ar, porque tudo ali ainda era novidade. Eu precisava escrever às pessoas conhecidas. Reclamar, pedir que lutassem pelo meu retorno, pelo menos para mais perto de São Paulo. Procurei também Hércules, para lhe entregar um bilhete supersecreto da parte do Mané. Recomendou-me o rapaz como amigo. Disse se tratar de uma pessoa firme e decidida, com quem se poderia contar. Hércules era pouco mais que um menino. Santista de fala mansa e jeitão mole. Em seu olhar líquido, o perigo boiava. Assim, no primeiro instante, já foi fácil gostar dele. Estava envolvido em algo sério; percebi pelo movimento. Dos caras que moravam com ele, um eu conhecia. Sujeito tinhoso, sempre envolvido em fugas, armas e contravenções. Os outros, olhei e tirei pela maior: tudo cobra criada. Conversamos um tanto, me agradeceu e disse que o Mané era seu amigo e que escrevera sobre mim. Se precisasse de alguma coisa, podia procurá-lo. Não me convidava a ir para o seu xadrez porque estavam em missão extremamente séria. Como eu queria distância de problemas, agradeci o alerta e não quis saber de nada.

Andei em volta da quadra. Os companheiros disputavam uma partida de futebol que mais parecia briga. Reconheci muitos deles. Estranhei; eu nunca fora tão popular assim. Só então percebi: eram quase todos ex-alunos. Vinham me cumprimentar e me chamavam de professor. Queriam saber se eu daria aulas ali. Como eu acabara de chegar, não podia garantir nada. Mas prometi que me informaria. Todos me olhavam: eu era novidade. Quando perceberam que muita gente ali me conhecia, procuraram se informar sobre mim. O ar era gostoso de respirar. Logo ensaiei uma competição com alguns companheiros que corriam em torno da quadra. O sol parecia cortar a pele, de tão quente. Tomei um banho na ducha. Pronto, todos me conheciam, eu não era mais novidade.

Quando veio a hora da tranca, subi acompanhado de Adilson, que ficou na porta do xadrez para demonstrar que era meu amigo. Estavam cheios de cuidados comigo. Eu era o Professor, o Velhinho, como me chamava Hércules. Alguém num território em que quase todos eram ninguém. No xadrez, cumprimentei a molecada e recebi sorrisos. Quando um novo companheiro chega à prisão, ninguém se aproxima muito. É preciso, antes, testar o desconhecido. Caso o recém-chegado tenha inimigos poderosos, é desaconselhável fazer amizade com ele. No meu caso, passei pelo teste com louvor. Eu era conhecido por muitos que tinham bom conceito na prisão. Isso significava que o pessoal podia se aproximar de mim sem receio. A aproximação era até aconselhável. O conceito que eles tinham de mim passaria a quem andasse comigo.

Isso, porém, não me preocupava. O que me preocupava era que as câmaras de vigilância do diretor de disciplina estavam me vigiando. Mas no fundo eu queria que isso se danasse. Essa história de "bom comportamento" não vale nada na cadeia. Nesse local bravio, a regra número um é sobreviver.

Os meninos da minha cela vieram falar comigo. O Bahia contou que estava preso desde que completara dezoito anos, por assalto. Perdera a mãe no dia do seu aniversário. No dia seguinte, saiu cometendo pequenos roubos com um grupo de primos. Foram assaltar um sítio e tiveram que sair correndo debaixo de balas. Não roubaram ninguém, quase morreram e ainda foram presos. Apanharam bastante.

Agora, garantiu ele, era um bandido. Estava revoltado, querendo descontar em alguém. Mas no fundo era um menininho querendo a mãe. Tinha sido abandonado pelo pai, um carrasco, e pelos irmãos, que saíram da casa da mãe para nunca mais voltar. Ele era o caçula.

O Pequeno era noia. Fumador de crack, envolveu-se em pequenos furtos e em "tráfico formiguinha" apenas para sustentar o vício. Sua mente fora afetada pela droga. Com dezenove anos, aparentava quinze e tinha mente de treze. Sem um pelo no corpo, parecia uma moça. Tinha um medo enorme de ser pego. Branquinho como a lua, era o mais frágil do bando. Por isso mesmo, foi dele que mais gostei. Tomei-o sob minha proteção. Mas ele demorou um pouco para perder o medo que tinha de mim.

O Gato era esquivo. Acho que daí vinha seu apelido. Logo descobri que estava preso por uma série de furtos. Era ladrão do centro da cidade, como eu fora quando jovem. Fazia de tudo, de bater carteiras a praticar assaltos. Ia sair em breve. Era o mais perigoso de todos, percebi.

O Alemão se dizia assaltante. Já cumprira pena, fora para o semiaberto e fugira. Estava ali por ter sido recapturado. Sentia que sua valentia era irreal. Na passagem do olhar, dava para captar algo de frágil, de escondido. Tipo quem arroga para se esconder, ou grita para parecer o que nunca foi. Notei que bateríamos de frente mais dia menos dia. Ele ia querer me tratar como tratava os outros. Mediria minha pressão e eu teria que responder à altura. Não que eu fosse alguém no contexto prisional. Eu mesmo estava admirado com aquele conceito repentino. O confronto com o Alemão seria difícil, pensei. Ele era maior que eu e provavelmente mais habilidoso. Eu nunca fora de briga. Se apanhasse, minha situação ficaria difícil. Talvez precisasse furá-lo para manter o conceito. Era preciso toureá-lo, mantê-lo à distância.

Os meninos ficaram contentes quando afirmei que mandaria vir minha televisão. À noite escrevi para Irismar, Fernando e Sophia, avisando-os sobre o que ocorrera e informando onde eu estava. Escrevi para a Magda pedindo que fosse à Casa de Detenção pegar meu computador, a televisão, o dinheiro e as roupas. Magda tinha carro e estava com a nota fiscal da televisão, além de um resto do dinheiro que recebi do prêmio de literatura. Pedi que o utilizasse para mandar minha televisão pelo correio. Não a registrei como minha visitante. Pensei que ela não me quisesse mais, depois da minha decisão.

Procurei acalmar Irismar em relação ao dinheiro. Eu daria um jeito. Aconselhei-a a ser econômica, mas garanti que logo arrumaria um meio de ganhar a vida. Pedi que fosse buscar na Detenção o meu salário de professor. Ajudaria um pouco. Por sorte, as duas casas estavam alugadas a bom preço. Ela não era de gastar e sempre tinha uma reserva. Meu medo era que se desesperasse e levasse os meus filhos para a casa da avó, na Bahia. Eu sabia que por lá eles sobreviveriam, mas quando eu os veria novamente? Escrevi ao Fernando explicando a situação. Dei uma chorada no ombro do amigo.

Aguardei que a Funap se manifestasse. Acreditava que o incidente seria resolvido. Tinha certeza de que não fizera nada de errado. Havia pessoas na Fundação que me estimavam e sabiam da minha seriedade. Arlete, por certo, procuraria saber o que ocorrera e me apoiaria. Pelo menos tentaria entrar em contato comigo. Deitei para dormir e fiquei pensando.

O que me preocupava era ficar longe do Renato. Como suportar a vida sem vê-lo? E Jorlan, ainda tão pequenino? Quando os veria? Havia uma excursão para familiares de presos. Eles reuniam o pessoal no bairro da Barra Funda, em São Paulo, na sexta à noite. Dali, partiam ônibus fretados para todas as prisões próximas à fronteira com o Mato Grosso.

Eram dois ou três ônibus que viajavam por cerca de dez horas. Chegavam sábado pela manhã. Eram dois dias de visitações. A família ficava com o preso o sábado todo até as quatro horas da tarde. Em seguida o ônibus os apanhava na porta da prisão e levava para as pensões da região. Passavam a noite e voltavam para a visita na manhã de domingo. Às quatro da tarde partiam para São Paulo. Os familiares eram deixados na Barra Funda para que seguissem seus destinos.

Era óbvio que aquilo fora organizado por parentes de presos. Custava trinta reais por cabeça. Era barato, tendo em vista o serviço que prestavam. O sacrifício das famílias era enorme, principalmente para as crianças e os mais velhos. Duas noites em bancos de ônibus, fora de casa. Só com muito amor mesmo. Imaginei se Irismar enfrentaria aquilo, com um bebê de colo e Renato dando trabalho. Mas no fim concluí que sim, ela aguentaria. Era uma baianinha decidida. Mas eu adiaria quanto pudesse. Talvez conseguisse voltar antes. Já no dia seguinte iria pedir "bonde" para o China. O problema é que quase todos queriam voltar para São Paulo. Pouquíssimos tinham visitas ali. Se tinham, era muito espaçadamente.

Acordei assustado. Foi difícil acreditar que estava naquele lugar, tão longe de tudo. Desci da cama. Tinha medo de cair lá de cima. Já dera uma enorme raspada na lateral do corpo em rebarbas de concreto, ao subir no beliche. Queimava como se tivesse sido feita por fogo. Naquele momento, nada parecia ter forma nem existir. Parecia até um complô para me destruir. Procurei indícios. Tive a impressão de estar sendo observado. Os companheiros dormiam. Olhei pelo guichê. Amanhecia e a passarada fazia um barulho enorme. Andorinhas davam rasantes no pátio. Não havia ninguém. Nem o guarda estava na gaiola lá embaixo. Estranhei. Era hora do café. Companheiros observavam dos guichês das celas do outro lado da galeria. Algo estranho estava acontecendo. Fiquei imaginando o que seria. Os meninos foram acordando, pressentindo algo no ar. Alemão falou que era revista geral. Ficaríamos o dia todo com fome, trancados, esperando os guardas revistarem xadrez por xadrez. E, em bando como vinham, eram abusados. Ao menor descuido metiam o cano de ferro nas costas da gente e levavam para a cela forte. Era preciso muito cuidado. E aquilo era constante, cerca de duas a três vezes no mês, sistematicamente.

    Todos levantaram e começaram a ajeitar o xadrez para que os funcionários destruíssem o menos possível. Ficamos ali, tensos, sem conseguir conversar, encolhidos em nós mesmos. Havia sempre receio de algum guarda querer extrapolar. Quando chegou nossa vez, depois de muita demora, estávamos cansados de esperar. Abriram o guichê. Um sujeito com uma enorme cara branca nos olhou. Depois grunhiu raivosamente para que fôssemos para o fundo da cela. A porta foi aberta com um estampido. Enfiaram o escudo na frente, pararam, ficaram observando por trás e depois foram entrando. Eram uns dez homens. Mandaram que nos aproximássemos, um de cada vez, para a revista. Fui o primeiro. Sempre fora assim. Queria sempre ser o primeiro quando havia problemas. Esperar era mais doloroso.

Ao comando do funcionário, tirei a roupa e fiquei só de cueca. Todos faziam cara de mau. Era parte do teatro que encenavam. O guarda mandou que eu abaixasse a cueca e agachasse. Obedeci e logo subi a cueca, sem precisar de comando. Isso de ficar mostrando a bunda para os companheiros não foi muito agradável. Mandaram que me perfilasse junto a uma parede e colocasse a cabeça contra o concreto. Enquanto a cela era debulhada por mais de dez guardas como se fosse uma espiga de milho, eu tentava distrair a mente, imaginando como o engenheiro fizera para construir aquela prisão, toda em concreto armado.

Os guardas fizeram a gente sair da cela. Só ouvíamos o barulho das nossas coisas sendo atiradas ao chão. Eles traziam martelos com pontas aguçadas, tipo pequenas picaretas. Cutucavam os lugares mais inacessíveis do xadrez. O Alemão ficara para assistir. Era norma.

A coisa estava demorando. Percebi que alguns companheiros suavam. O sol caía sobre nossas costas calidamente, estava até gostoso. Por que o suor dos caras corria pelos corpos, molhava o chão e eu nem suava ainda? Problemas, deduzi. Estavam com medo. Do quê, meu Deus do céu? O que havia naquela cela que eu não sabia? Podia ser responsabilizado com eles, mesmo sem saber de nada. Quando os funcionários começaram a sair, senti que os rapazes relaxavam, quase desmoronando no chão. O sentimento de que haviam escapado estava estampado em seus olhos. Fomos conduzidos para dentro da cela e a porta foi trancada atrás de nós. Tudo que era nosso estava amontoado no centro do xadrez.

Começamos a organizar os nossos pertences. O Pequeno entrou embaixo da cama, ao comando do Alemão. Saiu dizendo que os caras martelaram, mas não haviam alcançado. Todos sorriram. Havia um espeto escondido num buraco entre as lajes. Escapáramos daquela vez. Embaixo de uma das prateleiras via-se o buraco de onde o ferro fora retirado. Estava camuflado com cimento. Se os caras achassem aquilo, iriam querer explicações e nos poriam na cela forte por trinta dias. Eu não sabia o que fazer. Que atitude tomar? Era para a defesa do xadrez, disseram os meninos. Quase todos tinham um espeto como aquele. Havia o risco, mas calculado. Pensei comigo: tomara! Não que temesse a cela forte: ela não me assustava. O problema é que eu tinha uma família para sustentar e isso estava na minha cabeça 24 horas por dia.

A revista acabou por volta das quatro da tarde. Sem café e sem almoço, estávamos morrendo de fome. Os faxinas foram soltos para efetuar a limpeza antes da distribuição da comida.

Os aparelhos de televisão precisavam de antena externa para pegar as emissoras de São Paulo. Havia uma televisãozinha com tela de sete polegadas no xadrez. Esticávamos esponjas de aço e jogávamos no telhado do prédio, amarradas a um pedaço de sabão. Sintonizava até razoavelmente. Durante a revista, porém, os guardas tinham feito questão de detonar nossa antena. Consertamos. O Alemão pediu para um companheiro que varria o corredor que jogasse para cima do telhado o fio improvisado. O sujeito refugou. Primeiro varreria a galeria para que a refeição fosse distribuída, depois tomaria aquela providência. Continuou varrendo e fazendo montinhos, enquanto o companheiro de xadrez resmungava. Ele queria o favor para aquele momento. Em sua arrogância, acreditava que os faxinas estavam ali para servi-lo. Típico "centro do mundo".

Virou-se para nós e passou a ofender o sujeito, que já ia longe. Não percebeu que atrás vinha outro faxineiro recolhendo os montinhos de lixo com a pá. Chamou o faxina que se recusara a fazer o favor de "cu de burro" justamente na hora em que o outro passava. O sujeito questionou. Qual era o faxineiro "cu de burro"? O Alemão tentou explicar, remendando. O faxineiro não aceitou. Foi lá no xadrez da faxina agitar e trouxe um bando com ele.

Alemão foi confrontado e quis vencer o debate no abafa. Só que errou longe. Não estudou a correlação de forças. Não percebeu sua desvantagem, tanto numérica quanto política. Como ele já tinha precedentes de arrogância, o pessoal do xadrez da alimentação também aderiu ao protesto. De uma hora para outra, o nosso companheiro de cela ficou frente a frente com mais de dez oponentes de respeito. A vida dele ficou por um fio por causa de um comentário bobo. No dia seguinte, quando as portas fossem abertas, os caras o matariam.

Alemão discutiu e afirmou que no dia seguinte sairia para resolver. Fiquei sentado na cama, assistindo a tudo. Um dos faxinas ameaçou a nós todos. Quem corresse com ele morreria também. Aquilo me atingiu. Não tinha nada com aquilo mas me senti ofendido. O sujeito fora longe demais. Excedera e nos colocara na confusão. Claro, eu não era louco de querer comprar aquela briga, mas não podia ser desmoralizado assim de chegada. O Alemão virou para nós e propôs tirar os ferros das camas. Os moleques entenderam aquilo como um comando. O ferro que estava camuflado apareceu instantaneamente. Tinha uns dois palmos e um pontão enorme. O Pequeno começou a raspar embaixo de uma cama e o Bahia em outra. Sabiam onde estavam os ferros. Tiravam o concreto de cima para arrancá-los.

Avisei: esperem os faxinas serem trancados. Caso eles percebam, ficarão de sobreaviso. Os meninos me ouviram. Se o pessoal da faxina notasse aquela movimentação no xadrez, eu estaria implicado. Fui ao guichê e pedi que chamassem Adilson e Hércules. Estava assustado. Vieram os dois. Queriam saber o que estava acontecendo. Contei. O Alemão veio explicar sua parte, distorcendo um pouco. Pedi que fossem conversar com os caras, tentar amenizar. Voltaram. Não tinha acerto. O Alemão ia morrer mesmo. Já estavam até arrecadando espetos de outros xadrezes. Ao ouvir isso, o Alemão ficou branco como cera. O sangue fugiu de sua cara. Hércules falou, só para meus ouvidos, que comigo não haveria nada. Bastava que me afastasse. E os outros caras do xadrez? O Bahia estava no perigo porque sabiam que ele era amigo do Alemão. Mas se ficasse junto de mim, escaparia. Os demais também: bastava ficarem comigo. Mas eu não podia me manter distante. Não conseguiria simplesmente assistir à morte do sujeito. Aquilo repercutiria na minha moral. Qualquer explicação posterior à ação seria tirada por justificativa. Não podia deixar isso acontecer.

Olhei para a cara do Alemão e o senti enfraquecido. Então percebi que a saída estava nele. Quando o cara me perguntou o que eu achava de tudo aquilo, demorei, refletindo, para dar peso ao que ia dizer, e respondi com outra pergunta: como ele tivera coragem de complicar a vida dos meninos por causa da sua imprudência? Caso tivesse sido humilde e desdito a besteira que falou, provavelmente ficaria tudo mais fácil de ajeitar. Havia dois rapazes com apenas dezenove anos conosco.

O Alemão me encarou, surpreso. Não havia pensado nisso. Achava que os rapazes deviam ser leais e até morrer com ele. Eu o atingira em sua base ao demonstrar que ele não havia sido leal com os rapazes e não merecia a lealdade deles. Deixei claro que não compactuaria com aquilo. Seus olhos passaram da surpresa para o entendimento e endureceram-se. Os rapazes o observavam, aguardando resposta. Alemão estava derrotado.

Mesmo assim, ainda tentou argumentar. De fato, não podia levar seus amigos para o caixão. Então todos nós devíamos pedir aos guardas para sair do raio. O Bahia também tinha inimigos ali. Os demais seriam expulsos a pauladas por estarem com ele. Pulei da cama e discordei frontalmente. Eu não pediria para sair do raio jamais. Estava preso havia 28 anos e sempre convivi bem com todos. Não seria agora, por causa de um idiota como ele, que eu fugiria. A minha caminhada não ia parar ali. Eu ainda teria vários anos para cumprir. Não podia manchar meu nome daquele jeito.

Quanto aos meninos, inclusive o Bahia, eu resolveria o assunto. Iria ao setor da faxina negociar. Eram inocentes e eu tinha meios de fazer prevalecer a razão. O problema era com ele.

O Alemão não gostou do que eu disse. Por um momento, pensei que fosse me agredir. Até gostei da ideia de sair no soco com o sujeito. Era maior, mas eu era hábil e estava em forma. Poderia até perder a batalha, mas ganharia a guerra. Seria apoiado até pelo povo de fora. Era preciso, como no jogo de xadrez, pensar sempre duas ou três jogadas à frente.

Mas ele acabou desarmando o olhar. Percebi que ficou com medo. Estava rendido. Ia pedir para sair do pavilhão assim que o plantão fosse trocado. Eu ganhara a batalha, mas um gosto amargo me subiu à boca. Senti uma enorme compaixão por ele. Agora que, humilhado, ele se arrastava pelo chão, deu dó. Era apenas um garotão crescido. Cavei buracos para me esconder daqueles olhos súplices, mas não consegui. Tentei minimizar sua humilhação. Disse que ele não precisava ir para o seguro. Podia ficar no primeiro raio. Lá, seria aceito. Alemão topou minha sugestão, grato. Uma saída moral, precária, mas estratégica. Me pediu que olhasse pelo Pequeno. Era menino e meio bobo, precisava de proteção e orientação. O plantão mudou e ele chamou o guarda. Explicou o drama e nós complementamos. Se ficasse, iria morrer. O funcionário trouxe o chefe do plantão. Tudo explicado, o Alemão foi saindo, levando suas coisas. Gritos com ofensas e ameaças de morte vinham de várias celas. O Alemão não era benquisto. Sua arrogância lhe arranjara muitos inimigos.

Para nós, vida nova. Especialmente para mim. Não que eu quisesse, mas agora representava o poder. Não era um poder direto, mas uma influência muito forte. Eu era o mais velho, o mais conhecido e os tirara de um rabo de foguete enorme. Nenhum deles tinha cabeça ou coragem para bater de frente com o Alemão. Eu ainda teria que conversar com o povo da faxina.

29.

O diálogo com o pessoal da faxina foi truncado. Eles não queriam nada conosco. Um deles ficou procurando meios de complicar, mas acabou se calando. Queria se aproveitar da situação. Queria que lhe entregássemos o ferro que tínhamos. Respondi que não sabia de ferro nenhum. Ele foi obrigado a aceitar o que eu disse. O povo da faxina não gostou de mim, mas, no fim das contas, teve que me respeitar.

Alguns dos meus ex-alunos, transferidos para lá nos últimos meses, queriam ir embora daquela cadeia. Um grupo radical, no qual Hércules se incluía, planejava tomar a cadeia de assalto: fazer os guardas reféns e exigir a remoção para as prisões de origem. Mas era um plano impossível: eles só tinham espetos, não facas, e a maioria da população era contrária. Particularmente, o pessoal da faxina e o da alimentação que estavam acomodados com o próprio poder.

Naquela prisão, todos estávamos desterrados. Longe demais para as visitas, a cadeia nos impunha uma miséria enorme. Era quase impossível conseguir cigarros decentes. Os fumantes tinham que se contentar com fumo Arapiraca. Fortíssimo, tipo estoura peito. Um fedor insuportável. O Pequeno e o Bahia fumavam. Era uma luta para conseguirem um pouquinho de fumo. Nenhum dos dois recebia visitas. Uma vez por mês, o pai do Pequeno lhe mandava um pacote pelo correio junto com algum dinheiro. O dinheiro era registrado no setor de pecúlio. As folhas do pecúlio eram distribuídas mensalmente. Nelas vinham discriminados os produtos que os funcionários podiam comprar para nós.

Mas o negócio do Pequeno e dos outros três era a maconha. O dinheiro chegava e já ia para as mãos do "traficante", um sujeito que conseguia colocar a erva para dentro da penitenciária quase toda semana. Os meios como fazia isso são segredo de Estado. Há coisas que não posso dizer.

Meus ex-alunos lutavam por uma escola. Haviam pedido audiência com os diretores. Queriam aulas; era direito deles. A diretora de educação dizia que não havia professores. Eles sugeriram meu nome. A mulher quis me conhecer. Fui requisitado para conversar. Apresentou-se. Pelo nome, logo descobri que era esposa do diretor-geral da penitenciária I de Venceslau. O velho e nada bom nepotismo. Território minado.

Era a primeira vez que ela dirigia uma escola. Formara-se em pedagogia e estava fora das salas de aula havia muito tempo. Falei sobre a minha experiência na Casa de Detenção, ainda extraordinariamente viva em minha mente. A diretora não esperava tamanha fluidez no meu discurso. Não conhecia as possibilidades de um preso como professor ou coordenador escolar. Eu conhecia muito mais que ela. No final, afirmou que iria precisar da minha ajuda na formação da escola. Respondi que podia contar comigo. Fiquei contente com a simples possibilidade de me envolver com educação novamente. Saí dali exultante. Até que enfim um espaço voltava a se abrir.

Recebi um dinheiro da Casa de Detenção. Era coisa da Arlete, sem dúvida. Outras quantias se seguiram, mas eram insuficientes para cobrir os gastos da família. Enfim, não havia caminhos fáceis, mas era preciso caminhar.

Compartilhei o baseado dos meus companheiros de cela. Fazia anos que não fumava. Mas ali era tanta opressão, tanta coisa se desmanchando... Eu precisava relaxar. Além disso, não queria destoar do grupo. Tinha necessidade da companhia daqueles meninos. Não podia viver como uma pedra frouxa, desencaixada da rocha.

As noites eram largas de insônia. Os dias, eu os matava correndo no pátio. Meu fôlego aumentara com o ar puro. Estava forte, fazia até treinamento de boxe. Passei a questionar o conceito de "bom comportamento". Numa prisão, ele era sinônimo de resistência. Não se pode ceder nada a um sistema que quer roubar nossa identidade e nos transformar em coisas transportáveis de um lado para o outro, em taxas estatísticas. Não somos seres intercambiáveis e aprisionáveis. Não seria melhor reagir, rebelar-me como os outros? Tomar a cadeia, promover uma rebelião... Não seria essa a expressão natural do que restava de humano em mim? Comecei a pensar em apoiar quem quisesse tomar alguma atitude drástica.

Fernando Bonassi respondeu à minha carta. Meu desterro provocara um choque grande. As pessoas perguntavam-se por quê. Era um mistério. Com certeza, tinha a ver com os artigos publicados no jornal *Notícias Populares*. E o pior é que os artigos continuavam a sair, com mais virulência ainda. Estava mais que claro que o autor não era eu, mas, como eles já haviam me transferido, me levar de volta seria admitir o erro. E ninguém estava disposto a fazer isso. O Fernando perguntou o que poderia fazer por mim. Pedi que tentasse me levar para perto da capital de São Paulo. Também recebi carta da Irismar. Ela conseguira retirar o meu salário e recebera os aluguéis. Por enquanto, estava tudo bem. Falei ao Fernando sobre as dificuldades que a Irismar encontraria quando viesse me ver com as crianças. Também perguntei se ele poderia me ajudar com alguma grana, ao menos até eu conseguir voltar à Casa de Detenção ou arrumar uma ocupação remunerada em Venceslau mesmo. Pedi material para continuar a escrever.

Sophia também respondeu à carta que lhe enviei. Foi surpreendente: ela deu o nome do responsável pela minha transferência. Só acreditei porque conhecia a passionalidade do homem. Fora o diretor de vigilância, que tanto me ajudara na morte da minha mãe. Mesmo conhecendo minha situação, ele cometera aquela arbitrariedade. Sabia que a minha família passaria necessidades. Sequer me chamou para conversar. O diretor de educação também estava envolvido. A ideia provavelmente fora dele. Eu era uma pedra em seu sapato. Como um preso podia organizar a escola sem a participação do diretor de educação? Decerto ele havia me acusado de ter escrito os artigos injuriosos, e o diretor de vigilância acreditou, sem me procurar para esclarecer o caso. Era tudo muito lógico dentro do sistema em que eu vivia: eu era um preso e, ele, um diretor.

Ao conhecer a trama, passei a viver melhor. Amigos me perguntaram se a injustiça não doía. Não muito, eu respondia. Ser inocente deixava minha consciência tranquila. E isso me bastava. Estávamos quites. O diretor me ajudara e me prejudicara. Eu não lhe devia mais nada.

Comprei dez gramas de maconha. No xadrez, virei rei. Até gente de fora vinha me procurar. Mas somente o Hércules ganhou alguma coisa. Controlei bastante. Fumava e depois brincava com os moleques. Virei um deles. O Pequeno tornou-se meu amigo preferido. A gente até rolava no chão. Cheguei ao cúmulo de morder a bunda dele, na brincadeira. Os dias eram extensos. Largamente abertos para nada. Eu aproveitava esse vazio para escrever. O texto fluía, cuspindo, borrando, atravessando páginas e mais páginas das minhas verdades e sonhos. Um companheiro, o Chiquinho, veio morar conosco. Quando o vi, senti algo nefasto em seu olhar. Mas já havia concordado com a vinda dele. Foi o Bahia quem fez o pedido. Chiquinho acabara de sair do castigo. Fora para a cela forte por discutir com um guarda. Não tínhamos direito nem de nos defender se o guarda errasse. Devíamos escutar calados, com as mãos para trás. Qualquer palavra e seríamos enquadrados. Eles colocariam nas nossas fichas as infrações que quisessem. Era revoltante. Os guardas se colocavam na posição de nossos inimigos e nos perseguiam. Sabiam que aquela cadeia podia ser tomada a qualquer momento e que eles seriam os nossos reféns. Isso criava uma tensão enorme nas relações. Eu tentava me comportar da melhor maneira possível. Estava ali para cumprir pena. Procedia corretamente e, portanto, era respeitado pelos guardas. Mas alguns companheiros acabavam se dando mal.

    Chiquinho era gabola, e estava na cara que mentia: não era nada do que dizia ser. Fora soldadinho do tráfico, e dos mais "descategorizados". Era indisciplinado. Roía todas as cordas dos acordos possíveis. Um amigo dele ia deixar a cela forte e ele queria que o amigo viesse morar conosco. Mas os moradores originais do xadrez — os dois meninos e eu — formávamos um grupo impenetrável. O Gato conseguiu a liberdade. Queria entrar em nossas brincadeiras, mas não confiávamos nele. O cara se metia em tudo quanto era confusão no pátio. Os faxinas estavam de olho nele. Faltava-lhe a humildade que sua posição no crime exigia.

    Tivemos discussões. Ele queria dominar o xadrez; eu não podia permitir. Magda mandou-me a televisão e a lista do que havia gastado do meu prêmio no concurso literário da Casa de Detenção. Não respondi. Todo mês Fernando depositava uma quantia em dinheiro na conta bancária da Irismar. Era um grande amigo. Também todo mês mandava um Sedex com material para escrita e uma carta extensa. Estávamos trocando cartas bem legais. Era um prazer recebê-las. A maconha também era um alívio. Me ajudava a dormir em paz e a manter a molecada alegre e esquecida das dores e saudades. Uma psicóloga requisitou minha presença e fez um monte de perguntas. Era uma espécie de exame. Coisa da diretora de educação. Logo fui escolhido como monitor pela diretoria da penitenciária.

Dias depois a diretora quis falar comigo. Fui conduzido à futura escola, com quatro salas de aula imensas. Arejadas, iluminadas, com tudo novinho e cheirando a tinta. Havia uma salinha pequena para os professores. A diretora, cheia de simpatia, apertou a minha mão. A seu lado, uma garota muito bonita e saudável, a professora Érika. Parecia dura, mas quando sorriu ao me cumprimentar percebi que não era mais uma garota. Era uma mulher. Já dera aulas na penitenciária I, conhecia os presos e parecia autoritária.

A diretora esclareceu que eu seria o monitor da Érika. Ela era a professora titular e eu a auxiliaria em sala de aula. Iríamos montar uma classe de alfabetização para dar início ao programa de educação da cadeia. Como havia muitos candidatos, a classe teria 38 companheiros. Por isso havia necessidade de um monitor: para ajudar. Eu faria o trabalho de carteira em carteira. Érika trabalharia lá na frente.

A jovem era muito bonita, tipo mignon e com corpo bem proporcionado. Braços cheios, coxas grossas e um rosto tenso. Estava com 23 anos e acima do peso. Fiquei só olhando. Dançaria conforme a música. Tinha muita vontade de voltar a dar aulas. Sabia que isso elevaria o meu status com a diretoria, com os guardas e com os presos. Mas não seria remunerado. A Funap liberaria recursos para isso apenas no ano seguinte. Naquele ano não havia verba prevista para aquela prisão. Eu iria plantar para colher depois.

No raio, eu corria cada vez mais. Estava em forma. A convivência no xadrez era boa. Chiquinho ficava com suas valentias, mas não abusava de ninguém. Logo seu colega de cela forte saiu.

Fui para a escola. A professora e eu preparamos a sala para dar início às aulas. Recortamos as letras do alfabeto em papel-alumínio colorido e colamos acima da lousa. Quando voltei ao xadrez, Rogério, amigo do Chiquinho, já se encontrava lá. Percebi de cara: Chiquinho queria explorar o rapaz. Havia muito disso na prisão. Os valentões vendiam proteção aos mais assustados. Rogério tinha a maior cara de pequeno-burguês, desses criados no leite e no mel, frágeis por dentro mas boa-pinta.

Gostei do rapaz, mas não interferiria nas relações entre ele e o Chiquinho. Se o Rogério confiava no sujeito, não seria eu a desacreditá-lo. Sabia que o explorador daria passos em falso. Seu raciocínio era linear, e o do rapaz muito mais complexo. Tinha algum estudo e vivência social. Era só esperar. Rogério estava marcado no meio criminal. Era viciado em cocaína. Na Casa de Detenção, dera altos prejuízos aos pais. E contava, gabando-se como se isso fosse quase uma glória, o fato de haver cheirado milhares de reais dos pais. Contou rindo que em certa ocasião o pai foi visitá-lo na Casa de Detenção após pagar uma dívida sua de 1,6 mil reais. No meio do pátio falou sobre a luta para reunir todo aquele dinheiro. Disse-lhe, cheio de esperança, que o filho estava livre para começar uma nova vida. Mas o Rogério já devia mais oitocentos reais. Ao saber disso, o homem desmaiou no pátio. Foram obrigados a socorrê-lo, um escândalo.

Esse tipo de história repetiu-se várias vezes. O rapaz quase levou a família à falência. No final das contas, o pai não teve alternativa. Pediu que o diretor da prisão transferisse o filho para o pavilhão cinco. Depois, que o mandasse para uma prisão do interior, onde não houvesse drogas. Esse era o motivo de ele estar ali.

Sua pena era breve. Estava envolvido apenas em um assalto. Até então fora supercomportado. Os pais o haviam criado no controle. Aos dezoito anos ainda precisava pedir licença para sair de casa. Nunca fizera nada de errado. Mas, ao prestar serviço militar na Aeronáutica, conheceu o mundo de verdade e se perdeu porque não sabia como lidar com aquilo tudo. Conheceu uma prostituta e apaixonou-se. Pelo que pude entender, ela também gostava dele. Só que amava muito mais a vida aventureira que levava. Rogério foi expulso da Aeronáutica por traficar armas para um superior, que o abandonou na hora da apuração.

Depois disso, foi viver com a mulher. Começou a usar cocaína com ela. Os dois traficavam papeizinhos da droga na boca do luxo. Rogério jurou que não, mas ao que tudo indicava ambos também viveram da prostituição dela. Um dia ele se envolveu com ladrões principiantes e foi preso num assalto. Ela o visitou por uns tempos. As visitas foram rareando cada vez mais, até cessarem. A moça havia arrumado outro sujeito. Rogério, perdidamente apaixonado, entregou-se à cocaína na prisão. Em nosso xadrez, vire e mexe, eu o pegava quietinho e com lágrimas no rosto. Estava sofrendo por ela. Jamais a esqueceu. Por mais que negasse, pensava em se vingar. Mas quando chegasse perto dela seria dominado de novo.

Comecei a dar aulas com a Érika. Em pouco tempo ficamos amigos íntimos. Ela chegou a chorar comigo várias vezes. Tinha um filho e era solteira. Vivia com a mãe em situação de pobreza. O pai fora guarda de presídio. Morrera e deixara uma pensão para a mulher. Elas viviam dessa pensão e do salário da escola. Me mostrou fotos do menino: era lindo. Mas a maternidade a prendia muito. Era impetuosa, gostava de dançar e de se divertir, como toda moça da sua idade. Sofria com aquela situação. Sentia-se presa e descarregava um pouco no trabalho.

Era autoritária e rígida na classe. Tentei convencê-la a relaxar e a dar aulas mais alegremente. Os guardas ficavam me vigiando na escola o tempo todo. Eu ia de carteira em carteira com a maior paciência do mundo. Era um fenômeno. No mundo lá fora, eu jamais tivera paciência para nada; mas, na sala de aula, fazia de tudo para enxergar os companheiros como não alfabetizados e não como burros, como alguns os consideravam. Alguns eram velhos e precisavam de uma atenção especial. Érika atrapalhava um pouco com seu autoritarismo. Mas seus métodos de ensino davam resultado. Aos poucos ela foi se tornando mais suave e fez amizade com os alunos. Então pudemos realmente ensinar. Sempre aparecia algum guarda novo para ver com os próprios olhos um preso ensinando. Depois vieram os diretores. Passavam um tempão me observando. Provavelmente tentavam encontrar falhas para depois criticar.

Quase não me deixavam a sós com a Érika. Eram poucos os momentos em que podíamos conversar. Ainda assim, ela desabafava. Estava namorando um guarda comprometido; o cara tinha noiva e em breve iria casar. Gostava do sujeito e sofria com isso. Estava na cara que ele só queria usá-la. Alertei; gostava dela e não gostava dos guardas, especialmente dos mais ignorantes e espancadores. Claro que também a olhava como mulher. Quando ela sentava com as pernas entreabertas, eu observava atentamente. Quando tirava o jaleco de professora, quase a devorava com os olhos. Mas sempre discretamente e sem deixar transparecer. Ela entendia. Era impossível não desejar. Fazia meses que eu não transava com ninguém.

A saudade da família começou a bater forte. Pedi que a Irismar viesse me ver. Estiquei até onde pude. Já estava doente de saudade do Renato. Nunca ficara tanto tempo assim longe dele. Eram quase três meses. Jorlan, eu só vira duas vezes. Era um sacrifício enorme para ela trazer os dois, mas eu não aguentava mais.

Eu já me relacionava bem com a família do Rogério. O pai e a mãe dele gostavam de mim. Eram poucos anos mais novos que eu, mas malhados pela vida de trabalho e sacrifícios que tiveram. O pai, João, quase me implorou para que olhasse por seu filho. A mãe fez o mesmo. Eles temiam a fragilidade dele com relação às drogas. Não seria fácil.

Surgiram pedras de crack no raio e Rogério ficou feito louco, fissurado. Comprou fiado e em questão de minutos consumiu a droga. Ficou ali, abestalhado, querendo mais. Só não se afundou em dívidas porque a droga acabou rápido. Para os pais, disse que havia comprado cigarros e precisava de dinheiro para pagar. Os pais cederam, desconfiados. Tentei impor um limite em nosso xadrez. Disse aos meninos para moderarem. Eles seguiram usando, mas com menos frequência.

Minhas dicas à professora surtiram efeito. As aulas estavam dando certo. Já tínhamos alguns alunos escrevendo e lendo alguma coisa. A diretora decidiu montar a escola com prisioneiros como monitores. Lançou cartazes para que os companheiros se candidatassem. Havia uma monitora-coordenadora na Penitenciária I. Ela se encarregaria da seleção ali na II. Eu a conhecera em São Paulo. Fora fazer uma visita às nossas instalações na Casa de Detenção, e eu a ciceroneei. Na ocasião, conversamos muito. A Funap reconhecia meus méritos, mesmo sem me apoiar como coordenador. Adriana veio para orientar e dirigir. Era uma mulher negra bonita, forte e cheia de personalidade. Se eu quisesse, poderia participar dos trabalhos de seleção. Isso ajudaria bastante, disse Adriana. Coloquei-me à disposição.

Irismar trouxe as crianças. Eu a esperei no sábado pela manhã, mas eles demoraram a chegar. Eu suava, nervoso. Quando os vi na gaiola, o coração disparou. Renato estava tão lindo! Peguei Jorlan no colo e ele sorriu. Mais um bebê... como era maravilhoso ser pai e ter um bebê! Beijei o Renato e a Irismar ligeiramente. Ela estava cansada. Jorlan pesava chumbo. Levei-os para cima.

Quando a família do Rogério ou a tia do Chiquinho vinha, nós saíamos e deixávamos o xadrez para eles. Depois das primeiras conversas em que as famílias matavam a saudade, eles iam nos procurar. Então voltávamos para comer um bolo, tomar um refrigerante e conversar. Saíamos e voltávamos, ficando mais fora do xadrez do que dentro. "Pedalando", como dizíamos. Andávamos no pátio, conversávamos com outros companheiros. Eles costumavam jogar dominó ou damas. Jamais gostei de jogos. Detestava passar o tempo. Quando não tinha o que fazer, eu me distraía pensando.

Quando Irismar, os meninos e eu entramos na cela, os manos saíram, nos deixando a sós. Coloquei Jorlan na cama e brinquei com ele. Era espertíssimo e muito vivo. Depois dei ao Renato toda a atenção que ele merecia. Conversamos, brincamos, curtimos um ao outro. Ele estava cada vez mais inteligente e amoroso. Eu o adorava.

Deixei aberto o guichê da cela. Era código: significava que os companheiros podiam entrar, pois não se tratava de visita íntima. A molecada foi chegando, tímida. Não conheciam Irismar, e havia todo um ritual com as mulheres dos presos. Ninguém podia encarar, era preciso manter distância, chamar de senhora, um monte de bobagens prisionais. Ela trouxera doces, bolo, refrigerantes e outras delícias. Servi a rapaziada. Apresentei a baianinha e disse que ela não tinha frescura. Podiam conversar à vontade. Irismar sorriu e facilitou. Mas não havia o que conversar. Por isso os meninos saíram de novo.

Levei Renato para o pátio, a fim de brincar com ele e com a rapaziada enquanto Irismar amamentava Jorlan. Voltamos na hora do almoço. Ela trouxera a mistura; fizemos uma salada e todos nos alimentamos ali, assistindo televisão.

Irismar me falou dos inquilinos, dos vizinhos. Era legal saber daquela minha gente. Eu gostava sinceramente deles, em particular da dona Carmem e da sua família. Magda levara para minha casa o computador, a pelúcia, os meus modelos de bichinhos, as roupas e outras coisas. Estava tudo guardado lá, disse Irismar, acentuando que não gostava mesmo da Magda. Prometi que nunca mais a veria.

 Foi difícil me separar deles. O suor de cada um estava misturado na minha pele. Eu sabia que levaria um bom tempo para vê-los novamente. Quando a porta da galeria os engoliu, tudo caiu dentro de mim. Voltei para a cela derrubado. Estava com as mãos lambuzadas de criança, cara suja de desejos saciados e coração pequeno de saudade.

 Na segunda-feira fui chamado à escola. Lá estavam os monitores selecionados. Entre eles, meu amigo Jairzinho. Nós nos conhecíamos havia décadas. Morava no raio 1 e sempre que me encontrava me chamava para morar com ele. Mas também havia dois dos faxinas do meu raio. Um deles, Julinho, foi o pivô do problema com o Alemão. O outro, Dimas, era um sujeito simpático, expansivo.

 Até então eu os encarava quase como inimigos. E não sabia como me relacionar com eles. Fiquei preocupado. Dimas quebrou o gelo e veio conversar como se nada houvesse ocorrido. Mas fez isso, claro, depois que sentiu o grau de intimidade entre mim e o Jair. O meu amigo era uma liderança muito respeitada por todos. Estava velhinho, cabelo branco como neve, mas cheio de disposição e força. Julinho era mais novo e seguia o parceiro da faxina. Começamos a relação do zero. Cedi em nome de formarmos uma boa escola e porque eu sou assim mesmo. Não consigo guardar raiva de ninguém por muito tempo. Depois, seria ótimo estender minha rede de bons relacionamentos até a faxina. Dimas tinha uma palavra forte no pavilhão.

 Adriana deu início à reunião fazendo as apresentações. Depois disso, ela me surpreendeu. Disse que eu estava ali porque queria participar, mas que era um monitor com larga experiência. Que eles deviam conversar comigo e procurar me ouvir porque eu poderia ajudá-los mais que ela. Eu não sabia que a Adriana me tinha em tão alto conceito. Pensei que isso fosse coisa do Cido e do Zé Antônio. Eles sabiam que eu estava ali e deviam ter me recomendado. Provavelmente, até a Arlete tinha feito isso. O supervisor da região se chamava Adão. Não o conhecia pessoalmente, mas já sabia que era um sujeito justo e humano. Abri um sorriso solto, esparramei um olhar manso e amigo. Mesmo aos pedaços, procurei me comunicar com alegria. Para mim, um círculo de debates sobre a escola na prisão era muito importante. Assim sairíamos daquela vida oca, despida de objetividades e afogada em tediosos interesses. Desdobrei-me. Jair também já dera aulas e nós nos complementávamos. Conseguimos transmitir muitas das nossas experiências. Érika se mostrou surpresa com a profundidade e a seriedade do diálogo. Ficou até quietinha. Ali não poderia exercer seu autoritarismo. Teria que ser humilde e falar de igual para igual. Nós faríamos a escola. E de graça. Não ganharíamos nada até o ano seguinte. Havia idealismo nisso. Conheci o Morcegão, um rapaz novo mas já com ampla experiência carcerária. Havia participado de várias rebeliões e até comandara algumas. Perigoso, mas coerente e disposto. Queria realmente fazer uma escola conosco. Tocava um violão que era pura arte e cantava em inglês as canções das bandas de que eu mais gostava. Ficamos grandes amigos. Érika tinha uma simpatia especial por ele. Era outro tipo de malandro. Daqueles com algum estudo, informado, capaz de altos papos sobre quase tudo. Vivera em alto nível na rua. Para mim, era um achado de grande valor.

    Agora nos reuníamos de manhã e à tarde. Érika vinha à tarde só para estar conosco e viabilizar os encontros, sem ganhar nada. Se ela ou a Adriana não estivesse presente, os guardas suspendiam a reunião. Não aceitavam que só os presos participassem. Fizemos uma grande triagem na cadeia e começamos a montar as classes. Eu só queria uma classe. Duas seria demais. Estava movido por um ideal, mas também não me sacrificaria. E queria começar a escrever um novo livro.

Comecei a idealizar uma continuação para o *Memórias de um sobrevivente*. Pensava muito nisso. Eles elogiavam demais o meu estilo. E aquele era, simplesmente, o meu jeito de escrever. Eu escrevia assim o tempo todo. Então passei a encarar a sério o objetivo de me tornar escritor. Sabia que teria que escrever, pensar, pesquisar, estudar e ler o tempo todo. E estava disposto a isso.

Eu começava a erguer a cabeça depois de meses fulminado pelo exílio obrigatório. Dentro de mim já reacendia aquela estranha volúpia de ser. Uma necessidade imperiosa de ser reconhecido, valorizado, possuir uma identidade. Durante décadas eu acumulara e sedimentara conhecimento. Agora era preciso organizar e expandir.

Peguei uma classe para alfabetizar. Prometi usar com êxito toda experiência que adquirira nos métodos da Érika. Jair, como eu, também ficara com uma classe apenas. Na parte vespertina, ele trabalhava na sala de artes. Fazia toalhinhas de mesa para ajudar a esposa, fiel guerreira que o acompanhava havia mais de trinta anos em suas peregrinações pelas prisões do estado. Eu a conhecera jovem. Agora estava velhinha como ele.

Ali era fácil dar aulas. A classe tinha um número grande de alunos. Alguns eu já conhecia de outras prisões. Havia um respeito muito carinhoso da parte dos companheiros. Aquilo me incentivava a dar tudo o que podia para ensiná-los. Realmente me tornara um professor do jeito que eu imaginava. Estava feliz por isso.

Aquela escola começou auspiciosamente. Os companheiros também estavam contentes, realmente imbuídos da alegria de ensinar. O compromisso era sério. A procura pela escola era enorme. Era um meio de sair do raio em que se vivia, encontrar companheiros de outros raios. Andar, viver, ver a professorinha, aprender alguma coisa, marcar uns pontos para facilitar benefícios jurídicos. O ambiente escolar era excelente. Em todos os sentidos, a escola era uma boa. Para os novos professores, era uma experiência muito interessante. Faltava conteúdo para as aulas, mas a Adriana prometera nos ajudar com livros e com os tais objetivos mínimos. Eu, de alguma forma, passava o que conhecia e o que achava interessante.

Os pais do Rogério vinham todos os meses. Ele se acalmara, mas continuava explorando os dois. Sua mãe perdera a paciência e havia decidido não lhe dar mais dinheiro. Ele chegou a inventar para o pai que precisava pagar uma mulher que vinha para trepar com ele. Uma prostituta. O dinheiro se transformou rapidamente em droga.

Os nossos baseados não custavam tanto. Maconha era bem mais barata. Já a cocaína e o crack eram caríssimos. Uma pequena quantia custava os olhos da cara. O problema é que o viciado não se conforma com uma pequena porção. Quer uma loucura sempre maior. E quando acaba o efeito da droga, a angústia é aterrorizante. Então ele precisa de mais droga para vencer o sofrimento em que mergulhou. É uma bola de neve. E o Rogério era um viciado desse porte. Perdia o controle e se afundava. Fiquei com muita pena dos seus pais. Eles não sabiam o que fazer. Ambos trabalhavam muito e não podiam sustentar o vício do filho. Já ajudavam a filha, que estava na faculdade. Propus ao cara que fizéssemos bichinhos de pelúcia em sociedade. Pelo menos, ele próprio sustentaria seus vícios. Eu entraria com os modelos e uma quantia de pelúcia que tinha em casa. Ele, com o transporte e a família para vender lá fora. Trabalharíamos juntos.

Rogério adorou a ideia. A pena dele não era grande, mas o trabalho o levaria a ganhar a remissão dela. Segundo essa lei, cada três dias trabalhados equivalem a um dia a menos de cadeia. Animado, o rapaz até prometeu dar dinheiro para os pais. Eles, porém, queriam apenas que o filho assumisse os próprios gastos. Ajudariam no que fosse possível. Pedi que a diretora de educação intercedesse junto da diretoria de produção. Queria trabalhar de manhã na escola e à tarde na sala de artes, fazendo os meus bichinhos. Demoraram demais para dar uma resposta, e foi negativa: decidiram que um preso não podia acumular duas funções. Mas eu precisava ajudar em casa e a escola não me pagava nada. Expus o impasse e ela prometeu fazer outra tentativa.

Então aconteceu o imprevisto. Eu tinha acabado de almoçar quando fui chamado pela diretoria penal. China queria falar comigo. O que seria? Subi a galeria da radial e no caminho encontrei os professores. Eles me contaram que, após a aula das dez horas, os guardas invadiram as salas de aula. Havia uma denúncia de que alguém arrancara alguns pés de cadeiras, que eram de ferro. E, de fato, na inspeção, constatou-se que três cadeiras estavam com um pé a menos, inclusive na sala em que eu dera minha aula. Os professores diziam não saber de nada. Eles e todos os alunos foram revistados na saída das aulas. Julinho também foi convocado para falar com o China. Saiu do encontro dizendo que fora pressionado e que não queria mais ser professor.

Na minha vez, fui imediatamente rodeado de funcionários. Era pressão. China veio com intimidações. Quando me perguntou sobre os ferros, respondi que não sabia. Durante a minha aula, ninguém tirara nada. Não tinha ideia de como aquilo acontecera. Procurei responder duro. Aquele era um papo de homens sem alma, daqueles que não mudam com os ventos. Tentaram questionar minha posição. Discuti mais alto ainda, demonstrando indignação. Não poderia deixar a mínima dúvida. Quando sentiram que eu estava preparado e que de mim nada conseguiriam, me dispensaram. Não antes de dizer que a escola estava fechada até nova ordem.

Voltei para o pátio, indignado. Como uma coisa daquelas podia acontecer? Quem roubara os malditos pés das cadeiras? Conversei com Jair, que não sabia nem mesmo de quem suspeitar. Nele eu confiava plenamente. Conversamos com alunos, e ninguém tinha visto nada. Não sabíamos o que pensar. Os professores tiveram todas as chances do mundo de pegar os pés das cadeiras antes de as aulas começarem e não o fizeram. Fiquei na dúvida sobre o que fazer. Só restava esperar. Duas semanas depois, fomos chamados novamente. Jair me comunicou que estava se desligando da escola. Precisava trabalhar com as suas toalhinhas e ganhar dinheiro para ajudar a mulher. Estava com muitas encomendas e não dava conta delas. E a escola o desestimulara.

Vieram novas intimidações: os guardas ameaçavam nos espancar para saber quem pegara os pés das cadeiras. Dessa vez respondi com rudeza. Era um abuso. Eu não ganhava nada com as aulas. Colaborara com a escola desde o início e em troca recebia ameaças. A coisa quase engrossou. Quando vi que ia acabar apanhando, desconversei e mudei o tom da fala. Mas acho que convenci. Mais uma semana e todos os monitores foram chamados outra vez. Fui para lá decidido: não ia mais trabalhar sem ganhar nada e ainda por cima ser desacatado. Pediria demissão e transferência para a sala de artes. O pai do Rogério fora até a minha casa de carro, pegar as pelúcias e os modelos. A mãe dele traria o material e começaríamos o trabalho.

A reunião era conjunta, com diretores e monitores. Menos mal. Fomos à "pastelaria": era como chamávamos o parlatório, espaço para conversar com advogados. Do lado de dentro, o diretor penal, a diretora de educação, a Adriana e o Adão, gerente regional da Funap. Do outro lado, nós, os monitores. Atrás de nós, o choque da prisão em peso, com canos de ferro nas mãos. O diretor penal começou, ofensivo. Dizia que havia nos dado uma chance, mas que sua paciência acabara. Como alguém pode ir à escola para arrancar os pés da cadeira onde vai se sentar para aprender? Aquilo não era estúpido? Pegou pesado. Procuramos nos defender todos de uma vez. Virou tumulto. O China respondeu com ameaças veladas. Mas conseguimos dizer que aquela generalização é que era estúpida e que a lei dizia que as penas eram individuais. O homem quase saltou da cadeira. Não admitia debate. O que ele dizia era lei. Mas ali nos sentíamos fortes. Além de estarmos em grupo, a presença do gerente regional nos dava forças.

Os ânimos foram serenados pela diretora de educação. Ela tentou encerrar a discussão comunicando que as aulas recomeçariam. O diretor não aceitava bem a ideia. Queria nos humilhar, demonstrar que para ele não éramos nada e que nem merecíamos escola. Então Jair, como a pessoa corajosa que sempre foi, falou o que tinha de ser dito. Afirmou que quando saíamos das salas de aula, nós e os nossos alunos éramos sistematicamente revistados. Ninguém se safava de ser apalpado acintosamente. Se algum de nós havia roubado os ferros, que eram enormes, seria preciso admitir que os guardas foram relapsos e negligentes na revista. Seria até possível passar com um único ferro; eu já burlara revistas muito mais rigorosas, passando com facas, serras e uma vez com uma arma automática. Mas três ferros era muito. Depois, como o fato só fora descoberto por denúncia? Óbvio que quem denunciara devia saber ou ter visto alguma coisa. Bastava pressionar o sujeito que ele confessava. E por fim, deu a paulada fatal: nós não tínhamos a chave que abria e fechava a escola. Jair insinuou assim, sutilmente, que os guardas tinham arrancado os ferros. O diretor ficou apoplético. Por que os guardas fariam aquilo? Simples, respondeu Jair. Na montagem da escola, eles tinham criado inúmeros obstáculos. Invocou o testemunho da diretora de educação e da Adriana. Elas poderiam confirmar.

Então, subitamente, a reunião acabou. Adão olhou o relógio e disse que teria que pegar o ônibus para São Paulo. O diretor penal levantou da cadeira e saiu resmungando, nos lançando olhares ameaçadores. Aproveitei a chance e apresentei minha demissão à diretora de educação. Ela estava chocada, pois sabia agora a origem do ataque à sua diretoria. Garantiu que me apoiaria. Falaria com o diretor de produção para que me transferisse imediatamente para a sala de artes. Para mim, a escola na prisão acabara. Não dava certo. Escola era incompatível com repressão.

No domingo seguinte, a mãe do Rogério trouxe a pelúcia e, ao sair, foi falar com o diretor de plantão, pedir que ele deixasse seu filho trabalhar na sala de artes. Na segunda-feira, o boletim diário da cadeia trazia a notícia de que nós dois havíamos sido julgados pela junta de orientação técnica e estávamos liberados para trabalhar naquele setor. Pronto, uma nova vida se iniciava.

30.

A sala de artes era apenas um salão não muito grande, sem bancos e nada confortável. Nós nos esparramávamos em pequenos grupos, a produzir artesanato. Meus sacos de pelúcia, enchimento de espuma, minha pasta de modelos e os aviamentos estavam lá. Rogério não sabia fazer nada, mas estava sinceramente interessado em aprender. Montamos o primeiro cachorrinho, que foi comprado pelo próprio pessoal do setor. Depois vieram os ursinhos e os cachorros maiores. Em pouco tempo as encomendas já eram maiores que a nossa capacidade de produzi-las. Até os guardas queriam. E ainda tínhamos que fazer mais bichos, para que a mãe do Rogério os levasse para vender. Seria dali que garantiríamos a compra de mais material.

Já não nos faltava nada. Negociávamos tudo. Os companheiros do xadrez pararam de fumar aqueles fumos fedidos. Fumavam cigarros de verdade. Passamos a ser invejados, porque sempre tínhamos baseados para a noite. Era uma das poucas celas que não passava necessidades naquela prisão.

Eu gostava do meu trabalho. Aqueles eram modelos que eu havia criado sozinho. Ninguém tinha nada parecido. Chiquinho morria de inveja: eu não o colocara no esquema. Havíamos discutido e as nossas relações ficaram estremecidas. Ele era muito metido a valente e exigi que nos respeitasse. Já estávamos aborrecidos com sua estupidez. Aos poucos o moço foi ficando isolado, sem espaço no xadrez.

Ele se roía de ciúme porque a família do Rogério gostava muito mais de mim do que dele, Chiquinho, que já os conhecia. Alimentava esperanças de namorar a irmã do meu sócio e a garota já estava namorando. Era linda, trabalhava, frequentava a faculdade e não tinha tempo a perder com um sem-futuro como ele. E agora que os pais percebiam que o filho estava mesmo trabalhando e não lhes dava mais despesas, passaram a me estimar ainda mais. O pai dizia que eu era o único amigo do filho na prisão, aquele que não o ajudava a mentir.

Comecei a escrever uma primeira versão da continuação do meu livro. Seria o *Memórias II*. Fácil. Bastava lembrar e ir escrevendo. Haviam me convencido de que eu escrevia bem, que tinha um estilo. De bola cheia, fui escrevendo. Toda manhã relatava um pouco. Depois virou rotina e cansou. Acabei entediado com aquela vidinha de xadrez, sala de artes, baseado, televisão e escrever livro. Mas continuei na disciplina. No raio, os caras da faxina continuavam batendo e expulsando quem os questionasse. Muitos foram humilhados. Chiquinho sempre participava dos debates, querendo ser voz determinante. Alguns já o olhavam atravessado.

Ele tinha amizade com Polaco e Paulinho. Política forte do raio. Os caras estavam sempre no xadrez. Tínhamos uma ligação com eles através do Chiquinho. O Polaco se dava bem com a molecada, era bastante jovem também. Já o Paulinho era mais seco e maquiavélico. Ambos guardavam vários estiletes enterrados nos buracos de rato no pátio. Viviam tirando ferros das camas, dos banheiros e de todo lugar onde fosse possível. Eram consultados sobre quase tudo que ocorria no pátio.

Os distribuidores da alimentação estavam aborrecidos com o Chiquinho. E por pouca coisa. Éramos cinco na cela, mas quando eles distribuíam a comida, o rapaz sempre brincava dizendo que éramos doze. Essas piadinhas irritavam os caras. Percebemos que a qualquer hora aquilo ia fazer "azedar o pé do frango". O Alemão costumava agir de um jeito parecido; parecia um *déjà-vu*. Alertamos várias vezes. O Chiquinho dava respostas mal-educadas.

Não dá para saber o que houve de fato. Era horário da janta. Ele se desentendeu com os dois distribuidores do andar. Como sempre, o pessoal da faxina veio em peso discutir e pressionar. Nós conhecíamos aquele filme. Só ficamos olhando. Devo confessar que torcíamos para que quebrassem a valentia despropositada do Chiquinho. O mecanismo dos desastres tem engrenagens complexas. Só fomos compreender depois. Deram decisão a ele. No dia seguinte, quando abrissem as portas, teria que ir ao xadrez da faxina para uma "conversa". Aquelas "conversas" resultavam sempre em linchamento e expulsão do raio. Ou seja, humilhação e desclassificação. O Polaco estava na cela forte. Mas havia Paulinho. E, é claro, nós, os humildes. Acionei Paulinho. Do guichê, movimentei as mãos, usando a linguagem de sinais dos surdos-mudos. Ele e seus companheiros de xadrez viriam se unir a nós quando as portas das celas se abrissem. Iríamos todos com o Chiquinho.

Tomamos uma decisão. Não permitiríamos que batessem nele. Teriam que bater em nós também. E não permitiríamos que o expulsassem do raio; teriam que nos expulsar também. Os demais xadrezes deixavam que seus membros, quando assim convocados, fossem sozinhos. Nós entraríamos juntos na cela da faxina, ou não entraria ninguém. Era um caminho radical.

Reconhecíamos que Chiquinho era folgado, mas não a ponto de desmoralização e linchamento. Ele se sentiu forte com o nosso apoio e o de Paulinho. Todos estávamos confiantes. Seríamos os primeiros a enfrentar a faxina. Alguém precisava fazer isso, pois eles andavam valentes demais. Tínhamos medo, mas nos apoiávamos uns nos outros e estávamos decididos. Os dois moleques me seguiriam até ao inferno.

Aquele buraco no meio do pátio, cheio de nada, parecia nos esperar. Logo cedo os boieiros vieram entregar o café e intimidar novamente. O guarda abriu a porta. Saímos todos. O Paulinho e o pessoal do seu xadrez nos aguardavam. O Chiquinho desceu dando a sua versão dos acontecimentos. Os faxinas chamaram o companheiro. Caminhamos juntos. O pessoal do xadrez do Paulinho estacionou na entrada do pátio. Havíamos combinado que Chiquinho não entraria na cela do pessoal da faxina. Aquele era o jogo deles. Se entrasse, apanharia. Decerto o esperavam prontos para a surra. Ele estancou e afirmou que se quisessem discutir, seria ali, na frente de todo mundo. Foi firme.

Os caras o rodearam. Formou-se um bolo e nos metemos no meio, o Bahia e o Pequeno ao meu lado. Paulinho e sua turma continuaram na entrada do pátio. Então o ofendido acusou. Chiquinho se justificou. Outro faxina, que não tinha nada a ver com a história, afirmou que o nosso companheiro era "esquema" de um sujeito na Casa de Detenção. Havia assumido, como "laranja" do sujeito, a responsabilidade por um celular apreendido. "Laranjas" e "esquemas" eram desclassificados. Chiquinho quis argumentar, mas foi abafado. Haviam puxado o tapete de debaixo de seus pés. Nós não sabíamos daquela história. Quando o viu enfraquecido, um dos faxinas tentou lhe dar uma cabeçada na cara. Ele desviou, pegou de raspão. Os outros faxinas e boieiros foram no embalo. Era linchamento.

Então uma repulsa nervosa subiu junto com o sangue na cabeça. Era a única saída. Entrei com ímpeto no bolo que ia se formando. Joguei o Chiquinho para o lado e fiquei na frente dele, separando-o dos agressores. Ele correu para o fundo da quadra e colou as costas na parede. Bahia e Pequeno fizeram barreira comigo. Fomos socando e sendo socados até o fundo do pátio. Só então vi os dois monitores no meio dos faxinas. Chamei-os à lucidez. Gritei que eles eram professores, deviam me ajudar a separar. Nisso, o "cabeceador" se aproximou de mim como quem queria conversa. Mas soltou a cabeça na minha cara, como fizera com o Chico. Eu já esperava por isso. Escorei com a direita e soquei com a esquerda. O sujeito bateu na parede e voltou. Dimas entrou no meio e o segurou. Aos poucos, foi levando o pessoal da faxina para trás. Julinho também começou a ajudar.

Nem sei direito em quem bati ou de quem apanhei. Depois de alguns minutos olhei para o nosso grupo. O Pequeno, o Bahia, o Rogério e eu rodeávamos o Chiquinho. Ele, encostado na parede, atrás de nós, permanecia em posição de defesa. Os caras da faxina rodeando de longe. O pátio todo nos observava. Estávamos a mil por hora e tudo podia acontecer. Ninguém iria bater no nosso companheiro de xadrez, por mais que ele merecesse. Teriam que bater em nós. E não seria fácil porque formávamos um bloco compacto. O meu receio eram os estiletes. Eles poderiam desentocá-los e tentar nos atacar. Então o Paulinho se aproximou de nós. Conversou com o Dimas. Propôs um acordo. Ficamos ali, prontos para o que pudesse acontecer. Percebi que os meus receios se concretizavam. Alguns dos oponentes haviam se armado. A ponta dos estiletes aparecia na manga de suas blusas. A gaiola estava cheia de guardas. Todos esperavam o desenrolar dos acontecimentos. Ninguém se atrevia a intervir. E nós ali, no fundo do pátio, rodeados, à espera.

Meu coração estava na boca. Nem sei de onde tirei aquela coragem toda. China, no meio dos guardas, nos chamou na gaiola. Chiquinho e eu fomos até lá. Ele quis saber o que estava acontecendo. Afirmei que fora um desentendimento e que já havia sido esclarecido. China queria tirar Chiquinho do pátio para protegê-lo. Mas o rapaz foi firme. Não sairia. Ficaria e resolveria tudo até o fim. Não precisava da ajuda da polícia.

Dimas assegurou ao diretor de disciplina que estava tudo certo. Demos, ele e eu, a palavra de que não aconteceria nada de errado. Não queríamos que a polícia invadisse. Eles levariam o Chiquinho à força. China, sei lá por que, deixou por nossa conta. Voltamos para conversar. Pedi que Dimas intercedesse de verdade para que houvesse diálogo. Disse-me que já estava acertando e logo nos chamaria. Ficamos no fundo do pátio, esperando. A tensão fazia suar e a alma se esvaía.

Não demorou e vieram nos chamar. Chiquinho não queria entrar no xadrez dos caras. Dimas deu a palavra de que não iria acontecer nada. No fim concordou com a entrada do grupo todo. Chiquinho sentou-se ao meu lado, numa cama. Estava assustado. Assegurei-lhe que apanharíamos juntos se os caras se atrevessem a bater. Ele agora confiava em nós. Sabia que o que acontecesse com ele, aconteceria conosco também.

Foi dada a palavra ao sujeito ofendido, que expôs o caso. Chiquinho havia dito que ele não podia ficar valente naquela cadeia porque era mansinho na Casa de Detenção. Esse foi o ponto da discórdia. O sujeito exigia que ele retirasse aquela fala. Caso contrário, não haveria acordo. Iria matá-lo. A coisa era séria, pois estavam armados. Chiquinho ficou espertíssimo, retirou a palavra na hora e pediu desculpas. Falara no calor da discussão e se desculpava pela besteira que dissera.

O acusador, sentindo que estava por cima, começou a arrogar valentias. Cortei sua fala e perguntei se estava tudo certo.

Chiquinho já não se desculpara? Nós não havíamos ofendido ninguém e não tínhamos que ficar escutando "sapo". Apenas defendêramos o nosso companheiro de xadrez, para que pudesse haver diálogo. Caso estivesse tudo certo, agradecíamos o respeito. Sairíamos. Não queríamos confraternização. Eles nos agrediram de verdade e nós a eles. Parece que saíram no prejuízo. O sujeito que deu a cabeçada não ficou nada contente: arrebentei-lhe a boca. Seu lábio superior, partido, sangrava. Mas não cederíamos mais que o companheiro já cedera.

Antes que respondessem, fui levantando, saindo e empurrando o Chiquinho na frente. Os companheiros me seguiram, fechando a retaguarda. Fora, o Paulinho e seu pessoal nos esperavam. Rodearam. Queriam saber o que ocorrera; a turma da faxina nem saiu. Paulinho afirmou que não entrara na guerra porque Chiquinho "quebrara suas pernas". Não havia rebatido a acusação de que era "esquema" dos outros. Disse que ele e o pessoal do seu xadrez estavam armados. Caso o Chiquinho enfrentasse a acusação, entrariam conosco. Mas a vacilação dele tirara suas forças. Só conseguiu intermediar e promover o acordo. Fiquei quieto. Esse era um problema para ele e o Chico resolverem. Eram amigos. Nós só nos relacionávamos com o pessoal do Paulinho por causa do Chiquinho. Mas a amizade entre nós estava rompida. Eles nos haviam deixado em falta.

Na cela, meio forçado, Chico nos agradeceu. Sabia que perdera posições. Dependera de nós, os humildes, para não apanhar nem ser desmoralizado. Sabia que, doravante, até os moleques o enfrentariam caso abusasse. Nosso prestígio na cadeia cresceu. Para todos, havíamos encarado a faxina e vencêramos. Saímos cheios de moral. Estávamos bem. Duas semanas depois, a cadeia amanheceu trancada. A gente pensou que seria blitz. Já era rotina; vira e mexe eles vinham encher o saco. Quase nunca pegavam ninguém com nada. Era mera rotina.

Mas desta vez o pátio foi invadido por uma centena de guardas. Abriram as portas das celas da faxina e da alimentação. Puseram todos para fora, só de cuecas. Revistaram e os encaminharam para a galeria de trânsito. Escutamos os gritos. Estavam batendo nos caras. Fizemos um escândalo. Todos batemos nas portas dos xadrezes, o prédio estremeceu. Aqueles caras eram presos como nós. Não conseguiríamos ouvi-los gritar e ficar imóveis. A cadeia veio abaixo. Obrigamos os guardas a parar com os espancamentos. Se quisessem espancar alguém, teria que ser longe dali, onde não pudéssemos escutar. Respeito a gente arranca; apenas conquistá-lo não adianta.

Outra faxina e outra distribuição de alimentação foram formadas. Hércules saiu da cela forte. Enquanto esteve lá, jamais o esqueci. Sempre mandava alguma coisa para ele. O plano de fuga deles foi denunciado. Haviam sido presos por causa do buraco na parede e de um alicate roubado. Hércules veio morar na cela embaixo da minha. A comunicação ficou mais fácil. Eu gostava muito daquele rapaz.

Não demorou muito e o domingo chegou. O pai do Rogério estava conosco na cela. Eu sabia que aconteceria alguma movimentação na prisão. Hércules não me falou diretamente, mas deu a entender que estava envolvido. Essas coisas não se falam. Segredo é segredo. No entanto, ele me deixou prevenido. Imaginei, pelo brilho dos seus olhos e pelo modo de despedir-se, que seria uma tentativa de fuga.

Não contei para ninguém. Confiava na molecada, mas para que dizer? Eles não foram convidados. Eu sempre soube que, no crime, quem não participa não precisa nem deve saber de nada. E eu não queria fugir. Estava disposto a ir até o fim, nem que morresse no meio do percurso. Os meus filhos mereciam isso de mim. Minha vontade era viver o máximo que pudesse para eles. Mesmo que ao preço de muita dor.

Pela movimentação, pude adivinhar onde seria a fuga. Fiquei na janela, observando. Vi quando o primeiro deles, Paulinho, veio para fora. Rogério e o pai, seu João, assistiam à televisão com os meninos e riam. Vi outros presos saírem. Entre eles, Hércules. Esqueci até de respirar; estava vivendo a fuga dos caras. Passaram por baixo do alambrado e encostaram na muralha. Contei uns dez. Fiquei esperando os tiros dos soldados. Não havia nenhum na muralha. Deviam estar na guarita, dormindo.

Reconheci Paulinho pelo rosto avermelhado. Ele jogou a tereza — uma corda feita com lençóis —, com um gancho na ponta, para o alto da muralha. Pendurou-se e foi o primeiro. Estava no meio do caminho quando o gancho abriu, fazendo com que ele caísse em cima dos outros, lá embaixo. Ninguém havia visto nada, estava limpo ainda. Minha boca secou. Os companheiros de cela suspeitaram e vieram ver o que me deixara travado. Pararam e ficaram assistindo comigo, surpresos, sem fala. Seu João também encostou. Todos em silêncio. Era como se qualquer palavra pudesse quebrar o encanto. O gancho foi reajustado e a tereza, jogada novamente. Enganchou; Paulinho era especialista. Já fugira de várias prisões. Subiu, mas o gancho abriu novamente. Novo tombo. De repente o alarme soou e eles voltaram acelerados. Haviam sido descobertos. Caso o gancho fosse mais forte, teriam escapado.

Entraram pelo mesmo buraco de onde haviam saído. Deixamos o xadrez para ver a movimentação de perto. Um corre-corre danado. O pessoal se dispersou pelas celas rapidamente. Os funcionários, que vieram correndo pelo lado de fora, tentaram entrar na cela pelo buraco. Alguns dos companheiros ameaçaram com espetos. Recuaram. Era dia de visita, não podiam tumultuar. Aliás, o certo era que aquilo nem podia acontecer. Para o preso, fugir sempre é admissível. Já para a polícia, nada podia ficar impune. Aconselhei ao seu João que fosse embora.

Aquilo podia complicar. Nervoso ao extremo, ele torcia uma revista com as duas mãos, a ponto de estourar com ela. Queria dar uma de durão perto do filho mas estava quase se borrando, principalmente quando concluímos que os companheiros da fuga frustrada talvez tomassem de assalto o nosso raio. Aí as visitas não poderiam sair e tudo viraria de cabeça para baixo.

Rogério levou o pai até a gaiola, procurando acalmá-lo. Devia ser difícil deixar o filho ali, naquele desastre iminente. O guarda só o colocou para dentro da gaiola depois que o Rogério se afastou. Os visitantes foram se retirando aos poucos. Quando ficamos somente nós, presos, tudo tomou a forma silenciosa de uma concha. Havia um leve rumor interior. Eu sabia o que ia acontecer. Os autores da proeza não se apresentariam. Os guardas ficariam com medo de entrar no raio porque poderiam ser sequestrados. O choque da PM viria e todos pagaríamos pela façanha de alguns. Procurei ficar frio. Mas era revoltante. A lei diz que as penas são individuais, mas as punições eram sempre coletivas. A consciência do preso é de que a lei existe somente para condenar; particularmente para nós, que não podíamos contestá-la nem pagar algum advogado bacana para defendê-la.

Os guardas não tiveram a coragem de entrar para nos trancar. Ficamos quietos em nosso xadrez, aguardando os acontecimentos. Os meninos queriam andar. Desaconselhei. Podia chegar algum maluco atirando no pátio. Nossas vidas estavam nas mãos deles, que não demoraram muito. Escutamos o som de suas batidas. Vinham marchando e batendo nos escudos, como a SS nazista fazia ao entrar nos bairros judeus na Segunda Guerra. A intenção era apavorar. Uma gente doutrinada para oprimir, pressionar e esmagar. Pareciam bonecos de ferro e aço. O que havia de humano neles só aparecia quando tiravam as fardas.

De repente, explosões no pátio. Correria. Um sujeito apavorado adentrou o nosso xadrez. Errara o endereço. O pessoal da

PM atirava pela abertura do portão. O pátio se enchia de fumaça branca. Bati a porta, trancando-a, molhei panos e dei para a molecada. Deveriam deitar e respirar ao rés do chão. A fumaça sempre sobe.

A polícia abriu o portão aos gritos. Bombas voaram. Do guichê, fiquei observando. Estavam esquematizados. Dividiram-se, organizados, como a gente via na TV. Enquanto subiam as escadas, fechei o guichê e levei o pessoal para o fundo da cela. Ficamos todos já de cuecas, esperando. As perninhas finas do Pequeno tremiam. Procurei acalmá-lo. Nunca havia passado por uma blitz do batalhão de choque da PM.

Começaram a tirar os companheiros do fundo da galeria. Abriram nosso guichê e mandaram que nos ajoelhássemos, de mãos na cabeça. Só de ajoelhar já doeu. Escutamos gritos dos companheiros. Que merda; havia corredor polonês. Só se ouvia o som oco das borrachadas, os gemidos e os gritos. Era sinistro. Sabíamos que a nossa vez chegaria. O Pequeno me olhava com olhos assustados e vermelhos. Estava quase chorando. Então um PM abriu a porta da nossa cela. Era nossa hora de apanhar. Iríamos receber a cota que nos fora reservada. Ainda bem que não demorou; eu odiava esperar! Saltei na frente, ao comando do soldado. Havia um escudo na porta e um capacete com olhos maus. Um cano enorme e grosso, e outros menores, estavam apontados para a minha cara. Não me apavorei, fazia parte; era o kit pavor. Uma voz enorme vociferou. O comando foi para que eu abaixasse a cueca três vezes. E olhando para o chão. Não queriam ser identificados. Para mim, não tinham cara nem eram gente. Tratava-se apenas de violentos uniformes cinza.

Mandaram que eu saísse com as mãos para trás e correndo. Ao sair, já me aguardava um cassetete enorme e erguido. Quando desceu, eu já estava longe. Então outros vieram, pela frente e por trás. Fui parado no ar. Mas caí de pé e correndo. As borrachadas queimavam nas costas e na barriga. Logo à frente, alguém me passou o pé, e não era do choque. Parecia guarda. Pulei, corcoveei e levei mais algumas borrachadas. Quando alcancei a plataforma em cima da gaiola, os companheiros estavam amontoados de joelhos. Um atrás do outro. Enfiei-me no meio e tentei desaparecer. Estava em absoluta forma física e era craque naquelas "olimpíadas" de obstáculos do choque.

Foi uma longa maratona. Os joelhos doíam, o pescoço queimava. Os soldados sacrificavam. Davam borrachadas na cabeça daqueles que não estavam aguentando. Fiquei firme. O problema era manter a "espinha ereta e o coração tranquilo", como cantava Walter Franco. A dor era um processo; procurei vencê-la pela vontade. Totalmente concentrado, esqueci os meninos sofrendo ao meu lado. O Rogério estava gordo, não aguentava o peso nos joelhos. O Pequeno tinha os joelhos frágeis. Tomaram muitas borrachadas.

Quando chamaram o número do nosso xadrez, levantei e o joelho bambeou, mas me firmei. O soldado gritou o comando: correr para a cela com as mãos nas costas e cabeça baixa. Dei uma olhada para saber a posição dos soldados. Abaixei a cabeça e, como um touro, caminhei para o matadouro. Pulei, corri, tomei porretada daqui e dali. Quando percebi que estava em frente ao xadrez, mergulhei decidido. Caso fosse uma prova com barreiras, teria vencido. Fui o primeiro a chegar. Os moleques vieram depois. Extenuados, cortados de borracha e no limite. Fiquei curtindo da cara deles. Meninos moles, não sabiam resistir. Assustaram-se em demasia. Passei o resto do dia brincando com eles.

Paulinho, Alemão, Chininha, Hércules e alguns manos da faxina foram colocados no fundo da quadra de joelhos. Os "samangos", como eram chamados os policiais militares, sacaneavam o tempo todo com chutes e borrachadas. O grupo que tentou fugir havia sido filmado. Depois da revista, foram conduzidos, só de cuecas, para a cela forte. Imaginamos o pau que tomariam. Deu o maior dó do Hércules. Acabara de sair do castigo e já estava de volta.

Um sol pesado, implacável, batia na porta de ferro. A um metro de distância, eu o sentia arder na pele. Encostar o braço no guichê queimava na hora. Se colocasse um ovo, fritaria, com certeza. Dentro do xadrez, trancados debaixo daquele sol inclemente, ficávamos engolfados em nosso próprio suor. Era um banho atrás do outro. Graças ao poço artesiano não faltava água. Até dez horas da noite foi um desespero. Ficamos deitados no chão, buscando o frescor do granito. Qualquer esforço gerava uma inundação de suor. Até escrever era impossível. A mão molhava o papel. Permanecemos ali, abestalhados, na frente da televisão, assistindo novelas o dia todo.

Fazia frio quando Irismar e as crianças me visitaram pela segunda vez. Aquela era uma terra inóspita, inadequada para o homem. No verão, calor demais. No inverno, muito frio. Não dava nem para sair da cela. Era preciso ficar enrolado nas mantas o dia inteiro. Ela e as crianças tiveram que ficar na cama comigo quase o tempo todo. Depois recebi uma carta contando que o Jorlan havia contraído pneumonia, o Renato estava tossindo e cuspindo sangue. Fora a viagem naquele frio todo. Irismar me disse que não viria mais. Apoiei. Não era para vir mesmo. Não queria os meus filhos doentes por minha causa. Só sosseguei ao receber a notícia de que os meninos estavam curados. E demorou.

O processo de revisão do livro ia começar. A editora me escrevera, perguntando como fazer. Havia certa urgência. Queriam publicar o livro para lançá-lo na Bienal do Rio de Janeiro, em maio. Estávamos no fim de 2000. Pelo correio, era inviável. Eles poderiam me mandar os textos registrados, mas como eu os devolveria? Não havia ninguém para colocar no correio e registrar. Poderia extraviar.

    Lembrei-me da Magda. Ela poderia ajudar. Eu estava sem visitas. Irismar não viria mais. E não era só por causa das crianças, mas por ela mesma. Vinha me visitar por obrigação e eu não queria forçá-la a isso. Por outro lado, senti também que estava livre para fazer o que quisesse da minha vida. Claro, as crianças sempre seriam levadas em consideração. Não a deixaria em falta e não me divorciaria enquanto estivesse preso. Não causaria insegurança a Irismar, de modo algum. Queria que ela e as crianças vivessem em paz.

    Escrevi para a Magda, explicando minha necessidade no momento. Sabia que ela não me deixaria em falta, mesmo após o que acontecera entre nós. Sempre fora muito generosa. Sei lá por que, eu sentia que ela ainda gostava de mim e que nossa relação não estava terminada de todo. Não, eu não queria casamento. Se ela quisesse uma relação leve e tranquila, eu toparia. Se fosse bom pra ela, seria pra mim também. Depois, ela é mulher, e eu estava cheio de vontade. Sua resposta foi imediata. Ajudaria, sim. Era só eu registrar o nome dela como visita, que ela viria. Registrei como prima. Tinha que haver um grau de parentesco, senão a pessoa não entrava. Magda não me deixou esperando. Chegou no primeiro domingo após receber minha carta. Estava lindinha. Trazia um sorriso e bastou vê-la para sentir quanto me fazia falta. Usava o mesmo perfume de sempre. Sua cor de mulata clara era viva e brilhante.

    A manhã estava fresca e os companheiros esperavam visitas quando subi com ela para o xadrez. Chiquinho tinha se mudado. Deixou de se dar bem conosco. Ficou sem espaço. Em seu lugar entrou o Arthur, um homem de meia-idade que trabalhava conosco na sala de artes. Era extremamente humilde e muito criativo. Fazia de tudo em artesanato, e fazia bem-feito. Era da terra onde nascera minha mãe, Pinhal. Falava arrastando o sotaque caipira.

Magda e eu subimos. O xadrez já estava vazio. Eu avisara que iria me internar assim que ela chegasse. Fazia algum tempo que eu estava sem mulher e pretendia descontar. Fechei a porta e o guichê. Sentei-a em minha cama. Quando ela se acomodou, a saia subiu um pouco e as coxas bem torneadas apareceram. Lembrei na hora como era o segredo que havia no meio daquelas pernas. Minha boca salivou. Meus olhos me traíram. Os segmentos de tempo que nos separavam desapareceram.

Ela tomou minhas mãos e afirmou não entender como alguém como eu estivesse tão abandonado. O meu exílio a incomodava. Dava-me um valor que eu sabia que não tinha. Contei-lhe o que acontecera e ela me disse que entraria em contato com Sophia. Ia passar aquela história a limpo. Lutaria para me levar para São Paulo. Estava sinceramente indignada. E era tão bom estar com quem me valorizava...

Quanto eu tivera que me minimizar para sobreviver naquele buraco! Estava com dificuldade até para conversar, seco e duro como uma bola de couro ressecada. Desabafei, soltei meus demônios, a dor de ser obrigado a existir por baixo da sola do sapato dos outros. Chorei com ela. E parecia que a amava. Era tão importante vê-la ali... Ela me compreendia e eu não precisava dizer frase alguma inteira. Magda entendia, ao ouvir as primeiras palavras, o que eu queria expressar. Era um alívio imenso. Falar, falar, falar! Meu Deus! Há quanto tempo eu não falava de fato? Por muito tempo só respondi ou falei por monossílabos. Arrependia-me profundamente do modo como me livrei dela. Ela, porém, não guardava ressentimento. Não era só uma mulher e um corpo. Mas minhas mãos já haviam entrado em contato com sua pele. Como era gostoso sentir com as mãos e com os olhos as delícias e participar da intimidade daquela mulher que me queria! Olhava-me e sorria levemente, já franzindo os lábios de prazer.

Tinha urgência em me possuir. Como era bom uma mulher gemendo embaixo da gente! Mas, de repente, aconteceu algo estranho. Meu prazer cessou de supetão. No meio do ato perdi a vontade, e para seguir em frente foi preciso suar, sofrer até. Quando ela conseguiu, fiz que fui, mas não fui. Magda me abraçou e entendi: eu não a queria. Não entendi o que acontecera. Minha cabeça estava a mil. Escapei do abraço e fui ao banheiro. Sem que ela visse, me masturbei. Uma loucura. Compreendi menos ainda. Fui direto para o banho. Ela não percebeu nada. Abri o guichê.

Estava na hora do almoço. A molecada entrou. Apresentei--os. Magda conversou com todos. Trouxera uma comida leve que os meninos apreciaram. Continuamos nossa conversa. Ela era prática e versátil. Eu já havia lhe explicado por escrito qual era o problema com a editora. Ela telefonara para o Fernando Bonassi e por meio dele entrara em contato com a Companhia das Letras. Antes de viajar até a prisão, havia marcado uma entrevista com o diretor de plantão. Ia conversar sobre o livro. Na próxima vez que viesse, traria parte da revisão para minhas alterações, de acordo com as sugestões da preparadora. A editora financiaria suas passagens quando viesse a trabalho.

Era um prazer enorme conversar com aquela mulher de sorriso contagiante. Estava empolgada com o meu livro. Queria participar de tudo. Havia fechado o restaurante. Fora assaltada duas vezes. Estava desempregada. Os filhos sustentavam a casa. Fazia alguns bicos com o computador, mas não ganhava quase nada. Voltaria dali a quinze dias. Ficaria trabalhando comigo até a publicação do livro. Havia seis meses que eu escrevia a continuação. Queria encerrar. Julguei que só precisasse revisar, digitar e enviar para a editora.

Eu estava sendo salvo. Magda iniciaria um esforço para me levar de volta a São Paulo. Às quatro da tarde acompanhei-a à gaiola. Não conversamos sobre nós. Essa parte era complicada. Mas eu tinha certeza de que ela escreveria, questionando. Me queria. E me queria exclusivamente. Era inevitável. Ela voltaria a exigir o meu divórcio. Não poderia ser minha amante. Precisava manter a moral diante dos filhos e da sociedade. Carecia que eu fosse solteiro novamente ou que casasse com ela. Já por aí eu sabia que não haveria futuro. Mas enquanto desse pé, por que não? Se ela me pressionasse, eu não saberia o que fazer. A minha situação me obrigava a sobreviver a qualquer custo. Bem que eu queria ser por fora o que era por dentro... Naquele momento, entretanto, eu precisava publicar aquele livro e voltar para São Paulo. Na segunda-feira comecei a trabalhar no fechamento do texto. Nem fui mexer com os bichinhos de pelúcia. Havíamos conseguido levar o Bahia conosco. Ele e o Rogério fariam a maior parte do trabalho. Eu só iria meio período. Finalizei o livro rapidamente e iniciei a revisão em seguida. Estava me julgando escritor. Achei que fosse abafar. Magda trouxe parte do *Memórias de um sobrevivente* e a lista de sugestões da preparadora. Ela conversava bem. Só com a minha mãe eu tinha um diálogo assim. Magda não se importava com o fato de eu gostar de caminhar para pensar e conversar. Era o costume de conversar andando no pátio.

 Magda conversara com o Fernando e com a Sophia. Confirmara tudo o que eu dissera e agora se arvorava como minha defensora. Amigos lhe indicaram com quem conversar para efetivar minha transferência. Meus amigos e a editora se colocaram à disposição. Ela só não conseguiu contatar o pessoal da Funap. Eles haviam me abandonado: ninguém da Fundação moveu uma palha para me ajudar. E o apoio deles teria sido fundamental.

 Magda passou a dizer que me amava, que nunca deixara de me amar. Cabia a mim aceitar e ir vivendo do que ela procurava me dar. Eu amava a atenção e o cuidado dela, a vontade com que se entregava e sua capacidade de luta. Seu sorriso lindo, seu rosto querido. Amava, e daí? Não significava que amaria para sempre. Não queria planos. Tudo bem enquanto não quisesse me forçar com relação ao divórcio.

31.

Eu observava meus companheiros taciturnos e perguntava a mim mesmo se havia alguma esperança. Rogério sonhava encontrar a puta que amaldiçoava para... cair de boca, provavelmente. Pequeno imaginava pedras de crack gigantes e montanhas de maconha. Bahia viajava em pensamento para sua terra, Mato Grosso — "Bahia" era só um apelido —, e se embrenhava na mata virgem. O velho Arthur, sempre doente por ter abusado demais das drogas, era impenetrável. Vivia o agora e se dava por satisfeito. O presente deles era tão pequeno que eu não sabia como conseguiam vivê-lo. Se tivessem um baseado para fumar à noite, já ficavam contentes. Não esperavam quase nada da vida antes de cumprir a pena.

Eu sempre tinha um baseado escondido. Quando eles pensavam que não havia mais nenhum, eu o apresentava. A alegria do pessoal era tamanha que eu sempre fazia de tudo para surpreendê-los. Confiavam em mim. Sabiam que eu me preocupava com eles.

Consegui mandar dinheiro para a conta da Irismar. O meu trabalho com os bichinhos rendia. Eu começara a vender um kit completo para quem desejasse aprender: o modelo, como fazer e até o tecido para o primeiro bichinho. Garantia que esse trabalho inicial já era negociável. Trabalhava dia e noite incessantemente. Os olhos ardiam, mas era bom ter o que fazer o tempo todo. Em outro campo de vendas, o editorial, eu acompanhava o sucesso do livro do dr. Drauzio, *Estação Carandiru*. Milhares de leitores já o tinham comprado. Eu imaginava que o meu livro, lançado pela mesma editora e apresentado por ele, tivesse o mesmo percurso. Ia acabar a miséria. Lançada a edição, eu não ficaria mais naquela cadeia. Teriam que me transferir.

Passei a ficar mais tempo sozinho. A solidão era um modo de conseguir um pouco de liberdade. Eu podia me manter em silêncio e pensar. Havíamos passado o fim do ano derretendo de calor, suando e tomando de dez a quinze banhos por dia. A televisão ajudava a distrair. Entre nós, a alegria continuava em alta. Brincávamos muito, mas também discutíamos bastante; particularmente com o Rogério, impulsivo demais. Várias vezes quase levou a nossa pequena empresa à falência com seu descontrole. Eu sempre percebia a tempo e só o deixava gastar a parte dele.

Magda me visitava com regularidade. Envolvia-me numa nuvem de amor e carinho que me deixava amortecido. Passei a esperá-la ansiosamente. E quando ela chegava, era um alívio. Às vezes, eu rodeava seu rosto com as mãos e ficava olhando no fundo dos olhos dela. Por que aquela mulher? Meu coração crescia nas tardes em que eu me deitava com a cabeça no seu colo. No Carnaval, Magda passou quatro dias comigo. No final eu já nem sentia mais excitação. Estaria ficando velho? Não. Estava perdendo o desejo por ela, como ocorrera na Detenção. Ela já não me excitava como nos primeiros dias. Impossível insistir. O livro já estava em fase de lançamento. A revisão do segundo estava quase no fim. Dera mais trabalho do que eu imaginava.

A faxina agora estava sob a responsabilidade de uma organização que dominava as prisões do estado. Havia facções contrárias e a guerra era aberta. O encontro seria fatal. No raio três, a faxina estava nas mãos da facção rival. A organização não era aceita por lá. As coisas ficavam cada dia mais sérias. Falava-se em invadir o raio três e matar "os coisa". No sistema, a guerra entre a organização e as facções rivais recrudescia. A matança se anunciava. Em prisões dominadas pela outra facção, qualquer simpatizante da organização ia ser assassinado. Eles tinham o apoio de diretores que eram, em geral, contrários à organização. Eu me esforçava para conservar a neutralidade. Não participava mais do crime, não tinha ideais criminosos e muito menos ilusões quanto àquela vida, mas minha simpatia pela organização era clara. Para mim, o crime não dera certo. Dos meus quinze anos até os 48 não ficara nem um ano solto.

Não fui um bom criminoso. Não tinha estrutura emocional para manter a frieza necessária. Acabava perdendo o controle. Também não era mau o suficiente. Na verdade, sempre que necessitavam de mais um preso para as pesquisas, eu estava lá, a postos. Número para compor as estatísticas. Não ganhara nada além de tortura, sofrimento, miséria e dor — para mim, para a minha mãe e para todos que um dia gostaram de mim. Não botava banca de malandro. Situava-me entre os humildes. Havia certo respeito pelo tempo de prisão cumprido. Com tanta experiência, o meu comportamento só podia ser exemplar. Procurava viver o mais discretamente possível. Mas no fundo sabia que nada disso adiantava. O que me valia era uma misteriosa proteção que sempre me livrava do pior. Alguns chamam isso de sorte, outros de Deus. Eu não sabia como chamar.

Sabíamos pouco do que se passava no sistema prisional do estado de São Paulo. As poucas notícias eram preocupantes. Estávamos abandonados ao cumprimento de pena. Não havia nenhum interesse pela nossa educação social. A cultura criminal predominava nas prisões. Não tínhamos opções. Queriam apenas nos separar do convívio social. Depois, o governador da vez resolveria. O problema é que nós, presos ou soltos, éramos sempre os mesmos. Vítimas e réus de um processo de irresponsabilidade administrativa. O circo estava se armando. Sofrimentos nos aguardavam na próxima esquina.

Magda chegou toda cheia de amor e novidades. O livro estava na gráfica! Sairia em abril e seria lançado na Bienal em maio. Ela vivia comigo o entusiasmo do lançamento. Conversamos muito. Os meninos vieram almoçar e depois nos deixaram. Dormimos misturados em abraços. Acordei suado, sentindo-me sufocado. Num rádio gemia uma canção qualquer.

Algo estava acontecendo. Já eram três e meia da tarde. Acordei a Magda. Seu sorriso veio pronto para espantar as minhas cismas de cadeia. Quis beijá-la em agradecimento. Não deixou. Queria lavar a boca antes. Levantou e correu para o chuveiro. Ajudei-a a se enxugar. Vestidos, fomos saindo, abraçados e sorridentes. O clima parecia pesado. Senti o impacto ao pisar fora da cela. Os olhares estavam duros e preocupados. Encaminhei-a até a gaiola. O funcionário exigiu que eu me afastasse para abrir a porta. Ela entrou, assustada, assoprou o último beijo e ultrapassou o portão que dava para a galeria externa ao raio.

Fui procurar os companheiros para saber o que estava pegando. Eles me alcançaram antes. Perguntaram se eu não sabia. As cadeias estavam todas virando. A Casa de Detenção e a Penitenciária do Estado já estavam viradas desde a metade do dia. A notícia fora dada pela televisão. Corremos para o xadrez para saber. O canal mostrava a Casa de Detenção tomada e com as visitas todas dentro. Os guardas estavam sequestrados. Na Penitenciária do Estado a cena se repetia. O repórter listava as outras unidades prisionais que também haviam virado: eram cerca de vinte. A ordem partira da organização. Seria uma rebelião sincronizada em todos os estabelecimentos penais. Segundo os repórteres, o motivo fora a remoção de cinco dos líderes da organização para a prisão anexa à Casa de Custódia de Taubaté. Prisão especial, disciplinar, para faltas muito graves ou para os líderes dos protestos contra as violações dos direitos humanos nas penitenciárias paulistas.

Em quase todas as cadeias havia telefones celulares. A comunicação facilitara a sincronização. Mas várias reivindicações foram ignoradas. Os repórteres repetiam o que dizia a Secretaria da Administração Penitenciária: a rebelião fora uma demonstração de força de determinada organização criminosa. Pela televisão vimos um visitante sendo morto a tiros por um guarda da muralha na Casa de Detenção. Na Penitenciária do Estado a invasão começara, mas a televisão não mostrava. Os helicópteros filmavam a fumaça subindo dos pavilhões. Passei mais de vinte anos ali. Pude imaginar a loucura que devia imperar no local, que ainda por cima estava cheio de visitas.

Saí. E ali, não aconteceria nada? E o pessoal da organização que morava na cadeia? Em Venceslau II não havia telefone; portanto, não tinham sido dadas ordens diretas. Se houvesse comando, eles teriam tomado a prisão na hora do almoço. Magda e eu seríamos pegos na cela. Imaginei o desespero. Eu ia querer que ela saísse. Os caras não deixariam. Complicaria demais. Ela se assustaria. A PM poderia invadir, dando tiros, e Magda correria perigo.

Os funcionários criaram coragem e entraram nos raios para nos trancar. Todo mundo ficou preocupado. O que iria acontecer? Eu sabia que sempre pagávamos coletivamente pelas faltas individuais. Não havíamos nos rebelado, mas mesmo assim esperei o pior. Choque da PM, espancamentos e coisas desse nível.

A penitenciária I de Venceslau também se rebelara. Provavelmente seríamos reprovados pelo fato de não ter tomado a II. Bem, mas esse problema era dos irmãos da organização, não nosso. Somente nas prisões dominadas pelas facções rivais estava tudo normal. A maioria do sistema prisional do estado entrara em convulsão. As declarações do governador e do secretário de Administração Penitenciária indicavam planos para esmagar a organização. Haveria confronto.

Pensei em todas as pessoas lá fora que me ignoravam. Aquela gente não tinha a mínima preocupação com a minha existência. Provavelmente me odiavam sem me conhecer. Naquele momento, deviam estar me amaldiçoando, achando que a polícia devia me matar. O uniforme aceitava tudo. Logo eu, que já não queria mal a mais ninguém. Era apenas um ser desterrado do meu mundo e que sobrevivia atônito e perdido...

Passamos a noite acompanhando os acontecimentos pela TV. A polícia acabou invadindo cada cadeia rebelada e liberou os visitantes. Na Casa de Detenção as coisas demoraram um pouco mais. Na Penitenciária do Estado, o choque da PM encontrou uma resistência muito forte. Os visitantes ficaram até a manhã seguinte. Aos poucos, as prisões voltaram ao controle do Estado. Agora viriam as represálias e as retaliações. Eles não seriam justos. Nunca foram. Os direitos que conquistamos nos custaram muito sofrimento. Nada nos fora dado. Vivemos numerosas greves de fome, espancamentos, e muitos de nós foram mortos. Não sabíamos o que aconteceria em consequência da rebelião. Na certa prevaleceria a força bruta.

Na segunda-feira as celas amanheceram trancadas. Passamos o dia esperando o pior. Na terça de madrugada eles chegaram. Estavam lá no pátio, eu os vi. Todos os guardas da prisão revistavam as celas do andar de baixo e separavam alguns presos, que já saíam com os seus pertences. Só acordei os companheiros do xadrez quando os guardas se aproximaram de nós. Invadiram a cela febris e nervosos. "Cantaram" meu nome e o do Arthur. Devíamos arrumar nossas coisas. Estávamos sendo transferidos. Caso fôssemos para mais perto de São Paulo, seria ótimo!

Eu tinha muitas coisas. Acumulara livros demais, como sempre. Livros pesavam e faziam volume. Peguei o *Memórias II*, os meus textos, canetas e cadernos. Amontoei roupas e pertences em geral dentro de uma colcha e amarrei as pontas. Apanhei a televisão e desci as escadas sob escolta. Lá embaixo, outros presos aguardavam o "bonde". Quando o número chegou a dez, nos encaminharam à inclusão. Na entrada, o chefe do setor nos aguardava. Gostava de mim desde que eu chegara. Confirmou que iríamos para a cidade de São Paulo.

Entrei no xadrez lotado. Lá estavam Paulinho, Hércules, Xininha, Alemão e outros. O pessoal da cela forte em peso. Quando afirmei que seríamos levados para São Paulo, um grito involuntário escapou de todas as gargantas. A tristeza densa e pesada que pairava no ar deu lugar a uma alegria enorme. São Paulo, para nós, desterrados, era quase liberdade. Até quem não era da capital ficou feliz. Não estaríamos mais à mercê do juiz implacável que administrava a justiça daquela comarca. O homem desprezava cada um de nós e fazia questão de demonstrar isso. Concedia audiências aos presos só para lhes dizer que faria tudo para mantê-los na cadeia o máximo de tempo permitido pela lei. Apoiava os espancamentos que ocorriam nas penitenciárias sob sua jurisdição. Era amigo dos diretores, almoçava e pescava com eles. Ajudava-os a esconder os abusos aos direitos humanos. Tempos depois ele acabou sendo executado com muitos tiros ao sair de sua casa. Disseram que fora ordem da organização.

Embarcamos. Senti o intestino revoltar-se. O carro de presos estava lotado, nos esprimíamos entre as paredes de aço quente. Os guardas nos deixaram ao sol por simples sacanagem; a última, imaginávamos. A vontade de ir ao banheiro tornou-se imperiosa. Parecia sintomático; viajar fazia desandar meus intestinos. Como suportar dez horas naquela caixa de aço me segurando de novo? Impossível. Suei frio e soltei um gás fétido. Os companheiros reclamaram. Fiquei quietinho, não era comigo. Interiorizei o olhar; era como se me apertassem pela cintura. Ia acontecer ali mesmo e já. Rezei, implorei. E aconteceu quando eu não esperava mais. Ao fim da minha resistência, a porta da viatura se abriu. Não disseram o motivo, mas iríamos voltar para o xadrez da inclusão. Desci travado, com as pernas comprimidas para dentro. Quase não deu tempo de abaixar a calça. Senti como se parte de mim houvesse ficado naquela privada.

Que alívio! Agora estava pronto para quantas horas fossem de viagem. Logo em seguida, nos chamaram novamente. Era um truque. Levaram-nos para o xadrez só para bater em nós. Sadismo puro. Algemaram dois a dois e determinaram que passássemos por um corredor de guardas armados com canos de ferro.

Na minha frente seguia o Índio, forte e alto. Vivia discutindo com os guardas, que o detestavam. Os canos retiniam nas paredes quando fecharam em cima dele. Passei me esgueirando, ileso. Eu era o professor, havia certo respeito. Tênue, é verdade, mas ainda assim fazia a diferença. Quando cheguei ao carro, levei um soco inesperado no estômago. Dobrei o corpo e aproveitei para me atirar dentro do compartimento que nos era reservado. Os companheiros gemiam. Todos haviam recebido seu suprimento de dor para a viagem.

Na estrada, mantive a coluna ereta, em concentração total para tirar a ansiedade da mente. Cada buraco provocava um solavanco que fazia a cabeça bater no teto de aço. Dor, sempre dor e sofrimento intensificado. Fiquei pensando que, se preso tivesse estresse, passaria mal. Ainda bem que preso só tem neuroses. Horas, horas inteiras. Cada segundo era sentido pelos ossos da bunda contra o banco de aço. A respiração precisava ser fina como a angústia. No começo, todos xingavam. Agora, o silêncio nos sepultava. No meio do caminho, uma grande parada. Trocaram os carros. Companheiros da Penitenciária do Estado vinham para os nossos lugares em Venceslau. Eram alguns dos líderes da megarrebelião. Eles haviam obrigado o choque da PM a retroceder. Houve o maior tiroteio com os soldados; a rendição fora negociada. Chegamos a São Paulo à noite, esgotados e desidratados, mas chegamos. O cheiro da poluição invadiu as nossas narinas. Os guardas desceram na Penitenciária do Estado. Formávamos um grande comboio, com cerca de sete veículos lotados de presos e carros da polícia escoltando.

Não nos aceitaram lá. Na Casa de Detenção também não fomos aceitos. Ninguém nos queria. Só faltava nos levarem de volta. Então chegamos a uma cadeia desconhecida. Descemos dos carros e fomos recebidos com gritos e ameaças. As borrachadas dos PMs lambiam as nossas costas. Eram as represálias pela megarrebelião. Passamos pelo setor de inclusão e fomos colocados em celas reduzidíssimas. Por sorte, o diretor de disciplina estava presente. Sujeito metido a "conhecedor de prisão", quis nos dar lições de malandragem. Não estávamos a fim. Queríamos comer e descansar. Tomei a iniciativa e cortei a prédica. Cumpríamos pena havia muitos anos e conhecíamos nossos direitos. Debatemos e conseguimos nossa alimentação. Também aceitaram nos encaminhar diretamente para os raios. Dia seguinte faríamos a inclusão. Éramos 104 homens.

Aquele era o Centro de Detenção Provisória de Vila Prudente. Essa e outras prisões idênticas destinavam-se a esvaziar as delegacias. Ali não havia cozinha, nem escola, nem área de trabalho. Como o próprio nome dizia, recebia presos provisórios, ainda não condenados. Parecia um verdadeiro compressor de vidas humanas. Para ficar algum tempo, podia ser melhor que as delegacias superlotadas. Mas para nós, já condenados e cumprindo muitos anos, não servia. Não dava para ficar lá.

Fomos distribuídos entre os oito raios existentes. Eu e mais alguns ficamos no primeiro raio. Um vãozinho do mundo. Colocaram-nos no pátio com parte das nossas coisas. O pessoal que habitava o raio era proveniente da Penitenciária do Estado. Haviam participado ativamente da megarrebelião. O comando pertencia ao pessoal da organização: eram os faxinas e os boieiros. Perguntei se havia algum xadrez sem televisão. Eu tinha a minha. Levaram-me ao xadrez sete. Era um aposento compacto, quase do tamanho daquele que habitávamos em Venceslau, mas para o dobro de pessoas. Somávamos treze homens ali. Eu sobraria no chão. Fui bem recebido. Não conhecia ninguém. Apenas de nome. Alguns eram bandidos famosos. Fiquei tranquilo. Era um povo melhor do que aquele que viera comigo. Tudo ali era organizado e controlado. Todos eram irmãos. Havia uma solidariedade advinda do transe fortíssimo pelo qual haviam passado.

A rebelião na Penitenciária do Estado fora uma loucura. Ali estavam congregados alguns dos principais fundadores da organização. Haviam promovido rebelião na Casa de Tratamento e Custódia de Taubaté e eliminado nove presos de facções rivais. Dominavam completamente o local. Tinham enfrentado à bala o choque da PM e estavam cobertos de glórias. Para nós, eram quase heróis. Conheci alguns deles. Parecia realmente que estávamos vivendo novos tempos no sistema carcerário. Os presos já não se sentiam indefesos e à mercê dos guardas. Haviam construído sistemas de autoproteção, organizados com base na sua própria cultura — a única que lhes era possível. Eu conhecia apenas de leve o pessoal da organização. Um de seus líderes estivera por um tempo em Venceslau. Mas eu sabia que eles não aceitavam abusos e cobravam as patifarias cometidas pelas autoridades. Na Detenção era fácil reconhecer os membros do grupo.

De seus estatutos constava o dever de proteger os humildes e não permitir abuso dos mais fortes. Eu há muito era apenas um humilde presidiário. Vários dos companheiros que vieram conosco, inclusive o Paulinho, haviam sido batizados na organização, que tinha um ritual específico para iniciar os membros. Após o batismo, os iniciados passavam a ser chamados de "irmãos".

Conversei bastante com os caras. Na hora de dormir, dois companheiros me convidaram para deitar de valete em suas camas. Não queriam que eu passasse a noite no chão. Escolhi o mais novo, com o qual havia conversado bastante. No dia seguinte, quando abriram a tranca, fui correndo atrás da televisão. Depois de muita luta conseguimos resgatá-la do setor de inclusão. Instalamos; todos os canais pegaram nitidamente. O pessoal ficou contente. Estávamos em compasso de espera. Aquilo estava longe de acabar. De manhã cedo permitiram que saíssemos para tomar sol, mas nos recolheram logo. Os funcionários estavam em choque. Os companheiros da Penitenciária do Estado lhes faziam ameaças. Eram guardas novos, intimidavam-se. Algo de grave acontecera nos raios do fundo. Entramos na cela porque o pessoal do comando pediu.

Não demorou para que o choque da PM invadisse a prisão. Quando vimos, eles já estavam entrando pela gaiola. Iam colocando escudos e entrando, um dando cobertura ao outro, sistematicamente. Estavam mesmo com medo. E com muita raiva. Jogaram bombas de efeito moral e de gás lacrimogêneo nas celas. O barulho era de enlouquecer. A cada bomba, havia um salto. O corpo reagia involuntariamente, pulando e caindo, desmantelado. O gás tomou conta do ambiente. Fiquei deitado no chão, respirando a poeira.

A porta se abriu. Homens enormes com máscaras contra gás e de armas em punho atiraram diretamente em nós. Os nervos viraram pó. Senti meu corpo desmanchar-se no chão. Acertaram-me duas vezes. Imaginei que fosse morrer. Estavam nos eliminando. Os soldados nem sequer miravam. Engatilhavam as espingardas e atiravam. O som era ensurdecedor. Estavam nos fuzilando. Nós nos embolamos. Levei outro tiro nas costas. Queimava mais do que das outras vezes em que fui baleado. Quando a tortura acabou, os soldados ordenaram que saíssemos do xadrez um a um, e de cuecas. Pensei em como sairia baleado daquele jeito. Devia estar morrendo. Doía demais.

    Os companheiros se levantaram e eu os acompanhei. Não me separaria deles nem que nos matassem. Achei estranho que a dor não impedisse os meus movimentos. Nas outras vezes em que levei tiros, fiquei petrificado. Mas agora consegui andar. Fui saindo atrás dos caras. Quando coloquei os pés para fora daquela fumaceira, estava sem ar. Caí. Tomei várias borrachadas e coronhadas enquanto tentava respirar. Nem sei se andei ou se corri. Quando dei por mim, estava junto aos companheiros no canto do pátio.

    Ajoelhei com as mãos na cabeça, como eles mandaram. Um maldito PM dava pauladas nos meus dedos trançados. Quando eu afastava as mãos, os golpes atingiam a cabeça. Eu a protegia e ele novamente acertava os meus dedos, que pareciam quebrar. Aos poucos os companheiros das outras celas foram chegando e apanhando no nosso lugar. O valente soldado estava ali só para pressionar. Era tortura pura. A cabeça parecia quebrar-se como um dente a mastigar pedra. Quando tinham a todos nós, cerca de cem presos, sob domínio total, os funcionários da prisão entraram para revistar as celas.

    Não podíamos falar, nem gemer, nem nos movimentar, que os guardiões da sociedade nos davam tiros ou borrachadas, dependendo da distância que estivessem de nós. Levei outro tiro no braço, que me jogou em cima do companheiro do lado. Quando me equilibrei, percebi uma bolinha de borracha no chão. Era por isso que os ferimentos não sangravam e eu conseguia me mexer. Outros presos já haviam me falado das balas de borracha. Ardia, queimava, mas não penetrava.

Os ossos dos meus joelhos doíam. A nuca parecia prestes a se deslocar. Eu transpirava a vida pelos poros, o coração explodia no peito de tanto bater. O concreto rústico parecia entrar pelos joelhos. Os companheiros caíam, incapazes de aguentar a dor. Fiquei firme, mas ao custo de um suor copioso. E a tortura não parava. Os funcionários reviravam as nossas coisas. Alguns companheiros gemiam. Senti uma vontade enorme de chorar mas me controlei. Sabia que estava todo arrebentado, mas o instinto de sobrevivência era mais forte. Os soldados continuavam a pressionar. Os tiros de borracha se seguiram. Imaginei que se algum deles pegasse na cabeça poderia matar. Ignorei o sofrimento e continuei a resistir.

Então, como que por milagre, um funcionário gritou o número do nosso xadrez. Mandou que levantássemos e retornássemos. Consegui me erguer, mas, ao tentar dar o primeiro passo, o joelho negou-se a obedecer ao comando do cérebro e me fez cair. O soldado à minha frente, com a espingarda apontada para mim, me fez recobrar o equilíbrio. Um funcionário com uma prancheta registrava o nosso nome e a nossa matrícula. Quando entrei na cela, me assustei. Estava tudo jogado no chão, como se fosse um monte de lixo. Os colchões estavam do lado de fora.

Quando pensamos que havia acabado, fomos obrigados a nos sentar em cima das coisas esparramadas. Somente quando tudo ficou em silêncio é que começamos a nos movimentar. Deixaram dois soldados tomando conta de nós, de arma em punho. Eles queriam que permanecêssemos sentados. Mesmo assim, nos levantamos. Atiraram. Ficamos escondidos no banheiro e na ducha. Então desistiram e abandonaram o pátio.

Estávamos todos lanhados e machucados. As balas nas costas e nas pernas fizeram manchas negras de sangue pisado. Doía demais. As borrachadas haviam deixado vergões roxos e calombos. Várias cabeças sangravam. Por sorte, ninguém no nosso xadrez tivera ferimentos graves. Mas, nos outros, havia companheiros com braços, pernas, costelas e cabeças quebradas.

O batalhão de choque foi embora à tarde, depois de castigar cada um de nós. Antes disso tiraram do xadrez todos os companheiros vindos da Penitenciária do Estado. Só ficamos eu e o Edmilson, um crente que viera comigo. Estávamos limpando a cela quando abriram novamente a porta e nos mandaram para o banheiro. Vários presos, somente de cuecas, entravam correndo, apavorados, e se escondiam na área da privada. Reconheci alguns. Eram os companheiros vindos de Venceslau. Emprestei bermudas e calças para cada um deles. As informações eram confusas. Mas o certo é que, lá no fundo do pátio, dois dos prisioneiros de Venceslau haviam sido assassinados. Pertenciam a uma facção rival da organização e faziam parte da faxina do raio três. Tinha sido essa a causa de todo aquele tumulto com o choque.

Os guardas reuniram todos os presos de Venceslau no primeiro raio. Ali, naquelas oito celas, agora somávamos 108 presos.

No dia seguinte, deixaram que fôssemos à área de recreação. Lambemos feridas. Os casos mais graves foram atendidos na enfermaria. Alguns foram levados ao hospital para engessar braços, pernas e costelas. Muitas cabeças foram costuradas e muitos curativos feitos. Os novos irmãos, aqueles que tinham vindo de Venceslau e que haviam sido batizados recentemente, tomaram conta da faxina. Eles eram o poder. O Paulinho tinha virado irmão. Era com ele que eu me relacionava com mais tranquilidade. O Hércules estava no xadrez dois. A nossa recreação começava de manhã e ia até a tarde. Era coisa dos irmãos, que tinham assumido as negociações com o diretor de disciplina. Não era fácil ser irmão. Era preciso encarar e bater de frente com diretorias e guardas a cada minuto. Eu não os invejava. Sabia, como eles também sabiam, que o preço daquela ousadia seriam cacetadas de cano de ferro. Era preciso ter coragem.

Chegou a hora de os simpatizantes das outras facções serem cobrados. Seus líderes haviam sido mortos. Foram chamados à faxina. Ficaram horas embaixo do chuveiro tomando pauladas. O sacrifício continuava. A mim, não importavam os motivos da tortura. Doía o sofrimento dos companheiros, errados ou não. Eu não estava ali para julgar ninguém. No meu xadrez encontravam-se os simpatizantes da organização. Apoiavam os irmãos em tudo e fariam o que eles pedissem. Começaram por serrar a chapa que cobria a fechadura da porta. Da folha de ferro fizeram facas. Depois foram para as outras celas, cortando mais chapas e produzindo mais facas, que cortavam dos dois lados e eram afiadíssimas. Todas foram entregues aos irmãos. Eles viviam de faca na cinta. Sei lá por quê. Talvez para manter o clima de guerra.

No domingo não tivemos visitas. Ninguém havia conseguido avisar a família. Nossos parentes já estavam acostumados a isso. Sabiam que os avisaríamos assim que pudéssemos. Me aproximei de um guarda, que me pareceu um sujeito razoável, e pedi que telefonasse para a Magda. Se lhe dissessem onde eu estava, ela certamente viria me ver. E eu precisava muito dessa visita. Minha miséria era completa. Eu voltara a fumar. Precisava me livrar de todo aquele desvalimento.

Durante a semana começaram a chegar as sacolas de comestíveis. Junto vinham cigarros, material de higiene e coisas de que necessitávamos. Os irmãos procuraram dividir tudo conosco.

Na cela oito, ao lado da nossa, os companheiros iniciaram um buraco de fuga, liderados pelos irmãos. Na minha cela, outros companheiros tiraram ferros três oitavos do concreto das camas para ajudar na escavação. Outros ainda ficavam de sentinela, observando os guardas, enquanto os "homens tatus" perfuravam o chão. O concreto pré-cozido era duríssimo e causava o desgaste rápido das pontas dos ferros.

    Certo dia, a manhã trouxe um silêncio estranho. Os parceiros que vigiavam junto das grades explodiram em movimentos. A cadeia fora tomada pelos presos dos raios do fundo, que haviam fugido no carro que trazia nosso café. Meu estômago deu voltas. Pronto, lá estava eu novamente envolvido, sem saber de nada. Algumas portas de celas haviam sido abertas e um grupo de irmãos do meu raio aproveitou-se da confusão para render os guardas. Os dois homens foram sequestrados. Não saí da minha cela. Da porta assisti aos prenúncios de mais um desastre.

    Os dois guardas sequestrados foram colocados no xadrez da faxina. Ninguém iria lhes fazer mal. Caso a polícia invadisse, eles seriam negociados. Pelo menos esse era o discurso. O pessoal temia que o choque invadisse atirando, como já ocorrera. No pátio, o sol, bárbaro e cruel, fustigava. Em todo lugar era a mesma coisa, um calor exagerado que parecia querer nos desmanchar. Alma oprimida, mais uma vez esperando o desfecho. Certamente haveria mais cacetadas, tiros de borracha e cabeças rachadas. No joelho, eu ainda sentia as dores da última surra, e as marcas dos tiros estavam em carne viva. Éramos todos convalescentes.

    Os helicópteros da polícia chegaram com seu som sinistro. Lá dentro um soldado apontava um fuzil enorme na nossa direção. Parecia louco para atirar. Os helicópteros das redes de televisão filmavam lá de cima e a gente assistia cá embaixo. Nem parecia que era conosco. Na muralha, os diretores queriam negociar. Um dos funcionários reféns foi para o meio do pátio a fim de conversar com o diretor pelo rádio. Disse que estava tudo bem, que não havia acontecido nada. Afirmou que não tinha sido sequestrado. Claro, todos sabiam que ele falava o que os irmãos mandavam, de olho nas largas facas vazadas nas mãos dos companheiros.

A negociação não demorou muito. Logo os funcionários foram liberados. A promessa era de que não haveria represálias. Promessas que também não duraram muito. Quando percebemos, o choque já estava no pátio. Corremos todos para o banheiro. Vieram as bombas. Os funcionários tinham visto as facas e havia suspeitas de armas de fogo. Bombas foram jogadas nas celas; o som explodia dentro da cabeça da gente. Fomos jogados ao chão. Dessa vez, queriam que saíssemos pelados. Era preciso levantar o saco e girar o corpo na frente deles sob a mira das armas. Fui um dos primeiros do meu xadrez a fazer isso.

Quando saí, um brutamontes fardado espirrou spray na minha cara. O jato queimou meus olhos como um lança-chamas. Não enxerguei mais nada e caí. Levei coronhadas e pontapés. Levantei rápido e corri instintivamente até tropeçar. Joguei-me no chão de joelhos, cortando a pele que ainda cicatrizava. Eu acertava a direção sem querer. Não enxergava nada e os olhos não paravam de queimar. As lágrimas escorriam em cachoeira. Desta vez eles não nos mandaram ficar de joelhos. Queriam que ficássemos de bruços. Minhas entranhas se comprimiam e percebi que a PM não havia trazido balas de borracha. Tinham vindo para invadir e matar, caso resistíssemos. Trouxeram também o gás de pimenta.

Ficamos deitados, grudados uns nos outros. Os soldados passeavam em cima de nós, pisando forte ou pulando. Levei vários pisões, mas, por sorte, sem machucados graves. Já outros presos ficaram com problemas na coluna e nas escápulas. Desta vez os policiais estavam com pressa. Acabaram a revista rápido. Quando retornei, meu joelho sangrava.

A revista fora minuciosa, mas menos invasiva e brutal que a última. Os funcionários que fizeram a inspeção entenderam que eram nossos reféns naturais. Sabiam que suas vidas talvez dependessem do tratamento que nos dispensassem. Em outras ocasiões, vi vários funcionários apanharem, serem esfaqueados e até morrerem durante rebeliões. O choque iria embora e sobrariam eles, desarmados, para lidar conosco.

Todas as televisões estavam molhadas. Haviam jogado água nelas, em represália. O prejuízo foi enorme. Mas não descobriram o buraco que os companheiros haviam começado. Os ferros e as facas foram apreendidos. Os jovens, superativos, começaram a arrancar mais ferros do concreto. Depois passaram à fase de fazer as pontas.

Pouco depois da rebelião fiz dois grandes achados. Em uma lata de lixo encontrei, milagrosamente, os livros *Papillon*, do Henri Charrière, e *Os rebeldes*, de James Michener. Estavam sem capas e faltavam folhas. Mesmo assim eram tesouros. *Papillon* eu já havia lido várias vezes, em outras prisões, mas seria um prazer enorme relê-lo. *Os rebeldes* também foi uma leitura maravilhosa, me falou demais ao coração. Dei os últimos retoques no *Memórias II*. Nas duas blitze, o original ficara espalhado pelo chão da cela. Não perdi páginas quase por milagre. Precisava tirar o texto daquele lugar. O medo de perdê-lo era enorme. Havia muito de mim ali. Fiquei pensando se o guarda havia transmitido o recado a Magda. Será que ela viria me visitar?

Sim! No domingo lá estava ela, me esperando na gaiola. Quando me viu, abriu um sorriso que salvou o meu coração. Abracei-a, quase a espremi no peito. Eu a amei naquele momento. Um sentimento simples, maciço e dominante. Eu pedira socorro. E ela viera, atravessando todas as barreiras para me socorrer.

Levei-a para a cela, sentei-a na cama e desabafei. Contei o que fora minha vida nas últimas semanas. Mostrei as costas lanhadas, o joelho cortado, os olhos inchados e ainda vermelhos. Magda chorou, e então parei. Era o limite dela, não aguentava mais.

O cheiro morno da sua carne atravessava os meus sentidos. Eu a quis totalmente. Mas havia outras visitas no xadrez, embora estivéssemos protegidos por lençóis em volta da cama. Ela não quis. Respeitei. Disse-me que o livro estava prestes a sair. A editora lhe telefonara dizendo que a revista *Veja* queria me entrevistar. Magda conversou por telefone com a repórter e achou que a moça queria explorar o fato de eu estar preso. Pretendiam conversar comigo sobre a megarrebelião. Não, isso eu não podia falar. Estava preso e continuaria preso. Se falasse poderia me complicar. Se quisessem me entrevistar sobre o livro, tudo bem. Mas não responderia a questões que dissessem respeito à rebelião ou às facções.

Magda estava muito preocupada comigo. Já começara a mover os pauzinhos para me tirar dali. A amiga Sophia havia lhe dado números de telefone de pessoas da Coespe, a Coordenadoria dos Estabelecimentos Penitenciários do Estado de São Paulo, que poderiam resolver o problema. Eu precisava sair dali com urgência. O choque viria muitas outras vezes. Os guardas, covardes, tinham medo de nós. Além disso, eu precisaria dar entrevistas após o lançamento do livro. Ali não havia condições físicas para uma entrevista. Era uma argumentação sólida para me transferir. Magda explicou que o juiz corregedor da capital estava em conflito com o executivo. Razões de segurança haviam sido colocadas à frente dos direitos humanos. Estávamos sob o poder dos coronéis da PM. O juiz não podia fazer nada por nós. Ficaríamos ali até quando eles quisessem. Era como um estado de sítio. Estávamos à mercê do choque — e a maior parte da população de São Paulo apoiava as medidas tomadas. Éramos reféns do sistema.

A estratégia deles era oprimir ao máximo o preso comum. Imaginavam que assim abandonaríamos as nossas lideranças. Mas essa gente não sabia nada sobre presos e presídios. Acomodados, preguiçosos e arrogantes, nunca se interessaram em saber. Bastava a muralha armada, os guardas, o cano de ferro e a cela forte. Quanto mais nos oprimissem, mais nos aproximariam daqueles que nos lideravam, mesmo que os nossos líderes fossem os piores de nós — e não eram; ao contrário, eram os mais corajosos —, sofriam conosco, mostravam a cara e lutavam por nós. Os demais eram inimigos que nos faziam uma guerra covarde. O problema poderia ser solucionado com justiça e cumprindo a lei. Mas o preso estava abandonado a si mesmo. A única cultura que conhecia era a criminal. Não tinha outra saída. Era a reação ao abandono e à exclusão total à qual estávamos submetidos.

Enchi Magda de beijos e de promessas de amor eterno. Sabia que aquilo não duraria, mas, naquele momento, eu a amava. Ela me socorrera quando eu mais precisara. Estava com o recibo do adiantamento dos direitos autorais do livro que a editora me daria. Eu precisava assinar para que ela recebesse. Assinei. Fiz uma lista de coisas de que carecia, incluindo uma vasta quantidade de cigarros.

Durante a semana seguinte os companheiros insistiram no buraco. Os ferros não tinham mais utilidade. O concreto esverdeado não cedia. Necessitavam de uma ferramenta maior, mais pesada e eficiente. Com um pedaço de serra, cortaram uma parte da lateral da grade da nossa cela. Era um ferro chato e grosso. Demoraram dois dias cortando. Depois fizeram uma prótese de papelão para camuflar. Cortaram pedaços da pintura do banheiro, amarela como a grade. Colaram no papelão, fizeram encaixe e colocaram no lugar.

Mais cedo ou mais tarde aquilo seria descoberto. E todos nós seríamos responsabilizados, mesmo os não envolvidos naquilo, como eu. Não queria fugir; além dos meus filhos, que necessitavam da minha volta à sociedade, havia o livro que ia ser lançado. O mais importante, porém, é que eu não acreditava mais em fugas. Sabia que, se escapasse, teria que me submeter ao crime novamente. Não há meio de vida legal para um foragido da justiça. Com certeza seria preso outra vez, como já acontecera. Eu não acreditava mais em sorte. Na mesma situação estava o seu João. Entrara para a casa dos sessenta anos e queria parar. Juntos, tínhamos peso político no xadrez.

Na segunda-feira, Magda depositou as coisas que eu pedira. Três sacolas cheias. Compartilhei o cigarro com todos os xadrezes. Distribuí bolachas e doces para todos. Foi um acontecimento. No domingo, eu comprara vinte gramas de maconha do seu João. Ele colocara quarenta gramas para dentro da cadeia.

O pessoal da faxina não saía da grade da nossa cela, por causa da maconha. Seu João foi generoso com eles, como eu. Conversamos com o Paulinho acerca do fato de a responsabilidade da fuga recair também sobre nós. Ele achou nosso ponto de vista razoável e nos apoiou. Conversou com todos os homens da sua cela. Dois dos simpatizantes da organização assumiriam a responsabilidade total pelo ferro. Aliviou um pouco. Mesmo assim, eu sabia que a polícia iria desconfiar de que mais pessoas haviam participado. Então, sobraria para todos nós, particularmente para os mais velhos, que seriam tidos como líderes naturais. Eu não podia ir para o castigo. Como seria recebido um escritor que estivesse no castigo? Além disso, sabíamos que o espancamento seria medonho, de arrebentar.

De qualquer forma, o buraco prosseguia. A tensão crescia. Companheiros de Santos, que haviam espancado um rapaz na penitenciária de Presidente Venceslau, foram chamados à faxina, para acareação. Os abusos anteriores estavam sendo cobrados. O garoto espancado exigia vingança: apanhara tanto que perdera uma vista. Hércules morava com os santistas e também foi chamado pelo pessoal da faxina; sofreria a punição junto com os espancadores. Mas eu assistira de perto a surra que os santistas haviam dado no rapaz. Hércules nem tocara no sujeito. Fui pedir para o Paulinho interceder. Ele respondeu que faria tudo que pudesse. Já tentara uma fuga com eles e tinha um certo conceito. Quando interpelado, no entanto, Hércules afirmou que batera também. Isso quebrou minhas pernas. Fui conversar com ele. Me explicou: não queria deixar seus amigos de Santos apanharem sozinhos. Foi levado para a faxina. Apesar da sua falsa confissão, apanhou menos que os três santistas. Paulinho, a meu pedido, intercedeu em seu favor.

Quando a coisa acabou, fui procurar Hércules, que apertou a minha mão, olhando-me fundo nos olhos. Senti a força do agradecimento. Ele sabia que os meus sentimentos eram firmes, constantes e que eu era capaz de lealdades extremas. Os outros amigos dele ficaram moídos, arrebentados. O rapaz de Venceslau havia se vingado ferozmente. Ajudei a cuidar dos meninos. Não podia ver ninguém sofrer sem me encolher por dentro.

Domingo, Magda foi uma das primeiras visitas a aparecer. Chegou esbaforida. Conseguira contatar o assessor do governador que cuidava das transferências. Conversara sobre o meu caso e marcara uma audiência. Levaria a documentação e uma carta em que a editora pedia que eu fosse transferido para uma prisão onde pudesse receber os repórteres de jornais e de revistas que me procuravam. A carta também informava que a primeira edição seria lançada em maio na Bienal do Livro do Rio de Janeiro. Os jornais e as revistas já estavam recebendo os exemplares de divulgação.

Magda dormiu um pouco. Levei-a para tomar um banho. Nossa! Que susto ela levou quando a água gelada caiu em seu corpo! Pulou em cima de mim. Peguei-a no alto. Precisei molhá-la aos poucos, e lhe dei banho como se ela fosse uma menininha. Esquecemos o lugar onde estávamos. Éramos menino e menina a brincar com a água que descia forte do cano. Levei-a ao portão, me despedi com um beijo apaixonado. Eu estava bem. Havia uma esperança.

No meio da semana fui chamado à gaiola. Havia jornalistas querendo me entrevistar. Eu aceitava? Claro, por que não? Voltei, fiz a barba, vesti a roupa de receber visitas e fui. Imaginava uns caras barbudos com perguntas difíceis, querendo me pegar em contradição. Quando cheguei lá, encontrei duas garotas lindíssimas, escoltadas pelo diretor de disciplina. O homem me recebeu com arrogância. Queria me intimidar para que eu não revelasse o que se passava na cadeia dele. Fiquei em silêncio, sem responder à provocação. Não era do meu interesse falar do presente. O meu livro era o único assunto sobre o qual concordava em conversar. O diretor quis se mostrar magnânimo, como se tivesse permitido a entrevista. Uma das moças, entendendo o jogo, estendeu um documento assinado por um juiz: era a autorização para me entrevistar. E cortou a conversa, perguntando ao diretor onde poderíamos realizar a entrevista. A contragosto, o sujeito nos levou a uma salinha cheia de livros. Queria aparecer mais. As duas moças entraram comigo e sentaram-se nas cadeiras que ficavam na frente da minha. Na porta da sala, um guarda. Não gostei. As moças também não gostaram. Mas tudo bem. Elas eram da *Folha de S.Paulo*. Sabiam que eu estava lançando um livro pela Companhia das Letras e queriam falar comigo sobre isso. Uma delas, a repórter, era muito alta, além de muito bonita. A outra, mais baixa, era a fotógrafa. Só sorria. Conversamos. Fizeram perguntas leves; eram amigáveis e humanas. A baixinha tirava fotos de todos os ângulos. Parecia mais uma conversa que uma entrevista. Ganhei a simpatia das moças. Elas cheiravam bem, moviam-se com feminilidade, deliciosas. Eu as observava, carregando a mente com as imagens que me ofereciam. Terminado o encontro, atirei duras pupilas de aço no diretor de disciplina e voltei para o xadrez.

No domingo, Magda trouxe o jornal. As fotos ficaram ruins, mas a reportagem, ótima. Além disso, o jornal publicou uma resenha sobre o livro. A crítica foi excelente. Uma vitória enorme. Magda disse que a minha transferência ia sair em breve. Estavam arrumando uma vaga na Penitenciária do Estado.

    Magda passou a vir todos os domingos. Ela se empenhava, mas algo estava acontecendo comigo. Talvez eu estivesse ficando velho, deixando de me interessar pelo sexo. Acomodei-me àquela ideia, achando até legal. Sexo sempre fora um tormento na minha vida. Sempre corri atrás e nunca tive o necessário. Aquilo que me acordava à noite doendo de vontade e aquela agonia que me dava quando eu ficava perto de uma mulher — tudo enfim seria apaziguado. Que ótimo! A maioria dos homens se desesperava diante dessa perspectiva. Às vésperas de completar 49 anos eu ainda me masturbava como um adolescente. Era um alívio pensar que o ritmo diminuiria. Eram quarenta anos de vontade jamais saciada por completo.

    O que eu temia aconteceu. Vi quando os guardas, em magote, invadiram o pátio. Chegaram à nossa cela arrancando a camuflagem de papelão da grade. Abriram o xadrez ao lado e retiraram todos para o pátio. O buraco fora denunciado. O chefe de plantão veio falar conosco. Queria os responsáveis pelos ferros. Os dois se apresentaram imediatamente. Abriram a cela e eles saíram. Iriam para o castigo junto com o pessoal do xadrez ao lado. Nós, milagrosamente, iríamos passar em brancas nuvens. Que alívio!

    No dia seguinte fui chamado à gaiola. O guarda mandou que eu arrumasse as minhas coisas porque o bonde me esperava. Para onde?, perguntei. Penitenciária do Estado. Amortecido, nem alegre nem triste, voltei ao xadrez. Retornar àquele lugar de tanto sofrimento e dor, ver novamente aquelas paredes grossas, aqueles guardas rudes e aqueles companheiros sofridos, com tantos anos de prisão, era terrível. Por outro lado, sair dali era escapar. O pessoal do meu raio ia aprontar uma em cima da outra. Eles não podiam parar. Parar significava deixar de viver. Não havia nada a fazer ali.

Passei na cela do Hércules, deixei-lhe os cigarros e a maconha que tinha. Peguei o seu endereço e dei-lhe o meu. Era o único, em mais de uma centena, em que eu confiava como amigo. Passei no xadrez da faxina, avisei para onde iria. Deram-me os números de um telefone celular para que eu o repassasse aos irmãos de lá. Eu era o terceiro a sair daquela prisão, dos 104 que viemos de Venceslau. Os dois primeiros saíram deitados e de pés para a frente.

Eu sairia com os meus próprios pés e sem problemas. Era uma esperança para todos. Se eu conseguira a transferência, eles também poderiam conseguir.

32.

Já dentro do camburão, olhei para fora. À frente, uma gente pálida e de olhar fixo caminhava apressada. Chegamos rapidamente à temida Penitenciária do Estado. Eu havia percorrido um longo caminho e agora me sentia perto do começo. Lembrei de mim bem jovem, desembarcando naquele pátio. Quase trinta anos tinham se passado e lá estava eu de novo, a ser incluído na população da casa.

Um guarda me apresentou na inclusão. Tudo parecia mudado. Paredes antes escuras e sombrias agora davam lugar a paredes ladrilhadas e claras. O guarda que me recebeu me conhecia: era o Paulinho. Sempre boa gente, prestativo e humilde. Chegaram outros guardas e funcionários. Conversaram um pouco, deram uma olhada em minhas coisas e pronto: eu já estava incluso. Guilherme dirigia a prisão. Eu o conhecia desde que ele começara a trabalhar ali, como guarda, trancando portas. Pedi para falar com ele. O chefe da inclusão telefonou, disse meu nome e a matrícula. Riu de algo que o homem falou a meu respeito. Desligou e me escoltou até a sala do diretor.

Guilherme era figura antológica naquela cadeia. Eu não sabia que ele havia se tornado diretor-geral. O chefe da inclusão me obrigou a esperá-lo na porta da sua sala. Incontáveis vezes, no passado, eu estivera diante daquela porta enorme. Quantos diretores passaram por ali nesses anos todos? Até o chão era um velho conhecido. Eu já o esfregara com palha de aço inúmeras vezes. A janela do corredor dava para o jardim da copa da administração. Pela janela, vi o jardinzinho onde enterrávamos as facas. A movimentação na sala era intensa. De repente, quem eu vejo entrando ali? Magda. Toda social, salto alto, tipo executiva. Sorriu quando me viu. Já sabia que eu viria. Demorou lá dentro. Comecei a me preocupar. A secretária do Guilherme me procurou com os olhos. Percebi. Fui introduzido na sala.

Era como se penetrasse no passado. As paredes apaineladas, de uma madeira escura e brilhante, a mesa antiga, toda entalhada e consistente. Somente o carpete claro era novidade para mim. Magda estava sentada à frente da mesa. Do outro lado, Guilherme me olhava. Como envelhecera! Como estava magro! Sabia que ele sofria de uma úlcera havia décadas, mas não imaginava que estivesse tão acabado. Cumprimentou-me sorrindo. Disse que teria me puxado do CDP há tempos se soubesse que eu estava lá. Tínhamos um passado em comum. Ele me apoiou na época em que fiz um trabalho no sanatório penal com companheiros portadores do vírus HIV. Era um homem duro e muito esperto. Tinha uma mente maquiavélica e sabia o que o preso pensava. Talvez fosse uma das poucas pessoas não presas que mais sabiam o que era uma cadeia. Os presos o respeitavam, mas como se respeita um inimigo imponente. Ele sempre fora perigoso. A lâmina da sua inteligência estava sempre muito afiada. Controlava a prisão porque conhecia todas as suas entranhas.

Magda carregava alguns papéis, posando de minha agente. Trocamos informações e pedi ao agora dr. Guilherme que me permitisse ir para o convívio, sem ficar em regime de prova. Tudo bem para ele; parece que me via com bons olhos. Deu-me meia hora para conversar com Magda no saguão. Sentamos e ela pegou nas minhas mãos. Estava toda feliz por haver me tirado daquele inferno. Eu já a registrara na inclusão como minha prima. Ela não gostou. Expliquei que minha esposa era Irismar e que eu queria ver os meus filhos. Fazia mais de ano que não os via. Estava morto de saudades. Ela saiu com os olhos brilhando de lágrimas.

Voltei à inclusão, peguei as minhas coisas e caminhei para os pavilhões. Não imaginava o que iria encontrar. O terceiro pavilhão estava desabitado, em reforma. No primeiro e no segundo as celas abrigavam, cada uma, dois prisioneiros. Encontrei o Dentinho logo de chegada. Pedi que me levasse para falar com o pessoal que controlava a "nave". Encontramos dois deles. Expliquei sobre o número do telefone que me fora dado no CDP. Levaram-me ao xadrez de um tal General. A porta era vigiada por dois presos, que faziam a triagem dos assuntos. Expliquei a que vinha e fui introduzido. Aquelas ligações entre irmãos eram importantes, pude perceber. O General era um rapaz novo, de olhos duros e brilhantes. Todo o seu ser emanava energia em repouso. Um perigo iminente. Ouviu-me. Pediu para outro rapaz anotar o número e perguntou se eu tinha onde morar. Não, ainda não tinha.

Os dois jovens que me levaram ali eram apenas simpatizantes, mas ficaram encarregados de me arrumar uma cela para morar. Tarefa difícil. Quem morava sozinho não queria ceder, principalmente para quem tinha visita íntima como eu. Fomos ao setor de controle no segundo pavilhão e pegamos uma lista dos companheiros que viviam sozinhos. Então saímos pedindo vaga, de cela em cela. Mal acreditei: para morar na cadeia era preciso implorar vaga. Se eu não encontrasse nenhuma, seria obrigado a ir para o hospital morar com quatro ou cinco presos, amontoados, e aguardar ali até que vagasse algum lugar. Fomos a cerca de cinco celas. Chegamos enfim ao xadrez 304, quarto andar, do lado par do primeiro pavilhão. Era a cela dos boieiros. O distribuidor da alimentação podia morar sozinho. Mesmo assim, resolvemos conversar com ele. O sujeito, de apelido China, escutou o nosso pedido. Disse que estava guardando a vaga para um amigo. Então entrou na cela outro boieiro, que trabalhava no mesmo andar mas vivia em outra cela. Era o Grilo, irmão de um grande amigo meu que a polícia matara, o Luiz Magrão. Reconheceu-me e disse ao China que eu era gente fina. Caso pudesse me abrigar ao menos por uns dias, não se arrependeria. Aquilo decidiu o caso. O companheiro me autorizou a ficar.

Fui buscar os meus pertences e acertar as coisas com o setor de controle. Voltei e o China me ajudou a arrumar as minhas coisas, que eram muitas. Deixou uma mesa para mim. Magda retirara minha televisão do CDP e a levara para o conserto. Bastava pagar o conserto e pegá-la. O meu colchão por enquanto ficaria no chão. Depois eu compraria uma cama. O China, generoso e inteligente, gostava de pintar. Fazia faixas, cartazes. Estendia lençóis na parede, desenhava letras e as decorava com tinta. Tinha encomendas aos montes. Os companheiros colocavam os cartazes nas grades: declarações de amor às suas companheiras, mães ou filhos.

Eu conhecia aquele raio. Em 1993, saíra dali para ir ao semiaberto. No dia seguinte, quando fomos ao pátio, reconheci os aparelhos de musculação que ajudei a montar: lá estava o ferro de trilho de trem que usávamos para fazer supino. Apenas as bolachas eram diferentes: agora eram de ferro. Quase tudo ali tinha a minha mão. Corri muitos anos naquele pátio. Conhecia cada uma de suas curvas e buracos.

A cadeia estava cheia e aberta. Nunca pude ficar parado em nenhuma das galerias daquela prisão. Dava trinta dias de castigo. Agora os companheiros formavam grupos e conversavam na maior tranquilidade em qualquer galeria. Só se via funcionário dentro da gaiola, em nenhum outro lugar. Fui até o segundo pavilhão. Não tinha mais escolta nem choque dos guardas. Todas as celas ficavam abertas o dia inteiro. Só fechavam às cinco horas da tarde. Nosso xadrez era movimentado. O China, um cara popular, tinha muitos amigos. Aos poucos fui conhecendo as pessoas. De todos, o que mais chamava atenção era o Gordão. Sujeito egocêntrico, mas engraçado e brincalhão. Vivia metido em confusão. Discutia quase todo dia com o China.

Na segunda semana, recebi Irismar, Renato e Jorlan. O mais novo já estava andando, gordo e bonito. Renato esticara e emagrecera. Irismar engordara um pouco. O China se deu bem com os meninos. Tivera oito filhos com a primeira mulher e mais um com a segunda. No momento estava solteiro. Sua ex-sogra costumava visitá-lo e trazer seu filho Juninho, um menino lindo e muito doce.

O dia quatro de maio de 2001 finalmente chegou. Era meu aniversário de 49 anos. No final desse mês, *Memórias de um sobrevivente* seria lançado na Bienal do Livro do Rio de Janeiro.

Fui chamado pela administração. Levaram-me ao salão nobre e pediram com educação que esperasse. Notei a diferença. Entraram Guilherme, Magda, um sujeito com a maior cara de Clark Kent e uma mulher de cabelo vermelho, aparentando sofisticação. Guilherme apresentou-os. Eram o proprietário da Companhia das Letras e a minha editora. Traziam uma sacola cheia de livros. Cumprimentei a todos com apertos de mão e meios sorrisos porque meus dentes estavam em péssimo estado. Eu não sabia o que falar. Estava havia muito tempo isolado, sem conviver com pessoas de fora da prisão. Por isso me sentia inseguro, querendo demonstrar conhecimento e agradar. Devo ter feito má figura. Mas acho que eles compreenderam, porque continuaram me apoiando e não me deixaram em falta esses anos todos.

Trouxeram-me cinco exemplares de *Memórias de um sobrevivente* e outros títulos da editora. O livro era enorme, muito maior do que eu imaginava: 480 páginas. E lindo, absolutamente lindo. Gostei muito do trabalho deles. Agora eu era mesmo um autor. Tinham grandes expectativas para o meu livro. Magda acabara de digitar o *Memórias de um sobrevivente II* e o entregara à editora. Voltei para a cela emocionado e a encontrei cheia. O pessoal fumava um baseado. Mostrei o livro a todos e virei um acontecimento. Os companheiros me cumprimentaram e alguns até me abraçaram. Eu, um prisioneiro, conseguira mostrar ao mundo que também havia pessoas inteligentes e capazes na prisão.

Procurei ser o mais discreto possível. Mas as reportagens começaram a surgir: *O Estado de S. Paulo*; novamente a *Folha de S.Paulo*, agora com um jornalista especializado em livros; o *Jornal do Brasil*; *O Globo* e por aí afora. Soube que programas de televisão queriam me entrevistar, mas o juiz não permitira.

Magda logo voltou à carga, como eu já esperava. Queria o que lutara para conseguir. Começou falando sobre o meu dinheiro, que eu deixava com a Irismar. Magda se considerava minha mulher, queria gerenciar o que era meu. Julgava que eu devia dar uma pensão a Irismar e às crianças em vez de entregar tudo o que tinha. Era muito justo, mas havia dois problemas sérios: eu confiava plenamente na Irismar. Sabia que era honesta até a raiz do cabelo. Foram esses e outros predicados que me levaram a casar com a garota. E, principalmente, era um tipo de mãe extremamente zelosa. O outro problema era que eu não considerava a Magda minha mulher. Não me sentia seguro com ela. Mas também não queria lhe dar o fora. Caso ela não pressionasse, eu preferia deixar as coisas como estavam.

Magda lutava para conseguir o meu CPF, a fim de que eu pudesse receber os rendimentos do livro em conta bancária. Era dificílimo. Sugeriu que eu recebesse no seu nome. Só que, para isso, eu teria que doar-lhe os meus direitos autorais. Ela era uma mulher honesta, eu sabia. Mas o meu coração não me permitia acreditar tanto assim. Devia lutar mais um pouco pelo meu CPF.

Comecei a receber as cópias das reportagens que os jornalistas haviam feito comigo. Somente elogios. Não houve quem dissesse que o meu livro era bom. Afirmavam que era ótimo. Isso me enchia de segurança e firmeza.

Decidi escrever outro livro. O *Memórias II* já estava com a editora. Comecei a escrever uma história despreocupadamente. Nunca tivera irmãos, e aquela emoção desconhecida me atraía. Então, comecei falando da vida de dois irmãos. O meu objetivo inicial era trabalhar em cima de transformações. Lera o livro *Sayonara*, de James Michener, cerca de trinta anos atrás. Fiquei profundamente impressionado com a transformação do personagem principal. Eneida, a primeira mulher que amei, aos 25 anos de idade, queimou-o em uma bacia com álcool depois de lê-lo, de tanto que a revoltou. Eu queria algo daquele nível, que mexesse com quem lesse.

China decidiu que queria ficar sozinho no xadrez. Eu escrevia o tempo todo e isso o aborrecia. Não conseguia entender que escrever era a minha vida, especialmente agora, que eu descobrira a ficção. Era maravilhoso inventar, dar vida a seres inexistentes. Todos os personagens daquele livro — dois irmãos, o pai e a mãe, os amigos, as garotas — eram eu. Em cada um deles eu expunha um pedaço de mim. Cada dia a história crescia como se tivesse vida própria. Eu não planejava nada; seguia ao sabor do que o dia propunha. A história avançava, mais personagens apareciam e eu ficava cada vez mais feliz. As transformações foram acontecendo quase que espontaneamente. Tudo aquilo tinha vida em minha mente.

Magda me encostou contra a parede. Eu teria que escolher. Se não pedisse o divórcio a Irismar, ela se afastaria. Quis jogar forte, sem saber que tipo de jogo tinha nas mãos. Quando eu me decidisse, afirmou, que a procurasse. Sabia o número do telefone. Para mim, ficou fácil. Ela decidira por nós. Era só não ligar nem escrever. Pronto. Claro, eu ia sentir saudade. Era gostoso vê-la chegar com aquele sorriso lindo. Mas isso também passaria. Eu não aguentava ser pressionado.

A prisão estava em paz. Claro que uma paz imposta pelos dominadores, mas ainda assim uma paz que o presídio nunca conheceu. Quando morria alguém, era "troféu", companheiros condenados à morte por motivos que não me cabe aqui discutir. Também havia execuções entre os irmãos, que cobravam erros cometidos entre eles. Não se via ninguém sendo oprimido e nenhum humilde sendo extorquido. Nem parecia cadeia.

Mal raiou o sol, olhei pela grade. A manhã estava fresca e suave, mas algo no ar me incomodava. Os guardas já deveriam ter aberto a porta, para que o China fosse distribuir o café. Olhei para a galeria baixa e vi o choque da PM entrando sorrateiramente. Os cães, contidos pelos soldados, não latiam. Assim nenhum de nós perceberia a chegada da tropa. Acordei o China. Os inimigos estavam invadindo o prédio. Alguns já tomavam os andares. Quando chegaram à porta da nossa cela, já tínhamos arrumado tudo, para que não houvesse quebradeira. Quanto menos durasse a revista, menos sofreríamos. Gritaram no guichê para que ficássemos de cuecas e de joelhos no fundo do xadrez. O China jogava futebol e tinha um dos joelhos operado. Começou a reclamar de dor desde o começo.

Mesmo que acostumados à violência do batalhão de choque, a tensão doía dentro da alma. A espera, ouvindo gritos e o som sinistro das borrachadas, era o pior de tudo. Revistaram o quinto andar antes de chegar a nós, no quarto. Já estávamos saindo da genuflexão e sentando quando os homens chegaram, abrindo a porta aos gritos. Um enorme escudo preto antecedeu as armas engatilhadas apontadas para a nossa cara. Não havia dúvidas de que atirariam à menor reação. E lá fui eu para o sacrifício novamente. Correndo feito bicho assustado por outros bichos, sentia quanto era ridículo e idiota. Uma borracha zuniu no ar e acomodou-se em minhas costas. Fui atirado ao chão pelo impacto. Um pontapé pegou o alto da minha bunda. Desta vez cheguei com dificuldade até o local onde os companheiros estavam embolados, de joelhos. Enquadrei-me antes que mandassem. Eles haviam jogado areia grossa no chão — por isso tinham entrado de modo sorrateiro. Não houve tempo para limpar. Ajoelhei sobre pedriscos que prontamente afundaram até os ossos, doendo demais.

China se posicionou do meu lado, suando. Um PM, cassetete na mão, batia na minha cabeça para que eu encostasse no sujeito à frente. Mas isso seria extremamente deselegante e covarde. O parceiro poderia cobrar depois. Aguentei firme. O soldado não se conformou. Queria humilhar mesmo. Pisou nos meus pés virados para baixo. Gani como um cão, entre os dentes. Não podia demonstrar fraqueza, chorando ou gritando. O orgulho era tudo naquele momento. Fazia a diferença entre nós e o valente soldado. Com o escudo, ele prensou os dedos do meu pé no chão. A dor subiu em espasmos à mente. Saltei para a frente, mas empurrando o companheiro diante de mim com a mão. O homem estava disposto a continuar a tortura, mas chegaram novos prisioneiros, cobrindo a minha retaguarda. O PM passou a forçar o parceiro de trás a se encostar em mim. Percebi que ele encostaria mesmo; já estava fazendo isso. Com as mãos na cabeça, me virei e dei com o cotovelo na sua cara. Era uma advertência. Se eu aguentei, ele tinha que aguentar também.

Ficamos ali nas mãos do sádico, que ora batia na cabeça de um, ora pisava no pé ou metia o escudo nas costas de outro. A tortura demorou. Quando começaram a chamar o pessoal dos xadrezes próximos, pularam o nosso. De repente, um soldado perguntou quem era o escritor. Fiquei quieto. Ele indagou mais uma vez. Continuei calado. O China me olhou como quem diz: E aí? Então o homem falou meu nome. Ergui o braço. Mandou que eu ficasse de pé. Que alívio! Os joelhos já não aguentavam mais e vacilaram quando me ergui.

    O guarda estava bravo. Tinha uma faca de caça na mão direita. Queria saber por que eu não me apresentara quando ele perguntara. Porque não era escritor, respondi, e sim autor de um só livro. Ele pareceu satisfeito. Estava com o *Memórias* na mão. Queria que eu o doasse ao comandante, e com dedicatória. Era abuso demais. Não, eu não faria isso. Não doaria e muito menos faria dedicatória alguma. Então estava me recusando? Não, apenas não podia. Perguntou o que eu faria se ele levasse o livro. Respondi que o volume já estava na mão dele, mas eu não o doaria. Não podia fazer isso. Por mim e por meus companheiros ali sacrificados, não podia.

    Nisso chegou o superior dele, pegou o livro e me devolveu, na frente de todos. Estranhei. Ajoelhei novamente, com o livro numa das mãos e a outra na cabeça. O China não aguentava mais. O suor descia em bagas pelo seu rosto. Sua dor doía em mim. Envergonhava-me de haver sido chamado e me levantado, enquanto ele permanecia ali. Então chamaram o número da nossa cela. Levantamos e, ainda no sacrifício, corremos para o xadrez. Os responsáveis pela revista tinham revirado tudo e atirado ao chão. Mandaram que fôssemos de novo até o fundo da cela e ficássemos de joelhos. Não aguentávamos mais. Quando os guardas se afastaram, colocamos roupas embaixo dos joelhos.

    Arrumar as nossas coisas foi muito difícil. E só quando terminamos é que dei falta de algo. Eu tinha dois exemplares de *Memórias de um sobrevivente*. E agora só havia aquele que o soldado graduado me devolvera. Esse fora o golpe. Eles pegaram o outro livro. E eu não poderia reclamar, porque o meu exemplar me fora devolvido na frente de todo mundo... Deu a maior raiva. Mas talvez fosse bom que aqueles estúpidos lessem um pouco. Claro, ao me lerem também iam sentir quanto eu os odiava.

No domingo, Irismar e as crianças foram me visitar. Eu conversava com eles e com o China dentro da cela quando bateram na porta e avisaram que eu tinha outra visita: Magda. Fazia quase dois meses que ela havia me cobrado a decisão. Eu não escrevera e não telefonara; para mim, era assunto encerrado. Não queria feri-la. Não queria ser ingrato. Ela me ajudara muito e me seguira onde ninguém mais fora. Gostava muito dela, mas o nosso caso não tinha solução. Eu não ia me divorciar. Não podia, pelo menos enquanto estivesse preso. Precisava apoiar, dar segurança e tranquilidade a Irismar para ela cuidar das crianças. Temia que, divorciada, ela fosse para a Bahia com os meus filhos. Irismar, ao vê-la, amarrou a cara. Levei Magda ao pátio para conversarmos a sós.

Perguntei o que ela queria. Já não havia dito as palavras finais? Eu lhe escrevera? Telefonara? O meu silêncio era a minha resposta. Não queria magoá-la, mas o que poderia fazer? Por que ela provocara aquele encontro forçado com a Irismar? Sabia os dias em que ela viria e aparecera de propósito. Magda confirmou: queria resolver o assunto a três. Fora assim que resolvera o fim do seu casamento: conversando com o marido e o sujeito que escolhera. Mas eu não era o seu marido, respondi. Caso fosse, o sujeito não entraria na minha casa como amante da minha mulher, nem sairia andando. Não precisava discutir as minhas decisões. Eu as tomava e arcava com as consequências.

E o que eu decidira? Estava claro: não lhe escrevera. Não me divorciaria. Se ela não me aceitava sem divórcio, então nossa relação estava encerrada. Subimos para pegar sua bolsa e documentos. Ela ainda quis argumentar com a Irismar, mas não lhe que vivia em Londres e que depois dirigiria o filme *Jean Charles*, sobre o brasileiro assassinado pela polícia inglesa. No início, pagariam pouco. Se a ideia desse certo, dobrariam o valor. Para mim, aquilo era ótimo. Ganhar dinheiro escrevendo e ter espaço em publicação badalada era o máximo.

Trouxera-me revistas, papel para escrever, um monte de coisas. Giuliano voltaria na semana seguinte para pegar o material que eu produziria. Deixou-me à vontade para escolher o tema. Pensei em um monte de assuntos. Como estava preocupado com a cultura criminal da prisão, escrevi um pouco sobre isso. Para deixar uma opção, escrevi também o que pensava sobre o valor de uma mulher para o homem preso. Quando Giuliano retornou, o tratamento já era de amigo. Entreguei os textos e conversamos durante horas. Era um prazer conversar com pessoas sensíveis, cultas e antenadas. Fazia parte do pagamento.

O meu CPF não saíra. Como no caso da editora, passei para a *Trip* o número da conta bancária da Irismar. Confiava integralmente nela. Giuliano voltaria no mês seguinte para buscar o novo texto. Conseguira autorização especial do juiz para me visitar todos os meses.

O dinheiro do livro entrou. E foi uma quantia enorme para mim. Nunca ganhei tanto dinheiro de maneira honesta. Mandei colocar boa parte na poupança programada, comprar roupas para a Irismar e as crianças e abastecer o que faltava na casa. Pelo menos por um bom tempo, estaria coberto.

Eu vinha recebendo aos montes cartas de pessoas que liam os meus textos e o meu livro. Vinham da editora e da revista. Era difícil, mas eu fazia questão de responder uma a uma. Escrever cartas era uma emoção que sempre me deu enorme prazer. Receber, então, nem se fala.

Estava selecionando cartas quando me deparei com uma letra que me vinha de um passado muito, mas muito distante mesmo.

Os meus pés suaram quando vi a procedência. Nas entranhas, o sangue ferveu. Só o que fora bom daquela relação permanecia. Ainda lembrava frases inteiras dela. Os livros que me dera estavam em lugar privilegiado da memória. A filosofia, os postulados que ela me apresentara, depois de quase três décadas de estudos e reflexões, ainda eram verdades insofismáveis para mim. Tudo o que aprendera com ela acerca da vida, do amor, da mulher, da religião e do relacionamento humano estavam latentes em mim.

Antes de ler a carta, falei para o China: essa mulher é um tesouro. Então li. Sentia até o fôlego dela faltando ao querer colocar ideias enormes em parcas palavras. Agora Eneida tinha uma filha, Juliana; fora aquela gravidez que determinara a nossa separação, conforme exponho em *Memórias de um sobrevivente*. Juliana tinha 22 anos e era atriz. Linda, inteligente e excelente filha. Namorava um ator. A tia do rapaz dera um livro para ele, que gostou e ofereceu para a namorada. Era um texto autobiográfico. O autor falava dos anos que passara em juizados de menores e em prisões. A mãe de Juliana lhe contara que, antes de ela nascer, correspondia-se com um rapaz preso em São Paulo. Parecia até que houvera um envolvimento emocional. Na época ela era casada e não podia levar o relacionamento adiante. O livro contava uma história parecida e o nome da mulher era semelhante ao da sua mãe.

Juliana telefonou para a mãe e contou. Quando disse o nome do autor, Eneida levou um choque. Queria ler o livro com urgência. Ficou um tanto quanto apreensiva. O que eu dissera dela? Sabia que a separação fora extremamente dolorosa para mim. Estaria magoada? Quando o livro chegou às suas mãos, devorou-o. Depois, releu-o com mais calma. Na carta, agradecia o modo elegante e respeitoso com que a tratara no livro. Adorara a leitura. Eu era literato, como ela sempre dissera. Sabia que eu me destacaria de um modo ou de outro. Também contou que estava divorciada havia cerca de dezesseis anos. E eu? Queria saber de mim. No epílogo eu dissera que estava casado e tinha dois filhos.

Li, reli, treli. Num instante, os vinte e tantos anos que me separavam da Eneida desapareceram. Eu sempre quis aquela mulher. Lembrei do seu rosto moreno e dos seus olhos castanhos. Pensei nos dois anos de sofrimento que vivi, depois que ela se foi. Quanta dor, quanta necessidade dela! Mas não havia mágoa; a dependência era minha. Na época eu era um rapaz de 27 anos, dependente e loucamente apaixonado. Fora o primeiro amor da minha vida. Aprendi a amar com ela. Conheci bondade, solidariedade, carinho, respeito e verdade em cinco anos de relacionamento por cartas. Mas a Eneida era casada, honesta e fiel. Sabia que, emocionalmente, ela era minha. Mas fisicamente, e no nível de honra e moral, era do marido. Nunca exigi nada. Fui extremamente humilde e de uma delicadeza que sequer sabia que fosse capaz.

Naquele tempo, eu estava condenado a quase cem anos de prisão. Sabia que cumpriria pelo menos trinta, a pena máxima no país. Eu não tinha futuro. Já a Eneida tinha um filho pequeno, ficara grávida novamente e precisava se dedicar à nova vida. A única solução viável era seguir o seu caminho sem mim. Compreendi sua decisão. Mas restou um carinho infinito e uma admiração sem tamanho. Construí a minha vida com base nos valores e princípios que aprendi com ela. Até o gosto pela literatura fora a Eneida que despertara em mim ao me apresentar os escritores que mais amo, como Erico Verissimo e Graciliano Ramos. Choramos juntos a morte de Erico. Eneida gostava dos meus poemas. As minhas primeiras publicações foram encaminhadas a jornais por suas mãos.

Respondi à carta, emocionado. Dei-lhe uma panorâmica do que fora a minha vida. Eu nunca vivera no vácuo. Sempre houvera alguma paixão. Contei-lhe das mulheres, mas deixei claro que estava separado. Contei-lhe da emoção de lançar um livro e escrever uma coluna para uma revista. Falei da continuação do livro que estava nas mãos da editora e do próximo, que eu já estava concluindo. Disse que agora tinha muita esperança de realmente me tornar um escritor. Pedi que me ajudasse. Eu ainda a procurava; sabia que algo tinha que acontecer. E ela talvez fosse essa força que me faria recuperar a elasticidade de viver. Não fui sutil e não joguei. Se a conhecia ainda, ela era corajosa e enfrentaria a realidade.

Sua resposta pareceu demorar um século, embora tivessem se passado apenas alguns dias. A segunda carta era como água corrente. Sua história naqueles 23 anos fluía nas linhas. Mas havia também estradas largas de tristeza sob sol e areia ressequida: sua luta, seu esforço enorme centrado em realizações. Falou-me sobre uma instituição que fundara com seus irmãos, Beto e Lila, chamada Pousada de Francisco, no local onde antes era a chácara de seu pai. Atendia pessoas necessitadas da região. Muita gente se unira a ela nesse ideal. Eneida era médium e havia psicografado muitos livros de autores espirituais. A renda dos livros era revertida integralmente para a fundação. Também havia montado um educandário e um Centro de Estudos e Trabalhos Holísticos, que trabalhava com terapias.

Enfim, ela crescera bastante naqueles 23 anos. Fiquei acanhado com as parcas notícias que eu tinha a oferecer. A fuga, a recaptura, a reincidência e todas aquelas fraquezas das quais me envergonhava. Respondi abrindo o coração até onde podia. Como eu admirava aquela mulher! E já a estava amando novamente. Era tão puro que nem sequer cheguei a pensar na parte física. Não sabia se ela continuava bonita e desejável, mas isso não importava. As cartas continuaram fluindo; eu já nem esperava a resposta antes de escrever a próxima. As emoções se elevaram ao pico. Estávamos juntos novamente. Nem precisávamos falar muito. Nosso reencontro era algo natural. Em pouco tempo as nossas cartas alcançavam ardência de fogo. Parecíamos adolescentes, loucos um pelo outro. Conseguimos manter contato por outros meios de comunicação. Celulares proliferavam na prisão. As nossas conversas às vezes demoravam horas. E custavam caro. Mas não havia como controlar. Precisávamos um do outro. Foi uma entrega sem limites. Quisemos casar e casamos à nossa maneira.

Não se pode amar completamente sem história, sem memória. Impossível amar somente no presente. De certa maneira, estávamos juntos havia 28 anos. Acumulamos camadas de nós mesmos, que fomos sedimentando no tempo. Agora nos tornáramos capazes de um amor sem limites. Cada um a seu modo, ganhamos insuperáveis conhecimentos interiores: eu, por meio da dor; ela, pelas realizações. Sabíamos o que sentíamos. Havia riqueza em nossa relação, mesmo diante da realidade mais crua que conhecíamos bem. Eu reconhecia nela aquilo que sempre quis em mim. Mais uma vez estava vivo e louco de vontade de ser e de vencer.

Em três meses de namoro por correspondência eu já me sentia casado. E feliz por ter uma companheira. O que mais me deixara apaixonado era a falta de egoísmo da Eneida. Claro, ela me queria para si. Mas compreendia bem demais a minha posição e não me exigia nada. Muito pelo contrário: me incentivava a ser o melhor pai do mundo. Achava que eu devia cuidar da Irismar. Não queria que ela ficasse insegura com a entrada de outra mulher na minha vida. Aceitava o meu compromisso de não deixar faltar nada à garota que levei para o casamento e para a minha casa.

Logo notei que me enganara ao pensar que a minha flama, por causa da idade, começara a diminuir. Agora eu vivia excitado, insaciável. Estava como sempre fora: um homem viril. Ao ler as cartas do meu amor, me masturbava à menor referência de sensualidade. Falávamos de sexo com a maior naturalidade do mundo. Não havia limites nem preconceitos nela. Ninguém compreendia aquela paixão sem realização física. Confesso que às vezes nem eu. Mas eu a amava e não a forçaria, embora insistisse a todo instante para que viesse.

Acabei o livro. O nome seria *Sequestro*. A personagem nissei tinha muito da Eneida. Mas eu estava inseguro com o começo da história. Pareceu-me ingênua. Encostei.

Eneida me enviava sedex do Rio de Janeiro com um monte de comestíveis. Ela não admitia que ninguém me desse nada. A não ser um presentinho, coisa simples. Eu tinha mulher que cuidava de mim, afirmava. Quase duas vezes por mês chegavam caixas cheias de iguarias. Estava bem cuidado. Não lhe contei que voltara a fumar cigarro e maconha. Mas ela sabia. Então, de repente, para não me sentir indigno dela, parei com os dois vícios de uma vez. Voltei a outro hábito: correr. Todo dia cedo ia correr na quadra. Agora eu era só saúde. Fazia halteres no pátio e me alimentava de substâncias que me fortaleciam bastante. Queria ser correto, queria ser o melhor que conseguisse, tudo para ela. Corria, estudava e escrevia. Fazia contos, exercitando-me na escrita. Agora queria mais ainda ser um escritor. Precisava que ela me admirasse. Seus elogios aos meus textos na *Trip* me estimulavam a aperfeiçoá-los. Eu procurava viver dentro do melhor que havia em mim.

No xadrez, comecei a ficar incompatível. Não tinha mais vícios e era disciplinado com meu corpo. Às vezes discutia com o China. Ele queria dormir à tarde ou sei lá o quê: o fato é que não queria que eu escrevesse. Era obrigado a ficar a tarde toda no pátio ou no xadrez de amigos. A minha televisão chegara mas ele insistia em ter a sua. Não estávamos combinando. Comecei a pensar em mudar de xadrez. Estava infeliz morando ali. A cadeia começou a pesar. Conversamos e resolvemos parte das diferenças. Eu escreveria nas tardes em que o China não quisesse dormir, ou quando ele estivesse pintando. Mas eu já planejava ir morar com o Gringo, um amigo uruguaio. Precisava de sossego para voltar a escrever. Só estava esperando que vagasse lugar: o cara que atualmente morava com ele logo sairia do xadrez.

A cadeia estava mansa. À tarde, quando o China não queria dormir, eu aproveitava para escrever. Os meus textos para a *Trip* estavam dando certo; recebi muitos e-mails. Conversava pouco com o companheiro de cela. Ele pintava e eu escrevia. Escrevi para a Sophia, pedindo que me arrumasse material de pintura. Por conta do projeto que mantivera na Casa de Detenção, ela sempre tinha esse tipo de material. Não deu outra: ela veio. Trouxe até tela virgem e tintas importadas. O China sorria de orelha a orelha. Se antes já pintava com entusiasmo, passou a pintar compulsivamente. Tratava-se de estratégia minha: um modo de silenciá-lo para que me deixasse escrever sossegado.

Eu me sentia bem. Comecei a estranhar; nem parecia que estava cumprindo pena. Conversava com quem queria por celular. Não me faltava nada. Claro, não podia estar com a mulher amada. Isso era difícil, mas mantinha contato com ela de outras formas: carta, sedex, celular. Foi dela a ideia de escrever um livro que falasse sobre sexo. Ela poderia me ajudar a produzir uma boa obra. Tinha conhecimento profundo no tema. Pensei na proposta, mas escrever o quê? Discutir cientificamente o assunto estava fora de cogitação. Não conhecia o suficiente. O que eu tinha a oferecer? Experiências. Apesar de ter passado quase trinta anos preso, eu conhecera muitas mulheres. Teria muita coisa para contar. Então seria por aí. Um relato sobre as minhas experiências sexuais.

Escrevi o primeiro capítulo; estava experimentando, especulando. Mas parecia bom, interessante. E já fui abrindo um segundo capítulo falando da professora que eu despia com os olhos, da curiosidade que ninguém saciava. E fui seguindo. Procurei escrever num estilo seco, economizando palavras e experimentando imagens. Quando percebi, estava com meio livro pronto e já se passara mais de um mês. Os pensamentos eram como folhas secas; pensá-los era quase perdê-los. Então registrava tudo. Enviava os textos para a Eneida digitar e revisar. Ela começou a participar com sugestões e críticas. Desaguei no livro a minha excitação insuportável. Saber que ela leria exacerbava as minhas sensações. Tudo foi muito fácil; acabei o livro e a Eneida o batizou de *Tesão e prazer*. Ela estava revisando e sugerindo, eu reescrevendo e já encaminhando os capítulos para a edição. Não permitiam que eu usasse meu laptop naquela penitenciária.

Irismar trazia as crianças regularmente. Jorlan estava cada vez mais bagunceiro. Renato só queria saber de brincar. Arrumamos um patinete feito com rolimãs usadas. Eu colocava os dois em cima e saía empurrando pela cadeia. Os moleques deliravam.

Eram dez da noite do dia 17 de março de 2002. Eu escrevia, deitado na cama. China pintava. A televisão estava ligada. Algo me incomodava. Como das outras vezes, um funcionário botou a cara no guichê. Pediu nome e matrícula. Que eu arrumasse as minhas coisas, pois seria transferido. Já não chocava mais; estava virando rotina. O guarda não sabia para onde. Em seguida, mostrou uma lista de nomes: vários presos seriam transferidos naquela noite. Deixou a porta aberta e se foi, para avisar os outros. Fiquei atordoado. O China me olhou sem acreditar. Pedi que avisasse a Eneida para que ela tentasse me rastrear. Senti que minha vida mansa acabara. Fazer o quê? Era como se eu fosse um cigano, jogado de um canto a outro o tempo todo. O China me deu uma bolsa velha que enchi com os meus pertences mais importantes. Coloquei as minhas roupas dentro de uma colcha de casal; o China apanhou a televisão e saímos juntos. Não dava para carregar tudo sozinho. A despedida foi no portão. Ele me abraçou, quase chorou. O cara era sensível. Sentia me separar dele.

O assistente penal de plantão era o Storai, um velho conhecido. Ele sempre me ajudara e gostava de mim. Já havia vários companheiros no corredor que dava acesso à cozinha. Ali ficavam duas celas administrativas. Fazia muito calor e os presos em fila eram quase todos velhos. Então pedi para o Storai nos deixar no corredor; as salas eram muito abafadas. Ele esclareceu: estávamos indo para a Penitenciária de Serra Azul II. Iríamos inaugurar a cadeia. Era um lugar para presos com mais de cinquenta anos de idade. Por isso havia tantos velhos ali. Mas eu ainda não tinha cinquenta anos. Storai explicou que foram selecionados os presos nascidos de 1952 para trás; eu estava enquadrado. Não tinha mais jeito.

Aos poucos foram chegando outros veteranos da prisão. Eu conhecia quase todos. Havíamos cumprido juntos largos anos de pena. Agora viveríamos mais uma aventura. Esperava que fosse a última. Inaugurar prisão é terrível. As coisas nunca estão completamente prontas. Não há organização judiciária; não há assistência social; não há disposições disciplinares; não há acomodações para os visitantes; não há trabalho; não há escola nem religião. Não há nada a não ser o preso, a grade, o guarda maltreinado, e as muralhas cinzentas de cimento.

Cada vez chegavam mais velhos. Alguns com mais de setenta anos, quase se arrastando. Fiquei conversando com o Paladino. Nós nos conhecíamos desde os catorze anos de idade. Vivemos aventuras e sofremos juntos. Celas fortes, castigos, casas de detenção, penitenciárias, tudo. Éramos remanescentes de uma geração que se extinguia. Das centenas de companheiros que começaram conosco, restavam somente algumas dezenas. A maioria a polícia tinha matado. Havíamos sido formados pelos soldados no extinto Recolhimento Provisório de Menores; pelos investigadores de polícia do Departamento Estadual de Investigações Criminais, o Deic; e pelos guardas das penitenciárias do estado.

Conversamos muito. Lembramos vários fatos, décadas de sofrimento e solidão. O Paladino também estava escrevendo. Como eu, fugira do semiaberto. Levara um tiro ao ser recapturado. A bala atingira o peito, próximo ao coração. Quase morrera e ainda estava em recuperação, tomando remédios controlados. Isso o abalara fortemente. Algo dentro dele se movera. Percebera que a maior das sensações era ser capaz de ter sensações. Estava impressionado com a lucidez que acessara quando pensou que fosse morrer. Não queria mais nada com o crime. Passou a valorizar a vida e a encará-la mais seriamente. Era fascinante encontrar alguém que também se livrara das ilusões.

Por mais de 35 anos fomos indiferentes um ao outro. Agora, estranhamente, estávamos nos conhecendo de fato e nos tornávamos amigos. Havia pouco tempo ele também descobrira o gosto pela leitura. Agora devorava livros. Uma esponja, disposto a tudo absorver. Passamos parte da noite ali, andando de uma grade a outra, conversando. Foi empolgante. Partimos somente de manhã. O choque da PM nos escoltou no ônibus. As nossas coisas seguiriam no bagageiro. Na revista, homens velhos pelados mostravam a bunda para garotões fardados. Não havia o menor respeito pela idade. Para eles, nem humanos éramos. Já dava para sentir a mentira que estavam nos pregando. Haviam nos dito que iríamos para uma prisão mais amena. Alguns funcionários tinham brincado: aquela prisão não tinha muralhas nem guardas, só uns meninos armados de estilingue. Nenhum de nós acreditou nessas piadas, claro. Mesmo assim, esperávamos uma cadeia menos áspera, feita para abrigar homens velhos.

O meu pulso direito foi algemado logo que me acomodei no ônibus. Pelo menos iríamos de ônibus, o que já reanimava. A nova cadeia ficava próxima de Ribeirão Preto. Para mim dava na mesma: eu nem imaginava onde se situava Ribeirão. Os funcionários nos disseram que a cidade distava cerca de quatro horas de

São Paulo. Paramos perto da Casa de Detenção. Mais ônibus saíram de lá, lotados de presos. Passamos por outras cadeias da capital paulista. Os velhos iam sendo recolhidos. Depois, estrada.

Aquela algema incomodava. Fechei os olhos e fiz uma espécie de oração. Que eu tivesse coragem e lutasse com todas as minhas forças para vencer. Fosse onde fosse, prosseguiria em busca da carreira de escritor. De escrever eles não podiam me impedir.

Preocupava-me o contato com a *Trip*. O pessoal da revista era gente boa e eu construíra ótimas amizades. Havia um novo amigo, o Júlio, um antropólogo que conseguira autorização do juiz para realizar uma pesquisa comigo. Estava montando a tese de mestrado. Provavelmente, ao saber da minha transferência, tentaria me encontrar. Quanto a minha companheira, a Eneida, era mais firme que rocha. Mesmo à distância, havíamos reconstruído uma relação em bases sólidas. Vivêramos muita coisa no passado, mas ainda tínhamos muito para viver juntos.

No ônibus, os PMs nos sacrificavam, como já esperávamos. Eram doutrinados contra o preso e adoravam o poder absoluto que tinham sobre as nossas vidas. Havia um estuprador sentado perto de mim. Um dos soldados batia com o cassetete na cabeça do infeliz a toda hora.

As cortinas estavam puxadas, tapando as janelas. Queriam nos impedir de ver a liberdade passando lá fora. Quando o samango se afastava pelo corredor do ônibus, indo lá para a frente, nós do fundo abríamos a cortina e olhávamos. Tomei umas duas cacetadas na cabeça por tal atrevimento. Galos doloridos foram se levantando. Mas, como todos olhavam e não dava para ele espancar todos de uma vez, acabou liberando. A partir daí vim olhando pela janela o tempo todo. Era só canavial nas laterais da estrada.

Chegamos. Seguimos, um atrás do outro, por um corredor composto de guardas e soldados. Queriam que abaixássemos a cabeça. Não obedeci. Estava revoltado com a falta de educação para com os velhinhos. Eu não tinha nada de velho. Estava em plena forma física, sem barriga, musculoso e muito bem de saúde. Nem o meu cabelo estava branco. O meu único problema eram os dentes. Na cadeia o único tratamento para dentes cariados era arrancá-los. Os meus foram estragando por falta de cuidados. Seis dentes da arcada superior me foram arrancados. Mas a Eneida havia arranjado um dentista particular para que eu colocasse uma ponte.

No entanto, se eu estava em boa forma, havia companheiros aleijados, doentes, decrépitos e até esclerosados. E os valorosos soldados da gloriosa Polícia Militar os castigavam igualmente, sem o mínimo respeito. Os velhos tinham idade para serem seus avós. Mas éramos presos: por isso, pouco importava a nossa idade ou a nossa vivência. Não, eu não abaixaria a cabeça. Por que davam aquela ordem? Temiam ser reconhecidos ou queriam nos humilhar ainda mais? Um funcionário veio por trás e deu-me um soco na nuca. Cambaleei, a vista escureceu, mas fiquei firme. Olhei-o, deixei claro que o marcara e segui, com a cabeça ainda mais erguida. Ele não se atreveu a me perseguir.

Depois de passar por algumas grades, chegamos a um corredor estreito que desembocava em três celas. Era o setor de inclusão. Fecharam-nos nas celas. Foram soltando aos poucos. Levavam-nos até onde nossas coisas estavam jogadas e ordenavam que cada um procurasse seus pertences. Avisaram que as televisões não vieram; ficaram nas cadeias de onde saímos. A família teria que ir buscar. Na hora tive a certeza de que estava sendo roubado. Mais tarde veio a confirmação: nunca mais vi minha TV. Peguei as minhas coisas e fui conduzido a uma sala onde tudo era revistado.

O guarda, um homem imenso, me revistou minuciosamente, mas não apreendeu nada. Esse guarda, pelo menos, foi bem-educado. Mas quando saí para a galeria com um grupo, um guardinha novo apareceu, exigindo cabeça baixa e mãos para trás. Ali só havia homens com muitos anos cumpridos. Ninguém abaixou a cabeça, nem os mais velhinhos. O sujeito ficou vermelho, gritou, e a gente nem aí pra ele. Outros guardas acorreram. Eram mais experientes. Sabiam que estávamos caçando motivo para discutir e brigar. Mandaram que fôssemos para a galeria. Os homens com mais de cinquenta anos foram para os raios dois e quatro. O raio três foi reservado àqueles com menos de cinquenta, incluindo uns dez rapazes que vieram da Casa da Detenção e eu. Logo percebemos que estavam escondidos entre nós, deviam estar sendo caçados no sistema.

Fui o primeiro a entrar no raio. Passei pela gaiola e vi o pátio. Era ridiculamente pequeno. Parecia um quintal, com cerca de 400 metros quadrados. Fecharam-me sozinho na primeira cela. Tudo cheirava a cimento e tinta fresca. Havia dois treliches do lado esquerdo e dois do lado direito, com um pequeno salão no meio. Ao fundo, delimitado por uma parede, ficava o banheiro. À direita, duas duchas; à esquerda, duas privadas. No centro, um tanque com três torneiras de plástico. Em cada cama, um colchão, um cobertor grosseiro, lençol, fronha e toalha. Grades fechavam a frente da cela. O lugar parecia bem ventilado. A Penitenciária Compacta de Serra Azul II era uma cópia das estruturas dos CDPs de São Paulo. Duas pessoas morando ali já era uma proeza; imagine doze.

Aquilo não era prisão de velhos de modo algum. Parecia uma péssima piada. Como os velhos subiriam ao terceiro andar do triliche? As camas ficavam junto do teto. Um velho que caísse lá de cima correria risco de vida. E o pátio? Minúsculo. Aquele seria todo o espaço de que disporíamos. Não iríamos aguentar. Estávamos vindo de prisões enormes. Aquilo era uma caixa de fósforos. Estavam querendo matar os velhos do sistema? Era o que parecia. Bem, de qualquer forma, seria uma nova vida. Boa ou ruim, tudo se reiniciaria.

34.

Quando percebi, a cela estava lotada. Havia ali doze companheiros, todos com 49 anos. Menos mal: nenhum velho doente para dar problemas.

Eu continuava indignado com a ratoeira em que me haviam jogado. O que fiz para merecer aquilo? Em maio completaria cinquenta anos de vida e trinta de prisão. Como iria escrever ou ler morando com aquela multidão? Entre todos os meus companheiros, nenhum tinha afinidades comigo. Até porque, na prisão, não era fácil seguir o caminho que eu escolhera. Era mais simples ficar jogando bola, fumando maconha, conversando fiado e assistindo televisão. Viver entre livros, estudos, pesquisas e escritos exigia disciplina e esforço contínuo. Além disso, não recebíamos o mínimo incentivo; muito pelo contrário. Preso inteligente, que quer saber e aprender, é visto como perigoso, complicado, difícil de manipular. Para os que tomavam conta de nós, era mais fácil nos manter na ignorância e na estupidez.

Naquela época, o meu maior tesouro eram as fotografias da família. Olhava os meninos longamente. Que saudade. Agora seria ainda mais difícil vê-los. E eu estava cada vez mais apaixonado por eles. A todo instante, sentia vontade de apertar Jorlan junto do meu corpo. Já Renato era um menino crescido, sempre correndo e brincando com os de sua idade. Mas eu estava longe e não podia curtir plenamente tudo isso.

Passou-se uma semana. Continuamos trancados, já entrando em paranoia. Doze homens naquele pequeno espaço, sem sair para nada, era um terror. E chovia o dia inteiro. Uma chuva copiosa, que aumentava a tristeza do ambiente. Vivíamos somente da comida da cadeia. Um dia, um guarda apareceu na porta do xadrez e chamou o meu nome. Estava com uma sacola cheia de comestíveis. Disse um nome de mulher que eu nunca ouvira e perguntou se eu a conhecia. Senti que aquilo era armação da Eneida. Respondi que sim, claro que conhecia. O guarda me deu uma lista para conferir e foi colocando os comestíveis dentro do xadrez. Havia bolachas, leite em pó, açúcar, sucos em pó e outras maravilhas. Eu era o primeiro detento ali a receber mantimentos de fora. Eneida fizera questão de chegar antes de todos. Como morava no Rio de Janeiro, devia ter contatado sua rede de amigas no interior de São Paulo. Uma delas me trouxe aqueles comestíveis.

Os responsáveis pela prisão queriam estabelecer um regime linha-dura. Não conversavam conosco, deixavam-nos presos sem possibilidade de diálogo. Se pudéssemos confrontá-los, teriam que negociar. O diretor-geral era um dos diretores da Casa de Detenção e fora designado para aquela nova cadeia, mas ainda não viera assumir o posto. Por enquanto, era o diretor penal quem comandava.

Certa manhã, finalmente, permitiram que fôssemos para o pátio. Os funcionários vieram conversar conosco. Disseram que havíamos sido mandados para ali porque éramos velhos. Não estávamos em regime de castigo. Respondemos que sabíamos que todo começo é difícil, mas devia haver limites. Pedimos providências. Os funcionários responderam que a diretoria compreendia a nossa situação, mas no momento pouco podia fazer por nós.

Recebemos cartas. As de Eneida, claro, estavam entre as primeiras. Ela sofria porque sabia que eu estava sofrendo. Queria saber das minhas necessidades. Enviava-me muito amor e garantia que estava pronta para me ajudar. Eu escrevia todo dia e ela idem. Parecíamos adolescentes. Mandei pelo correio o que faltava do livro *Tesão e prazer*. Ela faria algumas modificações e passaria a uma amiga, Junia, professora de literatura, para a revisão. Depois passaríamos à Companhia das Letras. A Eneida colocava muita fé naquele livro.

O pessoal da revista *Trip* escreveu dizendo que eu não me preocupasse. Eles estariam comigo. Eu agora fazia parte da família. Fiquei muito contente com esse apoio. Queriam saber se eu precisava de alguma coisa. A Maria Emília, minha editora, me mandou um sedex com vários livros: a Companhia das Letras também me apoiaria.

Passado algum tempo, o pessoal que trabalhava na faxina e na distribuição da alimentação veio morar no nosso xadrez. Fomos redistribuídos entre outras celas. Havia três xadrezes vagos no raio. Eu e mais quatro companheiros pedimos o xadrez cinco. E conseguimos. Fui chamado lá na frente da prisão pela primeira vez. Era o Júlio. Estávamos construindo uma grande amizade e foi uma alegria imensa recebê-lo. Era muito inteligente e culto. Contou que, quando vinha me visitar na prisão, anunciava de propósito: vim entrevistar o *escritor* Luiz Alberto Mendes; em seguida, mostrava a ordem do juiz. Júlio, um cientista social, provocava os guardas dentro de sua própria pesquisa. A resposta dos funcionários era sempre a mesma: qual a matrícula dele? Para eles eu era apenas uma matrícula. Muitos, senão a maioria, sentiam-se agredidos com o meu sucesso como escritor.

Para estes, eu era apenas um preso sem nome e sem identidade. Eu respondia por um número: 25805.

Fernando Bonassi me enviou um sedex com livros e uma mensagem de incentivo. Era um amigo de verdade. Vivia me incentivando para que escrevesse cada vez mais. Eneida também mandou um enorme pacote de livros por sedex. Em pouco tempo, eu tinha mais que o necessário e distribuí alguns entre os companheiros.

Passei a correr e a fazer ginástica no pátio com o Paladino. Da revista começaram a chegar e-mails de leitores da minha coluna. Os meus textos ganhavam admiradores. Certo dia fui chamado à sala da chefia de disciplina para falar com o Serginho, um dos chefes. Parece que gostou de mim. Propôs que eu viesse morar no primeiro raio. A cozinha da prisão havia sido inaugurada. Os companheiros que foram trabalhar lá estavam no primeiro raio, onde ficavam os presos que trabalhavam. Nesse tempo eu tinha duas amizades fortes no terceiro raio: o Nenê das Michas e o Cica. Eu os conhecia havia décadas. Sempre que as celas eram abertas, nos juntávamos para conversar. Os papos com o Paladino eram mais particulares e pessoais. Cica era divertido; Nenê, neurótico, mas sutil e inteligente. Não queria abandoná-los. Mas quando disse ao Serginho que precisava de um computador, ele respondeu que eu só poderia tê-lo se viesse morar no primeiro raio.

Eu estava ressabiado com os primeiros raios das prisões. Era um lugar sempre muito malfalado. Mas eu conhecia alguns caras que moravam lá: João Perez, Chacrinha, Eliezer, Frangão. Era um pessoal de alto conceito no sistema e haviam montado a cozinha. Aquela cadeia nos deixara em carne viva. Funcionava como um esmeril de pedra áspera. Limpava tudo o que ainda pudesse conter de ilusão dentro da gente. Mesmo assim eu me sentia vivo. Tinha uma mulher que me amava. Tinha filhos e era capaz de sustentá-los, mesmo estando preso. Tinha uma profissão. A cada trimestre, recebia uma cota da venda do livro. E agora, que conquistara o meu espaço na revista, os ganhos haviam duplicado. A experiência dera certo. Eu sustentava os meus filhos com o que escrevia.

Durante uma semana pensei na proposta do Serginho. Acabei aceitando e me mudei para o primeiro raio. Eles abriram uma cela fechada para mim. Logo depois, outros companheiros se mudaram para lá também. Éramos quatro pessoas ali, e mais tarde cinco.

Um dos diretores da Casa de Detenção, como previsto, veio trabalhar na nova cadeia. Era o dr. Sérgio. Fui conversar com ele sobre o meu computador. Mostrei-lhe o meu livro manuscrito e expliquei que precisava digitá-lo para enviar à editora. Recebi a autorização. Mas teria que usar o computador apenas no setor da escola. Conversei com o diretor de educação, Paulinho Merenda. Gostei do homem. Quando lhe contei que era da Vila Maria, ficou ainda mais simpático. Ele nascera e se criara no bairro. Nas ideias que trocamos ficou claro que o Merenda até conhecia alguns companheiros meus. Era criança na época, mas ouvira falar de nós.

Pedi ao Júlio que fosse buscar o laptop que estava na minha casa. Assim ele aproveitaria para conhecer Irismar e os meninos. Júlio tirou uma série de fotos das crianças e me trouxe. Fiquei imensamente feliz. O amigo sabia agradar. Passei horas namorando os garotos. Como eu os amava! Que saudade sentia deles! Era aquilo que mais me doía naquele desterro. Só podia vê-los de dois em dois meses. Para eles, vir me ver era um grande sacrifício. Tinham que passar a noite num ônibus. Além disso, custava caro.

A minha vida ficou sob controle. Agora eu tinha uma rotina diária que, se não me satisfazia, pelo menos não me incomodava. Conversava muito pouco. Somente o essencial. Os meus companheiros de xadrez também não eram de muito falar. Eu trocava ideias com um funcionário do setor de educação, Bibi. Conversas culturais e musicais. Ele também fazia muitas pesquisas, era um cara antenado. Aos poucos eu conseguia me reequilibrar. O livro andava aos poucos. Só queria enviá-lo à editora quando estivesse bom.

 Mesmo preso, eu abria um largo sorriso ao mundo. Reduzido àquele espaço de poucos metros quadrados, eu amava e me fazia amar. Amava uma mulher e duas crianças e quis amar a todas as crianças. Quis me esparramar pelo mundo e chegar a todas as pessoas. Com olhos cheios de esperança eu queria novamente investir na paz.

 Eneida me iluminava os caminhos. Aclarava os meus objetivos e as minhas necessidades. Lá de longe, dava significado a minha vida. Agora tudo que eu queria era estar de bem com a vida. Também desejava que as pessoas gostassem de mim. Somente assim completaria a vida para a qual me sentia feito. Uma vida de paz, que eu demorara quase quarenta anos para alcançar.

 Recebi uma carta do cineasta Paulo Machline. Ele propunha comprar os direitos de filmagem do *Memórias de um sobrevivente*. Havia uma proposta inicial. Oferecia-me uma quantia pequena na assinatura do contrato mas, depois da captação de recursos, quitaria o que faltava da proposta. Giuliano afirmou que o sujeito era legal e que tinha cacife para realizar o filme. Naquele momento produzia um documentário sobre o Joãozinho Trinta. O meu livro viria em seguida. Eu queria o dobro do oferecido na assinatura. Machline aprovou o que eu pedira e aumentou a oferta. Ótimo. Agora me restava esperar a chegada do contrato.

 Aquilo me entusiasmou. Ia sair das dificuldades. Guardaria algum dinheiro para os filhos. Irismar e os meninos poderiam viajar para a Bahia. Ela me pedira; estava com muita saudade da avó que a criara. Queria apresentar aos filhos o sítio onde crescera. Além disso, eu pretendia comprar um computador mais possante. O meu laptop já apresentava problemas. Precisava usar teclado e mouse externos porque os originais já não funcionavam. Eu tinha vontade de ouvir música, trabalhar mais rápido. A minha pobre máquina estava ultrapassada.

Com o filme, o livro venderia ainda mais. O meu nome seria mais divulgado e o *Memórias II* teria maior projeção. O *Tesão e prazer* estava prontinho para ser encaminhado à editora. Em pouco tempo concluí a digitação do *Memórias II*. Gravei o arquivo num disquete e o encaminhei pelo correio, assim como fiz com *Tesão e prazer*, para que a Eneida o revisasse. Dali seguiria para a editora. Era mais um trabalho concluído. Uma guerra vencida. Enquanto isso, minha coluna da *Trip* fazia sucesso. Eu recebia e-mails aos montes. Estava realmente conquistando um público. Comecei a pensar em montar mais dois livros. Um volume reunindo textos publicados pela *Trip* e outros que a revista havia recusado. *A busca* seria o título. Era o nome do primeiro texto, o melhor de todos. Consegui organizar mais de cinquenta textos.

O outro volume, de contos, se chamaria *Cela forte*. O título também tinha a ver com o primeiro texto do livro. Era forte e denso. Ao todo, separei 36 contos. Fui aumentando esse número gradativamente. Estava entusiasmado com a criação. Fechei o livro com 52 textos. Claro, estava sujeito a uma seleção muito mais rigorosa. Tudo teria que ser reescrito e trabalhado longamente. Mas estava pronto, era o que valia. Seria o meu quinto livro.

A informação de que o *Memórias de um sobrevivente* seria adaptado para o cinema vazou para as emissoras de televisão da região de Ribeirão Preto. Fui entrevistado várias vezes. Fiquei conhecido na região. Mas a prisão não é um bom lugar quando se está em evidência. Desperta inveja e maledicência. Quanto mais discreto e incógnito, melhor. Por outro lado, a sensação era muito boa. As entrevistas ajudavam a vender o livro e promoviam meu nome como escritor lá fora.

Nosso xadrez estava lotado. Eu vivia mergulhado em textos e, ao sair da cela, queria ficar sozinho. A solidão passou a ser artigo de alto luxo. Quando alguém me abordava no pátio, eu tentava cair fora com elegância. Entrava na cela e, quando o chato se distraía, voltava às minhas passadas solitárias. Vivia em silêncio. E queria desesperadamente falar. Mas falar num nível vibrante e profundo sobre os assuntos que estava estudando, escrevendo ou lendo. Às vezes me sentia sufocado. Precisava de boa conversa e de solidão; estava complicado. Conversas vazias me cansavam.

Decidi fazer a continuação do *Memórias II*, o *Memórias III*. Era um projeto interessante. Colocaria tudo que aprendera em cerca de 28 anos idolatrando escritores e querendo ser escritor. Toda poesia, toda reflexão que aprendera, colocaria nele. Iniciei cheio de entusiasmo.

35.

Outra pessoa se mudou para o meu xadrez: o Silvinho. Suas principais características eram a baixa estatura e a enorme força interior. Foi fácil construir amizade com ele. Passamos a nos exercitar juntos. Com 36 garrafas PET de dois litros cheias de água, três cabos de vassouras e barbante de nylon, confeccionamos uma espécie de peso para fazer supino. Eu corria de oitenta a cem minutos diários, em média, em volta da quadra. Depois fazia ginástica e uma "sombra" de boxe. Três vezes por semana, com esse e outros pesos que improvisamos, o Silvinho e eu cuidávamos da saúde. Depois tomávamos um copão de vitamina de leite em pó, Neston, aveia, farinha láctea e Ovomaltine.

A rotina, contudo, cansava. O meu livro não satisfazia todas as expectativas criadas em torno dele. Mas, para um livro de escritor nacional, ia muito bem. Eu acumulava algum dinheiro. Comprara coisas para mim e para as crianças. Tudo indicava que a nossa vida ia melhorar de vez. Mas eu continuava preso. Passara dos 31 anos de prisão e agora já caminhava para os 32. Até quando ficaria preso? O resto da vida? Havia mandado o livro

Tesão e prazer para a Companhia das Letras. Depois de um mês de espera veio a resposta. O editor afirmou que o livro era bom, mas na editora não havia catálogo para aquele tipo de literatura. Não quis acreditar: meu livro fora recusado. Fiquei passado, fui ler e achei defeitos, mas nem tantos. O livro estava bom.

Um novo editor me procurou. O Luiz Fernando Emediato, da Geração Editorial. Queria publicar o *Memórias II*. Gostara muito do livro de estreia e achava que o segundo texto seria ainda melhor. Emediato leu *Tesão e prazer* e gostou; disse que publicaria. O contrato veio em tempo recorde. Eu até ganharia adiantamento. O sujeito era gente boa. Fiquei contente em publicar mais um livro. Apostei no editor; seu marketing era agressivo e ele já bolava meios de entrar com o livro no mercado. Gostei muito do seu entusiasmo e da sua maneira amiga de me tratar.

Sílvio, um advogado que se tornara meu amigo nas reuniões espíritas da Penitenciária do Estado, veio me visitar. Dizia que algo devia ser feito para que eu pudesse sair da prisão. Queria ser meu advogado; sua humildade e sua determinação me encantaram. Estava conhecendo muita gente boa. Queriam me dar uma chance de viver em liberdade. Ele iria ao juiz da Vara de Execuções da região e apresentaria o meu caso. Não era possível me deixar preso a vida toda. Eu o ouvia, cético. Não acreditava em juiz. Eles não sabiam respeitar décadas de sofrimento e privações. Mas quem sabe o Sílvio conseguisse me colocar em regime semiaberto. Eu tinha uma carreira, um objetivo e filhos. E estava velho demais para aventuras. Isso podia pesar na balança. Antes de voltar para São Paulo, ele procuraria o juiz da comarca e conversariam.

Eu abrira vários canais de diálogo com pessoas bonitas e interessantes. A rotina da prisão nem pesava tanto. No xadrez, éramos doze presos novamente. Poucos tinham visitas. Fiz o que pude por aqueles que nada tinham. No meu xadrez ninguém passava necessidades, pelo menos não as básicas.

No dia 5 de abril de 2004 eu estava na sala do fundo do setor de educação escrevendo no laptop que Fernando Bonassi me dera. Muito concentrado, nem reparei quando um guarda conhecido parou a meu lado. Quando o notei, comecei a fechar o computador. Detestava curiosos bisbilhotando o meu trabalho. O sujeito perguntou o meu nome. Olhei bem na cara dele. O que estava querendo? Sempre que perguntavam o meu nome me desterravam para cada vez mais longe. Como era um guarda, eu tinha o dever de responder. O que ele me disse em seguida me chocou profundamente. Eu devia voltar à minha cela e arrumar as minhas coisas. Seria posto em liberdade.

Não acreditei. Achei que o guarda estivesse zombando de mim. Abri o computador e continuei a frase que estava construindo. O guarda pegou em meu ombro e deu uma sacudidela. Dizia que eu estava livre, devia ir ao setor de inclusão para ser solto. Percebeu que eu estava em choque. Quando olhei de novo em seus olhos ele me pediu calma. Era verdade, eu ia mesmo deixar aquela vida. Em seguida o rapaz saiu: precisava dar a mesma notícia a outro preso.

Fiquei olhando para a tela sem ver nada. Levantei quase que automaticamente, sem pensar. A notícia latejava em minhas têmporas. Fechei o computador. Passei na sala da diretora e me despedi como se fosse para a cela. Ocupada, ela nem percebeu o meu estado de choque. Eu me sentia como um sonâmbulo, andando para nem sei onde, sem rumo, ao léu. Não era eu quem andava, eram só as minhas pernas que se mexiam. Eu estava longe. Pensava nos meus filhos e na Eneida. Pensava na loucura que seria para eles a minha libertação, se fosse verdade. Não conseguia me imaginar livre. Estava preso e dentro da cadeia ainda. Havia grades e cadeados ao meu redor.

Passei, sem ver, pelos companheiros em recreação no pátio. Entrei na cela e pedi, ao primeiro que vi, que fosse chamar os outros. Chegaram correndo, pois eu nunca os chamava em vão. Então contei que o guarda me dissera que eu estava livre, mas que era difícil acreditar na notícia. Achava que era engano; logo descobririam que não era eu. Não queria me iludir. Eles ficaram surpresos. Não imaginavam que eu pudesse ir embora. O Nardão sugeriu que eu procurasse o setor de inclusão e me informasse. Seria um absurdo alguém brincar comigo daquele jeito.

E fomos para a gaiola. Ao chegar, expliquei o caso para o guarda, um funcionário novo. Não me conhecia e tinha ordem de seus chefes para não deixar passar preso sem escolta de funcionário. Pedi que chamasse seu chefe. Recusou-se. Afirmou que ele mesmo havia resolvido que eu não passaria. E pronto. Os companheiros do xadrez se revoltaram. Como não deixaria que eu passasse? Eu estava livre, ele não tinha mais esse direito. Os demais companheiros do raio foram se aproximando. Quando entenderam, queriam arrancar o guarda da gaiola e enchê-lo de porradas.

Eu estava calmo. Sabia que se o chefe de plantão viesse, eu passaria. O guarda trancou a gaiola e abandonou o posto, assustado. Não demorou para que o chefe dos guardas e todos os demais aparecessem. O guarda afirmara que uma rebelião estava começando. Caso explicado e compreendido, o chefe começou a mexer na mesa do guarda. De repente achou uma requisição que o setor de inclusão me enviara. O guarda ficara tão apavorado que nem sequer percebera que eu estava mesmo autorizado a passar. O chefe o repreendeu na nossa frente e o substituiu. Em seguida me levou ao setor de inclusão. Lá, confirmaram: eu realmente fora colocado em liberdade pelo juiz da vara de execuções. Eu quis ver o alvará de soltura. O chefe da inclusão afirmou que não podia me dar em mãos. Por que, se o alvará era o meu alvará e não do presídio? Eu queria ver o documento para saber por que me libertavam. O homem insistiu: não podia me mostrar. Sorri e pedi para falar com o diretor da prisão. Conhecia os meus direitos.

Funcionários cheios de vontade bater em mim me rodearam. Eles me ameaçavam e eu reagia desafiando-os. Soltava espuma pelos cantos da boca, de raiva. Achava que estavam me escondendo alguma coisa. Quando o diretor de plantão chegou, fiz um esforço para me segurar e expliquei. O chefe da inclusão e os guardas quiseram bloquear a minha fala. Levantei a voz. Eles não tinham autorização para segurar o meu alvará de soltura. O diretor de plantão pegou o alvará e, sem explicar nada para os guardas, me entregou o documento. Com todos me olhando, li em voz alta. O juiz extinguira as minhas penas com base no artigo 75 do Código Penal. Era a lei segundo a qual ninguém cumpre mais de trinta anos de prisão no país. Eu já havia cumprido um ano e dez meses além da pena máxima. Quando acabei a leitura, o meu espírito serenou. Olhei para todos com desdém, dobrei o alvará na cara do chefe da inclusão e enfiei no bolso. Aquilo me pertencia. Virei para o diretor e pedi que abrisse as portas. Queria ir embora naquele instante.

Estava preso ilegalmente. Não devia mais nada à justiça; o alvará fora expedido no dia anterior. Já haviam se passado 24 horas — prazo para que o diretor cumprisse o alvará. Assinei alguns papéis e fui saindo. O próprio diretor me levou ao setor de assistência social. Eu queria telefonar para a Eneida. Imaginava que ela fosse cair para trás com a novidade. A assistente social tinha que me dar um passe para que eu pudesse me locomover até São Paulo. Era tudo o que receberia. A passagem e um sonoro pé na bunda; te vira, vai te achar…

Bem, pelo menos eu não precisava deles e me orgulhava disso. Esse foi o primeiro pensamento bom que tive. Os outros vieram aos borbotões, é claro. Na assistência social, peguei o telefone e a minha namorada já estava do outro lado da linha. Ela engasgou, sem saber o que me dizer. Também fiquei sem palavras. Eu não tinha dinheiro e não sabia como chegar à casa dela, numa cidade do interior do Rio de Janeiro. Expliquei que, em breve, embarcaria para São Paulo. De lá, voltaria a ligar para ela e daríamos um jeito.

Não, agora, eu não queria saber de mais nada. Só queria sair portão afora e colocar vários quilômetros entre mim e aquela muralha. Fui saindo, conduzido por um guarda. Na portaria outro guarda me interrogou, visivelmente contrariado. Não entendi por quê. Tive que lembrar todos os meus dados, endereço, um monte de coisas. Não consegui dar todas as informações corretas. Eles queriam ter certeza de que eu era eu mesmo. Olharam até as minhas cicatrizes. Quando não tinham mais como sacanear, tentaram ser gentis.

Então foi a minha vez. Fechei a cara e olhei nos olhos de cada um, com todo desdém e desprezo de que fui capaz. Alguns chegaram a arregalar os olhos, ofendidos. Apanhei a sacola com os meus livros, manuscritos, computador, cadernos, e saí bem devagar: queria que gravassem bem a cena. Eles não haviam conseguido que eu me matasse, como aconteceu com o meu parceiro Bala. Não conseguiram que eu enlouquecesse como o Alemão Batata e o Sérgio Costa. Todos haviam sido presos junto comigo; eu era o mais velho, com dezenove anos. E apenas eu saía de lá vivo e com a mente inteira. Sentia-me vencedor de uma guerra que durava desde o meu nascimento. Mesmo assim, havia um desassossego incompreensível. Nunca soube por que comecei a chorar enquanto cruzava o portão.

O ponto de ônibus até Ribeirão Preto ficava no terreno da prisão. O ônibus demorou. O local foi se enchendo de guardas. Era a troca de plantão. Todos me conheciam. Eu estava ali desde a inauguração daquele presídio. Exposto, fiz questão de ignorar a todos. Não queria me explicar para aquela gente. Quando o ônibus chegou, fui o primeiro a subir e me sentei num banco individual. Fui rodeado por eles; olhavam-me de maneira significativa, mas não dei chances para conversas.

Em Ribeirão Preto, o ônibus para São Paulo estava de saída. Embarquei e me acomodei. Não havia mais guardas, então relaxei. O ônibus corria e, em ambos os lados, a paisagem monótona dos canaviais se sucedia. Parecia que o mundo estava terminando em cana. Demorei uma eternidade para chegar a São Paulo. Estava com pressa de me misturar à multidão e sumir.

O cheiro de fumaça começou a invadir as minhas narinas. As estradas ficaram congestionadas, um mar de carros de todos os lados. Era a minha terra, a cidade de São Paulo, tão amada e tão querida... O ônibus avançava metro a metro. A ansiedade tomava conta de mim; já não me aguentava sentado na poltrona. Fiquei de pé no corredor. As pessoas estranharam. Quando o veículo parou, fui o primeiro a descer. Aquela era a rodoviária Tietê, que eu nem conhecia. Fui subindo as escadas rolantes com medo de enganchar o pé no final. Até andar era difícil. As pessoas iam me levando para trás. Não conseguia ir para a frente no meio da multidão. Demorei a chegar até um balcão de informações.

Morto de vergonha e com receio dos outros, encarei a moça ao balcão. Falar com os outros doía, as palavras me faltavam, estava difícil, a inibição me detonava. A moça me apontou os telefones. Na saída da prisão, a assistente social, por gentileza, havia me dado o seu próprio cartão telefônico. Cheguei perto, enfiei o cartão e comecei a digitar. Fiquei confuso e me atrapalhei todo. O meu corpo se sacudia de ansiedade. Não conseguia completar a ligação. Achei que fosse o telefone. Fui ao aparelho seguinte. Disquei, disquei e nada. As pontas dos meus dedos formigavam. Então percebi que esquecera o cartão no outro telefone. Voltei e não achei mais o cartão. Alguém devia tê-lo pegado. Desesperei. E agora, o que fazer? Os meus pés estavam encharcando o tênis. Não conhecia nada, não sabia para onde ir.

Lembrei que podia ligar a cobrar. E fiquei tentando, tentando, até que, de repente, escutei a voz da Eneida. As minhas pernas amoleceram. Era tudo o que eu queria naquele momento: escutar a voz dela. Ela era liberdade. A Eneida havia telefonado à *Trip*, avisando da minha soltura. Eles viriam me buscar e me levariam, de carro, até a casa dela. O alívio foi enorme. Havia um caminho à minha frente e não apenas uma pedra. O pessoal da revista me encontraria na saída para o elevador da rodoviária. Ainda envergonhado, procurei a moça do balcão de informações novamente. As palavras se atropelaram na minha boca. Ela não conseguia me entender, e eu ia ficando cada vez mais nervoso. Por fim, consegui me explicar. A garota quase disse: Ufa! E me mostrou que estávamos ao lado dos elevadores. Bastava olhar para as placas. Envergonhado e de cabeça baixa, entrei no elevador. Do lado de fora da estação, encostei as minhas tralhas na parede e fiquei atento à rua.

Respirei fundo e esperei. A ansiedade me fazia transpirar, embora o tempo fosse frio. Olhei para o lado e vi três guardas do metrô, sujeitos enormes, vestidos de preto, com jeito inquisitivo de polícia. Parecia haver uma ameaça em seus olhares e aquilo me irritava. Poderiam adivinhar que eu era um preso recém-libertado? A *Trip* demorava e os seguranças continuavam me olhando acintosamente. Dava vontade de perguntar se queriam me namorar. Aquilo me aborreceu de verdade. Mas talvez fosse tudo coisa da minha cabeça. Eu é que estava chamando atenção deles, olhando-os insistentemente.

Fiquei pronto para uma abordagem. Seria extremamente agressivo e deseducado. Para começar, não reconheceria a autoridade deles para me questionar. Já estava até bolando as palavras exatas a serem ditas. Não podia me atrapalhar. Já nem importava mais o que aconteceria depois. A única coisa que desviava a minha atenção dos seguranças eram as mulheres bonitas que passavam.

Eu já tinha até me esquecido da *Trip* quando, do outro lado da rua, vi que alguém me acenava. Entendi na hora e respirei, aliviado.

    Peguei as tralhas e saí andando acelerado. Quando passei pelos guardas disse um monte de ofensas bem alto. Olharam-me, surpresos, sem entender nada. Num instante eu já estava do outro lado da rua. Em minha alucinação achei que os seguranças fossem me seguir. Entrei no carro pedindo para tocarem rápido. Atenderam o meu pedido sem perguntar por quê: haviam se atrasado e pensavam que eu quisesse simplesmente chegar logo em casa. Olhei para trás: os guardas me olhavam. Será que ouviram os xingamentos? Será que eu xinguei mesmo ou foi tudo imaginação? Fiquei na dúvida.

    No carro havia três pessoas. Na frente, João, o motorista e o João Wainer, de máquina fotográfica nas mãos e sorriso de mil dentes. Ao meu lado, atrás, uma moça muito bonita: Renata Leão, repórter da revista. Não conhecia nenhum deles mas, para quem acabava de sair da prisão, a companhia não podia ser mais agradável. Já ouvira falar do João pelas fotos que ele fizera no Carandiru. Em questão de minutos já estávamos íntimos. A Renata acompanhava o meu trabalho na revista. Contou que a Lúcia, da produção, mandou parar a redação ao receber a notícia de que eu fora libertado. Por alguns minutos, todos ficaram em silêncio, tentando absorver a informação. Havia dois anos que eu escrevia para a revista mas apenas o Giuliano, o Paulo Lima e algumas meninas da produção me conheciam. Era como se eu fosse um fantasma. Havia até quem imaginasse que eu fosse invenção do Paulo.

    Começamos a conversar em São Paulo, com intervalo para comer alguma coisa no meio do caminho, e só paramos de falar quando chegamos ao Rio de Janeiro. Tudo estava sendo gravado, era uma reportagem. O João disparava fotos. Quando chegamos o meu queixo doía de tanto falar. Havia anos que não conversava tanto. Eu não conhecia nada na cidade. Quando conseguimos chegar à casa da Eneida, já havíamos nos perdido várias vezes. Ela aguardava na porta. O João ficou no meio e foi registrando a cena. A Eneida veio na minha direção e eu fui na direção dela. Foi quando nos encontramos para o abraço que percebi que não conhecia aquela mulher. Era parecida com a das fotos que eu tinha dela, mas não deixava de ser uma estranha. Só quando ela abriu a boca para falar, em meio às lágrimas, é que consegui reconhecê-la de fato. O alívio foi tão grande como havia sido a minha ansiedade. Eu estava em casa, ao lado de quem me amava. Até que enfim! O abraço foi longo; abrangia décadas de separação. Eu tinha sido preso com dezenove anos e agora estava prestes a completar 52. Isso sem contar os anos que passei no juizado de menores, na adolescência. Depois de uma jornada de 31 anos e dez meses, eu havia chegado onde era esperado.

Entramos. Estávamos tímidos. Os toques físicos quase causavam choque. Mas eram necessários para constatar que era verdade mesmo. O povo da *Trip* tomou café conosco numa mesa requintada que já nos esperava. Depois de mais algumas impressões, foram para um hotel pernoitar. Voltariam de manhã. Almoçariam conosco, completariam a reportagem e iriam para São Paulo. Só quando eles partiram e ficamos a sós, pude avaliar o local onde estava. A casa era enorme. No andar superior morava o filho da Eneida, que era casado. Mas a parte de baixo era mais do que suficiente. Havia o quarto da Juliana, a filha, que morava no centro do Rio de Janeiro. Ao lado, uma sala ampla onde a Eneida fazia seus atendimentos. Outra, mais íntima, para nós, com a TV a cabo e o computador, que ela liberou para mim. A cozinha era enorme e bem moderna. O quarto tinha no mínimo quatro vezes o tamanho do xadrez onde eu dormira com outros onze homens na noite anterior — e a minha impressão era que a cela pertencia a uma lembrança do século passado. A casa era toda equipada com coisas bonitas e funcionais e em tudo havia um equilíbrio harmonioso. Gostei ainda mais do quintal imenso, com um elegante pé de manga que sombreava quase todo o espaço. O jardim, todo gramado, contava com duas arvorezinhas.

Finalmente a sós, deixamos de ser estranhos. Contei as emoções da saída. Rimos muito da dificuldade com o telefone na rodoviária. A intimidade se instalou e mais uma vez respirei fundo, como se fosse me libertando por camadas. Fizemos uma comida juntos e ajudei-a a colocar a mesa. Jantamos como se eu tivesse sempre morado ali. Depois fomos planejar os dias seguintes, conversar, namorar, brincar e curtir a minha a liberdade.

Eu queria ver os meus filhos. Isso era imperativo. Teria que ir para São Paulo, mas agora a minha casa seria ali. Estávamos casados. Conversamos até alta madrugada. Fomos ainda tímidos para a cama. Nossa relação era antiga, mas nunca havíamos nos tocado. Esse é o tipo de coisa que não se pode construir por carta. Mesmo assim foi bom. Éramos um homem e uma mulher maduros e daríamos o melhor que tínhamos um para o outro. Isso nos conferia tranquilidade e paz.

Acho que nem dormi; desmaiei.

No outro dia continuava incrédulo. Muitos passarinhos cantavam nos galhos da mangueira. E havia os calangos no paredão do quintal. No chão, um caminho desenhado por pedras. A Eneida apareceu toda vaporosa em camisola azul. Assoprava uma caneca de café quentíssimo. Fizera para mim. Recebi-a com beijos suaves. O café estava tão gostoso... Não mais aquela água de lavar batatas que nos davam na prisão. Em seguida, me conduziu à sala. A mesa para o café estava posta. Ela caprichara. Não me lembrava de haver tomado café em mesa posta desde a infância, com a minha mãe. Havia geleia, queijo, bolo, torradas, frutas, pão doce e salgado, manteiga, café e leite em lindos bules pequenos de aço. Açúcar refinado e mascavo, adoçante...

No café, a Eneida confessou que ficara quase chocada ao saber da minha libertação. Não me esperava tão cedo. Ainda estava arrumando a casa para nós e não se sentia preparada. Mesmo assim, estava se saindo muito bem. Era uma mulher delicada, mas muito forte interiormente. Determinada, sabia o que queria e o que podia conseguir da vida. Idealizava algo comigo, mas tinha os seus objetivos pessoais. Se eu pudesse conjugar e participar, estaria dentro. Caso não conseguisse, ficou claro que estaria fora. Aceitei as suas condições. Sabia que uma multidão de pessoas dependia da generosidade dela.

Depois do café, a Eneida pegou um molho de chaves e me levou para conhecer a Fundação. Dois prédios grandes com dois salões imensos e cheios de salas para atendimentos. Era um lugar fantástico. Não demorou para que as pessoas fossem chegando. Ela me apresentou como um amigo de São Paulo. As atividades começaram: o atendimento às gestantes, às famílias carentes e tudo o mais. Eles atendiam as pessoas que desciam dos morros, onde as condições eram precárias e a pobreza, terrível. Graças à Fundação, centenas de cestas básicas eram destinadas todo mês àquelas famílias em dificuldades.

Eneida tirou boa parte do dia para me apresentar a todo o pessoal da Fundação. Depois do almoço, fomos às compras. Ela recebera, em meu nome, o adiantamento pela publicação de *Tesão e prazer*. Me entregou o dinheiro mas eu não sabia comprar. Tinha um estilo em mente, tipo esporte fino. Sapato, calça social, camiseta ou camisa e jaqueta de couro. Acabei me empolgando e me excedi. Gastei quase tudo. Precisava viajar e tudo que eu tinha era a roupa do corpo, com a qual recebia visitas na prisão.

Na hora do almoço, o Emediato telefonou. Queria que eu fosse para São Paulo. O lançamento seria na Bienal do Livro de lá. Vários repórteres estariam no local para me entrevistar. A editora tinha um estande na Bienal. Telefonei para o Giuliano, da *Trip*. Eles me queriam por lá também. O pessoal da revista queria me ver. Combinei com a Eneida: eu viajaria dali a dois dias. Precisava ver os meus filhos. Falei com eles ao telefone. Conversei com a mãe deles. Irismar perguntou se eu não iria para a minha casa. Ela sabia da Eneida, claro. Além disso, estávamos separados havia cinco anos. Mas a casa onde ela morava era a da minha mãe. Eu a herdara. Agora era minha.

Na verdade, a minha casa ainda era o xadrez cinco do raio um. Eu permanecera tempo demais na prisão para ter raiz em algum lugar aqui fora. Teria que construir. Eu me sentia à deriva, apesar da segurança que Eneida me dava. Ela estava disposta a esperar até que pudéssemos dividir as despesas. Para ela o dinheiro não importava. *Eu* importava. Ela queria o meu bem a qualquer custo.

Eu vivera tanto tempo sem lidar com as coisas básicas do dia a dia que perdera esse costume. O preço das coisas me assustava. Pagar era algo que não me caía bem. Não conseguia acender uma luz e apagar. Foram décadas sem ter interruptor. Toda vez que usava a torneira, largava aberta. Na prisão, a conta era do governo, nosso carrasco; deixávamos que escorresse mesmo. Tudo que lhes desse prejuízo era ótimo.

Eu estava livre, sim, mas parte de mim continuava lá no xadrez. Eu pensava sempre nos meus companheiros. Sabia que na prisão havia muito mais pessoas com problemas do que bandidos perversos, como os noticiários queriam fazer crer. Cumprira a minha pena lendo, estudando, pesquisando, querendo saber por que estava ali dentro. Observei os seres humanos sob altas pressões, em acerbo sofrimento e em sua animalidade extremada. E também os presenciei despojados, em nobres atos de generosidade, amizade e altruísmo. Não encontrei cavalos, leões ou antas na prisão. Encontrei pessoas.

Sentia que tinha obrigações com os meus ex-companheiros. Lutaria para voltar à prisão, mas com grandes projetos educacionais e culturais. As minhas convicções estavam profundamente enraizadas. Eu vivera tudo que dizia. Acreditava que a força da minha história faria diferença. Haveria de construir alguma ideia nova acerca da prisão. Tentaria, de todas as formas conhecidas, combater a cultura criminal predominante nos presídios. Haveria de convencer as pessoas. A mim parecia que a sociedade jogava uma bomba para o alto e esperava que ela saísse planando para explodir bem longe. O país não podia se dar ao luxo de perder tanto nesse moedor de gente. Livre, eu poderia falar à vontade. Abriria o jogo para a sociedade. O mundo social precisava voltar-se para as prisões. Essas vidas não podem continuar sendo desperdiçadas.

Eu tinha uma ideia que talvez funcionasse. Precisávamos oferecer alternativas culturais para as pessoas aprisionadas. Era a única maneira de livrá-las da cultura criminal, a única possível na prisão. O homem é um produtor de cultura. Onde estiver vai usar os elementos de que dispõe para criá-la. E na prisão o único elemento presente é o crime.

A *Trip* tinha até conseguido hotel para mim. Três dias depois de sair da prisão, ainda sem sentir que estava realmente livre, fui para São Paulo. Eneida me levou à estação e lá fui eu pela via Dutra afora. Ficar seis horas dentro daquele ônibus foi um sufoco indescritível. Não chegava nunca. A cabeça girava, o estômago embrulhava. Havia combinado com o meu amigo advogado, Sílvio. Ele ficaria à minha disposição para me levar de carro aonde eu precisasse ir. O cara era generoso demais e temi abusar. Mas como faria sem ele? Ao nos encontrarmos na estação Tietê, ele me deu um abraço que me ergueu no alto. Estava muito feliz por me ver solto. Até o momento não sabia o que havia convencido o juiz a me soltar tão rapidamente. Ele podia me manter preso por uns quarenta anos ou mais. Eu fora solto pela vontade do juiz, ou porque o promotor resolvera não apelar. Caso apelasse, com certeza ganharia a causa. Fui até orientado a não mostrar muito o meu alvará de soltura.

A primeira parada, claro, foi em casa, com os meus filhos. O encontro foi estranho. Minha libertação inesperada nos deixou acanhados, frios. Mas percebi quanto eles continuavam importantes para mim. Olhando-os, imaginei um futuro para eles. Conversei com a Irismar e com os meus filhos. Eu voltaria para casa. Não conseguiria viver longe dos meninos. Não sabia como nem quando, mas voltaria. No momento, contudo, eu não me sentia seguro. Tinha medo, além de gostar de verdade da Eneida. Precisava da paz, do amor e da segurança que ela me oferecia. Precisava dela inteira.

Dali, fomos à *Trip*. Entrei e muita gente veio me abraçar. Apertei mil mãos e beijei muitos rostos bonitos. Cada garota... Todos queriam me conhecer e falar comigo; foi um momento de glória. Depois fui conversar com o Paulo Lima, o patrão. O cara era muito legal. Abriu as portas da revista, colocou-se à disposição para me ajudar e me deu um monte de coisas que havia em sua sala. Saí da *Trip* cheio de sacolas com livros, perfumes, camisetas, CDs e outras coisas interessantes.

Estava feliz da vida. Havia encontrado o meu reduto na sede da revista. A recepção fora maravilhosa. O Sílvio, já cansado da peregrinação, me levou para o meu alojamento. O hotel que as garotas da *Trip* tinham reservado era um luxo. A recepção era sóbria, mas o quarto me surpreendeu. Não sei quantas estrelas tinha o lugar, mas era ótimo. A minha pobre mochila de couro, arrastada de cadeia em cadeia, foi carregada com toda solenidade por um rapaz num uniforme elegante, tão limpo que até brilhava. O rapaz abriu a porta do apartamento, colocou a mochila em uma poltrona com todo o cuidado e saiu. Não lhe fiz pergunta alguma. Sílvio me acompanhara até o quarto. Fomos juntos ao elevador e nos despedimos. Eu precisava ficar só para digerir tudo o que havia vivido. Havia muito tempo que eu não sentia tamanhas emoções. Estava exausto de gente. Sozinho no quarto, arranquei as roupas. Na prisão, vivia de bermudas; as roupas me incomodavam, provocavam coceiras na pele. Comecei a explorar o apartamento. Havia uma cozinha completa e bem equipada. Em uma gaveta, encontrei um jogo de talheres que parecia de prata. TV pequena a um canto, balcão, fogão, geladeira enorme. Na parede, armários de aço cheios de panelas, pratos, vasilhas. Fiquei pensando: será que estão pensando que vou cozinhar aqui?

Uma sala sucedia outra. Uma tinha estofados macios, cor de gelo, e móveis escuros contrastando. Havia uma mesa central em mogno e cadeiras tipo Luiz XV ricamente entalhadas. Do teto pendia um lustre com lantejoulas enormes. Um vaso com flores silvestres enfeitava o ambiente, colocado em cima de uma toalha clara, finamente bordada, que cobria o centro da mesa.

A outra sala era de "inverno", me disseram depois. Uma fonte e uma cortina d'água escorriam em um pequeno jardim cheio de flores pequeninas. Os estofados eram de um vermelho encarnado e pareciam muito aconchegantes. Na mesinha de centro, ideal para colocar os pés, um monte de revistas do mês. Ambos os aposentos contavam com enormes televisões de plasma sobre móveis feitos de madeiras nobres. O quarto ficava separado do resto do apartamento por uma porta dupla de correr. Abri e fiquei ali parado, admirando, sem acreditar no que via. Bati os olhos na maior cama que encontrei na minha vida, tanto em altura quanto em tamanho. Ela abrigaria folgadamente meia dúzia de pessoas. Não resisti: saí correndo e me atirei em cima dela. Se fosse dura, me machucaria. Mas apostei que só podia ser macia. E estava certo. Enfiei a cara nos travesseiros, que afundaram no colchão junto com o meu corpo. Aquilo que era cama! Chegava a ser como algodão-doce, de tão macia e aconchegante. Era como se ela me abraçasse. Só saí dali porque estava ansioso para conhecer o resto. O quarto era enorme e tinha de tudo. Uma televisão de plasma na parede facilitava a visão de quem a assistisse da cama. Os pés afundavam no carpete fofo. Não era preciso usar chinelos. Segui por um quarto contíguo, forrado de madeira de ambos os lados, cheio de pequenas e grandes gavetas, cabideiros, calceiros. Era o closet, me disseram; eu nem imaginava o que fosse isso.

Em seguida, o banheiro. Era bem maior que o último xadrez que habitei com doze companheiros. A hidromassagem ao fundo era quase uma piscina; sauna ao lado, duchas, privadas, espelho na parede toda. Dava para morar tranquilamente naquele banheiro.

Na prisão eu implorava por um pouco de solidão. Éramos muitos morando em pequenos espaços. Sempre havia TV e rádio ligados, alguém falando, movimento. Para ficar sozinho, eu corria no pátio, às vezes por duas horas seguidas. Já ali o lugar era tão espaçoso e havia tanta coisa bonita e brilhante que comecei a sufocar por estar sozinho. Andava de um lado para o outro e me sentia numa prisão diferente, uma solidão maior do que podia suportar. Já entrando em crise de angústia, saí ligando todas as televisões, torneiras e registros que encontrei. O barulho ajudava a diminuir a tensão. Não aguentei muito tempo e desliguei tudo. O banheiro estava alagando. Aproveitei para entrar na piscina e, brincando com a água, esqueci a crise. Mexi em tudo e abri tudo. Sabonetinhos, óleos de banho, xampus, um monte de coisas.

Fui à janela e levei um susto. Estava frente a frente com São Paulo! A janela panorâmica mostrava parte do centro novo. Vesti a roupa, desci e fiquei no saguão, olhando o pessoal que circulava por ali, todos muito bem vestidos e caminhando com elegância. A fome me levou ao restaurante. Estava com a maior vergonha de demonstrar a minha ignorância. Pedi um lanche rápido e deixei a escolha a cargo do garçom. Ele estava tão bem vestido quanto o presidente da República. A noite ia avançada. O lanche veio como se fosse um prato sofisticado, todo cheio de enfeites. O suco tinha até raminhos de hortelã. E estava divino. Por causa da alimentação grosseira a que estive acostumado durante tantos anos, quase perdi a capacidade de sentir as nuanças dos sabores. Mas, à medida que sorvia aquele suco, o meu paladar revivia. Pouco a pouco eu reaprendia a saborear as coisas, ia me acostumando à sensação de estar vivo e livre. Mexi no canudo, ergui o rosto, olhei ao redor. A ficha finalmente caiu. Eu estava solto no mundo.

Luiz Alberto Mendes
São Paulo, 3 de abril de 2015.

Sobre o autor

Aos dezenove anos de idade Luiz Alberto Mendes foi preso, acusado de assalto e homicídio. Era filho único e na época seus pais ainda viviam. O pai, alcoólatra, espancava a mulher. Ele também não era santo. Aos onze anos de idade começou a fugir de casa por não aguentar o ambiente de brigas entre os pais. Após doze anos de prisão e muitas leituras, foi classificado em exames vestibulares da PUC, a Universidade Católica de São Paulo. Em 1984 começou a frequentar aulas naquela universidade. No mesmo ano fugiu da prisão e foi recapturado 57 dias depois, em flagrante de assalto. Em 1993 passou para o regime semiaberto, de onde fugiu em 1995, sendo recapturado 64 dias depois — novamente em flagrante de assalto. Nesse mesmo ano casou-se e teve dois filhos: Renato, em 1995, e Jorlan, em 1999. Separou-se em 2001. Em 2002 lançou seu primeiro livro, *Memórias de um sobrevivente*, pela Companhia das Letras. No mesmo ano começou a escrever uma coluna para a revista *Trip*. Em 2004, com 51 anos de idade, depois de cumprir 31 anos e dez meses de prisão, foi libertado por força do artigo 75 do Código Penal. No mesmo ano lançou o livro *Tesão e prazer* pela Geração Editorial. Depois vieram *Às cegas*, também pela Companhia das Letras; *Cela forte*, pela Global, e *Desconforto*, pela Reformatório. Renato, com vinte anos, hoje faz duas faculdades, e Jorlan, quinze anos, está na primeira série do ensino médio. Luiz continua com a coluna na *Trip*; mantém um blog (www.revistatrip.uol.com.br/blogs/mundolivre); tem página no Facebook, faz palestras e aplica oficinas de leitura e escrita em universidades, escolas, prisões e centros comunitários nas capitais dos estados do país.

ESTA OBRA FOI COMPOSTA EM ELECTRA PELO ACQUA ESTÚDIO E IMPRESSA PELA PROL EDITORA GRÁFICA EM OFSETE SOBRE PAPEL PÓLEN SOFT DA SUZANO PAPEL E CELULOSE PARA A EDITORA SCHWARCZ EM NOVEMBRO DE 2015